우선순위 급수한자

1817

이 책을 펴내며

① 이제는 한자다!

최근 교육인적자원부에서 한문을 제2외국어의 과목으로 채택하는 등 한자에 대한 다양한 변화를 시도하고 있고, 일부 대학에서는 한자능력검정시험의 점수를 특별전형에 반영하고 있으며, 가산점을 주는 학교도 점차 늘어가고 있는 상황입니다.

또한 삼성그룹을 비롯한 각종 기업체에서는 한자능력검정시험의 자격증 획득을 입사전형시 가산점으로 환산하고 있으며, 이러한 추세는 앞으로도 지속될 전망입니다. 따라서 한자는 이제 중·고등학생에게는 진학을 위해, 예비 사회인에게는 취업을 위해 반드시 필요한 과목으로 자리잡아 가고 있습니다.

② 먼저 외울 한자는 따로 있다!

그러나 부득이하게도 '진학과 취업'이라는 절대 명제앞에 수험생과 취업준비생에게 허락된 시간과 여건은 그리 만만치 않은 것 또한 현실입니다. 위에서 살펴본 바와 같이 한자가 하나의 시험과목으로 자리잡은 이상, 그에 맞는 대응책으로 '보다 빠른 시간내에, 보다 효과적으로' 목표한 시험의 자격증을 취득하는 것은 어쩌면 당연한 목표일지도 모릅니다.

한국어문회가 주관하고 한국한자능력검정회가 시행하는 3급 시험의 배정한자는 1817자에 달합니다. 이는 대학입시를 위한 고교과정에서 필요한 영어 단어의 숫자가 1800여개 인 것과 비슷한 분량으로서, 공부해야 하는 수험생에게는 어려서부터 익숙한 영어 단어의 암기 보다 더 큰 부담으로 느껴집니다.

❸ 한자능력검정시험에 중요한 순서로 1817자!

1817자의 한자를 모두 평면적인 중요도로 놓고 암기하고 학습하는 것이 가장 일반적인 방법일 수도 있지만, 이런 방법이 시험과목으로서의 한자를 대하는 수험생이나 취업준비생의 올바른 태도는 아닐 것입니다.

따라서 지난 30여회 출제된 기출문제를 근거로 1817자가 어떤 유형에 몇 번 출제되었는지를 분석하여 그 중요도를 파악하고 이에 따른 분류를 통해 '시험에 자주 출제되는 한자'부터 학습해 나가는 방법이 반드시 필요하게 되었으며, '우선순위 급수한자 1817'은 그 고민의 결과로 출간되었습니다.

❹ 최소의 시간에 최대의 효과!

인생의 여정은 짧지 않습니다.
그러나 시험을 준비하는 순간의 시간은 결코 길지 않습니다.
누구에게나 공평하게 주어진 그 길지 않은 시간을 얼마나 효과적으로 사용하느냐에 따라 그 결과는 크게 달라집니다.

모쪼록 '우선순위 급수한자 1817'을 통해 보다 많은 분들이 길지 않은 시험준비의 시간을 효과적으로 활용하길 기대해 봅니다.

우선순위 급수한자 연구회

이 책의 특징

① 출제빈도가 높은 한자부터 학습하라!

1817자의 많은 한자를 무조건 단기간에 암기한다는 것은 그리 쉬운 일만은 아닙니다. 따라서 한자도 우선순위로 시험에 자주 출제되는 한자 위주로 공부를 한다면 단기간에 높은 효과를 얻을 수 있을 것입니다. '우선순위 급수한자 1817'에 출제되는 한자를 5단계로 분류하여 가장 출제율이 높은 한자는 앞부분에, 출제율이 비교적 낮은 한자는 뒷부분에 위치하였습니다.

② 유의어, 반의어, 약자, 소리의 장단 등의 학습은 필수!

대개 외국어를 공부할 때에는 단어장 정리를 합니다. 한자 역시 단어입니다. 따라서 본 책은 단어장과 같이 구성하였습니다. 그리하여 부수, 유의어, 반의어, 약자, 소리의 장단을 한 눈에 볼 수 있게 구성하였고, 그와 관련된 단어를 예문으로 구성하였습니다.

③ 60일 후면 한자의 뿌리가 달라진다!

하루 공부할 한자분량을 30자로 구성하여 2개월 완성의 한자단어장으로 구성하였습니다. 또한 시험에 출제되는 문제유형을 바로 체크 할 수 있도록 '한자점검익히기'의 문제를 하루분량으로 함께 구성하여 학습의 정확도를 스스로 체크할 수 있도록 하였습니다.

④ 복습시기를 놓치지 마라!

앞에서 공부한 한자를 쓰기 한자와 읽기 한자로 나누어 점검할 수 있도록 각 단원이 끝날 때마다 정리하였습니다. 이는 누적된 공부량에 따른 자신의 학습정도를 체크하는 것으로서 반드시 점검해야 하는 부분입니다.

❺ 한자어의 뜻 풀이 설명!

우리가 한자를 공부하는 궁극적인 목표는 우리말인 한글을 잘 알고, 잘 하기 위한 것임은 주지의 사실입니다. 따라서 다소 생소한 한자 단어에는 국어사전을 기초로 낱말 뜻을 풀이하여 이해의 편의를 도모하였습니다.

❻ 부록으로 본문의 내용을 다시 한 번 정리!

유의자, 반의자, 약자, 일자다의자, 틀리기 쉬운 한자 등을 재정리하여 취약한 부분에 대한 학습 효율성을 높일 수 있게 구성하였습니다.

이 책이 나오기 까지는

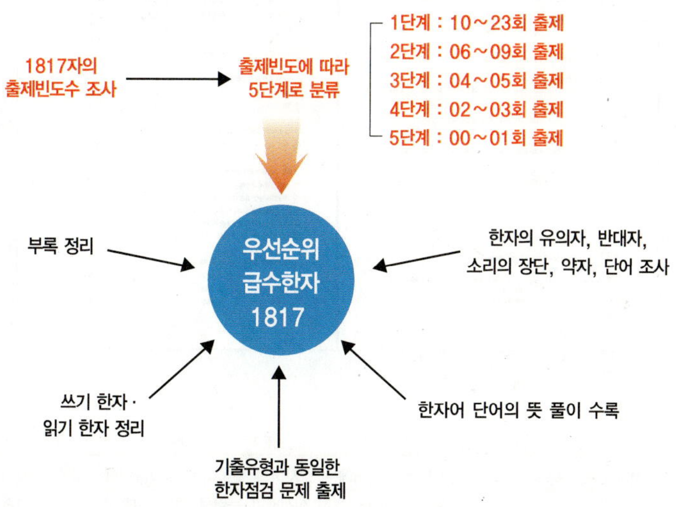

미리확인하기

본문의 30자의 한자를 단원의 시작 전에 미리
검토할 수 있도록 O× 체킹란으로 구성하였습니다.

급수표시

각 한자마다 급수를 표시하여, 각 급수별 한자를 파악할
수 있도록 하였습니다.

국어사전 위주의 장단음 구성

각각의 한자어에 소리의 장단을
표기하였습니다. 단 시험에서 출
제되는 유형과 같이 2자의 한자
어에는 장음 표기를 하였고, 3자
어 이상에는 소리의 장단은 표기
하지 않습니다. 장음표기는 : 을
원칙으로 하였고, 장·단음 모두
될 수 있는 한자어는 (:)을 원칙
으로 하였습니다.
※장단음은 상이할 수 있습니다.

오늘의 사자성어(예습하기)

본문에 등장하는 한자와
관련된 사자성어는 하루에
4개씩 암기할 수 있게 구
성하였습니다.

상대어·반대어의 참고 정리

본문의 한자와 관련하여 출제가
능한 상대어·반대어가 있는 한
자어의 경우에는 〈참고〉로 하여
반대어를 정리할 수 있도록 구성
하였습니다.

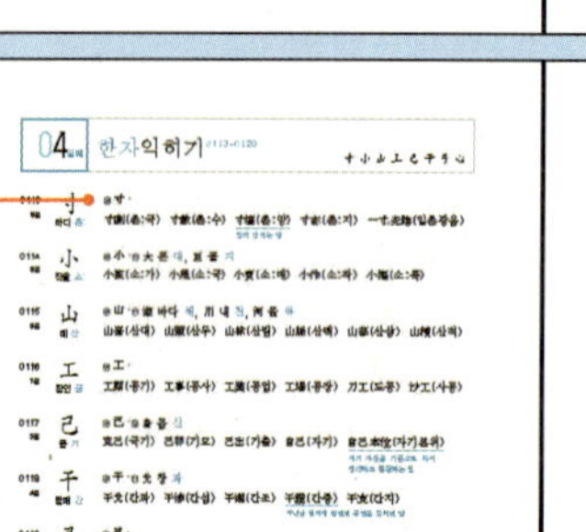

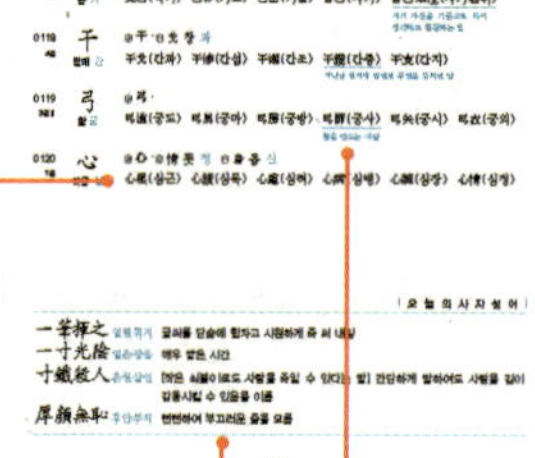

사용의 편의상 약칭 사용

각 한자의 단어에 부수,
유의어, 반의어, 약자라는
단어를 사용하는 대신에
각 단어의 머리글자를
써서 ㉣, ㉨, ㉫, ㉞이라
칭하였습니다.

제부수글자

각 단계의 마지막 장에는
제부수한자로 구성하였습
니다. 출제빈도와는 관련없
이 획순 순으로 3급 범위
내의 제부수글자입니다.

한자점검하기

그날 그날 미리 확인하기의 문제
에 몇 일째 문제인지 체킹하였습
니다. 또한 실제 출제되는 유형의
문제와 같이 구성하여 그날 공부
한 내용을 바로 점검할 수 있도
록 하였습니다.

오늘의 사자성어

미리 확인하기에서 익혀 두었던 사자성어를 뜻과
함께 설명하였습니다.

단어의 뜻풀이

생소한 한자어에는 한자어의 뜻풀이를 하였습니다. 이는 "한자어
뜻풀이"문제에 대한 실전배양 능력을 키우는 데 주안점을 두었습
니다.

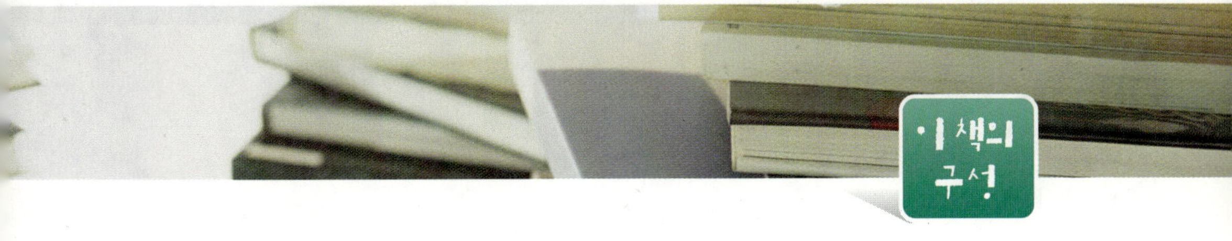

이 책의 구성

쓰기한자 · 읽기한자 점검하기

각 단계의 마지막 장은 쓰기한자 · 읽기한자 점검하기를 통하여 그 단원의 한자를 얼마나 숙련하였는지 실력체크 할 수 있는 쓰기한자 · 읽기한자 점검하기 문제로 구성하였습니다.

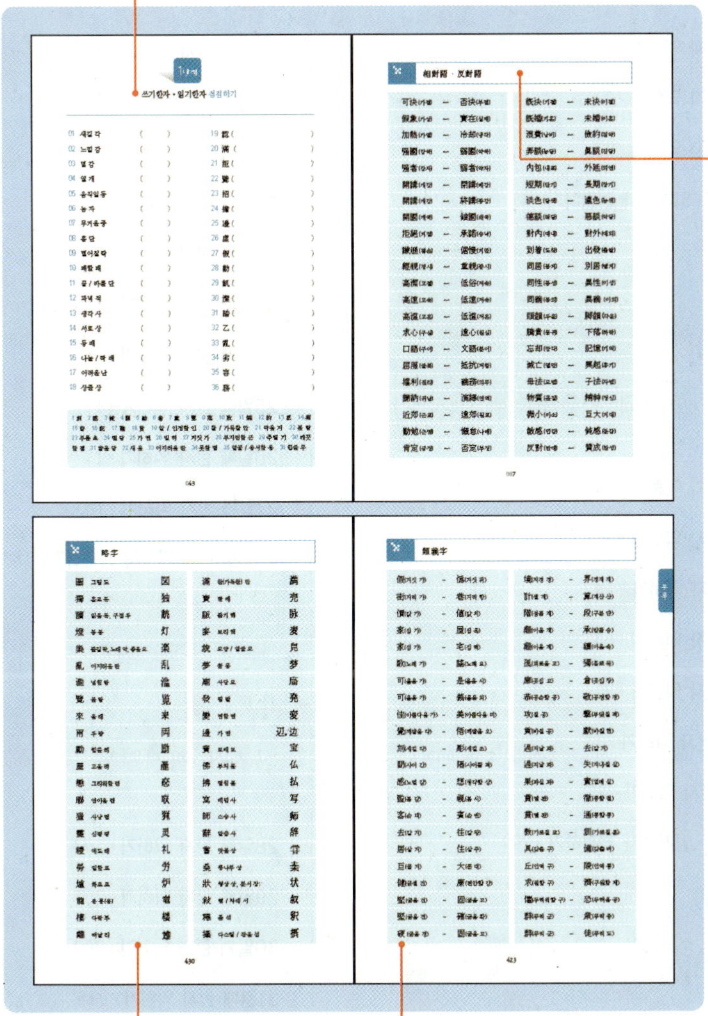

상대자 · 반대자

본문 1817자의 한자중 상대자/반대자와 상대어/반대어를 총망라 하였습니다. 단, 한자의 뜻은 일반적인 한자의 뜻이 아닌 그 한자에 맞는 음훈을 사용하였습니다.

보기 橫 (가로 횡) ↔ 縱 (세로 종)

약자

급 배정한자의 약자를 정리하였습니다. 약자는 간체자를 포함하였습니다.

유의자

본문 1817자의 한자유의어를 복습하는 과정으로 유의자만을 한 번에 모아 정리하였습니다. 단, 한자의 뜻은 기존에 자주 사용되는 한자의 뜻이 아니더라도 그 한자와 관련된 음훈을 사용하였습니다.

보기 將 (장수 장) - 卒 (군사 졸)

1. 전국한자능력검정시험 2005년 일정

1) 한국어문회

구 분		접 수 기 간		시험일시	합격자발표
		인터넷접수	접수처방문접수		
제29회	교육급수	03.07~03.10	03.23~03.25	04.30 15시	05.30
	공인급수	03.14~03.17	03.28~03.30	05.07 15시	06.02
제30회	교육급수	06.07~06.10	06.22~06.24	07.30 15시	08.29
	공인급수	06.13~06.16	06.27~06.29	08.06 15시	09.06
제31회	교육급수	09.12~09.15	09.28~09.30	11.05 15시	12.05
	공인급수	09.20~09.23	10.04~10.06	11.12 15시	12.12

2) 한국외국어평가원

구 분		접 수 기 간		시험일시	합격자발표
		인터넷접수	방문접수		
제69회	장려급수	01.07~01.21	01.17~01.21	02.20	03.11
	공인급수	미 시 행			
제70회	정려급수	03.04~03.18	03.14~03.18	04.17	05.06
	공인급수	03.04~03.18	03.14~03.18	04.16	05.06
제71회	장려급수	05.04~05.20	05.16~05.20	06.12	07.01
	공인급수	05.04~05.20	05.16~05.20	06.11	07.01
제72회	장려급수	07.04~07.18	07.13~07.18	08.21	09.09
	공인급수	07.04~07.18	07.13~07.18	08.20	09.09
제73회	장려급수	08.29~09.12	09.07~09.12	10.16	11.04
	공인급수	미 시 행			
제74회	장려급수	11.04~11.18	11.14~11.18	12.11	12.30
	공인급수	11.14~11.18	11.14~11.18	12.10	12.30

3) 한국한자급수자격평가원

구 분		접 수 기 간		시험일시	합격자발표
		인터넷접수	방문접수		
제22회	교양한자급수	12.01~01.15	12.01~01.22	02.26(토) 15시	04.04
	국가공인급수			03.05(토) 15시	
제23회	교양한자급수	03.21~04.09	03.21~04.16	05.14(토) 15시	06.20
	국가공인급수			05.21(토) 15시	
제24회	교양한자급수	06.13~07.16	06.13~07.23	08.27(토) 15시	10.01
	국가공인급수			09.03(토) 15시	
제25회	교양한자급수	09.20~10.01	09.20~10.08	11.05(토) 15시	12.12
	국가공인급수			11.12(토) 15시	

4) 대한민국한자급수자격검정회

구 분		접 수 기 간		시험일시	합격자발표
		인터넷접수	방문접수		
제26회	6급~3급	02.28~03.18	02.28~03.18	04.23 15시	05. 30(월)
	준2급~사범			04.30 15시	
제27회	6급~3급	04.11~04.29	04.11~04.29	05.28 15시	07. 04(월)
	준2급~사범			06.04 15시	
제28회	6급~3급	07.04~07.22	07.04~07.22	09.03 15시	10. 10(월)
	준2급~사범			09.10 15시	
제29회	6급~3급	09.26~10.14	09.26~10.14	11.12 15시	12. 19(월)
	준2급~사범			11.19 15시	

2. 유의사항(한국어문회 시행 검정시험 기준)

1) 시험요강

공인급수는 1급 · 2급 · 3급 · 3급II이며, 교육급수는 4급 · 4급II · 5급 · 6급 · 6급II · 7급 · 8급입니다. 전국
한자능력검정시험 18회부터 28회까지 한자능력급수 4급 취득자는 국가공인자격으로 평생 유효합니다. 응시
원서는 방문접수기간 동안 각 고사장의 해당 접수처에서 교부하며, 1인당 50매 이하만 접수할 수 있습니다.
고사장 수용인원에 따라 고사장별로 조기마감될 수 있습니다. 방문접수 시간은 09:00부터 18:00까지입니다.
단, 방문접수 마감시간은 각 접수처의 근무시간에 따라 다를 수 있습니다. 인터넷 접수 시간은 인터넷 접수
시작일 09:00부터 인터넷 접수 마감일 24:00까지입니다. 계좌이체로 결제하실 경우는 인터넷 접수 기간 내
해당 은행 영업시간 동안에만 접수할 수 있습니다.
인터넷접수는 www.hangum.re.kr 에서 전국 고사장을 대상으로 실시합니다.
시험 당일 반드시 접수하신 해당 고사장에서 지원 급수로 응시하여야 하며, 타 고사장에서 응시하거나, 지원
한 급수가 아닌 타 급수로 응시한 경우는 0점 처리됩니다.
합격발표는 ARS 060-800-1100, 인터넷접수 사이트 www.hangum.re.kr에서 발표합니다.

2) 응시자격

전국한자능력검정시험은 모든 급수에 누구나 응시 가능합니다(제29회부터 적용).
재학여부, 학력, 소속, 연령, 국적 등에 상관없이 원하는 급수에 응시할 수 있습니다.

3) 시험시간

1급	2급 · 3급 · 3급II	4급 · 4급II · 5급 · 6급 · 6급II · 7급 · 8급
90분	60분	50분

4) 급수별 배정한자 및 시험 특성

급수	읽기	쓰기	수준 및 특성
1급	3,500자	2,005자	국한혼용 고전을 불편 없이 읽고, 공부할 수 있는 수준
2급	2,355자	1,817자	일상 한자어를 구사할 수 있는 수준
3급	1,817자	1,000자	신문 또는 일반 교양서를 읽을 수 있는 수준
3급Ⅱ	1,500자	750자	4급과 3급의 격차를 해소하기 위한 급수
4급	1,000자	500자	초급에서 중급으로 올라가는 급수
4급Ⅱ	750자	400자	5급과 4급의 격차를 해소하기 위한 급수
5급	500자	300자	학습용 한자 쓰기를 시작하는 급수
6급	300자	150자	기초 한자 쓰기를 시작하는 급수
6급Ⅱ	300자	50자	한자 쓰기를 시작하는 첫 급수
7급	150자	–	한자 공부를 처음 시작하는 분을 위한 초급단계
8급	50자	–	미취학생 또는 초등학생의 학습동기 부여를 위한 급수

5) 문제유형별 출제기준

· 讀音 : 한자의 소리를 묻는 문제입니다. 독음은 두음법칙, 속음현상, 장단음과도 관련이 있습니다.

· 訓音 : 한자의 뜻과 소리를 동시에 묻는 문제입니다. 특히 대표훈음을 익히시기 바랍니다.

· 漢字쓰기 : 제시된 뜻, 소리, 단어 등에 해당하는 한자를 쓸 수 있는가를 확인하는 문제입니다.

· 部首 : 한자의 부수를 묻는 문제입니다. 부수는 한자의 뜻을 짐작할 수 있는 중요한 부분입니다.

· 筆順 : 한 획 한 획의 쓰는 순서를 알고 있는 가를 묻는 문제입니다. 글자를 바르게 쓰기 위해 필요합니다.

· 長短音 : 한자 단어의 첫소리 발음이 길고 짧음을 구분하고 있는가를 묻는 문제입니다. 4급 이상에서만 출제됩니다.

· 反義語/反意語.相對語 : 어떤 글자(단어)와 반대 또는 상대되는 글자(단어)를 알고 있는가를 묻는 문제입니다.

· 同義語/同意語.類義語 : 어떤 글자(단어)와 뜻이 같거나 유사한 글자(단어)를 알고 있는가를 묻는 문제입니다.

· 同音異義語 : 소리는 같고, 뜻은 다른 단어를 알고 있는가를 묻는 문제입니다.

· 뜻풀이 : 고사성어나 단어의 뜻을 제대로 알고 있는가를 묻는 문제입니다.

· 略字 : 한자의 획을 줄여서 만든 略字를 알고 있는가를 묻는 문제입니다.

· 完成型 : 고사성어나 단어의 빈칸을 채우도록 하여 단어와 성어의 이해력 및 조어력을 묻는 문제입니다.

6) 급수별 출제기준

구분	1급	2급	3급	3급II	4급	4급II	5급	6급	6급II	7급	8급
讀音	50	45	45	45	30	35	35	33	32	32	24
漢字쓰기	40	30	30	30	20	20	20	20	10	0	0
訓音	32	27	27	27	22	22	23	22	29	30	24
完成型	15	10	10	10	5	5	4	3	2	2	0
反義語	10	10	10	10	3	3	3	3	2	2	0
뜻풀이	10	5	5	5	3	3	3	2	2	2	0
同音異義語	10	5	5	5	3	3	3	2	0	0	0
部首	10	5	5	5	3	3	0	0	0	0	0
同義語	10	5	5	5	3	3	3	2	0	0	0
長短音	10	5	5	5	5	0	0	0	0	0	0
略字	3	3	3	3	3	3	3	0	0	0	0
筆順	0	0	0	0	0	0	3	3	3	2	2
出題問項(計)	200	150	150	150	100	100	100	90	80	70	50

7) 합격기준

구분	1급	2급 · 3급 · 3급II	4급 · 4급II · 5급	6급	6급II	7급	8급
출제문항	200	150	100	90	80	70	50
합격문항	180	105	70	60	56	49	35

:: 육서법

육서법이란 한자의 구성상의 여섯 가지 유형 즉, 상형문자(象形文字), 지사문자(指事文字), 회의문자(會意文字), 형성문자(形聲文字), 전주문자(轉注文字), 가차문자(假借文字)를 말합니다.

1 상형문자(象形文字)

사물(물체)의 모양을 본떠서 그 사물과 관련되게 만든 글자를 말합니다.

예 日(날 일)

山(산 산)

川(내 천)

人(사람 인)

2 지사문자(指事文字)

수량이나 위치와 같이 사물의 모양을 본 떠서 만들 수 없는 자는 추상적인 개념을 상징적으로 하여 만든 글자를 말합니다.

예 一(하나 일) | 二(두 이) | 上(위 상) | 中(가운데 중) | 下(아래 하)

3 회의문자(會意文字)

이미 만들어져 있는 글자에 둘 이상의 한자를 뜻으로 결합시켜 새 글자를 만드는 방법을 말합니다.

예 日(날 일) + 月(달 월) = 明(밝을 명)

亻(사람 인) + 木(나무 목) = 休(쉬다 휴)

亻(사람 인) + 言(말씀 언) + 信(믿을 신)

女(계집 녀) + 子(사내 남) = 好(좋아할 호)

木(나무 목) + 木(나무 목) = 林(수풀 림)

4 형성문자(形聲文字)

이미 만들어져 있는 글자에 뜻을 나타내는 글자와 같은 음을 나타내는 글자를 결합하여 새 한자를 만드는 방법을 말합니다.

예 氵(물 수) + 靑(푸를 청) = 淸(맑을 청)
    뜻   같은 음

   門(문 문) + 口(입 구) = 問(물을 문)
   같은 음   뜻

   艸(풀 초) + 化(될 화) = 花(꽃 화)
    뜻   같은 음

5 전주문자(轉注文字)

어떤 한자의 원래의 뜻을 비슷한 뜻으로 바꾸는 문자를 말합니다.

예 樂(즐거울 락) / 樂(좋아할 요)

   惡(악할 악) / 惡(미워할 오)

   道(길 도) / 道(말할 도)

6 가차문자(假借文字)

어떤 뜻을 나타내는 한자(글자)가 없을 때, 뜻은 다르나 음이 같은 글자를 빌려 쓰는 방법을 말합니다.

예 伊太利(이태리) – 이탈리아

   亞細亞(아세아) – 아시아

   佛蘭西(불란서) – 프랑스

:: 부수의 위치

1 邊(변) – 한자에서 글자의 왼쪽 부분을 차지하는 부수를 말합니다.

價(값 가) – 亻(부수)
均(고를 균) – 土(부수)

2 傍(방) – 한자에서 글자의 오른쪽 부분을 차지하는 부수를 말합니다.

改(고칠 개) – 攵(부수)
恥(부끄러울 치) – 心(부수)

3 冠(관, 머리) – 한자에서 글자의 윗 부분에 놓여 있는 부수를 말합니다.

寄(부칠 기) – 宀(부수)
異(다를 이) – 田(부수)

4 脚(각, 발) – 한자에서 글자의 아랫부분에 놓인 부수를 말합니다.

禁(금할 금) – 示(부수)
烈(매울 렬) – 灬(부수)

5 밑(엄호) – 한자에서 글자의 위쪽과 왼쪽부분을 에워싸는 부수를 말합니다.

履(밟을 리) – 尸(부수)
度(법도 도) – 广(부수)

6 받침 – 한자에서 글자의 왼쪽과 아래쪽을 에워싸는 부수를 말합니다.

起(일어날 기) – 走(부수)
建(세울 건) – 廴(부수)

7 몸 – 한자에서 글자의 둘레를 감싸는 부수를 말합니다.

開(열 개) – 門(부수)
圍(에워쌀 위) – 囗(부수)

8 제부수 – 한 글자전체가 부수인 한자를 말합니다.

良 어질 량 – 良(부수)
老(늙을 로) – 老(부수)

반드시 알아야 할 최우선순위 한자 120

1단계

새소리와 벌레 소리는 모두 마음을 전하는 비결이며,
아름다운 꽃잎과 풀빛은 진리를 나타내는 문장이다.
배우는 사람은 마음을 맑게 하고 가슴을 밝게 하여
보고 듣는 모든 것에서 항상 깨달음이 있어야 한다.

鳥語蟲聲 總是全心之訣 花英草色 無非見道之文 學者要天機淸澈 胸次玲瓏 觸物皆有會心處

- 채근담 중에서 -

본 편에 수록된 한자는 120자로서 학습일은 4일입니다.
1단계에 수록된 한자는 지난 30회까지의 시험에서 빈번하게 출제되었던 한자입니다.
즉, 1회부터 30회까지의 한자능력검정시험에서 10회 ~ 23회 출제된 한자로서, 3급 배정한자를
공부하기 위한 첫 단계에서 반드시 정복해야 하는 한자입니다.

학습순서

1 미리 확인하기를 통해 우선 본인이 음과 훈, 부수, 약자 등을 알고 있는 한자를 먼저 체크해
  봅니다.

2 본인이 모르고 있거나 확실치 않은 한자를 중심으로 본문 순서에 따라 학습을 합니다.
  이 때 단순히 한자의 음과 훈만을 위주로 기억하지 말고, 부수 · 유의어 · 반의어 · 약자 등을
  모두 익혀두셔야 합니다.

3 모두 암기가 되었다면, 오늘의 단어와 관련이 있는 사자성어를 익혀 둡니다.

4 본문 학습이 끝난 후에는 한자 검검하기를 통해 본인의 학습정도를 체크해 봅니다. 한자 점검
  하기의 문제는 실제 출제되는 문제의 유형에 따라 그날 분의 한자로 구성한 것입니다.

5 4일분의 학습 분량이 끝나면 각 단원의 쓰기한자, 읽기한자 연습이 있습니다. 쓰기한자와 읽기
  한자 연습을 통해 다시 한번 앞에서 공부한 내용을 확인해 둡니다. 쓰기한자는 4급과 4급Ⅱ 위주
  의 문제이고, 읽기한자는 3급과 3급Ⅱ 위주의 문제입니다(그러나 반드시 일치하지는 않습니다).

미리 확인하기   o x   o x

假	假 假 假 假 假	□ □	難	難 難 難 難 難	□ □
價	價 價 價 價 價	□ □	單	單 單 單 單 單	□ □
刻	刻 刻 刻 刻 刻	□ □	端	端 端 端 端 端	□ □
簡	簡 簡 簡 簡 簡	□ □	擔	擔 擔 擔 擔 擔	□ □
減	減 減 減 減 減	□ □	踏	踏 踏 踏 踏 踏	□ □
感	感 感 感 感 感	□ □	對	對 對 對 對 對	□ □
開	開 開 開 開 開	□ □	同	同 同 同 同 同	□ □
拒	拒 拒 拒 拒 拒	□ □	東	東 東 東 東 東	□ □
擊	擊 擊 擊 擊 擊	□ □	動	動 動 動 動 動	□ □
潔	潔 潔 潔 潔 潔	□ □	頭	頭 頭 頭 頭 頭	□ □
空	空 空 空 空 空	□ □	落	落 落 落 落 落	□ □
過	過 過 過 過 過	□ □	亂	亂 亂 亂 亂 亂	□ □
勤	勤 勤 勤 勤 勤	□ □	覽	覽 覽 覽 覽 覽	□ □
氣	氣 氣 氣 氣 氣	□ □	來	來 來 來 來 來	□ □
飢	飢 飢 飢 飢 飢	□ □	劣	劣 劣 劣 劣 劣	□ □

改過遷善 □ □ □ □   孤掌難鳴 □ □ □ □
白骨難忘 □ □ □ □   同價紅裳 □ □ □ □

0001 4급Ⅱ	假 거짓 가:	부 亻(人) 유 僞 거짓 위 반 眞 참 진 약 仮 假令(가:령) 假相(가:상) 假象(가:상) 假設(가:설) 假飾(가:식) 참고 假象(가상) ↔ 實在(실재)
0002 5급	價 값 가	부 亻(人) 유 値 값 치 약 価 價值(가치) 代價(대:가) 眞價(진가) 評價(평:가) 同價紅裳(동가홍상)
0003 4급	刻 새길 각	부 刂(刀) 유 彫 새길 조 遲刻(지각) 刻苦勉勵(각고면려) 刻骨難忘(각골난망) 刻舟求劍(각주구검) 　　　　　　고생을 무릅쓰고 열심히 노력함　　　　　　　　'어리석고 미련하여 융통성이 　　　　　　　　　　　　　　　　　　　　　　　　　　없음'을 비유하여 이르는 말
0004 4급	簡 대쪽/간략할/ 편지 간(:)	부 竹 유 略 간략할 략 簡略(간략) 簡易(간:이) 簡單(간단) 簡素(간소) 簡紙(간:지) 　　　　　　　　　　　　　　　　　　　　　　　　장지[壯紙]로 된 편지지
0005 4급Ⅱ	減 덜 감:	부 氵(水) 반 加 더할 가, 增 더할 증 加減(가감) 減免(감:면) 削減(삭감) 漸減(점:감) 增減(증감)
0006 6급	感 느낄 감:	부 心(忄) 유 想 생각할 상 感激(감:격) 感想(감:상) 感性(감:성) 感情(감:정) 使命感(사명감) 참고 感情(감정) ↔ 理性(이성)
0007 6급	開 열 개	부 門 반 閉 닫을 폐 開幕(개막) 開發(개발) 開放(개방) 開封(개봉) 開閉(개폐)
0008 4급	拒 막을 거:	부 扌(手) 유 抗 막을 항, 障 막을 장 拒否(거:부) 拒逆(거:역) 拒絕(거:절) 拒止(거:지) 抗拒(항:거) 　　　　　　　　　　　　　　　　　　항거하여 막음
0009 4급	擊 칠 격	부 扌(手) 유 攻 칠 공, 打 칠 타 반 放 막을 방, 守 지킬 수 擊退(격퇴) 擊破(격파) 襲擊(습격) 衝擊(충격) 爆擊(폭격)
0010 4급Ⅱ	潔 깨끗할 결	부 氵(水) 유 純 순수할 순, 淸 맑을 청 潔白(결백) 高潔(고결) 純潔(순결) 廉潔(염결) 淨潔(정결) 　　　　　　　　　　　　　　　청렴하고 결백함
0011 7급	空 빌 공	부 穴 유 虛 빌 허 반 實 열매 실 空間(공간) 空氣(공기) 空欄(공란) 空想(공상) 蒼空(창공) 참고 空想(공상) ↔ 現實(현실)

01 일째 한자익히기 0012~0022

過 勤 氣 飢 難 單 端 擔 踏 對 同

0012 5급
過
지날 과:
部辶(辵) 類去 갈 거, 失 잃을 실, 誤 그릇할 오
過去(과:거)　過言(과:언)　改過遷善(개과천선)　過猶不及(과유불급)
[지나침은 미치지 못함과 같다는 뜻으로]
'중용[中庸]이 중함'을 이르는 말

0013 4급
勤
부지런할 근(:)
部力　反怠 게으를 태, 慢 게으를 만
皆勤(개근)　勤儉(근:검)　勤苦(근고)　勤務(근:무)　勤勞者(근로자)

0014 7급
氣
기운 기
部气　略気
氣力(기력)　氣流(기류)　氣像(기상)　煙氣(연기)　蒸氣(증기)

0015 3급
飢
주릴 기
部食　類餓 주릴 아
飢渴(기갈)　飢饉(기근)　飢餓(기아)　飢寒(기한)　虛飢(허기)
배고프고 목마름

0016 4급II
難
어려울 난(:)
部隹　反易 쉬울 이
難關(난관)　難局(난국)　難處(난:처)　難解(난해)　白骨難忘(백골난망)

0017 4급II
單
홑 단
部口　反厚 두터울 후, 複 겹옷 복　略単
單記(단기)　單獨(단독)　單純(단순)　單位(단위)　單刀直入(단도직입)

0018 4급II
端
끝/바를 단
部立　類極 지극할 극, 末 끝 말, 尾 꼬리 미
端末(단말)　端緒(단서)　端言(단언)　端午(단오)　端正(단정)　異端(이:단)

0019 4급II
擔
멜 담
部扌(手)　略担
擔當(담당)　擔保(담보)　擔任(담임)　擔負(담부)　擔稅者(담세자)

0020 3급II
踏
밟을 답
部足
踏步(답보)　踏查(답사)　踏襲(답습)　踏靑(답청)　洗踏(세:답)
봄에 파릇하게
난 풀을 밟으며
거니는 일
빨래

0021 6급
對
대할 대:
部寸　略対
對見(대:견)　對決(대:결)　對內(대:내)　對談(대:담)　刮目相對(괄목상대)
참고 對內(대내) ↔ 對外(대외)
[주로 손아랫사람의 학식이나 재주 따위가
놀랍도록 향상된 경우에, 이를 놀라워하는
뜻으로 쓰이어] 눈을 비비고 다시 봄

0022 7급
同
한가지 동
部口　反異 다를 이
同感(동감)　同甲(동갑)　同門(동문)　同性(동성)　同義(동의)
同苦同樂(동고동락)　同病相憐(동병상련)　同床異夢(동상이몽)
참고 同性(동성) ↔ 異性(이성)

0023　8급　**東**　동녘 동

㊎木　㊠西 서녘 서

東歐(동구)　東盟(동맹)　東風(동풍)　東學(동학)　東海(동해)

<u>東塗西抹(동도서말)</u>　東奔西走(동분서주)

[동쪽에서 바르고 서쪽에서 지운다는 뜻
으로] 이리저리 간신히 꾸며 대어 맞춤

0024　7급　**動**　움직일 동:

㊎力　㊠靜 고요할 정, 止 멈출 지

<u>動亂</u>(동:란)　動力(동:력)　動脈(동:맥)　動靜(동:정)　動名詞(동명사)
난리

0025　6급　**頭**　머리 두

㊎頁　㊒首 머리 수　㊠尾 꼬리 미

頭眉(두미)　頭髮(두발)　頭書(두서)　頭韻(두운)　頭痛(두통)　頭皮(두피)

참고　頭韻(두운) ↔ 脚韻(각운)

0026　5급　**落**　떨어질 락(낙)

㊎艹(艸)　㊠及 미칠 급, 當 마땅 당

落山(낙산)　落葉(낙엽)　落花(낙화)　落下(낙하)　落鄕(낙향)

0027　4급　**亂**　어지러울 란(난):

㊎乙　㊭乱

亂家(난:가)　亂局(난:국)　亂動(난:동)　亂立(난:립)　亂雜(난:잡)
[말썽이 그치지 않는] 화목하지 못한 집안

0028　4급　**覽**　볼 람

㊎見　㊭览

觀覽(관람)　博覽(박람)　回覽(회람)　遊覽船(유람선)　展覽會(전람회)

0029　7급　**來**　올 래(내)(:)

㊎人　㊠往 갈 왕, 去 갈 거　㊭来

來客(내:객)　來年(내년)　來賓(내:빈)　來日(내일)　來後年(내후년)

0030　3급　**劣**　못할 렬(열)

㊎力　㊠優 넉넉할 우

劣等(열등)　劣性(열성)　劣惡(열악)　庸劣(용렬)　<u>拙劣(졸렬)</u>
서투르고 보잘 것 없음

참고　劣等(열등) ↔ 優等(우등)

| 오늘의사자성어 |

改過遷善　개과천선　잘못을 고치어 착하게 됨

孤掌難鳴　고장난명　외손뼉으로는 소리를 내기가 어렵듯이 혼자서는 일을 하기가 어려우므로 협동이
필요하다는 뜻

白骨難忘　백골난망　죽어서 백골이 된다 하여도 은혜를 잊을 수 없음

同價紅裳　동가홍상　이왕이면 좋은 것을 갖는다는 말

I 다음 漢字語의 讀音을 쓰시오.

① 開放	② 評價	③ 遲刻	④ 對談
⑤ 增減	⑥ 感情	⑦ 劣等	⑧ 抗拒
⑨ 難解	⑩ 空間	⑪ 飢渴	⑫ 踏襲
⑬ 落葉	⑭ 動脈	⑮ 單記	⑯ 端正
⑰ 東盟	⑱ 勤儉	⑲ 潔白	⑳ 擊破
㉑ 簡單	㉒ 煙氣	㉓ 過去	㉔ 來航
㉕ 假飾	㉖ 亂局	㉗ 頭痛	㉘ 展覽會
㉙ 擔稅者	㉚ 同病相憐		

2 다음 漢字의 訓과 音을 쓰시오.

① 假   ② 減   ③ 抗   ④ 潔
⑤ 勤   ⑥ 飢   ⑦ 端   ⑧ 踏

3 다음의 訓과 音을 지닌 漢字를 쓰시오.

① 새길 각   ② 칠 격   ③ 멜 담   ④ 볼 람

4 밑줄 그은 單語를 漢字語로 쓰시오.

① 내가 그렇게 단정하는 것은 과언은 아니다.
② 혜숙이는 항상 옷을 단정하게 입고 다닌다.
③ 이번 여름에 울릉도로 가자는 의견에는 나도 동감이야.
④ 어제 그는 길가에서 난동을 부렸다.
⑤ 다음 달에 세계적인 배우들이 내한한다고 한다.

5 다음 漢字語 중 첫소리가 長音인 것을 고르시오.

① ㄱ. 簡略   ㄴ. 簡易   ㄷ. 簡單   ㄹ. 簡素
② ㄱ. 飢渴   ㄴ. 開發   ㄷ. 價値   ㄹ. 勤儉
③ ㄱ. 亂局   ㄴ. 同感   ㄷ. 頭韻   ㄹ. 落葉

01

6 다음 빈칸에 뜻이 反對 또는 相反 되는 漢字를 쓰시오.

① 加 ↔ (　　)　　② 閉 ↔ (　　)　　③ 放 ↔ (　　)　　④ (　　) ↔ 怠

⑤ (　　) ↔ 易　　⑥ (　　) ↔ 複　　⑦ (　　) ↔ 尾

7 다음 빈칸에 訓이 같거나 유사한 漢字를 써 넣어 單語를 完成하시오.

① (　　)値　　② (　　)擊　　③ 淸(　　)　　④ 彫(　　)

⑤ (　　)虛　　⑥ (　　)首

8 다음 빈 칸에 알맞은 漢字를 써넣어 四字成語를 완성하시오.

① 同(　　)紅裳　　② 刻(　　)難忘　　③ (　　)床異夢　　④ (　　)奔西走

9 다음 漢字의 部首를 쓰시오.

① 覽　　　　② 空　　　　③ 難　　　　④ 端

⑤ 踏　　　　⑥ 同　　　　⑦ 落

10 다음 漢字語의 뜻을 쓰시오.

① 端末　　　　② 踏襲　　　　③ 東歐

11 다음 漢字의 略字를 쓰시오.

① 假　　　　② 價　　　　③ 亂　　　　④ 單

⑤ 擔　　　　⑥ 對

정답

1 ① 개방 ② 평가 ③ 지각 ④ 대담 ⑤ 증감 ⑥ 감정 ⑦ 열등 ⑧ 항거 ⑨ 난해 ⑩ 공간 ⑪ 기갈 ⑫ 답습 ⑬ 낙엽 ⑭ 동맥 ⑮ 단기 ⑯ 단정 ⑰ 동맹 ⑱ 근검 ⑲ 결백 ⑳ 격파 ㉑ 간단 ㉒ 연기 ㉓ 과거 ㉔ 내항 ㉕ 가식 ㉖ 난국 ㉗ 두통 ㉘ 전람회 ㉙ 담세자 ㉚ 동병상련 **2** ① 거짓 가 ② 덜 감 ③ 막을 거 ④ 깨끗할 결 ⑤ 부지런할 근 ⑥ 주릴 기 ⑦ 끝 단 ⑧ 밟을 답 **3** ① 刻 ② 擊 ③ 擔 ④ 覽 **4** ① 過言 ② 端正 ③ 同感 ④ 亂動 ⑤ 來韓 **5** ① ㄴ ② ㄹ ③ ㄱ **6** ① 減 ② 開 ③ 擊 ④ 勤 ⑤ 難 ⑥ 單 ⑦ 頭 **7** ① 價 ② 打 ③ 潔 ④ 刻 ⑤ 空 ⑥ 頭 **8** ① 價 ② 骨 ③ 同 ④ 東 **9** ① 見 ② 穴 ③ 隹 ④ 立 ⑤ 足 ⑥ 口 ⑦ ⺿(艸) **10** ① 말의 끄트머리 ② 그 때까지 내려온 것을 계속 이어나가거나 따름 ③ 동유럽 **11** ① 仮 ② 価 ③ 乱 ④ 単 ⑤ 担 ⑥ 対

미리 확인하기   ㅇ X   ㅇ X

利	利 利 利 利 利	□ □		思	思 思 思 思 思	□ □
滿	滿 滿 滿 滿 滿	□ □		散	散 散 散 散 散	□ □
勉	勉 勉 勉 勉 勉	□ □		相	相 相 相 相 相	□ □
明	明 明 明 明 明	□ □		常	常 常 常 常 常	□ □
務	務 務 務 務 務	□ □		賞	賞 賞 賞 賞 賞	□ □
無	無 無 無 無 無	□ □		善	善 善 善 善 善	□ □
放	放 放 放 放 放	□ □		設	設 設 設 設 設	□ □
背	背 背 背 背 背	□ □		性	性 性 性 性 性	□ □
配	配 配 配 配 配	□ □		盛	盛 盛 盛 盛 盛	□ □
罰	罰 罰 罰 罰 罰	□ □		鎖	鎖 鎖 鎖 鎖 鎖	□ □
邊	邊 邊 邊 邊 邊	□ □		識	識 識 識 識 識	□ □
保	保 保 保 保 保	□ □		信	信 信 信 信 信	□ □
婦	婦 婦 婦 婦 婦	□ □		安	安 安 安 安 安	□ □
備	備 備 備 備 備	□ □		暗	暗 暗 暗 暗 暗	□ □
事	事 事 事 事 事	□ □		汚	汚 汚 汚 汚 汚	□ □

信賞必罰 □ □ □ □   善供無德 □ □ □ □

安分知足 □ □ □ □   善男善女 □ □ □ □

0031 **利** 6급 이로울 **리(이):** 부 刂(刀) 반 害 해로울 해
利益(이:익) 利子(이:자) 甘言利說(감언이설) 利害打算(이해타산)
참고 利益(이익) ↔ 損失(손실), 損害(손해)

0032 **滿** 4급II 찰/가득찰 **만(:)** 부 氵(水) 반 虛 빌 허 약 満
滿了(만료) 滿面(만:면) 滿發(만:발) 滿足(만족) 滿空山(만공산)

0033 **勉** 4급 힘쓸 **면:** 부 力 유 勵 힘쓸 려
勸勉(권:면) 勉勵(면:려) 勉從(면:종) 勉學(면:학) 勉行(면:행)
마지못해 복종함

0034 **明** 6급 밝을 **명** 부 日 반 暗 어두울 암
明記(명기) 明度(명도) 明朗(명랑) 明暗(명암) 明若觀火(명약관화)
불을 보듯이 명백함

0035 **務** 4급II 힘쓸 **무:** 부 力 유 勞 일할 로
務望(무:망) 務本(무:본) 事務(사:무) 業務(업무) 務實力行(무실역행)
참되고 실속 있도록 힘써 실행함

0036 **無** 5급 없을 **무** 부 灬(火) 반 有 있을 유
無窮(무궁) 無能(무능) 無聲(무성) 無線(무선) 無加糖(무가당)

0037 **放** 6급 놓을 **방(:)** 부 攵(攴) 유 釋 풀 석
放浪(방:랑) 放流(방:류) 放送(방:송) 放學(방학) 放聲痛哭(방성통곡)

0038 **背** 4급II 등 **배:** 부 月(肉) 반 腹 배 복
背景(배:경) 背信(배:신) 背山臨水(배산임수) 背恩忘德(배은망덕)
참고 背景(배경) ↔ 前景(전경)

0039 **配** 4급II 나눌/짝 **배:** 부 酉 유 偶 짝 우, 匹 짝 필
配給(배:급) 配當(배:당) 配役(배:역) 配偶(배:우) 配匹(배:필)

0040 **罰** 4급II 벌할/죄 **벌** 부 罒(网) 반 賞 상줄 상
罰金(벌금) 罰點(벌점) 罰則(벌칙) 懲罰(징벌) 處罰(처:벌) 刑罰(형벌)

0041 **邊** 4급II 가 **변** 부 辶(辵) 약 辺, 边
江邊(강변) 爐邊(노변) 邊界(변계) 邊方(변방) 邊域(변역)
변경 지역

02일째 한자익히기 0042~0052

保 婦 備 事 思 散 相 常 賞 善 設

0042 保 4급II 지킬 보(:)
- (부) 亻(人) (유) 守 지킬 수
- 保健(보:건) 保管(보:관) 保釋(보:석) 保守(보:수) 保育(보:육) 保證(보증)

0043 婦 4급II 며느리 부
- (부) 女 (유) 妻 아내 처 (반) 姑 시어머니 고, 夫 지아비 부
- 姑婦(고부) 婦女(부녀) 婦德(부덕) 夫婦(부부) 夫婦有別(부부유별)
  - 오륜의 하나. 부부 사이에는 엄격히 지켜야 할 인륜의 구별이 있음

0044 備 4급II 갖출 비:
- (부) 亻(人) (유) 具 갖출 구
- 備考(비:고) 備蓄(비:축) 備品(비:품) 豫備(예:비) 有備無患(유비무환)
  - '준비가 있으면 근심할 것이 없음'을 이르는 말

0045 事 7급 일 사:
- (부) 亅
- 事故(사:고) 事記(사:기) 事端(사:단) 事實(사:실) 事必歸正(사필귀정)

0046 思 5급 생각 사(:)
- (부) 心 (유) 念 생각 념, 考 헤아릴 고, 慮 생각할 려, 想 생각 상
- 思考(사고) 思念(사념) 思慮(사려) 思想(사:상) 思索(사색)

0047 散 4급 흩을 산:
- (부) 攵(攴) (유) 漫 흩어질 만 (반) 集 모을 집
- 散漫(산:만) 散文(산:문) 散失(산:실) 散策(산:책) 擴散(확산)

0048 相 5급 서로 상
- (부) 目 (유) 互 서로 호
- 相計(상계) 相談(상담) 相殺(상쇄) 相當數(상당수) 相對的(상대적)
  - 참고 相對的(상대적) ↔ 絕對的(절대적)

0049 常 4급II 떳떳할/항상 상
- (부) 巾 (유) 恒 항상 항 (반) 班 나눌 반
- 常規(상규) 常例(상례) 常識(상식) 常用(상용) 常平通寶(상평통보)
  - 참고 常例(상례) ↔ 特例(특례)

0050 賞 5급 상줄 상
- (부) 貝 (반) 罰 죄 벌
- 賞格(상격) 賞罰(상벌) 賞與(상여) 賞品(상품) 信賞必罰(신상필벌)

0051 善 5급 착할 선:
- (부) 口 (반) 惡 악할 악
- 善德(선:덕) 善隣(선:린) 善柔(선:유) 善行(선:행) 善供無德(선공무덕)
  - 이웃과 사이좋게 지냄. 또는 그러한 이웃

0052 設 4급II 베풀 설
- (부) 言 (유) 施 베풀 시
- 假設(가:설) 設計(설계) 設立(설립) 設問(설문) 設宴(설연) 設定(설정)
  - 잔치를 베풂

0053 5급 — 性
성품/성 성: 忄(心)
性格(성:격)　性能(성:능)　性別(성:별)　理性(이:성)　性理學(성리학)

0054 4급Ⅱ — 盛
성할 성: 皿 ⊕茂 우거질 무, 隆 성할 융 ⊕衰 쇠할 쇠
盛開(성:개)　盛氣(성:기)　盛年(성:년)　盛大(성:대)　盛衰(성:쇠)

0055 3급Ⅱ — 鎖
쇠사슬 쇄: 金
封鎖(봉쇄)　鎖國(쇄:국)　鎖門(쇄:문)　連鎖(연쇄)　閉鎖(폐:쇄)
참고 鎖國(쇄국) ↔ 開國(개국) 문을 걸어 잠금

0056 5급 — 識
알 식 / 기록할 지: 言 ⊕知 알 지
識見(식견)　識別(식별)　意識(의:식)　知識(지식)　目不識丁(목불식정)
標識(표지)
['丁' 자도 알아보지 못한다는 뜻으로]
'글자를 전혀 모름, 또는 그러한 사람'을
비유하는 말

0057 6급 — 信
믿을 신: 亻(人)
信念(신:념)　信賴(신:뢰)　信奉(신:봉)　信書(신:서)　信仰(신:앙)

0058 7급 — 安
편안할 안: 宀 ⊕危 위태할 위
安眠(안면)　安保(안보)　安居危思(안거위사)　安分知足(안분지족)
편안하고 무사한 때일수록 어려운
일이 닥칠 때를 생각하여 미리 대비함

0059 4급Ⅱ — 暗
어두울 암: 日 ⊕明 밝을 명
暗記(암:기)　暗誦(암:송)　暗數(암:수)　暗示(암:시)　暗號(암:호)

0060 3급 — 汚
더러울 오: 氵(水) ⊕潔 깨끗할 결
汚名(오:명)　汚物(오:물)　汚染(오:염)　汚辱(오:욕)　貪官汚吏(탐관오리)

| 오늘의 사자성어 |

信賞必罰 신상필벌　[상을 줄만한 사람에게는 상을 주고, 벌을 줄만한 사람에게는 벌을 준다는 뜻으로] 상과 벌을 규정대로 분명하게 함을 이르는 말

安分知足 안분지족　제 분수를 지키며 만족할 줄을 앎

善供無德 선공무덕　[부처를 잘 공양하였으나 공덕이 없다는 뜻] 남을 위하여 힘껏 노력하였으나 아무런 보답이 없었음을 이르는 말

善男善女 선남선녀　착하고 어진사람 들. 즉 보통 사람을 일컫는 말

1 다음 漢字語의 讀音을 쓰시오.

① 安眠	② 暗號	③ 邊方	④ 閉鎖
⑤ 假設	⑥ 賞品	⑦ 信賴	⑧ 常識
⑨ 利益	⑩ 盛衰	⑪ 善隣	⑫ 備蓄
⑬ 背景	⑭ 滿了	⑮ 事端	⑯ 務望
⑰ 相談	⑱ 汚染	⑲ 擴散	⑳ 罰則
㉑ 配當	㉒ 保釋	㉓ 無線	㉔ 勉勵
㉕ 明朗	㉖ 放浪	㉗ 姑婦	㉘ 性格
㉙ 思索	㉚ 識別		

2 다음 漢字의 訓과 音을 쓰시오.

① 鎖	② 務	③ 罰	④ 勉
⑤ 備	⑥ 暗	⑦ 汚	

3 다음의 訓과 音을 지닌 漢字를 쓰시오.

① 성할 성	② 흩을 산	③ 항상 상	④ 지킬 보
⑤ 나눌 배	⑥ 베풀 설	⑦ 등 배	⑧ 가득찰 만

4 밑줄 그은 單語를 漢字語로 쓰시오.

① 명월이 <u>만공산</u>하니 쉬어간들 어떠하리.

② 교통법규를 위반하면 <u>벌금</u>을 내야 한다.

③ 윤중로에 벚꽃구경을 갔었는데 벚꽃이 <u>만발</u>하게 피어있더라.

④ 민희가 한 말이 <u>상식</u>적으로 가능하다고 생각해?

⑤ 만일의 경우에 대비하여 식량을 <u>비축</u>해놓았다.

5 다음 漢字語 중 첫소리가 長音인 것을 고르시오.

① ㄱ. 滿朔 ㄴ. 滿發 ㄷ. 滿足 ㄹ. 滿了

② ㄱ. 思念 ㄴ. 思想 ㄷ. 思索 ㄹ. 思慮

6 다음 빈칸에 뜻이 反對 또는 相反 되는 漢字를 쓰시오.

① (　) ↔ 暗　② 腹 ↔ (　)　③ (　) ↔ 危　④ (　) ↔ 罰　⑤ (　) ↔ 惡

7 다음 漢字語에 反對 또는 相反 되는 漢字를 써넣어 單語를 完成하시오.

① 光明 ↔ (　)　② 鎖國 ↔ (　)　③ (　) ↔ 損害

8 다음 빈칸에 訓이 같거나 유사한 漢字를 써 넣어 單語를 完成하시오.

① (　)守　② 婦(　)　③ (　)匹　④ (　)慮
⑤ 知(　)　⑥ 施(　)　⑦ (　)念　⑧ (　)漫

9 다음 빈 칸에 알맞은 漢字를 써넣어 四字成語를 完成하시오.

① (　)分知足　② (　)賞必罰　③ 有(　)無患　④ 無念(　)想

10 다음 漢字의 部首를 쓰시오.

① 常　② 配　③ 散　④ 罰　⑤ 識　⑥ 安

11 다음 漢字語의 뜻을 쓰시오.

① 明記　② 事端　③ 盛開　④ 賞格

12 다음 漢字語 略字를 쓰시오.

① 滿　② 邊

정답

1 ① 안면 ② 암호 ③ 변방 ④ 폐쇄 ⑤ 가설 ⑥ 상품 ⑦ 신뢰 ⑧ 상식 ⑨ 이익 ⑩ 성쇠 ⑪ 선린 ⑫ 비축 ⑬ 배경 ⑭ 만료 ⑮ 사단 ⑯ 무망 ⑰ 상담 ⑱ 오염 ⑲ 확산 ⑳ 벌칙 ㉑ 배당 ㉒ 보석 ㉓ 무선 ㉔ 면려 ㉕ 명랑 ㉖ 방랑 ㉗ 고부 ㉘ 성격 ㉙ 사색 ㉚ 식별 **2** ① 쇠사슬 쇄 ② 힘쓸 무 ③ 벌할 벌 ④ 힘쓸 면 ⑤ 갖출 비 ⑥ 어두울 암 ⑦ 더러울 오 **3** ① 盛 ② 散 ③ 常 ④ 保 ⑤ 配 ⑥ 設 ⑦ 背 ⑧ 滿 **4** ① 滿空山 ② 罰金 ③ 滿發 ④ 常識的 ⑤ 備蓄 **5** ① ㄴ ② ㄴ **6** ① 明 ② 背 ③ 安 ④ 賞 ⑤ 善 **7** ① 暗黑 ② 開國 ③ 利益 **8** ① 保 ② 妻 ③ 配 ④ 思 ⑤ 識 ⑥ 設 ⑦ 思 ⑧ 散 **9** ① 安 ② 信 ③ 備 ④ 無 **10** ① 巾 ② 酉 ③ 攵(攴) ④ 罒(网) ⑤ 言 ⑥ 宀 **11** ① 똑똑히 밝히어 적음 ② 사건의 실마리 ③ [꽃이나 열매가] 한창 성하게 피는 것 ④ 상을 주는 격식 **12** ① 満 ② 辺, 边

미리 확인하기   o x   o x

外	外 外 外 外 外	□ □	創	創 創 創 創 創	□ □
容	容 容 容 容 容	□ □	體	體 體 體 體 體	□ □
遠	遠 遠 遠 遠 遠	□ □	招	招 招 招 招 招	□ □
僞	僞 僞 僞 僞 僞	□ □	縮	縮 縮 縮 縮 縮	□ □
異	異 異 異 異 異	□ □	出	出 出 出 出 出	□ □
認	認 認 認 認 認	□ □	派	派 派 派 派 派	□ □
字	字 字 字 字 字	□ □	敗	敗 敗 敗 敗 敗	□ □
者	者 者 者 者 者	□ □	閉	閉 閉 閉 閉 閉	□ □
的	的 的 的 的 的	□ □	表	表 表 表 表 表	□ □
正	正 正 正 正 正	□ □	必	必 必 必 必 必	□ □
靜	靜 靜 靜 靜 靜	□ □	學	學 學 學 學 學	□ □
重	重 重 重 重 重	□ □	海	海 海 海 海 海	□ □
之	之 之 之 之 之	□ □	鄕	鄕 鄕 鄕 鄕 鄕	□ □
直	直 直 直 直 直	□ □	虛	虛 虛 虛 虛 虛	□ □
察	察 察 察 察 察	□ □	紅	紅 紅 紅 紅 紅	□ □

遠交近攻 □ □ □ □   之東之西 □ □ □ □

識字憂患 □ □ □ □   不問曲直 □ □ □ □

0061 8급
外
바깥 외:
(부)夕　(반)內 안 내
外交(외:교)　外面(외:면)　外貌(외:모)　外叔(외:숙)　外樣(외:양)

0062 4급Ⅱ
容
얼굴 용
(부)宀　(유)顔 얼굴 안
容器(용기)　容量(용량)　容恕(용서)　容顔(용안)　容易(용이)　容華(용화)
예쁜 얼굴

0063 6급
遠
멀 원:
(부)辶(辵)　(반)近 가까울 근
深遠(심원)　遠境(원:경)　遠音(원:음)　遠征(원:정)　疏遠(소원)
친분이 가깝지 못하고 멂

0064 3급Ⅱ
僞
거짓 위
(부)亻(人)　(유)假 거짓 가　(반)眞 참 진　(약)偽
僞造(위조)　僞幣(위폐)　眞僞(진위)　虛僞(허위)　僞證罪(위증죄)
(참고) 虛僞(허위) ↔ 眞實(진실)

0065 4급
異
다를 이:
(부)田　(유)差 다를 차　(반)同 같을 동
異端(이:단)　異論(이:론)　異狀(이:상)　異性(이:성)　異意(이:의)

0066 4급Ⅱ
認
알/인정할 인
(부)言　(유)識 알 식
否認(부:인)　認可(인가)　認識(인식)　認容(인용)　認定(인정)　確認(확인)

0067 7급
字
글자 자
(부)子
文字(문자)　字典(자전)　字解(자해)　字幕(자막)　漢字(한:자)
[특히 한자에서의] 글자의 풀이

0068 6급
者
놈 자
(부)耂(老)
讀者(독자)　筆者(필자)　學者(학자)　結者解之(결자해지)
[맺은 사람이 풀어야 한다는 뜻으로] 일을 저지른
사람이 그 일을 해결해야 한다는 뜻

0069 5급
的
과녁 적
(부)白
的然(적연)　的中(적중)　的知(적지)　目的(목적)　肯定的(긍정적)
(참고) 肯定的(긍정적) ↔ 否定的(부정적)

0070 7급
正
바를 정(:)
(부)止　(유)直 곧을 직　(반)誤 그릇할 오
正道(정:도)　正式(정:식)　正月(정월)　正直(정:직)　正初(정초)

0071 4급
靜
고요할 정
(부)靑　(반)動 움직일 동
動靜(동:정)　靜脈(정맥)　靜物(정물)　靜肅(정숙)　靜寂(정적)

03일째 한자익히기 0072~0082

重 之 直 察 創 體 招 縮 出 派 敗

0072 7급

重 무거울 중:

㉕里 ㉑輕 가벼울 경

輕重(경중) 愼重(신:중) 重苦(중:고) 重大(중:대) 重言復言(중언부언)

참고 愼重(신중) ↔ 輕率(경솔)   └─ 참기 힘든 고통

0073 3급II

之 갈 지

㉕丿 ㉑往 갈 왕

之次(지차) 感之德之(감지덕지) 左之右之(좌지우지) 之東之西(지동지서)

0074 7급

直 곧을 직

㉕目 ㉑正 바를 정 ㉑曲 굽을 곡

曲直(곡직) 直角(직각) 直結(직결) 直觀(직관) 直說(직설) 正直(정:직)

0075 4급II

察 살필 찰

㉕宀 ㉑省 살필 성

考察(고찰) 觀察(관찰) 査察(사찰) 省察(성찰) 察知(찰지)

살펴서 앎

0076 4급II

創 비롯할 창:

㉕刂(刀)

創案(창:안) 創作(창:작) 創製(창:제) 創造(창:조) 創出(창:출)

0077 6급

體 몸 체

㉕骨 ㉑身 몸 신, 肉 고기 육 ㉑心 마음 심 ㉔体

體系(체계) 體力(체력) 體面(체면) 體育(체육) 體重(체중) 體驗(체험)

0078 4급

招 부를 초

㉕扌(手) ㉑呼 부를 호

自招(자초) 招待(초대) 招來(초래) 招聘(초빙) 招請(초청) 招魂(초혼)

예를 갖추어 남을 모셔들임

0079 4급

縮 줄일 축

㉕糸 ㉑伸 펼 신

緊縮(긴축) 伸縮(신축) 縮圖(축도) 縮小(축소) 縮刷(축쇄) 縮約(축약)

0080 7급

出 날 출

㉕凵 ㉑缺 이지러질 결, 納 들일 납, 沒 가라앉을 몰, 入 들 입

逐出(축출) 出家(출가) 出沒(출몰) 出捐(출연) 出資(출자) 出版(출판)

금품을 내어 원조함

0081 4급

派 갈래 파

㉕氵(水)

宗派(종파) 派遣(파견) 派閥(파벌) 派生(파생) 派出所(파출소)

0082 5급

敗 패할 패:

㉕攵(攴) ㉑成 이룰 성, 勝 이길 승

沒敗(몰패) 腐敗(부:패) 勝敗(승패) 敗局(패:국) 敗北(패:배)

참고 敗北(패배) ↔ 勝利(승리)

0083 4급II
閉 닫을 폐:
(부)門 (반)開 열 개
閉講(폐:강)　閉幕(폐:막)　閉塞(폐:색)　閉鎖(폐:쇄)　閉場(폐:장)
(참고) 閉幕(폐막) ↔ 開幕(개막)

0084 6급
表 겉 표
(부)衣 (반)裏 속 리
表裏(표리)　表面(표면)　表示(표시)　表象(표상)　表現(표현)
　　　　　　　　　　　　　　　대표적인 상징
(참고) 表面(표면) ↔ 裏面(이면)

0085 5급
必 반드시 필
(부)心 (유)須 모름지기 수
必須(필수)　必然(필연)　必携(필휴)　必要費(필요비)　必有曲折(필유곡절)

0086 8급
學 배울 학
(부)子 (반)敎 가르칠 교 (약)学
學問(학문)　學術(학술)　學習(학습)　學者(학자)　學究熱(학구열)

0087 7급
海 바다 해:
(부)氵(水) (유)河 물 하, 川 내 천 (반)山 메 산, 陸 뭍 륙
桑海(상해)　海諒(해:량)　海流(해:류)　海氷(해:빙)　海水(해:수)
　　　　　　[바다처럼 넓은 마음으로 양해하라는 뜻으로]
　　　　　　편지글에서 윗사람의 용서를 빌 때 쓰는 말

0088 4급II
鄉 시골 향
(부)阝(邑) (반)京 서울 경
京鄉(경향)　鄉歌(향가)　鄉思(향사)　鄉愁(향수)　鄉約(향약)
　　　　　　　　　　　　　고향 생각

0089 4급II
虛 빌 허
(부)虍 (유)空 빌 공 (반)滿 찰 만 (약)虚
虛空(허공)　虛構(허구)　虛無(허무)　虛費(허비)　虛像(허상)　虛言(허언)
(참고) 虛像(허상) ↔ 實像(실상)

0090 4급
紅 붉을 홍
(부)糸 (유)朱 붉을 주
朱紅(주홍)　紅淚(홍루)　紅疫(홍역)　紅茶(홍차)　紅東白西(홍동백서)
　　　　　　여자의 눈물

| 오 늘 의 사 자 성 어 |

遠交近攻 원교근공　먼 곳에 있는 나라와는 우호관계를 맺고 가까운 나라는 공략하는 것
識字憂患 식자우환　글자를 아는 것이 도리어 근심을 사게 된다는 말을 일컬음
之東之西 지동지서　[동쪽으로도 가고 서쪽으로도 간다는 뜻] 줏대없이 갈팡질팡함을 이름
不問曲直 불문곡직　옳고 그름을 묻지 아니함

03

I 다음 漢字語의 讀音을 쓰시오.

① 認容	② 的知	③ 筆者	④ 靜肅
⑤ 之次	⑥ 學術	⑦ 出捐	⑧ 招來
⑨ 字幕	⑩ 査察	⑪ 表裏	⑫ 鄕愁
⑬ 僞造	⑭ 海流	⑮ 敗北	⑯ 虛構
⑰ 必須	⑱ 體驗	⑲ 遠境	⑳ 閉講
㉑ 外貌	㉒ 正道	㉓ 紅淚	㉔ 派遣
㉕ 伸縮	㉖ 創案	㉗ 直結	㉘ 容顔
㉙ 重苦	㉚ 異論		

2 다음 漢字의 訓과 音을 쓰시오.

① 創	② 虛	③ 認	④ 僞
⑤ 之	⑥ 察	⑦ 異	

3 다음의 訓과 音을 지닌 漢字를 쓰시오.

① 얼굴 용	② 줄일 축	③ 갈래 파	④ 부를 초
⑤ 고요할 정	⑥ 닫을 폐	⑦ 시골 향	

4 밑줄 그은 單語를 漢字語로 쓰시오.

① 한자를 모르면 그냥 넘어가지 말고 자전을 찾아봐야지.

② 매사에 긍정적인 사람의 얼굴을 보면 표정이 항상 밝아.

③ 법정에선 선서한 후 거짓증언 하면 위증죄로 처벌된다.

④ 소설은 사실을 재구성한 허구이다.

5 다음 漢字語 중 첫소리가 長音인 것을 고르시오.

① ㄱ. 動靜	ㄴ. 疏遠	ㄷ. 靜肅	ㄹ. 認可
② ㄱ. 伸縮	ㄴ. 讀者	ㄷ. 正月	ㄹ. 正式
③ ㄱ. 輕重	ㄴ. 愼重	ㄷ. 査察	ㄹ. 體面

6 다음 빈칸에 뜻이 反對 또는 相反되는 漢字를 쓰시오.

① 動 ↔ ( )　　② 輕 ↔ ( )　　③ 勝 ↔ ( )　　④ ( ) ↔ 僞
⑤ ( ) ↔ 入　　⑥ 開 ↔ ( )

7 다음 빈칸에 訓이 같거나 유사한 漢字를 써 넣어 單語를 完成하시오.

① 差( )　　② ( )直　　③ ( )僞　　④ 身( )

8 다음 빈 칸에 알맞은 漢字를 써넣어 四字成語를 完成하시오.

① 他山( )石　　② 結( )解之　　③ 事( )歸正　　④ 桑田碧( )

9 다음 漢字의 部首를 쓰시오.

① 的　　② 者　　③ 之　　④ 正　　⑤ 出　　⑥ 察

10 다음 漢字語의 뜻을 쓰시오.

① 容華　　② 必携　　③ 靜寂　　④ 的然

11 다음 漢字의 略字를 쓰시오.

① 學　　② 僞　　③ 虛　　④ 體

12 다음 음이 같고 뜻이 다른 漢字語를 한가지씩 쓰시오.

① 正權　　② 異論　　③ 認容　　④ 字解

정답

1 ① 인용 ② 적지 ③ 필자 ④ 정숙 ⑤ 지차 ⑥ 학술 ⑦ 출연 ⑧ 초래 ⑨ 자막 ⑩ 사찰 ⑪ 표리 ⑫ 향수 ⑬ 위조 ⑭ 해류 ⑮ 패배 ⑯ 허구 ⑰ 필수 ⑱ 체험 ⑲ 원경 ⑳ 폐강 ㉑ 외모 ㉒ 정도 ㉓ 홍루 ㉔ 파견 ㉕ 신축 ㉖ 창안 ㉗ 직결 ㉘ 용안 ㉙ 중고 ㉚ 이론 **2** ① 비롯할 창 ② 빌 허 ③ 알/인정할 인 ④ 거짓 위 ⑤ 갈 지 ⑥ 살필 찰 ⑦ 다를 이 **3** ① 容 ② 縮 ③ 派 ④ 招 ⑤ 靜 ⑥ 閉 ⑦ 鄕 **4** ① 字典 ② 肯定的 ③ 僞證罪 ④ 虛構 **5** ① ㄱ ② ㄹ ③ ㄴ **6** ① 靜 ② 重 ③ 敗 ④ 眞 ⑤ 出 ⑥ 閉 **7** ① 異 ② 正 ③ 假 ④ 體 **8** ① 之 ② 者 ③ 必 ④ 海 **9** ① 白 ② 耂(老) ③ 丿 ④ 止 ⑤ 凵 ⑥ 宀 **10** ① 예쁜 얼굴 ② 꼭 지녀야 하는 것 ③ 고요하고 괴괴함 ④ 뚜렷함 **11** ① 学 ② 偽 ③ 虚 ④ 体 **12** ① 呈券/政權 ② 理論 ③ 引用/仁勇 ④ 自害/自解

미리 확인하기　　　　　ㅇ ㅈ　　　　　　　　　　ㅇ ㅈ

化	化 化 化 化 化	□ □	口	口 口 口 口 口	□ □
確	確 確 確 確 確	□ □	土	土 土 土 土 土	□ □
歡	歡 歡 歡 歡 歡	□ □	士	士 士 士 士 士	□ □
厚	厚 厚 厚 厚 厚	□ □	夕	夕 夕 夕 夕 夕	□ □
一	一 一 一 一 一	□ □	大	大 大 大 大 大	□ □
乙	乙 乙 乙 乙 乙	□ □	女	女 女 女 女 女	□ □
二	二 二 二 二 二	□ □	子	子 子 子 子 子	□ □
人	人 人 人 人 人	□ □	寸	寸 寸 寸 寸 寸	□ □
入	入 入 入 入 入	□ □	小	小 小 小 小 小	□ □
八	八 八 八 八 八	□ □	山	山 山 山 山 山	□ □
刀	刀 刀 刀 刀 刀	□ □	工	工 工 工 工 工	□ □
力	力 力 力 力 力	□ □	己	己 己 己 己 己	□ □
十	十 十 十 十 十	□ □	干	干 干 干 干 干	□ □
卜	卜 卜 卜 卜 卜	□ □	弓	弓 弓 弓 弓 弓	□ □
又	又 又 又 又 又	□ □	心	心 心 心 心 心	□ □

一筆揮之 □ □ □ □　　　　一寸光陰 □ □ □ □

寸鐵殺人 □ □ □ □　　　　厚顔無恥 □ □ □ □

| 0091
5급 | 化
될 화(:) | ⊕匕　⊕變 변할 변
鈍化(둔:화)　消化(소화)　化石(화:석)　化身(화:신)　化粧(화장) |

| 0092
4급II | 確
굳을 확 | ⊕石　⊕固 굳을 고, 堅 굳을 견
確固(확고)　確答(확답)　確率(확률)　確信(확신)　確認(확인)　確定(확정) |

| 0093
4급 | 歡
기쁠 환 | ⊕欠　⊕喜 기쁠 희　⊕悲 슬플 비, 哀 슬플 애　⊕欢
哀歡(애환)　歡待(환대)　歡樂(환락)　歡聲(환성)　歡迎(환영)　歡喜(환희) |

| 0094
4급 | 厚
두터울 후: | ⊕广　⊕薄 엷을 박
敦厚(돈후)　厚待(후:대)　厚薄(후:박)　厚生(후:생)　高潔寬厚(고결관후)
　　　　　　　　　　　　　　　　　　　　　　생활이 넉넉해지도록 돕는 것
참고 厚待(후대) ↔ 薄待(박대) |

| 0095
8급 | 一
한 일 | ⊕一
一家(일가)　一擧兩得(일거양득)　一片丹心(일편단심)　一筆揮之(일필휘지) |

| 0096
3급II | 乙
새 을 | ⊕乙　⊕鳥 새 조
乙丑(을축)　甲男乙女(갑남을녀)　乙未事變(을미사변)　乙巳條約(을사조약)
　　　　　　　[신분이나 이름이 특별히 알려지지 않은]
　　　　　　　평범한 보통사람을 일컫는 말 |

| 0097
8급 | 二
두 이: | ⊕一
二氣(이:기)　二等(이:등)　二流(이:류)　二兵(이:병)　二分(이:분)
동양철학에서 음[陰]과 양[陽] |

| 0098
8급 | 人
사람 인 | ⊕人
人間(인간)　人格(인격)　人權(인권)　人蔘(인삼)　人爲(인위)　人情(인정)
참고 人爲(인위) ↔ 自然(자연), 天然(천연) |

| 0099
7급 | 入
들 입 | ⊕入　⊕納 들일 납
入道(입도)　入門(입문)　入社(입사)　入籍(입적)　入札(입찰)　進入(진:입) |

| 0100
8급 | 八
여덟 팔 | ⊕八
八道(팔도)　八朔(팔삭)　八旬(팔순)　八角亭(팔각정)　八等身(팔등신)
　　　　　　　　　　　　　　　　　여덟모가 지게 지은 정자 |

| 0101
3급II | 刀
칼 도 | ⊕刀　⊕劍 칼 검
刀劍(도검)　刀工(도공)　刀法(도법)　刀兵(도병)　削刀(삭도)
　　　　　　　　　　　　　　　　중이 머리털을 빡빡하게 밀어
　　　　　　　　　　　　　　　　깎을 때 쓰는 칼 |

04일째 한자익히기 0102~0112

力 十 卜 又 口 土 士 夕 大 女 子

0102 7급
力
힘 력(역)
⊕力
氣力(기력) 努力(노력) 動力(동:력) 力量(역량) 力走(역주) 偉力(위력)

0103 8급
十
열 십
⊕十
十干(십간) 十全(십전) 十長生(십장생) 十年之計(십년지계)
모두가 갖추어져
전혀 결점이 없음

0104 3급
卜
점 복
⊕卜
問卜(문:복) 卜吉(복길) 卜占(복점) 卜地(복지) 卜債(복채)
점쟁이에게 점을 치게 하여 길흉을 물음

0105 3급
又
또 우:
⊕又 ⊕亦 또 역
又況(우:황)
하물며

0106 7급
口
입 구(:)
⊕口
口內(구내) 口語(구:어) 口演(구:연) 口才(구:재) 港口(항:구)
말재주
참고 口語(구어) ↔ 文語(문어)

0107 8급
土
흙 토
⊕土 ⊕地 땅 지
領土(영토) 土臺(토대) 土房(토방) 土墳(토분) 土砂(토사) 土地(토지)

0108 5급
士
선비 사:
⊕士
博士(박사) 士氣(사:기) 士道(사:도) 鬪士(투사) 士大夫(사대부)

0109 7급
夕
저녁 석
⊕夕 ⊕朝 아침 조, 旦 아침 단
旦夕(단석) 夕陽(석양) 朝夕(조석) 七夕(칠석) 朝變夕改(조변석개)
[아침저녁으로 자주 뜯어고친다는 뜻으로]
계획이나 결정 따위를 자주 뜯어고치는 것
을 이름

0110 8급
大
큰 대(:)
⊕大 ⊕巨 클 거 ⊕小 작을 소
大家(대:가) 大計(대:계) 大口(대구) 大氣(대:기) 大佛(대불)
대구과의 물고기

0111 8급
女
계집 녀(여)
⊕女 ⊕男 사내 남
女傑(여걸) 女權(여권) 女服(여복) 女僧(여승) 女兒(여아) 女裝(여장)
참고 女裝(여장) ↔ 男裝(남장)

0112 7급
子
아들 자
⊕子 ⊕女 계집 녀
男子(남자) 養子(양:자) 女子(여자) 子宮(자궁) 子息(자식)

0113 8급	寸 마디 촌:	📑寸

寸劇(촌:극)　寸數(촌:수)　寸壤(촌:양)　寸志(촌:지)　一寸光陰(일촌광음)
　　　　　　　　　　　　　　얼마 안 되는 땅

0114 8급	小 작을 소:	📑小　📕大 큰 대, 巨 클 거

小家(소:가)　小局(소:국)　小賣(소:매)　小作(소:작)　小幅(소:폭)

0115 8급	山 메 산	📑山　📕海 바다 해, 川 내 천, 河 물 하

山臺(산대)　山頭(산두)　山林(산림)　山脈(산맥)　山蔘(산삼)　山積(산적)

0116 7급	工 장인 공	📑工

工期(공기)　工事(공사)　工業(공업)　工場(공장)　刀工(도공)　沙工(사공)

0117 5급	己 몸 기	📑己　📘身 몸 신

克己(극기)　己卯(기묘)　己出(기출)　自己(자기)　自己本位(자기본위)
　　　　　　　　　　　　　　　　　　　자기 자신을 기준으로 하여
　　　　　　　　　　　　　　　　　　　생각하고 행동하는 일

0118 4급	干 방패 간	📑干　📕戈 창 과

干戈(간과)　干涉(간섭)　干潮(간조)　干證(간증)　干支(간지)
　　　　　　　　　　　　　　지난날 범죄에 관련된 증인을 뜻하던 말

0119 3급Ⅱ	弓 활 궁	📑弓

弓道(궁도)　弓馬(궁마)　弓房(궁방)　弓師(궁사)　弓矢(궁시)　弓衣(궁의)
　　　　　　　　　　　　　　활을 만드는 사람

0120 7급	心 마음 심	📑心　📘情 뜻 정　📕身 몸 신

心根(심근)　心讀(심독)　心慮(심려)　心病(심병)　心臟(심장)　心情(심정)

| 오 늘 의 사 자 성 어 |

一筆揮之　일필휘지　글씨를 단숨에 힘차고 시원하게 죽 써 내림

一寸光陰　일촌광음　매우 짧은 시간

寸鐵殺人　촌철살인　[작은 쇠붙이로도 사람을 죽일 수 있다는 말] 간단하게 말하여도 사람을 깊이
　　　　　　　　　　　감동시킬 수 있음을 이름

厚顔無恥　후안무치　뻔뻔하여 부끄러운 줄을 모름

1 다음 漢字語의 讀音을 쓰시오.

① 人蔘	② 力量	③ 一家	④ 乙丑
⑤ 刀劍	⑥ 卜占	⑦ 又況	⑧ 八朔
⑨ 歡迎	⑩ 確答	⑪ 士道	⑫ 二等
⑬ 心臟	⑭ 厚薄	⑮ 大計	⑯ 夕陽
⑰ 土臺	⑱ 入籍	⑲ 女僧	⑳ 化粧
㉑ 干涉	㉒ 己卯	㉓ 養子	㉔ 寸志
㉕ 弓矢	㉖ 小幅	㉗ 山脈	㉘ 沙工
㉙ 港口	㉚ 十年之計		

2 다음 漢字의 訓과 音을 쓰시오.

① 夕   ② 工   ③ 又   ④ 確
⑤ 刀   ⑥ 卜

3 다음의 訓과 音을 지닌 漢字를 쓰시오.

① 방패 간   ② 두터울 후   ③ 기쁠 환   ④ 될 화
⑤ 집 호   ⑥ 활 궁

4 밑줄 그은 單語를 漢字語로 쓰시오.

① 우리 올 여름 휴가는 <u>지리산</u>으로 가는 것이 어떨까?
② 희영이가 내 부탁을 거절하지 않을 <u>확률</u>은 몇 퍼센트인데?
③ 김 선생님은 <u>촌지</u>를 정말 받지 않더라.
④ 우리집에 오신 것을 <u>환영</u>합니다.

5 다음 漢字語 중 첫소리가 長音인 것을 고르시오.

① ㄱ. 八朔   ㄴ. 努力   ㄷ. 卜占   ㄹ. 又況
② ㄱ. 入道   ㄴ. 進入   ㄷ. 入社   ㄹ. 入札
③ ㄱ. 二分   ㄴ. 一家   ㄷ. 歡迎   ㄹ. 確固

6 다음 빈칸에 뜻이 反對 또는 相反 되는 漢字를 쓰시오.

① 哀 ↔ (　)　　② 朝 ↔ (　)　　③ (　) ↔ 薄　　④ (　) ↔ 戈

7 다음 빈칸에 訓이 같거나 유사한 漢字를 써 넣어 單語를 完成하시오.

① 土(　)　　② (　)大　　③ 歡(　)　　④ (　)固

8 다음 빈 칸에 알맞은 漢字를 써넣어 四字成語를 完成하시오.

① 他(　)之石　　② (　)固不動　　③ 一石(　)鳥　　④ (　)鐵殺人

9 다음 漢字의 部首를 쓰시오.

① 干　　② 歡　　③ 厚　　④ 二
⑤ 確　　⑥ 十

10 다음 漢字語의 뜻을 쓰시오.

① 大計　　② 弓房　　③ 確信　　④ 厚生

11 다음 漢字의 同音異義語를 쓰시오.

① 入社　　② 口演　　③ 士道　　④ 大氣

정답

1 ① 인삼 ② 역량 ③ 일가 ④ 을축 ⑤ 도검 ⑥ 복점 ⑦ 우황 ⑧ 팔삭 ⑨ 환영 ⑩ 확답 ⑪ 사도 ⑫ 이등 ⑬ 심장 ⑭ 후박 ⑮ 대계 ⑯ 석양 ⑰ 토대 ⑱ 입적 ⑲ 여승 ⑳ 화장 ㉑ 간섭 ㉒ 기묘 ㉓ 양자 ㉔ 촌지 ㉕ 궁시 ㉖ 소폭 ㉗ 산맥 ㉘ 사공 ㉙ 항구 ㉚ 십년지계　**2** ① 저녁 석 ② 장인 공 ③ 또 우 ④ 굳을 확 ⑤ 칼 도 ⑥ 점 복　**3** ① 干 ② 厚 ③ 歡 ④ 化 ⑤ 尸 ⑥ 弓　**4** ① 智異山 ② 確率 ③ 寸志 ④ 歡迎　**5** ① ㄹ ② ㄴ ③ ㄱ　**6** ① 歡 ② 夕 ③ 厚 ④ 干　**7** ① 地 ② 巨 ③ 喜 ④ 確　**8** ① 山 ② 確 ③ 二 ④ 寸　**9** ① 干 ② 欠 ③ 厂 ④ 二 ⑤ 石 ⑥ 十　**10** ① 큰 계획 ② 활 만드는 곳 ③ 굳게 믿음 ④ 생활이 넉넉해지도록 돕는 것　**11** ① 入舍/立射 ② 久延/口軟 ③ 仕途/四都 ④ 大器/大己

쓰기한자 · 읽기한자 점검하기

01 새길 각	( )	19 認 ( )
02 느낄 감	( )	20 滿 ( )
03 덜 감	( )	21 拒 ( )
04 열 개	( )	22 覽 ( )
05 움직일 동	( )	23 招 ( )
06 놈 자	( )	24 擔 ( )
07 무거울 중	( )	25 邊 ( )
08 홑 단	( )	26 虛 ( )
09 떨어질 락	( )	27 假 ( )
10 패할 패	( )	28 勤 ( )
11 끝 / 바를 단	( )	29 飢 ( )
12 과녁 적	( )	30 潔 ( )
13 생각 사	( )	31 踏 ( )
14 서로 상	( )	32 乙 ( )
15 등 배	( )	33 亂 ( )
16 나눌 / 짝 배	( )	34 劣 ( )
17 어려울 난	( )	35 容 ( )
18 상줄 상	( )	36 務 ( )

1 刻　2 感　3 減　4 開　5 動　6 者　7 重　8 單　9 落　10 敗　11 端　12 的　13 思　14 相　15 背　16 配　17 難　18 賞　19 알 / 인정할 인　20 찰 / 가득찰 만　21 막을 거　22 볼 람　23 부를 초　24 멜 담　25 가 변　26 빌 허　27 거짓 가　28 부지런할 근　29 주릴 기　30 깨끗할 결　31 밟을 답　32 새 을　33 어지러울 란　34 못할 렬　35 얼굴 / 용서할 용　36 힘쓸 무

37 착할 선	(	)	57 派 (	)
38 멀 원	(	)	58 擊 (	)
39 곧을 직	(	)	59 勉 (	)
40 놓을 방	(	)	60 罰 (	)
41 글자 자	(	)	61 鄕 (	)
42 머리 두	(	)	62 閉 (	)
43 베풀 설	(	)	63 察 (	)
44 어두울 암	(	)	64 汚 (	)
45 이로울 리	(	)	65 僞 (	)
46 다를 이	(	)	66 盛 (	)
47 고요할 정	(	)	67 刀 (	)
48 비롯할 창	(	)	68 卜 (	)
49 붉을 홍	(	)	69 備 (	)
50 기쁠 환	(	)	70 又 (	)
51 두터울 후	(	)	71 弓 (	)
52 방패 간	(	)	72 確 (	)
53 없을 무	(	)	73 縮 (	)
54 될 화	(	)	74 保 (	)
55 일 사	(	)	75 婦 (	)
56 떳떳할 / 항상 상	(	)	76 散 (	)

37 善　38 遠　39 直　40 放　41 字　42 頭　43 設　44 暗　45 利　46 異　47 靜　48 創　49 紅　50 歡　51 厚　52 干　53 無　54 化　55 事　56 常　57 갈래 파　58 칠 격　59 힘쓸 면　60 벌할 / 죄 벌　61 시골 향　62 닫을 폐　63 살필 찰　64 더러울 오　65 거짓 위　66 성할 성　67 칼 도　68 점 복　69 갖출 비　70 또 우　71 활 궁　72 굳을 확　73 줄일 축　74 지킬 보　75 며느리 부　76 흩을 산

반드시 출제되는 우선순위 한자 210

그가 부유함을 내세우거든 인을 내세우고,
그가 지위를 내세우거든 의로움을 내세우니,
무릇 군자는 지위에 농락되지 않는다.
사람이 힘을 다하면 천명도 이길 수 있고,
뜻을 모아 한결같으면 기질도 바꿀 수 있느니,
무릇 군자는 조물주가 정한 틀 속에 갇히지 않는다.

彼富我仁 彼爵我義 君子固不爲君相所牢籠 人定勝天 志一動氣 君子亦不受造物之陶鑄

– 채근담 중에서 –

본 편에 수록된 한자는 210자로서 학습일은 7일입니다.
2단계에 수록된 한자 역시 1단계만큼은 아니지만 지난 30회까지의 시험에서 빈번하게 출제되었던 한자입니다. 즉, 1회부터 30회까지의 한자능력검정시험에서 6회 ~ 9회 출제된 한자로서, 반드시 기억해 두어야 하는 한자입니다.

1 미리 확인하기를 통해 우선 본인이 음과 훈, 부수, 약자 등을 알고 있는 한자를 먼저 체크해 봅니다.

2 본인이 모르고 있거나 확실치 않은 한자를 중심으로 본문 순서에 따라 학습을 합니다. 이 때 단순히 한자의 음과 훈만을 위주로 기억하지 말고, 부수ㆍ유의어ㆍ반의어ㆍ약자 등을 모두 익혀두셔야 합니다.

3 모두 암기가 되었다면, 오늘의 단어와 관련이 있는 사자성어를 익혀 둡니다.

4 본문 학습이 끝난 후에는 한자 검검하기를 통해 본인의 학습정도를 체크해 봅니다. 한자 점검하기의 문제는 실제 출제되는 문제의 유형에 따라 그날 분의 한자로 구성한 것입니다.

5 7일분의 학습 분량이 끝나면 각 단원의 쓰기한자, 읽기한자 연습이 있습니다. 쓰기한자와 읽기한자 연습을 통해 다시 한번 앞에서 공부한 내용을 확인해 둡니다. 쓰기한자는 4급과 4급Ⅱ 위주의 문제이고, 읽기한자는 3급과 3급Ⅱ 위주의 문제입니다(그러나 반드시 일치하지는 않습니다).

미리 확인하기　　　　　　　　O X　　　　　　　　　　　　O X

							O X								O X
家	家	家	家	家	家	□	□	更	更	更	更	更	更	□	□
歌	歌	歌	歌	歌	歌	□	□	戒	戒	戒	戒	戒	戒	□	□
覺	覺	覺	覺	覺	覺	□	□	階	階	階	階	階	階	□	□
看	看	看	看	看	看	□	□	繼	繼	繼	繼	繼	繼	□	□
間	間	間	間	間	間	□	□	苦	苦	苦	苦	苦	苦	□	□
懇	懇	懇	懇	懇	懇	□	□	孤	孤	孤	孤	孤	孤	□	□
渴	渴	渴	渴	渴	渴	□	□	庫	庫	庫	庫	庫	庫	□	□
監	監	監	監	監	監	□	□	曲	曲	曲	曲	曲	曲	□	□
康	康	康	康	康	康	□	□	恭	恭	恭	恭	恭	恭	□	□
改	改	改	改	改	改	□	□	觀	觀	觀	觀	觀	觀	□	□
據	據	據	據	據	據	□	□	壞	壞	壞	壞	壞	壞	□	□
舉	舉	舉	舉	舉	舉	□	□	交	交	交	交	交	交	□	□
遣	遣	遣	遣	遣	遣	□	□	久	久	久	久	久	久	□	□
結	結	結	結	結	結	□	□	求	求	求	求	求	求	□	□
境	境	境	境	境	境	□	□	狗	狗	狗	狗	狗	狗	□	□

間於齊楚 □ □ □ □　　　　渴民待雨 □ □ □ □

漸入佳境 □ □ □ □　　　　鷄鳴狗盜 □ □ □ □

0121 7급
家
집 가
부 宀 유 舍 집 사, 屋 집 옥 室 집 실, 宅 집 택
家系(가계) 家禽(가금) 家累(가루) 家族(가족) 家鄉(가향) 國家(국가)
집안의 근심

0122 7급
歌
노래 가
부 欠 유 謠 노래 요
歌曲(가곡) 歌舞(가무) 歌手(가수) 歌謠(가요) 歌唱(가창) 詩歌(시가)

0123 4급
覺
깨달을 각
부 見 유 悟 깨달을 오 약 覚
覺得(각득) 感覺(감:각) 視覺(시:각) 聽覺(청각) 觸覺(촉각)
깨달아서 앎

0124 4급
看
볼 간
부 目
看過(간과) 看病(간병) 看板(간판) 看護(간호) 走馬看山(주마간산)

0125 7급
間
사이 간(:)
부 門 유 隔 사이뜰 격
間數(간수) 間食(간:식) 間接(간:접) 民間(민간) 時間(시간) 中間(중간)
참고 間接(간접) ↔ 直接(직접)

0126 3급II
懇
간절할 간:
부 心
懇談(간:담) 懇望(간:망) 懇切(간:절) 懇請(간:청) 懇親(간:친)
서로 다정하고 친근하게 사귀어 지냄

0127 3급
渴
목마를 갈
부 氵(水)
苦渴(고갈) 渴求(갈구) 渴望(갈망) 渴症(갈증) 渴民待雨(갈민대우)

0128 4급II
監
볼 감
부 皿 유 視 볼 시 약 监
監禁(감금) 監督(감독) 監房(감방) 監事(감사) 監視(감시) 監獄(감옥)

0129 4급II
康
편안/튼튼할 강
부 广 유 健 굳셀 건
康健(강건) 康寧(강녕) 康樂(강락) 康福(강복) 小康(소:강)
편안하고 행복함

0130 5급
改
고칠 개(:)
부 攵(攴) 유 更 고칠 경
改刻(개:각) 改善(개:선) 改編(개:편) 改票(개:표) 改廢(개:폐)

0131 4급
據
의거할 거:
부 扌(手) 약 拠
據室(거:실) 據點(거:점) 論據(논거) 依據(의거) 遵據(준:거)

05일째 한자익히기 0132~0142

舉 遣 結 境 更 戒 階 繼 苦 孤 庫

0132 5급 **舉** 들 거:
- 부 手 약 挙
- 舉國(거:국) 舉名(거:명) 舉事(거:사) 舉散(거:산) 選舉(선:거)

0133 3급 **遣** 보낼 견:
- 부 辶(辵) 유 送 보낼 송
- 遣奠(견:전) 派遣(파견) 遣懷謠(견회요)
  - 〈견전제〉의 준말. 발인할 때 문 앞에서 지내는 제사
  - 광해군 때, 윤선도가 함경도 경원에서 귀양살이하며 지은 연시조

0134 5급 **結** 맺을/마칠 결
- 부 糸
- 結果(결과) 結論(결론) 結成(결성) 結婚(결혼) 結者解之(결자해지)
- 참고 結果(결과) ↔ 原因(원인)

0135 4급Ⅱ **境** 지경 경
- 부 土 유 界 경계 계
- 境界(경계) 境域(경역) 近境(근:경) 遠境(원:경) 漸入佳境(점입가경)

0136 4급 **更** 고칠 경 / 다시 갱:
- 부 曰 유 改 고칠 개
- 更改(경개) 更正(경정) 更迭(경질) 更新(경신)
  - [이제까지 있던 것을] 고쳐 새롭게 함
- 更生(갱:생) 更新(갱:신)
  - 다시 새로워짐

0137 4급 **戒** 경계할 계:
- 부 戈
- 戒具(계:구) 戒嚴(계:엄) 戒律(계:율) 戒護(계:호) 懲戒(징계)

0138 4급 **階** 섬돌 계
- 부 阝(阜) 유 段 구분 단, 層 층 층
- 階高(계고) 階級(계급) 階段(계단) 階層(계층) 位階(위계)

0139 4급 **繼** 이을 계:
- 부 糸 유 承 받들 승, 續 이을 속, 連 이을 연 반 斷 끊을 단 약 継
- 繼起(계:기) 繼父(계:부) 繼續(계:속) 繼承(계:승) 繼統(계:통)

0140 6급 **苦** 쓸/괴로울 고
- 부 艹(艸) 반 樂 즐거울 락, 甘 달 감
- 苦難(고난) 苦惱(고뇌) 苦毒(고독) 苦生(고생) 苦盡甘來(고진감래)

0141 4급 **孤** 외로울 고
- 부 子(子) 유 獨 홀로 독
- 孤島(고도) 孤獨(고독) 孤兒(고아) 孤忠(고충) 孤立無援(고립무원)
  - 고립되어 도움을 받을 데가 없음

0142 4급 **庫** 곳집 고
- 부 广 유 倉 곳집 창
- 庫間(고간) 庫房(고방) 書庫(서고) 車庫(차고) 倉庫(창고)

0143 5급 **曲** 굽을/가락 곡
- ㉾日 ㉮歌 노래 가, 謠 노래 요 ㉫直 곧을 직
- 歌曲(가곡) 曲線(곡선) 曲節(곡절) 曲調(곡조) 曲解(곡해)
  [사실과 어긋나게] 잘못 생각함

0144 3급Ⅱ **恭** 공손할 공
- ㉾心 ㉮敬 공경할 경
- 恭儉(공검) 恭謙(공겸) 恭敬(공경) 恭遜(공손) 至恭(지공)

0145 5급 **觀** 볼 관
- ㉾見 ㉮覽 볼 람 ㉪ 观, 覌
- 觀客(관객) 觀光(관광) 觀念(관념) 觀望(관망) 觀察(관찰) 直觀(직관)
- 참고 觀念(관념) ↔ 現實(현실)

0146 3급Ⅱ **壞** 무너질 괴:
- ㉾土 ㉮崩 무너질 붕
- 壞落(괴:락) 壞滅(괴:멸) 壞變(괴:변) 崩壞(붕괴) 損壞(손:괴)
  허물어져 떨어짐

0147 6급 **交** 사귈 교
- ㉾亠
- 交流(교류) 交隣(교린) 交尾(교미) 交拜(교배) 交涉(교섭) 交通(교통)

0148 3급Ⅱ **久** 오랠 구:
- ㉾丿
- 久遠(구:원) 耐久(내:구) 永久(영:구) 悠久(유구) 恒久(항구)
  변함없이 오래감

0149 4급Ⅱ **求** 구할 구
- ㉾水
- 求道(구도) 求命(구명) 求心(구심) 求人(구인) 請求(청구)
- 참고 求心(구심) ↔ 遠心(원심)

0150 3급 **狗** 개 구
- ㉾犭(犬) ㉮犬 개 견
- 狗皮(구피) 狗尾草(구미초) 鷄鳴狗盜(계명구도) 羊頭狗肉(양두구육)
  [양의 머리를 내걸어 놓고 실제로는 개고기를 판다는 뜻] 선전은 버젓하지만 내실이 따르지 못함을 이름

| 오 늘 의 사 자 성 어 |

間於齊楚	간어제초	약자가 강자틈에 끼어서 괴로움을 받는 다는 뜻
渴民待雨	갈민대우	[가뭄을 만난 백성들이 비를 몹시 기다린다는 뜻] 아주 간절히 기다림을 이름
漸入佳境	점입가경	갈수록 더욱 좋거나 재미있는 경지로 들어감
鷄鳴狗盜	계명구도	천한 재주를 가진 사람을 이르는 말

05

I 다음 漢字語의 讀音을 쓰시오.

① 覺得	② 懇切	③ 歌謠	④ 看護
⑤ 家禽	⑥ 監獄	⑦ 間隙	⑧ 改編
⑨ 擧事	⑩ 派遣	⑪ 渴症	⑫ 戒護
⑬ 久遠	⑭ 據點	⑮ 康寧	⑯ 結婚
⑰ 更改	⑱ 苦惱	⑲ 曲調	⑳ 走狗
㉑ 壞滅	㉒ 觀察	㉓ 論據	㉔ 恭敬
㉕ 孤兒	㉖ 繼續	㉗ 庫房	㉘ 交拜
㉙ 求償權	㉚ 漸入佳境		

2 다음 漢字의 訓과 音을 쓰시오.

① 渴	② 恭	③ 遣	④ 壞
⑤ 懇	⑥ 庫	⑦ 繼	⑧ 狗

3 다음의 訓과 音을 지닌 漢字語를 쓰시오.

① 편안할 강	② 깨달을 각	③ 구할 구	④ 볼 감
⑤ 지경 경	⑥ 볼 관	⑦ 의거할 거	

4 밑줄 그은 單語를 漢字語로 쓰시오.

① 계단에서 뛰면 안돼.

② 노인은 항상 공경해야 한다. 알았지?

③ 그는 5일간 감금되었다가 풀려났다.

④ 구인 광고를 보고 찾아왔는데요.

5 다음 漢字語 중 첫소리가 長音인 것을 고르시오.

① ㄱ. 階高	ㄴ. 戒嚴	ㄷ. 階層	ㄹ. 懲戒
② ㄱ. 更改	ㄴ. 更生	ㄷ. 更迭	ㄹ. 更正
③ ㄱ. 久遠	ㄴ. 觀客	ㄷ. 曲調	ㄹ. 孤兒

6 다음 빈칸에 뜻이 反對 또는 相反되는 漢字를 쓰시오.

① 斷 ↔ ( )   ② 曲 ↔ ( )   ③ 苦 ↔ ( )

7 다음 빈칸에 訓이 같거나 유사한 漢字를 써 넣어 單語를 完成하시오.

① ( )悟   ② 家( )   ③ ( )界   ④ ( )謠

8 다음 빈 칸에 알맞은 漢字를 써넣어 四字成語를 完成하시오.

① 漸入佳( )   ② ( )學阿世   ③ 鶴首( )待   ④ ( )友以信

9 다음 漢字의 部首를 쓰시오.

① 渴   ② 看   ③ 戒   ④ 間
⑤ 苦   ⑥ 庫   ⑦ 家

10 다음 漢字語의 뜻을 쓰시오.

① 更迭   ② 擧散   ③ 壞落

11 다음 漢字의 略字를 쓰시오.

① 覺   ② 據   ③ 繼   ④ 擧

12 다음 漢字의 同音異義語를 하나만 쓰시오.

① 家系   ② 擧事   ③ 監事   ④ 庫間

정답

1 ① 각득 ② 간절 ③ 가요 ④ 간호 ⑤ 가금 ⑥ 감옥 ⑦ 간극 ⑧ 개편 ⑨ 거사 ⑩ 파견 ⑪ 갈증 ⑫ 계호 ⑬ 구원 ⑭ 거점 ⑮ 강녕 ⑯ 결혼 ⑰ 경개 ⑱ 고뇌 ⑲ 곡조 ⑳ 주구 ㉑ 괴멸 ㉒ 관찰 ㉓ 논거 ㉔ 공경 ㉕ 고아 ㉖ 계속 ㉗ 고방 ㉘ 교배 ㉙ 구상권 ㉚ 점입가경 **2** ① 목마를 갈 ② 공손할 공 ③ 보낼 견 ④ 무너질 괴 ⑤ 간절할 간 ⑥ 곳집 고 ⑦ 이을 계 ⑧ 개 구 **3** ① 康 ② 覺 ③ 求 ④ 監 ⑤ 境 ⑥ 觀 ⑦ 據 **4** ① 階段 ② 恭敬 ③ 監禁 ④ 求人 **5** ① ㄴ ② ㄴ ③ ㄱ **6** ① 繼 ② 直 ③ 甘 **7** ① 覺 ② 宅 ③ 境 ④ 歌 **8** ① 境 ② 曲 ③ 苦 ④ 交 ⑤ 境 **9** ① 氵(水) ② 目 ③ 戈 ④ 門 ⑤ 艹(艸) ⑥ 广 ⑦ 宀 **10** ① 어떤 지위에 있는 사람을 갈아내고 다른 사람으로 교체함 ② 집단 또는 가족이 뿔뿔이 흩어짐 ③ 허물어져서 떨어짐 **11** ① 覚 ② 拠 ③ 継 ④ 挙 **12** ① 加計/家契 ② 居士/巨事 ③ 監査/甘死 ④ 高干/苦懇

미리 확인하기　　　　　　　O X　　　　　　　　　　O X

構	構 構 構 構 構	□ □	帶	帶 帶 帶 帶 帶	□ □
群	群 群 群 群 群	□ □	道	道 道 道 道 道	□ □
屈	屈 屈 屈 屈 屈	□ □	度	度 度 度 度 度	□ □
窮	窮 窮 窮 窮 窮	□ □	圖	圖 圖 圖 圖 圖	□ □
貴	貴 貴 貴 貴 貴	□ □	導	導 導 導 導 導	□ □
歸	歸 歸 歸 歸 歸	□ □	得	得 得 得 得 得	□ □
近	近 近 近 近 近	□ □	略	略 略 略 略 略	□ □
禽	禽 禽 禽 禽 禽	□ □	慮	慮 慮 慮 慮 慮	□ □
錦	錦 錦 錦 錦 錦	□ □	勵	勵 勵 勵 勵 勵	□ □
急	急 急 急 急 急	□ □	麗	麗 麗 麗 麗 麗	□ □
紀	紀 紀 紀 紀 紀	□ □	論	論 論 論 論 論	□ □
耐	耐 耐 耐 耐 耐	□ □	理	理 理 理 理 理	□ □
短	短 短 短 短 短	□ □	離	離 離 離 離 離	□ □
斷	斷 斷 斷 斷 斷	□ □	裏	裏 裏 裏 裏 裏	□ □
當	當 當 當 當 當	□ □	磨	磨 磨 磨 磨 磨	□ □

錦上添花 □ □ □ □　　　斷金之交 □ □ □ □
刻苦勉勵 □ □ □ □　　　會者定離 □ □ □ □

0151 構 4급 얽을 **구**
(부)木
構想(구상)　構成(구성)　構造(구조)　構築(구축)　虛構(허구)

0152 群 4급 무리 **군**
(부)羊　(유)黨 무리 당, 衆 무리 중, 徒 무리 도
群起(군기)　群臣(군신)　群衆(군중)　群集(군집)　群鷄一鶴(군계일학)
평범한 사람들 가운데 뛰어난 한 사람을 비유하는 말

0153 屈 4급 굽힐 **굴**
(부)尸　(유)服 복종할 복, 伏 엎드릴 복
屈曲(굴곡)　屈服(굴복)　屈辱(굴욕)　屈折(굴절)　百折不屈(백절불굴)

0154 窮 4급 다할/궁할 **궁**
(부)穴　(유)貧 가난할 빈
窮究(궁구)　窮理(궁리)　窮地(궁지)　貧窮(빈궁)　窮餘之策(궁여지책)
막다른 처지에서 생각다 못해 내는 계책

0155 貴 5급 귀할 **귀:**
(부)貝　(반)賤 천할 천
貴骨(귀:골)　貴賓(귀:빈)　貴族(귀:족)　貴賤(귀:천)　稀貴(희귀)
(참고) 貴人(귀인) ↔ 賤人(천인)

0156 歸 4급 돌아갈 **귀:**
(부)止　(약)帰
歸家(귀:가)　歸納(귀:납)　歸農(귀:농)　歸還(귀:환)　回歸(회귀)
(참고) 歸納(귀납) ↔ 演繹(연역)

0157 近 6급 가까울 **근:**
(부)辶(辵)　(반)遠 멀 원
近刊(근:간)　近郊(근:교)　近代(근:대)　近來(근:래)　近接(근:접)
(참고) 近郊(근교) ↔ 遠郊(원교)

0158 禽 3급II 새/날짐승 **금**
(부)内　(반)獸 짐승 수
家禽(가금)　禽獸(금수)　禽鳥(금조)　猛禽(맹:금)　鳴禽(명금)
고운 소리로 우는 새

0159 錦 3급II 비단 **금:**
(부)金
錦地(금:지)　錦上添花(금상첨화)　錦衣夜行(금의야행)
상대편을 높이어, 그가 사는 곳을 이름　[비단 옷을 입고 밤길을 거닌다는 뜻으로] 아무 보람 없는 행동을 자랑스레 함을 이름

0160 急 6급 급할 **급**
(부)心　(반)緩 느릴 완
急落(급락)　急流(급류)　急迫(급박)　急變(급변)　急所(급소)　急襲(급습)

0161 紀 4급 벼리 **기**
(부)糸　(유)綱 벼리 강
紀綱(기강)　檀紀(단기)　西紀(서기)　世紀(세:기)

06일째 한자익히기 0162~0172

耐 短 斷 當 帶 道 度 圖 導 得 略

0162 耐 3급II
견딜 내:
⊕ 而 ⊛ 忍 참을 인
耐久(내:구) 耐性(내:성) 耐水(내:수) <u>耐濕(내:습)</u> 耐熱(내:열)
습기를 받아도 변하지 않고 잘 견딤

0163 短 6급
짧을 단(:)
⊕ 矢 ⊛ 長 길 장
短劍(단:검) 短期(단:기) 短念(단:념) 短時日(단시일)
참고 短期(단기) ↔ 長期(장기)

0164 斷 4급II
끊을 단:
⊕ 斤 ⊛ 絕 끊을 절 ⊛ 續 이을 속 ⊛ 断
斷決(단:결) 斷念(단:념) 斷食(단:식) 斷折(단:절) 斷金之交(단금지교)

0165 當 5급
마땅 당
⊕ 田 ⊛ 宜 마땅할 의 ⊛ 当
當面(당면) 當選(당선) 當然(당연) 當惑(당혹) 宜當(의당)

0166 帶 4급II
띠 대(:)
⊕ 巾
暖帶(난:대) 帶劍(대:검) 帶同(대:동) <u>帶率(대:솔)</u> 連帶(연대) 携帶(휴대)
[부하나 식솔을] 보살피며 거느림

0167 道 7급
길/말할 도:
⊕ 辶(辵) ⊛ 途 길 도, 路 길 로
道德(도:덕) 道程(도:정) 道標(도:표) 道學(도:학) 正道(정:도)

0168 度 6급
법도 도(:)
헤아릴 탁
⊕ 广 ⊛ 尺 자 척
高度(고도) 度量(도:량) 度數(도:수) 密度(밀도) 來年度(내:년도)
<u>度地(탁지)</u> <u>度支部(탁지부)</u>
토지를 측량함   대한제국 때 재무를 총괄했던 '탁지아문'을 고쳐 이르던 말

0169 圖 6급
그림 도
⊕ 囗 ⊛ 畫 그림 화 ⊛ 図
圖案(도안) 圖表(도표) 圖形(도형) 圖畫(도화) 作圖(작도)

0170 導 4급II
인도할 도:
⊕ 寸
啓導(계:도) 矯導(교:도) 導引(도:인) 導入(도:입) 引導(인도)

0171 得 4급II
얻을 득
⊕ 彳 ⊛ 失 잃을 실
覺得(각득) 得道(득도) 得勢(득세) 拾得(습득) 得意揚揚(득의양양)
참고 得勢(득세) ↔ 失勢(실세)

0172 略 4급
간략할/
약할 략(약)
⊕ 田 ⊛ 簡 간략할 간
簡略(간략) 省略(생략) 略圖(약도) 略述(약술) 略式(약식) 略語(약어)

0173 4급 慮 생각할 려(여)
부 心 유 考 헤아릴 고, 思 생각 사, 想 생각 상, 念 생각할 념
考慮(고려) 思慮(사려) 心慮(심려) 憂慮(우려) 千慮一得(천려일득)

0174 3급II 勵 힘쓸 려(여):
부 力 유 勉 힘쓸 면 약 励
激勵(격려) 勵磁(여:자) 勵精(여:정) 勵行(여:행) 勉勵(면:려)

0175 4급II 麗 고울 려
부 鹿 약 麗
高麗(고려) 秀麗(수려) 麗末(여말) 雄麗(웅려) 華麗體(화려체)
우리나라 중세 왕조의 하나 / 웅대하고 화려함

0176 4급II 論 논할 론(논)
부 言 유 議 의논할 의
結論(결론) 論說(논설) 論外(논외) 論爭(논쟁) 論證(논증) 討論(토:론)

0177 6급 理 다스릴 리(이):
부 王(玉) 반 解 풀 해
理法(이:법) 理事(이:사) 理想(이:상) 理由(이:유) 理解(이:해)

0178 4급 離 떠날 리(이):
부 隹 반 合 합할 합
離居(이:거) 離農(이:농) 離別(이:별) 離散(이:산) 離婚(이:혼)
참고 離婚(이혼) ↔ 結婚(결혼)

0179 3급II 裏 속 리(이):
부 衣 반 表 겉 표
腦裏(뇌리) 裏面(이:면) 裏書(이:서) 裏作(이:작) 表裏不同(표리부동)

0180 3급II 磨 갈 마
부 石 유 硏 갈 연
磨滅(마멸) 磨耗(마모) 硏磨(연:마) 切磋琢磨(절차탁마)
학문이나 덕행을 배우고 닦음을 이르는 말

| 오늘의사자성어 |

錦上添花 금상첨화 [비단 위에 꽃을 보탠다는 뜻] 좋은 일에 또 좋은 일이 더함
斷金之交 단금지교 쇠를 자를 정도로 절친한 친구사이를 이름
刻苦勉勵 각고면려 고생을 무릅쓰고 열심히 노력함
會者定離 회자정리 만나면 다시 떨어진다는 말

06

Ⅰ 다음 漢字語의 讀音을 쓰시오.

① 屈辱	② 群衆	③ 貧窮	④ 歸還
⑤ 磨滅	⑥ 禽獸	⑦ 急迫	⑧ 紀綱
⑨ 稀貴	⑩ 構築	⑪ 短點	⑫ 妥當
⑬ 近郊	⑭ 道程	⑮ 略式	⑯ 理想
⑰ 耐久	⑱ 帶狀	⑲ 斷折	⑳ 密度
㉑ 秀麗	㉒ 導入	㉓ 結論	㉔ 思慮
㉕ 圖畫	㉖ 離散	㉗ 拾得	㉘ 勉勵
㉙ 裏面	㉚ 錦上添花		

2 다음 漢字의 訓과 音을 쓰시오.

① 禽	② 耐	③ 錦	④ 磨
⑤ 裏	⑥ 勵		

3 다음의 訓과 音을 지닌 漢字를 쓰시오.

① 굽힐 굴	② 무리 군	③ 돌아갈 귀	④ 간략할 략
⑤ 다할 궁	⑥ 끊을 단	⑦ 띠 대	⑧ 인도할 도

4 밑줄 그은 單語를 漢字語로 쓰시오.

① 직업에 <u>귀천</u>이 어디 있어?

② 자기의 <u>이상</u>은 높게 가져야 해.

③ <u>심려</u>를 끼쳐드려 대단히 죄송합니다.

④ 이번 반장 선거에서 제가 <u>당선</u>된다면 우리반을 위하여 노력봉사 하겠습니다.

5 다음 漢字語 중 첫소리가 長音인 것을 모두 고르시오.

① 構想	② 群集	③ 屈曲	④ 貴族
⑤ 貧窮	⑥ 禽鳥	⑦ 歸還	⑧ 近接
⑨ 急變	⑩ 耐水	⑪ 當然	⑫ 離散

06

6 다음 빈칸에 뜻이 反對 또는 相反되는 漢字를 쓰시오.

① ( ) ↔ 失　② 遠 ↔ ( )　③ ( ) ↔ 裏　④ ( ) ↔ 合　⑤ 長 ↔ ( )

7 다음 빈칸에 訓이 같거나 유사한 漢字를 써 넣어 單語를 完成하시오.

① 宜( )　　② 議( )　　③ ( )窮　　④ ( )勵　　⑤ ( )路

8 다음 빈 칸에 알맞은 漢字를 써넣어 四字成語를 完成하시오.

① 事必( )正　　② ( )鷄一鶴　　③ 會者定( )　　④ 百折不( )

9 다음 漢字의 部首를 쓰시오.

① 近　　② 離　　③ 短　　④ 圖
⑤ 錦　　⑥ 略　　⑦ 麗

10 다음 漢字語의 뜻을 쓰시오.

① 近刊　　② 窮究　　③ 遊離　　④ 略式

11 다음 漢字의 略字를 쓰시오.

① 歸　　② 斷　　③ 圖　　④ 當　　⑤ 勵

정답

1 ① 굴욕 ② 군중 ③ 빈궁 ④ 귀환 ⑤ 마멸 ⑥ 금수 ⑦ 급박 ⑧ 기강 ⑨ 희귀 ⑩ 구축 ⑪ 단점 ⑫ 타당 ⑬ 근교 ⑭ 도정 ⑮ 약식 ⑯ 이상 ⑰ 내구 ⑱ 대상 ⑲ 단절 ⑳ 밀도 ㉑ 수려 ㉒ 도입 ㉓ 결론 ㉔ 사례 ㉕ 도화 ㉖ 이산 ㉗ 습득 ㉘ 면려 ㉙ 이면 ㉚ 금상첨화　**2** ① 새 금 ② 견딜 내 ③ 비단 금 ④ 갈 마 ⑤ 속 리 ⑥ 힘쓸 려　**3** ① 屈 ② 群 ③ 歸 ④ 略 ⑤ 窮 ⑥ 斷 ⑦ 帶 ⑧ 導　**4** ① 貴賤 ② 理想 ③ 心慮 ④ 當選　**5** ④, ⑦, ⑧, ⑩, ⑫　**6** ① 得 ② 近 ③ 表 ④ 離 ⑤ 短　**7** ① 當 ② 論 ③ 貧 ④ 勉 ⑤ 道　**8** ① 歸 ② 群 ③ 離 ④ 屈　**9** ① 辶(辵) ② 隹 ③ 矢 ④ 口 ⑤ 金 ⑥ 田 ⑦ 鹿　**10** ① 최근에 출판되거나 곧 출판될 간행물 ② 속속들이 깊이 연구함 ③ 떨어짐 ④ 정식절차를 생략한 간단한 방식　**11** ① 帰 ② 断 ③ 図 ④ 当 ⑤ 励

미리 확인하기　　　　　o X　　　　　　　　　o X

忘	忘	忘	忘	忘	忘	□ □	迷	迷	迷	迷	迷	□ □
脈	脈	脈	脈	脈	脈	□ □	薄	薄	薄	薄	薄	□ □
免	免	免	免	免	免	□ □	發	發	發	發	發	□ □
滅	滅	滅	滅	滅	滅	□ □	繁	繁	繁	繁	繁	□ □
命	命	命	命	命	命	□ □	報	報	報	報	報	□ □
鳴	鳴	鳴	鳴	鳴	鳴	□ □	普	普	普	普	普	□ □
模	模	模	模	模	模	□ □	伏	伏	伏	伏	伏	□ □
沒	沒	沒	沒	沒	沒	□ □	福	福	福	福	福	□ □
牧	牧	牧	牧	牧	牧	□ □	負	負	負	負	負	□ □
夢	夢	夢	夢	夢	夢	□ □	富	富	富	富	富	□ □
霧	霧	霧	霧	霧	霧	□ □	不	不	不	不	不	□ □
問	問	問	問	問	問	□ □	批	批	批	批	批	□ □
聞	聞	聞	聞	聞	聞	□ □	非	非	非	非	非	□ □
物	物	物	物	物	物	□ □	頻	頻	頻	頻	頻	□ □
尾	尾	尾	尾	尾	尾	□ □	使	使	使	使	使	□ □

滅門之禍 □ □ □ □　　　　尾生之信 □ □ □ □

伏地不動 □ □ □ □　　　　轉禍爲福 □ □ □ □

0181 　3급　忘 잊을 망
　⊕心
忘却(망각)　昏忘(혼망)　健忘症(건망증)　白骨難忘(백골난망)
——— 정신이 흐려서 잊기를 잘함
참고　忘却(망각) ↔ 記憶(기억)

0182 　4급Ⅱ　脈 줄기 맥
　⊕月(肉)　⊕脉
動脈(동:맥)　脈絡(맥락)　命脈(명:맥)　山脈(산맥)　靜脈(정맥)　泉脈(천맥)

0183 　3급Ⅱ　免 면할 면:
　⊕儿　⊕任 맡길 임
減免(감:면)　免窮(면:궁)　免侮(면:모)　免訴(면:소)　免疫(면:역)
모욕을 면함

0184 　3급Ⅱ　滅 멸할/꺼질 멸
　⊕氵(水)　⊕亡 망할 망
滅却(멸각)　滅菌(멸균)　滅裂(멸렬)　滅種(멸종)　滅私奉公(멸사봉공)
사심[私心]을 버리고 나라나 공공[公共]을 위하여 힘써 일함

0185 　7급　命 목숨 명:
　⊕口　⊕壽 목숨 수
求命(구명)　命令(명:령)　命脈(명:맥)　命題(명제)　使命(사:명)

0186 　4급　鳴 울 명
　⊕鳥　⊕泣 울 읍, 哭 울 곡
鷄鳴(계명)　鳴鼓(명고)　鳴禽(명금)　鷄鳴狗盜(계명구도)

0187 　4급　模 법/본뜰 모
　⊕木　⊕倣 본받을 방, 範 법 범
模倣(모방)　模範(모범)　模襲(모습)　模樣(모양)　模擬考査(모의고사)

0188 　4급Ⅱ　牧 칠 목
　⊕牛
牧丹(목단)　牧童(목동)　牧馬(목마)　牧場(목장)　牧畜(목축)

0189 　3급Ⅱ　沒 빠질 몰
　⊕氵(水)　⊕陷 빠질 함　⊕出 날 출
埋沒(매몰)　沒却(몰각)　沒頭(몰두)　沒落(몰락)　沒敗(몰패)　陷沒(함:몰)
없애버리거나 무시해 버림

0190 　3급Ⅱ　夢 꿈 몽:
　⊕夕　⊕梦
夢想(몽:상)　迷夢(미:몽)　夢遊病(몽유병)　同床異夢(동상이몽)

0191 　3급　霧 안개 무:
　⊕雨
霧散(무:산)　霧笛(무:적)　雲霧(운무)　五里霧中(오리무중)
[등대나 배 따위에서] 안개를 조심하라고 부는 고동

07_{일째} 한자익히기 0192~0202

問 聞 物 尾 迷 薄 發 繁 報 普 伏

0192 問 7급 **물을 문:**
部 口 　 反 答 대답할 답
問病(문:병)　問卜(문:복)　問安(문:안)　設問(설문)　愚問(우문)　學問(학문)
참고 愚問(우문) ↔ 賢問(현문)

0193 聞 6급 **들을 문(:)**
部 耳 　 類 聽 들을 청
見聞(견:문)　聞道(문:도)　聞知(문:지)　聞風(문:풍)　聽聞(청문)
　　　　　　　　　　　　　　　　　뜬소문을 들음

0194 物 7급 **물건/만물 물**
部 牛 　 反 心 마음 심
物件(물건)　物望(물망)　物色(물색)　物質(물질)　物體(물체)

0195 尾 3급 **꼬리 미**
部 尸 　 類 末 끝 말, 端 바를 단 　 反 頭 머리 두, 首 머리 수
尾毛(미모)　尾行(미행)　首尾(수미)　尾生之信(미생지신)

0196 迷 3급 **미혹할 미(:)**
部 辶(辵)
迷宮(미:궁)　迷夢(미:몽)　迷信(미:신)　迷兒(미아)　迷惑(미혹)
　　　　　　　　　　　　　　　　　　　　마음이 흐려서 무엇에 홀림

0197 薄 3급Ⅱ **엷을 박**
部 艹(艸) 　 反 厚 두터울 후
薄利(박리)　薄福(박복)　薄弱(박약)　疎薄(소박)　厚薄(후:박)
참고 薄利(박리) ↔ 暴利(폭리)

0198 發 6급 **필 발**
部 癶 　 反 着 붙을 착 　 略 発
啓發(계:발)　發券(발권)　發散(발산)　發芽(발아)　發案(발안)　發育(발육)
지능을 깨우쳐 열어줌

0199 繁 3급Ⅱ **번성할 번**
部 糸
繁盛(번성)　繁殖(번식)　繁榮(번영)　繁昌(번창)　繁華街(번화가)

0200 報 4급Ⅱ **갚을/알릴 보:**
部 土 　 類 告 알릴 고, 申 납 신
報告(보:고)　報答(보:답)　報道(보:도)　報復(보:복)　報恩(보:은)

0201 普 4급 **넓을 보:**
部 日
普及(보:급)　普選(보:선)　普世(보:세)　普通(보:통)　普遍(보:편)

0202 伏 4급 **엎드릴 복**
部 亻(人) 　 反 起 일어날 기
起伏(기복)　伏線(복선)　伏受(복수)　伏地不動(복지부동)

0203 福 5급
복 복
㉠示 ㉡幸 다행 행 ㉣禍 재앙 화
福券(복권) 福運(복운) 福音(복음) 福祉(복지) 轉禍爲福(전화위복)

0204 負 4급
질 부:
㉠貝 ㉡敗 패할 패 ㉣勝 이길 승
負擔(부:담) 負役(부:역) 負債(부:채) 負荷(부:하) 勝負(승부)

0205 富 4급Ⅱ
부자 부:
㉠宀 ㉣貧 가난할 빈
甲富(갑부) 富强(부:강) 富國(부:국) 富貴(부:귀) 富者(부:자)

0206 不 7급
아닐 불(부)
㉠一
不當(부당) 不正(부정) 不知(부지) 不盡(부진) 不動産(부동산)
不良(불량) 不利(불리) 不變(불변) 語不成說(어불성설)
말이 조금도 사리에 맞지 않음

0207 批 4급
비평할 비:
㉠扌(手) ㉡評 품평 평
批答(비:답) 批點(비:점) 批正(비:정) 批判(비:판) 批評(비:평)
과거 등에서 응시자가 지은 시나 문장을 평가할 때,
특히 잘 지은 대목에 찍던 둥근 점

0208 非 4급Ⅱ
아닐 비(:)
㉠非 ㉣是 옳을 시
非但(비단) 非常(비:상) 非情(비:정) 非行(비:행) 非賣品(비매품)

0209 頻 3급
자주 빈
㉠頁
頻度(빈도) 頻發(빈발) 頻繁(빈번) 頻出(빈출)

0210 使 6급
하여금/
부릴 사:
㉠亻(人)
使氣(사:기) 使命(사:명) 使用(사:용) 使者(사:자) 使節(사:절)
어떤 사명을 띠고 국가나 정부를
대표하여 외국에 파견되는 사람

| 오 늘 의 사 자 성 어 |

滅門之禍 멸문지화 한 집안이 멸망하여 없어지는 큰 재앙
尾生之信 미생지신 미련하고 우직하게 지키는 약속 즉, 고지식함을 이르는 말로 흔히 사용됨
伏地不動 복지부동 [땅에 엎드려 움직이지 아니함] 마땅히 해야 할 일을 하지 않고 몸을 사린다는 뜻
轉禍爲福 전화위복 화[禍]가 바뀌어 오히려 복[福]이 됨

07

I 다음 漢字語의 讀音을 쓰시오.

① 脈絡	② 滅種	③ 夢想	④ 使節
⑤ 聞風	⑥ 埋沒	⑦ 雲霧	⑧ 物望
⑨ 減免	⑩ 模樣	⑪ 求命	⑫ 尾行
⑬ 疎薄	⑭ 普遍	⑮ 富貴	⑯ 頻繁
⑰ 愚問	⑱ 牧童	⑲ 報復	⑳ 鳴鼓
㉑ 福祉	㉒ 不當	㉓ 繁盛	㉔ 批判
㉕ 迷夢	㉖ 發芽	㉗ 伏線	㉘ 負擔
㉙ 非賣品	㉚ 白骨難忘		

2 다음 漢字의 訓과 음을 쓰시오.

① 尾   ② 沒   ③ 免   ④ 薄
⑤ 霧   ⑥ 頻

3 다음의 訓과 음을 지닌 漢字語를 쓰시오.

① 칠 목   ② 울 명   ③ 줄기 맥   ④ 본뜰 모
⑤ 넓을 보   ⑥ 비평할 비

4 밑줄 그은 單語를 漢字語로 쓰시오.

① 아이들의 성장 발육을 돕기 위해서는 칼슘을 많이 먹여야 해.

② 그날 희영이는 모양을 잔뜩 부리고 나왔었어.

③ 내일 미영이 문병같이 갈래?

④ 그 소설에서 외나무다리는 복선을 의미해.

5 다음 漢字語 중 첫소리가 長音인 것을 고르시오.

① ㄱ. 免疫   ㄴ. 忘却   ㄷ. 脈絡   ㄹ. 牧場
② ㄱ. 福音   ㄴ. 伏線   ㄷ. 霧散   ㄹ. 繁榮
③ ㄱ. 非行   ㄴ. 發育   ㄷ. 非但   ㄹ. 發案

6 다음 빈칸에 뜻이 反對 또는 相反 되는 漢字를 쓰시오.

① 厚 ↔ (   )　　　② 貧 ↔ (   )　　　③ 起 ↔ (   )　　　④ (   ) ↔ 答

7 다음 빈칸에 訓이 같거나 유사한 漢字를 써 넣어 單語를 完成하시오.

① (   )評　　　② 幸(   )　　　③ (   )敗

8 다음 빈 칸에 알맞은 漢字를 써넣어 四字成語를 完成하시오.

① 語(   )成說　　　② (   )地不動　　　③ 轉禍爲(   )

9 다음 漢字의 部首를 쓰시오.

① 聞　　　② 鳴　　　③ 忘　　　④ 牧

10 다음 漢字語의 뜻을 쓰시오.

① 福運　　　② 迷惑　　　③ 免窮

11 다음 漢字의 同音異義語를 하나만 쓰시오.

① 使命　　　② 伏受　　　③ 非常

12 다음 漢字의 略字를 쓰시오.

① 夢　　　② 脈　　　③ 發

정답

1 ① 맥락 ② 멸종 ③ 몽상 ④ 사절 ⑤ 문풍 ⑥ 매몰 ⑦ 운무 ⑧ 물망 ⑨ 감면 ⑩ 모양 ⑪ 구명 ⑫ 미행 ⑬ 소박 ⑭ 보편 ⑮ 부귀 ⑯ 빈번 ⑰ 우문 ⑱ 목동 ⑲ 보복 ⑳ 명고 ㉑ 복지 ㉒ 부당 ㉓ 번성 ㉔ 비판 ㉕ 미몽 ㉖ 발아 ㉗ 복선 ㉘ 부담 ㉙ 비매품 ㉚ 백골난망　**2** ① 꼬리 미 ② 빠질 몰 ③ 면할 면 ④ 엷을 박 ⑤ 안개 무 ⑥ 자주 빈　**3** ① 牧 ② 鳴 ③ 脈 ④ 模 ⑤ 普 ⑥ 批　**4** ① 發育 ② 模樣 ③ 問病 ④ 伏線　**5** ① ㄱ ② ㄷ ③ ㄱ　**6** ① 薄 ② 富 ③ 伏 ④ 問　**7** ① 批 ② 福 ③ 負　**8** ① 不 ② 伏 ③ 福　**9** ① 耳 ② 鳥 ③ 心 ④ 牛　**10** ① 행복을 누릴 좋은 운수 ② 마음이 흐려서 무엇에 홀림 ③ 가난에서 벗어남　**11** ① 死命/社名 ② 福手/腹水 ③ 飛上/非想　**12** ① 梦 ② 脉 ③ 発

미리 확인하기　　　　ㅇ Ｘ　　　　　　　ㅇ Ｘ

查	查	查	查	查	查	□□	損	損	損	損	損	□□
詐	詐	詐	詐	詐	詐	□□	衰	衰	衰	衰	衰	□□
削	削	削	削	削	削	□□	收	收	收	收	收	□□
象	象	象	象	象	象	□□	修	修	修	修	修	□□
傷	傷	傷	傷	傷	傷	□□	獸	獸	獸	獸	獸	□□
裳	裳	裳	裳	裳	裳	□□	崇	崇	崇	崇	崇	□□
書	書	書	書	書	書	□□	勝	勝	勝	勝	勝	□□
成	成	成	成	成	成	□□	視	視	視	視	視	□□
省	省	省	省	省	省	□□	飾	飾	飾	飾	飾	□□
聲	聲	聲	聲	聲	聲	□□	愼	愼	愼	愼	愼	□□
細	細	細	細	細	細	□□	失	失	失	失	失	□□
稅	稅	稅	稅	稅	稅	□□	實	實	實	實	實	□□
騷	騷	騷	騷	騷	騷	□□	深	深	深	深	深	□□
屬	屬	屬	屬	屬	屬	□□	尋	尋	尋	尋	尋	□□
續	續	續	續	續	續	□□	餓	餓	餓	餓	餓	□□

昏定晨省	□□□□	
名實相符	□□□□	
白面書生	□□□□	
深思熟考	□□□□	

0211 5급

査 조사할/사실할 사

㉐木

檢査(검:사)　踏査(답사)　査實(사실)　査案(사안)　査察(사찰)

0212 3급

詐 속일 사

㉐言　㉛欺 속일 기

詐巧(사교)　詐欺(사기)　詐術(사술)　詐取(사취)　詐稱(사칭)
　　　　　　　　　　　　　　　　　　　거짓으로 속여서 남의 것을 빼앗음

0213 3급Ⅱ

削 깎을 삭

㉐刂(刀)　㉝添 더할 첨

削減(삭감)　削刀(삭도)　削髮(삭발)　削除(삭제)　切削(절삭)　添削(첨삭)

0214 4급

象 코끼리/모양 상

㉐豕　㉛形 모양 형

假象(가:상)　象徵(상징)　象形(상형)　抽象(추상)　現象(현:상)

0215 4급

傷 다칠 상

㉐亻(人)

傷貧(상빈)　傷心(상심)　傷處(상처)　傷害(상해)　災傷(재상)
가난에 쪼들려 마음이 상함　　　　　　　　　　　　천재로 말미암아 농작물이 입는 해[害]

0216 3급Ⅱ

裳 치마 상

㉐衣

衣裳(의상)　綠衣紅裳(녹의홍상)　同價紅裳(동가홍상)
　　　　　　젊은 여인의 고운 옷차림을 이르는 말

0217 6급

書 글 서

㉐曰　㉛文 글월 문

書簡(서간)　書庫(서고)　書記(서기)　書頭(서두)　書類(서류)

0218 6급

成 이룰 성

㉐戈　㉝敗 깨뜨릴 패

成格(성격)　成功(성공)　成果(성과)　成熟(성숙)　成長(성장)　成績(성적)

㉘ 成功(성공) ↔ 失敗(실패)

0219 6급

省 살필 성 / 덜 생

㉐目　㉛察 살필 찰

反省(반:성)　省墓(성묘)　省察(성찰)　昏定晨省(혼정신성)
省略(생략)　省力(생력)
　　　　힘이나 수고를 줄임

0220 4급Ⅱ

聲 소리 성

㉐耳　㉛音 소리 음　㉕声

聲淚(성루)　聲望(성망)　聲名(성명)　聲域(성역)　聲援(성원)　歎聲(탄:성)

0221 4급Ⅱ

細 가늘 세:

㉐糸

細菌(세:균)　細密(세:밀)　細分(세:분)　細則(세:칙)　細胞(세:포)

08일째 한자익히기 0222~0232

税 騷 屬 續 損 衰 收 修 獸 崇 勝

0222 4급Ⅱ
税 세금 세:
⊕禾 ⊕租 조세 **조**
納稅(납세)　稅關(세:관)　稅務(세:무)　稅額(세:액)　稅律(세:율)

0223 3급
騷 떠들 소
⊕馬
騷動(소동)　騷然(소연)　騷擾(소요)　騷音(소음)　騷亂(소란)
'소연하다'의 어근. 시끄럽고 어수선함

0224 4급
屬 붙일/무리 속
맡길 촉
⊕尸 ⊕附 붙을 **부**　⊕属
屬國(속국)　屬性(속성)　屬地(속지)　隷屬(예:속)　尊屬(존속)
屬望(촉망)　屬意(촉의)
[어떤 사물에] 마음을 둠

0225 4급Ⅱ
續 이을 속
⊕糸 ⊕繼 이을 **계**, 承 받들 **승**, 連 잇닿을 **연**　⊕続
繼續(계:속)　相續(상속)　續出(속출)　續篇(속편)　連續(연속)　存續(존속)

0226 4급
損 덜 손:
⊕扌(手) ⊕益 더할 **익**
損壞(손:괴)　損傷(손:상)　損失(손:실)　損益(손:익)　損害(손:해)

0227 3급Ⅱ
衰 쇠할 쇠
⊕衣 ⊕盛 성할 **성**
盛衰(성:쇠)　衰落(쇠락)　衰弱(쇠약)　衰殘(쇠잔)　衰退(쇠퇴)
衰退(쇠퇴) ↔ 繁榮(번영)
쇠하여 힘이나 세력이 점점 약해짐

0228 4급Ⅱ
收 거둘 수
⊕攵(攴) ⊕穫 벼벨 **확** ⊕支 지탱할 **지**　⊕収
收得(수득)　收受(수수)　收拾(수습)　收容(수용)　收入(수입)　收穫(수확)
收入(수입) ↔ 支出(지출)

0229 4급Ⅱ
修 닦을 수
⊕亻(人)
修交(수교)　修道(수도)　修了(수료)　修身(수신)　修習(수습)　修學(수학)

0230 3급Ⅱ
獸 짐승 수
⊕犬 ⊕獣
禽獸(금수)　獸心(수심)　獸肉(수육)　獸皮(수피)　獸醫師(수의사)

0231 4급
崇 높을 숭
⊕山 ⊕高 높을 **고**
隆崇(융숭)　崇高(숭고)　崇文(숭문)　崇拜(숭배)　崇尙(숭상)

0232 6급
勝 이길 승
⊕力 ⊕敗 패할 **패**, 負 질 **부**
勝利(승리)　勝負(승부)　勝算(승산)　勝點(승점)　勝敗(승패)

0233 4급II
視 볼 시:
⬦見 ⬦監 볼 감
視覺(시:각)　視力(시:력)　視點(시:점)　視野(시:야)　視聽(시:청)

0234 3급II
飾 꾸밀 식
⬦食 ⬦裝 꾸밀 장
假飾(가:식)　塗飾(도식)　粉飾(분식)　修飾(수식)　飾辭(식사)　裝飾(장식)
　　　　　　　바르고 꾸밈

0235 3급II
愼 삼갈 신:
⬦忄(心)
愼獨(신:독)　愼密(신:밀)　愼攝(신:섭)　愼重(신:중)　畏愼(외:신)
홀로 있을 때에도 도리에 어그러짐이 없도록 몸을 삼감

0236 6급
失 잃을 실
⬦大 ⬦過 지날 과 ⬦得 얻을 득
得失(득실)　失禮(실례)　失利(실리)　失望(실망)　失戀(실연)　失敗(실패)

0237 5급
實 열매 실
⬦宀 ⬦果 열매 과 ⬦実
實感(실감)　實務(실무)　實業(실업)　實踐(실천)　實驗(실험)
참고 實名(실명) ↔ 假名(가명)

0238 4급II
深 깊을 심:
⬦氵(水) ⬦淺 얕을 천
深境(심:경)　深谷(심:곡)　深淺(심:천)　深思熟考(심사숙고)

0239 3급
尋 찾을 심
⬦寸 ⬦訪 찾을 방, 索 찾을 색, 探 찾을 탐
尋問(심문)　尋訪(심방)　尋常(심상)　尋人(심인)　推尋(추심)
　　　　　　　　　　　　　　　　　챙겨 찾아 가지거나 받아냄

0240 3급
餓 주릴 아:
⬦食 ⬦飢 주릴 기
飢餓(기아)　凍餓(동:아)　餓死(아:사)
[입을 것과 먹을 것이 없어서] 춥고 배고픔

| 오 늘 의 사 자 성 어 |

昏定晨省 혼정신성　[저녁에 이부자리를 보고 아침에 자리를 돌아봄] 자식이 아침저녁으로 부모의
　　　　　　　　　　안부를 물어서 살필 때 이르는 말
白面書生 백면서생　글만 읽고 세상일에 경험이 없는 사람을 이르는 말
名實相符 명실상부　이름과 실제가 부합함
深思熟考 심사숙고　깊이 생각함을 이르는 말

08

1 다음 漢字語의 讀音을 쓰시오.

① 詐欺	② 傷處	③ 飢餓	④ 衣裳
⑤ 査案	⑥ 尋訪	⑦ 成熟	⑧ 細胞
⑨ 削髮	⑩ 書簡	⑪ 成長	⑫ 歎聲
⑬ 繼續	⑭ 隸屬	⑮ 衰殘	⑯ 得失
⑰ 省略	⑱ 修身	⑲ 崇拜	⑳ 稅額
㉑ 粉飾	㉒ 實驗	㉓ 勝負	㉔ 獸肉
㉕ 損壞	㉖ 收穫	㉗ 愼重	㉘ 視覺
㉙ 深淺	㉚ 象形		

2 다음 漢字의 訓과 音을 쓰시오.

① 裳   ② 飾   ③ 騷   ④ 衰
⑤ 削   ⑥ 獸   ⑦ 尋   ⑧ 愼

3 다음의 訓과 音을 지닌 漢字를 쓰시오.

① 높을 숭   ② 다칠 상   ③ 깊을 심   ④ 붙일 속
⑤ 가늘 세   ⑥ 소리 성   ⑦ 세금 세

4 밑줄 그은 單語를 漢字語로 쓰시오.

① 이번 발표에서 각자 맡을 부분을 지금 세분하자.
② 모든 국민은 납세의 의무를 진다.
③ 이번 경기는 우리에겐 승산없는 경기야.
④ 그는 교통사고로 인해 온몸이 상처투성이야.

5 다음 漢字語 중 첫소리가 長音인 것을 고르시오.

① ㄱ. 傷害   ㄴ. 成果   ㄷ. 細分   ㄹ. 査察
② ㄱ. 續出   ㄴ. 屬性   ㄷ. 續篇   ㄹ. 損害
③ ㄱ. 餓死   ㄴ. 實感   ㄷ. 失利   ㄹ. 勝負

6 다음 빈칸에 뜻이 反對 또는 相反 되는 漢字를 쓰시오.

① 得 ↔ ( )　　② ( ) ↔ 支　　③ ( ) ↔ 益　　④ ( ) ↔ 敗

7 다음 빈칸에 訓이 같거나 유사한 漢字를 써 넣어 單語를 完成 하시오.

① ( )徵　　② 尊( )　　③ ( )感　　④ 繼( )

⑤ ( )道　　⑥ ( )尙

8 다음 빈 칸에 알맞은 漢字를 써넣어 四字成語를 完成 하시오.

① 名( )相符　　② 昏定晨( )　　③ ( )思熟考

9 다음 漢字의 部首를 쓰시오.

① 裳　　② 實　　③ 聲　　④ 成

10 다음 漢字語의 뜻을 쓰시오.

① 損失　　② 勝算　　③ 深淺　　④ 尋訪

11 다음 漢字의 略字를 쓰시오.

① 屬　　② 實　　③ 聲　　④ 獸　　⑤ 續

12 다음 漢字의 同音異義語를 하나만 쓰시오.

① 成長　　② 收容　　③ 歎聲

정답

1 ① 사기 ② 상처 ③ 기아 ④ 의상 ⑤ 사안 ⑥ 심방 ⑦ 성숙 ⑧ 세포 ⑨ 삭발 ⑩ 서간 ⑪ 성장 ⑫ 탄성 ⑬ 계속 ⑭ 예속 ⑮ 쇠잔 ⑯ 득실 ⑰ 생략 ⑱ 수신 ⑲ 숭배 ⑳ 세액 ㉑ 분식 ㉒ 실험 ㉓ 승부 ㉔ 수육 ㉕ 손괴 ㉖ 수확 ㉗ 신중 ㉘ 시각 ㉙ 심천 ㉚ 상형　**2** ① 치마 상 ② 꾸밀 식 ③ 떠들 소 ④ 쇠할 쇠 ⑤ 깎을 삭 ⑥ 짐승 수 ⑦ 찾을 심 ⑧ 삼갈 신　**3** ① 崇 ② 傷 ③ 深 ④ 屬 ⑤ 細 ⑥ 聲 ⑦ 稅　**4** ① 細分 ② 納稅 ③ 勝算 ④ 傷處　**5** ① ㄷ ② ㄹ ③ ㄱ　**6** ① 失 ② 收 ③ 損 ④ 勝　**7** ① 象 ② 屬 ③ 實 ④ 續 ⑤ 修 ⑥ 崇　**8** ① 實 ② 省 ③ 深　**9** ① 衣 ② 宀 ③ 耳 ④ 戈　**10** ① 축나거나 잃어버려 손해를 봄 ② 이길 가망 ③ 깊음과 얕음 ④ 방문하여 찾아 봄　**11** ① 属 ② 実 ③ 声 ④ 獣 ⑤ 続　**12** ① 星章/盛壯 ② 受用/收用 ③ 彈性

미리 확인하기　　　　　　　ㅇ ㅡ　　　　　　　　　　　ㅇ ㅡ

						ㅇ ㅡ							ㅇ ㅡ
惡	惡	惡	惡	惡	惡	□□	憂	憂	憂	憂	憂	憂	□□
額	額	額	額	額	額	□□	優	優	優	優	優	優	□□
約	約	約	約	約	約	□□	雲	雲	雲	雲	雲	雲	□□
業	業	業	業	業	業	□□	危	危	危	危	危	危	□□
然	然	然	然	然	然	□□	柔	柔	柔	柔	柔	柔	□□
餘	餘	餘	餘	餘	餘	□□	遊	遊	遊	遊	遊	遊	□□
緣	緣	緣	緣	緣	緣	□□	恩	恩	恩	恩	恩	恩	□□
染	染	染	染	染	染	□□	意	意	意	意	意	意	□□
榮	榮	榮	榮	榮	榮	□□	益	益	益	益	益	益	□□
銳	銳	銳	銳	銳	銳	□□	任	任	任	任	任	任	□□
豫	豫	豫	豫	豫	豫	□□	殘	殘	殘	殘	殘	殘	□□
烏	烏	烏	烏	烏	烏	□□	張	張	張	張	張	張	□□
往	往	往	往	往	往	□□	裝	裝	裝	裝	裝	裝	□□
要	要	要	要	要	要	□□	災	災	災	災	災	災	□□
辱	辱	辱	辱	辱	辱	□□	漸	漸	漸	漸	漸	漸	□□

優柔不斷 □□□□　　　　　緣木求魚 □□□□

烏合之卒 □□□□　　　　　望雲之情 □□□□

0241 5급　惡
악할 악
미워할 오

훼心　유憎 미워할 증　반善 착할 선　약悪
惡名(악명)　惡役(악역)　惡緣(악연)　惡臭(악취)　勸善懲惡(권선징악)
憎惡(증오)　羞惡之心(수오지심)
[사단의 하나로] 자기의 옳지 못함을 부끄러워하고
남의 옳지 못함을 미워하는 마음

0242 4급　額
이마 액

훼頁
稅額(세:액)　少額(소:액)　額面(액면)　額字(액자)　增額(증액)
현판에 쓴 큰 글자

0243 5급　約
맺을 약

훼糸　유契 맺을 계
約款(약관)　約定(약정)　約條(약조)　約婚(약혼)　縮約(축약)

0244 6급　業
업 업

훼木
工業(공업)　産業(산:업)　業務(업무)　業報(업보)　業績(업적)　業體(업체)

0245 4급Ⅱ　餘
남을 여

훼食　유殘 남을 잔　약余
餘暇(여가)　餘生(여생)　餘裕(여유)　餘日(여일)　餘罪(여죄)　餘地(여지)

0246 4급　然
그러할 연

훼灬(火)
當然(당연)　然後(연후)　自然(자연)　必然(필연)　忽然(홀연)　劃然(획연)
구별이 매우 분명함

0247 7급　緣
인연 연

훼糸
緣故(연고)　緣分(연분)　因緣(인연)　緣由(연유)　緣木求魚(연목구어)

0248 3급Ⅱ　染
물들 염:

훼木
染料(염:료)　染色(염:색)　染筆(염:필)　汚染(오:염)　傳染病(전염병)
참고 染色(염색) ↔ 脫色(탈색) 붓에 먹이나 물감을 묻힘

0249 4급Ⅱ　榮
영화 영

훼木　반辱 욕될 욕　약栄
繁榮(번영)　榮光(영광)　榮達(영달)　榮譽(영예)　榮位(영위)　榮華(영화)

0250 3급　銳
날카로울 예:

훼金
銳角(예:각)　銳氣(예:기)　銳利(예:리)　銳敏(예:민)　尖銳(첨예)
참고 銳敏(예민) ↔ 愚鈍(우둔)

0251 4급　豫
미리 예:

훼豕　약予
豫見(예:견)　豫防(예:방)　豫備(예:비)　豫算(예:산)　豫言(예:언)

09일째 한자익히기 0252~0262

烏往要辱憂優雲危柔遊恩

0252 3급Ⅱ
烏 까마귀 오
(부)灬(火)
烏鷄(오계) 烏口(오구) 烏飛梨落(오비이락) 烏合之卒(오합지졸)
끝을 강철로 까마귀 부리 모양으로 만들어,
먹물이나 물감 따위를 찍어 줄을 긋는 데 씀

0253 4급Ⅱ
往 갈 왕:
(부)彳 (유)去 갈 거, 過 지날 과 (반)來 올 래
往來(왕:래) 往復(왕:복) 往生(왕:생) 已往(이:왕) 說往說來(설왕설래)

0254 5급
要 요긴할 요
(부)襾(両)
要件(요건) 要緊(요긴) 要覽(요람) 要望(요망) 要塞(요새) 要約(요약)
참고 要約(요약) ↔ 諾約(낙약)

0255 3급Ⅱ
辱 욕될 욕
(부)辰 (반)榮 영화 영
逢辱(봉욕) 汚辱(오:욕) 辱說(욕설) 辱知(욕지) 恥辱(치욕)
욕된 일을 당함

0256 3급Ⅱ
憂 근심 우
(부)心 (유)愁 근심 수
憂慮(우려) 憂色(우색) 憂愁(우수) 憂患(우환) 內憂外患(내우외환)

0257 4급
優 넉넉할 우
(부)亻(人) (반)劣 못할 열
優先(우선) 優性(우성) 優秀(우수) 優勝(우승) 優劣(우열) 優越(우월)
참고 優性(우성) ↔ 劣性(열성)

0258 5급
雲 구름 운
(부)雨
雲霧(운무) 雲煙(운연) 雲集(운집) 望雲之情(망운지정)
구름과 연기 또는 구름과 안개

0259 4급
危 위태할 위
(부)卩 (반)安 편안 안
危懼(위구) 危急(위급) 危篤(위독) 危殆(위태) 危險(위험)

0260 3급Ⅱ
柔 부드러울 유
(부)木 (유)軟 부드러울 연
柔順(유순) 柔軟(유연) 外柔內剛(외유내강) 優柔不斷(우유부단)
겉으로는 부드럽고 순하게 보이나
속은 단단하고 굳셈

0261 4급
遊 놀 유
(부)辶(辵) (유)戱 놀 희
遊離(유리) 遊說(유세) 遊食(유식) 遊興(유흥) 遊戱(유희)

0262 4급Ⅱ
恩 은혜 은
(부)心 (유)惠 은혜 혜 (반)怨 원망할 원, 恨 한할 한
恩功(은공) 恩師(은사) 恩人(은인) 恩惠(은혜) 背恩忘德(배은망덕)

0263 6급 — 意 뜻 의:
㉠心 ㉴志 뜻 지, 思 생각 사
意見(의:견) 意氣(의:기) 意思(의:사) 意識(의:식) 意義(의:의)

0264 4급Ⅱ — 益 더할 익
㉠皿 ㉴加 더할 가, 增 더할 증 ㉰損 덜 손
受益(수익) 利益(이:익) 益友(익우) 益蟲(익충) 多多益善(다다익선)
참고 益友(익우) ↔ 損友(손우)

0265 5급 — 任 맡길 임(:)
㉠亻(人) ㉴委 맡길 위 ㉰免 면할 면
擔任(담임) 任期(임:기) 任命(임:명) 任用(임:용)

0266 4급 — 殘 남을 잔
㉠歹 ㉴餘 남을 여 ㉱殘
衰殘(쇠잔) 殘高(잔고) 殘留(잔류) 殘存(잔존) 骨肉相殘(골육상잔)
혈연관계에 있는 사람끼리 서로
해치우며 싸우는 일

0267 4급 — 張 베풀 장
㉠弓
誇張(과:장) 伸張(신장) 出張(출장) 擴張(확장) 張三李四(장삼이사)
[물체의 크기나 세력 따위가] 늘어나고 펼쳐짐

0268 4급 — 裝 꾸밀 장
㉠衣 ㉴飾 꾸밀 식 ㉱裝
男裝(남장) 變裝(변:장) 裝甲(장갑) 裝備(장비) 裝飾(장식) 裝置(장치)

0269 5급 — 災 재앙 재
㉠火 ㉴殃 재앙 앙
災傷(재상) 災殃(재앙) 災厄(재액) 災害(재해) 災禍(재화) 旱災(한:재)
가물에 의한 재앙

0270 3급Ⅱ — 漸 점점 점:
㉠氵(水)
漸加(점:가) 漸騰(점:등) 漸增(점:증) 漸進(점:진) 漸次(점:차)
참고 漸進(점진) ↔ 急進(급진)

| 오 늘 의 사 자 성 어 |

優柔不斷 우유부단 줏대 없이 어물거리기만 하고 딱 잘라 결단을 내리지 못함
緣木求魚 연목구어 [나무에 올라가서 물고기를 구함] 되지 않는 일을 무리하게 하려고 함
烏合之卒 오합지졸 [까마귀 떼처럼] 아무 통일도 규율도 없이 몰려 있는 집단
望雲之情 망운지정 [멀리 구름을 보며 어버이를 생각함] 부모를 그리는 마음

09

Ⅰ 다음 漢字語의 讀音을 쓰시오.

① 稅額	② 餘暇	③ 約婚	④ 緣分
⑤ 業務	⑥ 漸增	⑦ 銳利	⑧ 要塞
⑨ 忽然	⑩ 惡緣	⑪ 豫言	⑫ 危篤
⑬ 恥辱	⑭ 恩人	⑮ 殘留	⑯ 遊離
⑰ 往來	⑱ 染料	⑲ 優劣	⑳ 意見
㉑ 裝置	㉒ 益友	㉓ 災害	㉔ 憂愁
㉕ 榮達	㉖ 柔軟	㉗ 任期	㉘ 誇張
㉙ 雲集	㉚ 烏合之卒		

2 다음 漢字의 訓과 音을 쓰시오.

① 染　　　　② 銳　　　　③ 烏　　　　④ 辱
⑤ 柔　　　　⑥ 憂

3 다음의 訓과 音을 지닌 漢字를 쓰시오.

① 이마 액　　② 꾸밀 장　　③ 남을 여　　④ 인연 연
⑤ 놀 유　　　⑥ 미리 예　　⑦ 더할 익

4 밑줄 그은 單語를 漢字語로 쓰시오.

① 여가시간을 잘 활용해봐.
② 여우주연상의 영광은 누구에게 돌아갈까?
③ 희영이가 하는 말은 액면 그대로는 믿으면 안돼.
④ 오랜만에 모두의 의견이 일치하였다.

5 다음 漢字語 중 첫소리가 長音인 것을 고르시오.

① ㄱ. 榮譽　　ㄴ. 業務　　ㄷ. 憂色　　ㄹ. 往來
② ㄱ. 銳利　　ㄴ. 益友　　ㄷ. 雲集　　ㄹ. 柔軟
③ ㄱ. 惡名　　ㄴ. 遊興　　ㄷ. 餘生　　ㄹ. 染色

6 다음 빈칸에 뜻이 反對 또는 相反 되는 漢字를 쓰시오.

① (　) ↔ 來　　　② (　) ↔ 劣　　　③ 善 ↔ (　)　　　④ 安 ↔ (　)

7 다음 빈칸에 訓이 같거나 유사한 漢字를 써 넣어 單語를 完成하시오.

① 增(　)　　　② (　)殃　　　③ 憎(　)　　　④ 去(　)

8 다음 빈 칸에 알맞은 漢字를 써넣어 四字成語를 完成하시오.

① 望(　)之情　　　② 勸善懲(　)　　　③ (　)三李四　　　④ (　)木求魚

9 다음 漢字의 部首를 쓰시오.

① 要　　　② 張　　　③ 惡　　　④ 益

10 다음 漢字語의 뜻을 쓰시오.

① 烏飛梨落　　　② 災傷　　　③ 柔順　　　④ 雲集

11 다음 漢字의 略字를 쓰시오.

① 榮　　② 殘　　③ 惡　　④ 豫　　⑤ 裝　　⑥ 災

12 다음 漢字의 同音異義語를 하나만 쓰시오.

① 榮光　　　② 議事　　　③ 榮華

정답

1 ① 세액 ② 여가 ③ 약혼 ④ 연분 ⑤ 업무 ⑥ 점증 ⑦ 예리 ⑧ 요새 ⑨ 홀연 ⑩ 악연 ⑪ 예언 ⑫ 위독 ⑬ 치욕 ⑭ 은인 ⑮ 잔류 ⑯ 유리 ⑰ 왕래 ⑱ 염료 ⑲ 우열 ⑳ 의견 ㉑ 장치 ㉒ 익우 ㉓ 재해 ㉔ 우수 ㉕ 영달 ㉖ 유연 ㉗ 임기 ㉘ 과장 ㉙ 운집 ㉚ 오합지졸　**2** ① 물들 염 ② 날카로울 예 ③ 까마귀 오 ④ 욕될 욕 ⑤ 부드러울 유 ⑥ 근심 우　**3** ① 額 ② 裝 ③ 餘 ④ 緣 ⑤ 遊 ⑥ 豫 ⑦ 益　**4** ① 餘暇 ② 榮光 ③ 額面 ④ 意見　**5** ① ㄹ ② ㄱ ③ ㄹ　**6** ① 往 ② 優 ③ 惡 ④ 危　**7** ① 益 ② 災 ③ 惡 ④ 往　**8** ① 雲 ② 惡 ③ 張 ④ 緣　**9** ① 襾(襾) ② 弓 ③ 心 ④ 皿　**10** ① 공교롭게 어떤 일이 같은 때에 일어나 남의 의심을 받게 됨 ② 천재로 말미암아 농작물에 입는 해 ③ 성질이 온화하고 순함 ④ 사람이 많이 모임　**11** ① 栄 ② 残 ③ 悪 ④ 予 ⑤ 装 ⑥ 灾　**12** ① 靈光 ② 意思/義士 ③ 映畫/英華

미리 확인하기 　　　　　ㅇ ㅌ 　　　　　　　　ㅇ ㅌ

定	定	定	定	定	定	□ □	賤	賤	賤	賤	賤	賤	□ □
情	情	情	情	情	情	□ □	遷	遷	遷	遷	遷	遷	□ □
族	族	族	族	族	族	□ □	薦	薦	薦	薦	薦	薦	□ □
尊	尊	尊	尊	尊	尊	□ □	徹	徹	徹	徹	徹	徹	□ □
拙	拙	拙	拙	拙	拙	□ □	淸	淸	淸	淸	淸	淸	□ □
從	從	從	從	從	從	□ □	抽	抽	抽	抽	抽	抽	□ □
終	終	終	終	終	終	□ □	逐	逐	逐	逐	逐	逐	□ □
種	種	種	種	種	種	□ □	蓄	蓄	蓄	蓄	蓄	蓄	□ □
憎	憎	憎	憎	憎	憎	□ □	沈	沈	沈	沈	沈	沈	□ □
地	地	地	地	地	地	□ □	濁	濁	濁	濁	濁	濁	□ □
遲	遲	遲	遲	遲	遲	□ □	濯	濯	濯	濯	濯	濯	□ □
眞	眞	眞	眞	眞	眞	□ □	奪	奪	奪	奪	奪	奪	□ □
進	進	進	進	進	進	□ □	怠	怠	怠	怠	怠	怠	□ □
懲	懲	懲	懲	懲	懲	□ □	擇	擇	擇	擇	擇	擇	□ □
策	策	策	策	策	策	□ □	鬪	鬪	鬪	鬪	鬪	鬪	□ □

始終一貫 □ □ □ □ 　　　易地思之 □ □ □ □

晴耕雨讀 □ □ □ □ 　　　泥田鬪狗 □ □ □ □

0271 6급   **定** 정할 정:
- ㊾宀 ㊴宁
- 約定(약정) 定款(정:관) 定規(정:규) 定論(정:론) 定律(정:률)

0272 5급   **情** 뜻 정
- ㊾忄(心) ㊫心 마음 심
- 情景(정경) 情理(정리) 情報(정보) 情迹(정적) 情操(정조)

0273 6급   **族** 겨레 족
- ㊾方
- 族閥(족벌) 族譜(족보) 族長(족장) 族徵(족징) 族戚(족척)

0274 4급Ⅱ   **尊** 높을 존
- ㊾寸 ㊫重 무거울 중 ㊩卑 낮을 비
- 陽尊(양존) 尊貴(존귀) 尊待(존대) 尊卑(존비) 尊屬(존속) 尊重(존중)
- 참고 尊貴(존귀) ↔ 卑賤(비천)

0275 3급   **拙** 졸할 졸
- ㊾扌(手)
- 庸拙(용졸) 拙稿(졸고) 拙劣(졸렬) <u>拙謀(졸모)</u> 拙速(졸속) 拙作(졸작)
- 참고 拙作(졸작) ↔ 傑作(걸작)   졸렬한 꾀

0276 4급   **從** 좇을 종(:)
- ㊾彳 ㊩主 주인 주 ㊴从
- 從軍(종군) 從事(종사) 從屬(종속) 從祖(종:조) 從姪(종:질)

0277 5급   **終** 마칠 종
- ㊾糸 ㊫止 그칠 지, 了 마칠 료, 末 끝 말 ㊩初 처음 초, 始 비로소 시
- 終局(종국) 終端(종단) 終了(종료) 終末(종말) 自初至終(자초지종)

0278 5급   **種** 씨 종(:)
- ㊾禾
- 種類(종:류) 種目(종:목) 種別(종:별) 種子(종자) 種族(종족)

0279 3급Ⅱ   **憎** 미울 증
- ㊾忄(心) ㊫惡 미워할 오 ㊩慈 사랑할 자, 愛 사랑 애
- 可憎(가:증) 憎念(증념) 憎惡(증오) 憎怨(증원) <u>偏憎(편증)</u>
- 편벽되게 미워함

0280 7급   **地** 땅 지
- ㊾土 ㊫土 흙 토 ㊩天 하늘 천
- 地價(지가) 地境(지경) <u>地塊(지괴)</u> 地域(지역) 地緣(지연)
- 땅덩어리

0281 3급   **遲** 더딜 지
- ㊾辶(辵) ㊩速 빠를 속
- 遲刻(지각) <u>遲留(지류)</u> 遲延(지연) 遲參(지참) 遲滯(지체)
- 오래 머무름

10일째 한자익히기 0282~0292

眞進懲策賤遷薦徹淸抽逐

0282 4급II · 眞 · 참 진
(부)目 (반)假 거짓 **가**, 僞 거짓 **위**
眞假(진가) 眞談(진담) 眞理(진리) 眞僞(진위) 眞意(진의) 眞正(진정)

0283 4급II · 進 · 나아갈 진:
(부)辶(辵) (유)就 이룰 **취** (반)退 물러날 **퇴**
進路(진:로) 進步(진:보) 進言(진:언) 進退兩難(진퇴양난)
참고 進步(진보) ↔ 退步(퇴보)

0284 3급 · 懲 · 징계할 징
(부)心
懲戒(징계) 懲罰(징벌) 懲役(징역) 戒世懲人(계세징인)
세상 사람을 경계하고 징벌함

0285 3급II · 策 · 꾀 책
(부)竹
謀策(모책) 散策(산:책) 策動(책동) 策略(책략) 苦肉之策(고육지책)
어려운 사태에서 벗어나기 위한 수단으로 제 몸을 괴롭히면서까지 짜내는 계책

0286 3급II · 賤 · 천할 천:
(부)貝 (반)貴 귀할 **귀** (약)賎
微賤(미천) 賤待(천:대) 賤生(천:생) 賤視(천:시) 賤職(천:직)

0287 3급II · 遷 · 옮길 천:
(부)辶(辵) (약)迁
遷代(천:대) 遷都(천:도) 遷移(천:이) 遷替(천:체) 改過遷善(개과천선)
옮겨 바꿈

0288 3급 · 薦 · 천거할 천:
(부)艹(艸)
公薦(공천) 薦擧(천:거) 薦引(천:인) 推薦(추천) 特薦(특천)

0289 3급II · 徹 · 통할 철
(부)彳 (유)貫 꿸 **관**, 通 통할 **통**
徹骨(철골) 徹夜(철야) 通徹(통철) 透徹(투철) 徹頭徹尾(철두철미)

0290 6급 · 淸 · 맑을 청
(부)氵(水) (유)潔 깨끗할 **결**, 淨 깨끗할 **정** (반)濁 흐릴 **탁**
淸潔(청결) 淸廉(청렴) 淸掃(청소) 淸濁(청탁) 淸敎徒(청교도)

0291 3급 · 抽 · 뽑을 추
(부)扌(手) (유)選 뽑을 **선**
抽利(추리) 抽象(추상) 抽稅(추세) 抽身(추신) 抽出(추출)
참고 抽象(추상) ↔ 具體(구체)
[어떤 자리에서] 몸을 빼어 떠남

0292 3급 · 逐 · 쫓을 축
(부)辶(辵) (유)追 쫓을 **추**
驅逐(구축) 逐客(축객) 逐鹿(축록) 逐邪(축사) 逐夜(축야) 逐出(축출)

0293 4급II	蓄 모을 축	부 艹(艸) 유 貯 쌓을 저, 積 쌓을 적 備蓄(비:축) 貯蓄(저:축) 蓄財(축재) 蓄積(축적) 含蓄(함축)
0294 3급II	沈 잠길 침(:) 성 심:	부 氵(水) 반 浮 뜰 부 沈沒(침몰) 沈默(침묵) 沈水(침수) 沈漬(침:지) 沈着(침착) 沈滯(침체) 물 속에 담가 적심 沈靑(심:청)
0295 3급	濁 흐릴 탁	부 氵(水) 반 淸 맑을 청 汚濁(오:탁) 濁流(탁류) 濁聲(탁성) 濁音(탁음) 濁酒(탁주)
0296 3급	濯 씻을 탁	부 氵(水) 유 洗 씻을 세 洗濯(세탁) 濯足(탁족) 濯枝雨(탁지우) 매년 음력 유월경에 오는 큰비
0297 3급II	奪 빼앗을 탈	부 大 掠奪(약탈) 奪志(탈지) 奪取(탈취) 奪還(탈환) 脅奪(협탈) 으르대어 빼앗음
0298 3급	怠 게으를 태	부 心 유 慢 게으를 만 반 勤 부지런할 근 過怠(과:태) 怠納(태납) 怠慢(태만) 怠業(태업) 怠忽(태홀) 게으르고 느림
0299 4급	擇 가릴 택	부 扌(手) 유 選 뽑을 선, 別 다를 별 약 択 選擇(선:택) 採擇(채:택) 擇用(택용) 擇日(택일) 兩者擇一(양자택일)
0300 4급	鬪 싸움 투	부 鬥 유 競 다툴 경, 爭 다툴 쟁, 戰 싸울 전 鬪毆(투구) 鬪技(투기) 鬪病(투병) 鬪士(투사) 鬪爭(투쟁)

| 오늘의사자성어 |

始終一貫	시종일관	처음부터 끝까지 같은 방침으로 나아감
易地思之	역지사지	입장을 바꾸어 생각함
戒世懲人	계세징인	세상사람을 경계하고 징벌함
泥田鬪狗	이전투구	[진흙 밭에서 싸우는 개라는 뜻] 굳은 의지와 투지. 즉 강인한 성격을 이름

10

I 다음 漢字語의 讀音을 쓰시오.

① 鬪病	② 族譜	③ 從物	④ 定款
⑤ 拙作	⑥ 情操	⑦ 地域	⑧ 進步
⑨ 尊屬	⑩ 種目	⑪ 遲延	⑫ 遞替
⑬ 謀策	⑭ 蓄財	⑮ 徹夜	⑯ 濁流
⑰ 懲役	⑱ 終端	⑲ 眞僞	⑳ 抽出
㉑ 薦引	㉒ 沈默	㉓ 奪志	㉔ 逐邪
㉕ 憎念	㉖ 賤視	㉗ 淸廉	㉘ 洗濯
㉙ 怠業	㉚ 選擇		

2 다음 漢字의 訓과 音을 쓰시오.

① 拙   ② 遲   ③ 憎   ④ 策
⑤ 懲   ⑥ 抽   ⑦ 奪   ⑧ 濁

3 다음의 訓과 音을 지닌 漢字를 쓰시오.

① 참 진   ② 좇을 종   ③ 씨 종   ④ 높을 존
⑤ 뜻 정   ⑥ 가릴 택

4 밑줄 그은 單語를 漢字語로 쓰시오.

① 그게 진담이니?
② 그의 방은 항상 청결하다.
③ 소수의 의견도 항상 존중해야 한다.
④ 그의 투병생활을 보고 눈물이 났다.

5 다음 漢字語 중 첫소리가 長音인 것을 고르시오.

① ㄱ. 從事   ㄴ. 從軍   ㄷ. 從屬   ㄹ. 從祖
② ㄱ. 種類   ㄴ. 種子   ㄷ. 終末   ㄹ. 拙作
③ ㄱ. 薦擧   ㄴ. 淸掃   ㄷ. 逐邪   ㄹ. 懲役

6 다음 빈칸에 뜻이 反對 또는 相反 되는 漢字를 쓰시오.

① ( ) ↔ 卑   ② 初 ↔ ( )   ③ ( ) ↔ 退   ④ ( ) ↔ 濁

7 다음 빈칸에 訓이 같거나 유사한 漢字를 써 넣어 單語를 完成하시오.

① ( )了   ② ( )潔   ③ 土( )   ④ 選( )

8 다음 빈 칸에 알맞은 漢字를 써넣어 四字成語를 完成하시오.

① 易( )思之   ② 始( )一貫   ③ ( )退兩難   ④ 泥田( )狗

9 다음 漢字의 部首를 쓰시오.

① 奪   ② 定   ③ 蓄   ④ 怠
⑤ 賤   ⑥ 遲   ⑦ 從

10 다음 漢字語의 뜻을 쓰시오.

① 情迹   ② 終端   ③ 濁流   ④ 遲參

11 다음 漢字의 略字를 쓰시오.

① 賤   ② 擇   ③ 從   ④ 沈

12 다음 漢字의 同音異義語를 쓰되 제시된 뜻에 맞게 하나만 쓰시오.

① 從事( ) : 종묘와 사직   ② 定規( ) : 바른 규정
③ 眞意( ) : 참된 의의   ④ 情景( ) : 정치와 경제

정답

1 ① 투병 ② 족보 ③ 종물 ④ 정관 ⑤ 졸작 ⑥ 정조 ⑦ 지역 ⑧ 진보 ⑨ 존속 ⑩ 종목 ⑪ 지연 ⑫ 천체 ⑬ 모책 ⑭ 축재 ⑮ 철야 ⑯ 탁류 ⑰ 징역 ⑱ 종단 ⑲ 진위 ⑳ 추출 ㉑ 천인 ㉒ 침묵 ㉓ 탈지 ㉔ 축사 ㉕ 증념 ㉖ 천시 ㉗ 청렴 ㉘ 세탁 ㉙ 태업 ㉚ 선택   **2** ① 졸할 졸 ② 더딜 지 ③ 미울 증 ④ 꾀 책 ⑤ 징계할 징 ⑥ 뽑을 추 ⑦ 빼앗을 탈 ⑧ 흐릴 탁   **3** ① 眞 ② 從 ③ 種 ④ 尊 ⑤ 情 ⑥ 擇   **4** ① 眞談 ② 淸潔 ③ 尊重 ④ 鬪病   **5** ① ㄹ ② ㄱ ③ ㄱ   **6** ① 尊 ② 終 ③ 進 ④ 淸   **7** ① 終 ② 淸 ③ 地 ④ 擇   **8** ① 地 ② 終 ③ 進 ④ 鬪   **9** ① 大 ② 宀 ③ ++(艸) ④ 心 ⑤ 貝 ⑥ 辶(辵) ⑦ 彳   **10** ① 어떤 일이나 사정의 정황 ② 마지막 ③ 흐린 물줄기 ④ 정한시간보다 뒤늦게 참석   **11** ① 賎 ② 択 ③ 从 ④ 沉   **12** ① 宗社 ② 正規 ③ 眞義 ④ 政經

미리 확인하기　　　　O X　　　　　　　　　　O X

破	破 破 破 破 破	□ □	揮	揮 揮 揮 揮 揮	□ □
抗	抗 抗 抗 抗 抗	□ □	携	携 携 携 携 携	□ □
獻	獻 獻 獻 獻 獻	□ □	興	興 興 興 興 興	□ □
協	協 協 協 協 協	□ □	稀	稀 稀 稀 稀 稀	□ □
惠	惠 惠 惠 惠 惠	□ □	戶	戶 戶 戶 戶 戶	□ □
混	混 混 混 混 混	□ □	手	手 手 手 手 手	□ □
和	和 和 和 和 和	□ □	支	支 支 支 支 支	□ □
貨	貨 貨 貨 貨 貨	□ □	文	文 文 文 文 文	□ □
話	話 話 話 話 話	□ □	斗	斗 斗 斗 斗 斗	□ □
禍	禍 禍 禍 禍 禍	□ □	斤	斤 斤 斤 斤 斤	□ □
患	患 患 患 患 患	□ □	方	方 方 方 方 方	□ □
還	還 還 還 還 還	□ □	日	日 日 日 日 日	□ □
環	環 環 環 環 環	□ □	曰	曰 曰 曰 曰 曰	□ □
會	會 會 會 會 會	□ □	月	月 月 月 月 月	□ □
劃	劃 劃 劃 劃 劃	□ □	木	木 木 木 木 木	□ □

日就月將 □ □ □ □　　　　破瓜之年 □ □ □ □

附和雷同 □ □ □ □　　　　興盡悲來 □ □ □ □

0301 破 4급II 깨뜨릴 파:
㈜石 ㈜壞 무너질 괴
破壞(파:괴)　破棄(파:기)　破産(파:산)　破損(파:손)　破瓜之年(파과지년)
[참고] 破壞(파괴) ↔ 建設(건설)

0302 抗 4급 겨룰/막을 항:
㈜扌(手)
反抗(반:항)　抗拒(항:거)　抗告(항:고)　抗命(항:명)　抗辯(항:변)

0303 獻 3급II 드릴 헌:
㈜犬 ㈜貢 바칠 공 ㈜献
貢獻(공:헌)　獻金(헌:금)　獻納(헌:납)　獻壽(헌:수)　獻身(헌:신)
장수를 비는 뜻으로 술잔을 올림

0304 協 4급II 화할/도울 협
㈜十 ㈜和 화목할 화, 調 고를 조
妥協(타:협)　協同(협동)　協力(협력)　協商(협상)　協心(협심)　協約(협약)

0305 惠 4급II 은혜 혜:
㈜心 ㈜恩 은혜 은 ㈜怨 원망할 원, 恨 한할 한
恩惠(은혜)　特惠(특혜)　惠念(혜:념)　惠諒(혜:량)　惠澤(혜:택)
상대편이 자기를 돌보아 주는 생각

0306 混 4급 섞을 혼:
㈜氵(水) ㈜雜 섞일 잡
混沌(혼:돈)　混同(혼:동)　混亂(혼:란)　混用(혼:용)　混入(혼:입)

0307 和 6급 화할 화
㈜口 ㈜調 화합할 조, 睦 화목할 목, 協 도울 협
調和(조화)　和答(화답)　和睦(화목)　和音(화음)　附和雷同(부화뇌동)

0308 貨 4급II 재화/재물 화:
㈜貝 ㈜財 재물 재
硬貨(경화)　金貨(금화)　財貨(재화)　貨物(화:물)　貨幣(화:폐)

0309 話 7급 말씀 화
㈜言 ㈜談 말씀 담, 說 말씀 설
對話(대:화)　說話(설화)　話頭(화두)　話術(화술)　話者(화자)
[참고] 話者(화자) ↔ 聽者(청자)　　말하는 사람

0310 禍 3급II 재앙 화:
㈜示 ㈜災 재앙 재, 殃 재앙 앙 ㈜福 복 복, 吉 길할 길
厄禍(액화)　災禍(재화)　禍根(화:근)　禍福(화:복)　遠禍召福(원화소복)
화를 물리치고 복을 불러들임

0311 患 5급 근심 환:
㈜心 ㈜憂 근심 우
憂患(우환)　患苦(환:고)　患難(환:난)　患部(환:부)　識字憂患(식자우환)

11일째 한자익히기 0312~0322

還 環 會 劃 揮 携 興 稀 戶 手 支

0312 3급II
還 **돌아올 환**
부辶(辵) 유返 돌아올 반
償還(상환)　還給(환급)　還滅(환멸)　還拂(환불)　還收(환수)　還元(환원)

0313 4급
環 **고리 환**
부玉
循環(순환)　一環(일환)　環狀(환상)　環形(환형)　銀指環(은지환)
　　　　　　　　　　　　　　　　　　　　은가락지

0314 6급
會 **모일 회:**
부日 유集 모일 집 약会
社會(사회)　會計(회:계)　會談(회:담)　會報(회:보)　會者定離(회자정리)

0315 3급II
劃 **그을 획**
부刂(刀)
計劃(계:획)　區劃(구획)　劃然(획연)　劃一(획일)　劃地(획지)　劃策(획책)
　　　　　　　　　　　　　구별이 매우 분명함

0316 4급
揮 **휘두를 휘**
부扌(手)
發揮(발휘)　指揮(지휘)　揮帳(휘장)　揮發性(휘발성)　一筆揮之(일필휘지)

0317 3급
携 **이끌/가질 휴**
부扌(手) 유提 끌 제
提携(제휴)　携帶(휴대)　携酒(휴주)　携行(휴행)　携帶電話(휴대전화)

0318 4급II
興 **일어날 흥(:)**
부臼 반亡 망할 망 약兴
遊興(유흥)　興味(흥:미)　興奮(흥분)　興趣(흥:취)　興行(흥행)
興盡悲來(흥진비래)

0319 3급II
稀 **드물 희**
부禾
稀貴(희귀)　稀薄(희박)　稀少(희소)　稀壽(희수)　稀代未聞(희대미문)
　　　　　　　　　　　　　　　　일흔 살

0320 4급II
戶 **집/지게 호:**
부戶
戶口(호:구)　戶當(호:당)　戶數(호:수)　戶籍(호:적)　戶主(호:주)
　　　　　　　집마다 배당된 몫

0321 7급
手 **손 수(:)**
부手 반足 발 족
手巾(수:건)　手段(수단)　手足(수족)　手寫(수사)　手不釋卷(수불석권)
　　　　　　　　　　　　　　손으로 베껴 씀

0322 4급II
支 **지탱할 지**
부支 반收 거둘 수
支給(지급)　支待(지대)　支援(지원)　支柱(지주)　支持(지지)　支出(지출)
참고 支出(지출) ↔ 收入(수입)

0323 7급	文 글월 문	⊕文 ⊕章 글월 장 ⊗武 호반 무

文庫(문고)　文句(문구)　文壇(문단)　文盲(문맹)　文書(문서)　文章(문장)
　　　　　　　　　　　　문인들의 사회

0324 4급II	斗 말 두	⊕斗

斗穀(두곡)　斗落(두락)　斗量(두량)　斗護(두호)　北斗七星(북두칠성)

0325 3급	斤 근/도끼 근	⊕斤

斤兩(근량)　斤量(근량)　斤數(근수)　斤重(근중)　斤秤(근칭)
　　　　　　　　　　　　　　　　　　　　　　큰 저울

0326 7급	方 모 방	⊕方 ⊗圓 둥글 원

方今(방금)　方法(방법)　方言(방언)　方丈(방장)　方向(방향)　邊方(변방)

0327 8급	日 날 일	⊕日 ⊗月 달 월

日常(일상)　日影(일영)　日照(일조)　日誌(일지)　日用品(일용품)
　　　　　　　햇빛

0328 3급	曰 가로 왈	⊕曰

予曰(여왈)　曰字(왈자)　或曰(혹왈)　曰可曰否(왈가왈부)
　　　　　　　　　　　어떤 사람이 말하는 바

0329 8급	月 달 월	⊕月 ⊗日 날 일

月刊(월간)　月末(월말)　月貰(월세)　風月(풍월)　月曜日(월요일)

0330 8급	木 나무 목	⊕木 ⊕林 수풀 림, 樹 나무 수

木刻(목각)　木器(목기)　木材(목재)　木造(목조)　木尺(목척)　木板(목판)

| 오 늘 의 사 자 성 어 |

日就月將　일취월장　날이 갈수록 더 나아짐

破瓜之年　파과지년　['瓜' 자를 파자(破字)하면 八八이 되는 데서] 여자의 나이 16세, 남자의 나이
　　　　　　　　　　　64세를 이름

附和雷同　부화뇌동　아무런 주견없이 남의 의견이나 행동에 덩달아 따름

興盡悲來　흥진비래　[흥한 일이 다하면 슬픈 일이 온다] 세상일은 돌고 도는 것을 의미함

11

I 다음 漢字語의 讀音을 쓰시오.

① 抗辯	② 循環	③ 貨幣	④ 恩惠
⑤ 破壞	⑥ 混亂	⑦ 和睦	⑧ 還給
⑨ 獻身	⑩ 話頭	⑪ 稀壽	⑫ 木刻
⑬ 劃一	⑭ 會計	⑮ 手寫	⑯ 携帶
⑰ 禍福	⑱ 協約	⑲ 支出	⑳ 方法
㉑ 文盲	㉒ 斤兩	㉓ 月刊	㉔ 日照
㉕ 興奮	㉖ 斗穀	㉗ 戶數	㉘ 揮發性
㉙ 日可日否	㉚ 識字憂患		

2 다음 漢字의 訓과 音을 쓰시오.

① 獻   ② 劃   ③ 禍   ④ 携
⑤ 稀   ⑥ 斤   ⑦ 還

3 다음의 訓과 音을 지닌 漢字를 쓰시오.

① 겨룰 항   ② 재화 화   ③ 화할 협   ④ 휘두를 휘
⑤ 지탱할 지   ⑥ 말 두   ⑦ 가로 왈

4 밑줄 그은 單語를 漢字語로 쓰시오.

① 사춘기에 접어든 아들이 반항하기 시작했다.
② 이번 달은 파산이니 용돈을 아껴 써야 해.
③ 어떻게 공부를 해야 공부를 잘 할 수 있는지 나에게도 그 방법 좀 가르쳐 줄래?
④ 난 월말 정도 되어야 그 소설책을 다 읽을 수 있을 것 같아.

5 다음 漢字語 중 첫소리가 長音인 것을 고르시오.

① ㄱ. 破棄   ㄴ. 和睦   ㄷ. 稀貴   ㄹ. 文書
② ㄱ. 手足   ㄴ. 手巾   ㄷ. 手寫   ㄹ. 手段
③ ㄱ. 破産   ㄴ. 稀少   ㄷ. 協同   ㄹ. 劃一

6 다음 빈칸에 뜻이 反對 또는 相反 되는 漢字語를 쓰시오.

① (　) ↔ 廳者　　　② 支出 ↔ (　)　　　③ (　) ↔ 建設

7 다음 빈칸에 訓이 같거나 유사한 漢字를 써 넣어 單語를 完成 하시오.

① 財(　)　　　② (　)睦　　　③ (　)雜　　　④ (　)會

8 다음 빈 칸에 알맞은 漢字를 써넣어 四字成語를 完成 하시오.

① 附(　)雷同　　　② (　)難相恤　　　③ (　)瓜之年　　　④ (　)房四友

⑤ (　)就月將　　　⑥ 北(　)七星

9 다음 漢字의 部首를 쓰시오.

① 破　　　② 貨　　　③ 手　　　④ 和

⑤ 禍　　　⑥ 會　　　⑦ 携

10 다음 뜻을 가지는 漢字語를 쓰시오.

① (　) : 책을 넣어 두는 곳

② (　) : 글의 구절

③ (　) : 이야기의 말머리

④ (　) : 뒤섞음. 뒤섞어 보거나 잘못 판단함

11 다음 漢字의 略字를 쓰시오.

① 會　　　② 獻　　　③ 興

정답

1 ① 항변　② 순환　③ 화폐　④ 은혜　⑤ 파괴　⑥ 혼란　⑦ 화목　⑧ 환급　⑨ 헌신　⑩ 화두　⑪ 희수　⑫ 목각　⑬ 획일　⑭ 회계　⑮ 수사　⑯ 휴대　⑰ 화복　⑱ 협약　⑲ 지출　⑳ 방법　㉑ 문맹　㉒ 근량　㉓ 월간　㉔ 일조　㉕ 흥분　㉖ 두곡　㉗ 호수　㉘ 휘발성　㉙ 왈가왈부　㉚ 식자우환　**2** ① 드릴 헌　② 그을 획　③ 재앙 화　④ 이끌 휴　⑤ 드물 희　⑥ 근 근　⑦ 돌아올 환　**3** ① 抗　② 貨　③ 協　④ 揮　⑤ 支　⑥ 斗　⑦ 日　**4** ① 反抗　② 破産　③ 方法　④ 月末　**5** ① ㄱ　② ㄴ　③ ㄱ　**6** ① 話者　② 收入　③ 破壞　**7** ① 貨　② 和　③ 混　④ 集　**8** ① 和　② 患　③ 破　④ 文　⑤ 日　⑥ 斗　**9** ① 石　② 貝　③ 手　④ 口　⑤ 示　⑥ 日　⑦ 扌(手)　**10** ① 文庫　② 文句　③ 話頭　④ 混同　**11** ① 会　② 献　③ 兴

2단계

쓰기한자 · 읽기한자 점검하기

01 볼 감 ( )	19 迷 ( )
02 지경 경 ( )	20 頻 ( )
03 굽힐 굴 ( )	21 懇 ( )
04 벼리 기 ( )	22 禽 ( )
05 띠 대 ( )	23 裳 ( )
06 다칠 상 ( )	24 耐 ( )
07 인도할 도 ( )	25 勵 ( )
08 이을 속 ( )	26 磨 ( )
09 깨달을 각 ( )	27 滅 ( )
10 얻을 득 ( )	28 霧 ( )
11 간략할 / 약할 략 ( )	29 衰 ( )
12 줄기 맥 ( )	30 逐 ( )
13 떠날 리 ( )	31 薄 ( )
14 칠 목 ( )	32 繁 ( )
15 높을 존 ( )	33 削 ( )
16 갚을 / 알릴 보 ( )	34 騷 ( )
17 비평할 비 ( )	35 遣 ( )
18 이을 계 ( )	36 階 ( )

1監 2境 3屈 4紀 5帶 6傷 7導 8續 9覺 10得 11略 12脈 13離 14牧 15尊 16報 17批 18繼 19미혹할 미 20자주 빈 21간절할 간 22새 / 날짐승 금 23치마 상 24견딜 내 25힘쓸 려 26갈 마 27멸할 / 꺼질 멸 28안개 무 29쇠할 쇠 30쫓을 축 31엷을 박 32번성할 번 33깎을 삭 34떠들 소 35보낼 견 36섬돌 계

37 싸움 투 ( )	57 濁 ( )
38 곳집 고 ( )	58 徹 ( )
39 경계할 계 ( )	59 還 ( )
40 코끼리 / 모양 상 ( )	60 恭 ( )
41 섞을 혼 ( )	61 錦 ( )
42 생각할 려 ( )	62 愼 ( )
43 편안 / 튼튼할 강 ( )	63 尋 ( )
44 소리 성 ( )	64 濯 ( )
45 붙일 속, 맡길 촉 ( )	65 憂 ( )
46 높을 숭 ( )	66 獸 ( )
47 무리 군 ( )	67 漸 ( )
48 덜 손 ( )	68 懲 ( )
49 미리 예 ( )	69 策 ( )
50 의거할 거 ( )	70 壞 ( )
51 고울 려 ( )	71 柔 ( )
52 꾸밀 장 ( )	72 賤 ( )
53 남을 여 ( )	73 携 ( )
54 휘두를 휘 ( )	74 奪 ( )
55 가릴 택 ( )	75 獻 ( )
56 남을 잔 ( )	76 餓 ( )

37 鬪　38 庫　39 戒　40 象　41 混　42 慮　43 康　44 聲　45 屬　46 崇　47 群　48 損　49 豫
50 據　51 麗　52 裝　53 餘　54 揮　55 擇　56 殘　57 흐릴 탁　58 통할 철　59 돌아올 환
60 공손할 공　61 비단 금　62 삼갈 신　63 찾을 심　64 씻을 탁　65 근심 우　66 짐승 수
67 점점 점　68 징계할 징　69 꾀 책　70 무너질 괴　71 부드러울 유　72 천할 천　73 이끌 /
가질 휴　74 빼앗을 탈　75 드릴 헌　76 주릴 아

합격을 좌우하는 우선순위 한자 480

뜻대로 되지 않는다고 근심하지 말고,
마음에 흡족하다 하여 기뻐하지 말며,
오랫동안 편안할 것이라고 믿지 말고,
처음 겪는 어려움이라고 피하지 마라.
毋憂拂意 毋喜快心 毋恃久安 毋憚初難

- 채근담 중에서 -

본 편에 수록된 한자는 480자로서 학습일은 16일입니다.
3단계에 수록된 한자는 지난 30회까지의 한자능력검정시험에서 4회 ~ 5회 출제된 한자로서
시험에 합격하기 위해서는 반드시 익혀 두셔야 합니다.

학습순서

1 미리 확인하기를 통해 우선 본인이 음과 훈, 부수, 약자 등을 알고 있는 한자를 먼저 체크해
   봅니다.

2 본인이 모르고 있거나 확실치 않은 한자를 중심으로 본문 순서에 따라 학습을 합니다.
   이 때 단순히 한자의 음과 훈만을 위주로 기억하지 말고, 부수 · 유의어 · 반의어 · 약자 등을
   모두 익혀두셔야 합니다.

3 모두 암기가 되었다면, 오늘의 단어와 관련이 있는 사자성어를 익혀 둡니다.

4 본문 학습이 끝난 후에는 한자 검검하기를 통해 본인의 학습정도를 체크해 봅니다. 한자 점검
   하기의 문제는 실제 출제되는 문제의 유형에 따라 그날 분의 한자로 구성한 것입니다.

5 16일분의 학습 분량이 끝나면 각 단원의 쓰기한자, 읽기한자 연습이 있습니다. 쓰기한자와 읽기
   한자 연습을 통해 다시 한번 앞에서 공부한 내용을 확인해 둡니다. 쓰기한자는 4급과 4급Ⅱ 위주
   의 문제이고, 읽기한자는 3급과 3급Ⅱ 위주의 문제입니다(그러나 반드시 일치하지는 않습니다).

미리 확인하기   O X   O X

可	可	可	可	可	可	□□	劍	劍	劍	劍	劍	□□
加	加	加	加	加	加	□□	肩	肩	肩	肩	肩	□□
暇	暇	暇	暇	暇	暇	□□	堅	堅	堅	堅	堅	□□
却	却	却	却	却	却	□□	缺	缺	缺	缺	缺	□□
敢	敢	敢	敢	敢	敢	□□	謙	謙	謙	謙	謙	□□
鑑	鑑	鑑	鑑	鑑	鑑	□□	景	景	景	景	景	□□
江	江	江	江	江	江	□□	敬	敬	敬	敬	敬	□□
降	降	降	降	降	降	□□	傾	傾	傾	傾	傾	□□
綱	綱	綱	綱	綱	綱	□□	經	經	經	經	經	□□
介	介	介	介	介	介	□□	輕	輕	輕	輕	輕	□□
客	客	客	客	客	客	□□	慶	慶	慶	慶	慶	□□
去	去	去	去	去	去	□□	鏡	鏡	鏡	鏡	鏡	□□
居	居	居	居	居	居	□□	系	系	系	系	系	□□
件	件	件	件	件	件	□□	契	契	契	契	契	□□
儉	儉	儉	儉	儉	儉	□□	係	係	係	係	係	□□

輕擧妄動 □□□□   傾國之色 □□□□

口蜜腹劍 □□□□   燈火可親 □□□□

0331 5급 **可** 옳을 가:

㉘口 ㉥是 옳을 시, 義 옳을 의 ㉠否 아닐 부, 未 아닐 미, 不 아니 불

可決(가:결)　可望(가:망)　可能性(가능성)　燈火可親(등화가친)

참고 可決(가결) ↔ 否決(부결)

0332 5급 **加** 더할 가

㉘力 ㉥增 더할 증, 益 더할 익 ㉠減 덜 감

加減(가감)　加重(가중)　增加(증가)　加害者(가해자)　雪上加霜(설상가상)

0333 4급 **暇** 겨를/틈 가:

㉘日

暇日(가:일)　病暇(병:가)　餘暇(여가)　閑暇(한가)　休暇(휴가)

0334 3급 **却** 물리칠 각

㉘卩 ㉥退 물러날 퇴

却下(각하)　忘却(망각)　滅却(멸각)　沒却(몰각)　償却(상각)　退却(퇴:각)
　　　　　　　　　　　　　　　　　　　　　　　　보상하여 갚아 줌

0335 4급 **敢** 감히/구태여 감:

㉘攵(支)

敢死(감:사)　敢行(감:행)　果敢(과:감)　勇敢(용:감)　焉敢生心(언감생심)
두려움 없이 기꺼이 죽음

0336 3급Ⅱ **鑑** 거울 감

㉘金 ㉥鏡 거울 경 ㉣鑒

鑑別(감별)　鑑査(감사)　鑑賞(감상)　鑑定(감정)　龜鑑(귀감)　寶鑑(보:감)
　　　　　　　　　　　　　　　　　　　　　　　　· 본보기가 될 만한 것들
　　　　　　　　　　　　　　　　　　　　　　　　을 한데 모아 엮은 책

0337 7급 **江** 강 강

㉘氵(水) ㉠山 산 산

江邊(강변)　渡江(도강)　漢江(한:강)　洛東江(낙동강)　豆滿江(두만강)

0338 4급 **降** 내릴 강: 항복할 항

㉘阝(阜) ㉠昇 오를 승

降等(강:등)　降臨(강:림)　降雪(강:설)　下降(하:강)　降雨量(강우량)
降服(항복)　降意(항의)

0339 3급Ⅱ **綱** 벼리 강

㉘糸 ㉥紀 벼리 기

綱領(강령)　綱目(강목)　紀綱(기강)　法綱(법강)　三綱五倫(삼강오륜)
일의 으뜸이 되는 줄거리

0340 3급Ⅱ **介** 낄 개:

㉘人

介意(개:의)　介入(개:입)　介在(개:재)　媒介(매개)　節介(절개)

0341 5급 **客** 손 객

㉘宀 ㉥賓 손 빈 ㉠主 주인 주

客觀(객관)　客席(객석)　客體(객체)　主客(주객)　觀覽客(관람객)

12일째 한자익히기 0342~0352

去 居 件 儉 劍 肩 堅 缺 謙 景 敬

0342 去 (5급) 갈 거:
(부)厶 (유)往 갈 왕, 過 지날 과, 退 물러날 퇴 (반)來 올 래
去來(거:래) 過去(과:거) 逝去(서:거) 除去(제거) 退去(퇴:거)

0343 居 (4급) 살 거
(부)尸 (유)住 살 주
居住(거주) 寄居(기거) 獨居(독거) 同居(동거) 隱居(은거) <u>離居(이:거)</u>
　　　　　　　　　　　　　　　　　　　　　　　　　　　　서로 떨어져 삶
(참고) 同居(동거) ↔ 別居(별거)

0344 件 (5급) 물건 건
(부)亻(人) (유)物 물건 물
件數(건수) 物件(물건) 事件(사:건) 案件(안:건) 與件(여:건)

0345 儉 (4급) 검소할 검:
(부)亻(人) (약)倹
儉朴(검:박) 儉素(검:소) 儉約(검:약) 勤儉(근:검) <u>節儉(절검)</u>
　　　　　　　　　　　　　　　　　　　절약하고 검소하게 함

0346 劍 (3급II) 칼 검:
(부)刂(刀) (유)刀 칼 도 (약)剣
劍道(검:도) 劍舞(검:무) 刀劍(도검) 寶劍(보:검) 刻舟求劍(각주구검)

0347 肩 (3급) 어깨 견
(부)月(肉)
肩頭(견두) 肩章(견장) 比肩(비:견) 雙肩(쌍견) 肩胛骨(견갑골)

0348 堅 (4급) 굳을 견
(부)土 (유)固 굳을 고 (약)坚
堅甲(견갑) 堅固(견고) 堅果(견과) 堅實(견실) 堅忍(견인) 堅持(견지)

0349 缺 (4급II) 이지러질 결
(부)缶 (반)出 날 출 (약)欠
缺試(결시) 缺食(결식) 缺如(결여) 缺點(결점) 缺乏(결핍) 缺陷(결함)

0350 謙 (3급II) 겸손할 겸
(부)言 (반)傲 거만할 오, 慢 거만할 만
謙恭(겸공) 謙遜(겸손) 謙讓(겸양) 謙語(겸어) <u>謙稱(겸칭)</u> 謙虛(겸허)
　　　　　　　　　　　　　　　　　　　　겸손하게 일컬음
(참고) 謙遜(겸손) ↔ 倨慢(거만)

0351 景 (5급) 볕/경치 경(:)
(부)日
景氣(경기) <u>景福(경:복)</u> 景致(경치) 景品(경:품) 光景(광경)
　　　　　　크나큰 복

0352 敬 (5급) 공경 경:
(부)攵(攴) (유)恭 공손할 공
敬禮(경:례) 敬老(경:로) 敬意(경:의) 尊敬(존경) <u>敬天愛人(경천애인)</u>
　　　　　　　　　　　　　　　　　　　하늘을 공경하고 사람을 사랑함

0353 4급
傾
기울 경
(부)亻(人) (유)斜 비낄 사
傾度(경도) 傾覆(경복) 傾斜(경사) 傾向(경향) 傾國之色(경국지색)
경사[傾斜]의 정도

0354 4급Ⅱ
經
날/글 경
(부)糸 (반)緯 씨 위 (약)経
經界(경계) 經過(경과) 經費(경비) 經典(경전) 經濟(경제) 聖經(성:경)

0355 5급
輕
가벼울 경
(부)車 (반)重 무거울 중 (약)軽
輕減(경감) 輕量(경량) 輕視(경시) 輕重(경중) 輕隨筆(경수필)
(참고) 輕視(경시) ↔ 重視(중시)

0356 4급Ⅱ
慶
경사 경:
(부)心 (반)弔 조상할 조
慶事(경:사) 慶弔(경:조) 慶祝(경:축) 慶賀(경:하) 國慶日(국경일)
경사스러운 일을 축하함

0357 4급
鏡
거울 경:
(부)金 (유)鑑 거울 감
鏡臺(경:대) 眼鏡(안:경) 望遠鏡(망원경) 明鏡止水(명경지수)

0358 4급
系
이어맬/
이을 계:
(부)糸
系譜(계:보) 系列(계:열) 系統(계:통) 系派(계:파) 體系(체계)
조상 때부터의 혈통이나 집안의 역사를 적은 책

0359 3급Ⅱ
契
맺을 계:
(부)大 (유)結 맺을 결
契機(계:기) 契約(계:약) 契印(계:인) 契主(계:주) 墨契(묵계)
두 장의 지면에 걸쳐 찍어 그 관련을 증명하는,
'계[契]' 자를 새긴 도장

0360 4급Ⅱ
係
맬 계:
(부)亻(人)
係累(계:루) 係屬(계:속) 係長(계:장) 係着(계:착) 關係(관계)
늘 마음에 걸려 있음

| 오늘의사자성어 |

輕擧妄動 경거망동 경솔하고 함부로 행동함을 이르는 말
傾國之色 경국지색 임금이 혹하여 나라가 위태로워도 모를 만한 뛰어난 미인
口蜜腹劍 구밀복검 [입으로는 달콤한 말을 하면서 배 속에는 칼을 지녔다는 뜻으로] '겉으로는 친절한 체하나 속으로는 해칠 생각을 지님'을 비유하여 이르는 말
燈火可親 등화가친 등불을 가까이하여 글 읽기에 좋은 시절, 곧 가을철을 이르는 말

I 다음 漢字語의 讀音을 쓰시오.

① 堅固	② 閑暇	③ 慶賀	④ 關係
⑤ 忘却	⑥ 勇敢	⑦ 加減	⑧ 謙虛
⑨ 下降	⑩ 紀綱	⑪ 媒介	⑫ 客觀
⑬ 過去	⑭ 寄居	⑮ 與件	⑯ 勤儉
⑰ 比肩	⑱ 缺陷	⑲ 謙讓	⑳ 景致
㉑ 敬禮	㉒ 經濟	㉓ 傾向	㉔ 體系
㉕ 契機	㉖ 劍舞	㉗ 龜鑑	㉘ 輕重
㉙ 可決	㉚ 眼鏡		

2 다음 漢字의 訓과 音을 쓰시오.

① 綱	② 肩	③ 鑑	④ 劍
⑤ 堅	⑥ 謙	⑦ 經	⑧ 却

3 다음의 訓과 音을 지닌 漢字를 쓰시오.

① 기울 경	② 맬 계	③ 감히 감	④ 내릴 강
⑤ 검소할 검	⑥ 거울 경	⑦ 경사 경	⑧ 이지러질 결

4 밑줄 그은 單語를 漢字語로 쓰시오.

① 나는 비행기보다는 여객선을 타는 것이 좋다.

② 이번 여름의 강우량은 10년 만에 최대가 될 것이라고 한다.

③ 그는 오늘부터 3일간 휴가래.

④ 어머니는 매일 밤 성경을 읽고 주무신다.

5 다음 漢字語 중 첫소리가 長音인 것을 고르시오.

① ㄱ. 居住	ㄴ. 劍道	ㄷ. 却下	ㄹ. 堅固
② ㄱ. 敬禮	ㄴ. 謙讓	ㄷ. 缺食	ㄹ. 加減
③ ㄱ. 降服	ㄴ. 輕視	ㄷ. 客席	ㄹ. 去來

6 다음 빈칸에 뜻이 反對 또는 相反 되는 漢字를 쓰시오.

① ( ) ↔ 來　② 增 ↔ ( )　③ 昇 ↔ ( )　④ ( ) ↔ 否　⑤ ( ) ↔ 弔

7 다음 빈칸에 訓이 같거나 유사한 漢字를 써 넣어 單語를 完成하시오.

① 增( )　　　② 堅( )　　　③ 住( )　　　④ 恭( )

8 다음 빈 칸에 알맞은 漢字를 써넣어 四字成語를 完成하시오.

① 焉( )生心　　② 雪上( )霜　　③ 燈火( )親　　④ 明( )止水

9 다음 漢字의 部首를 쓰시오.

① 缺　　　② 肩　　　③ 綱　　　④ 敢
⑤ 堅　　　⑥ 敬　　　⑦ 經　　　⑧ 慶

10 다음 漢字語의 뜻을 쓰시오.

① 恭謙　　② 劍舞　　③ 穴居　　④ 儉約
⑤ 雙肩　　⑥ 慶賀

11 다음 漢字의 略字를 쓰시오.

① 儉　　② 劍　　③ 經　　④ 輕　　⑤ 堅

정답

1 ① 견고 ② 한가 ③ 경하 ④ 관계 ⑤ 망각 ⑥ 용감 ⑦ 가감 ⑧ 겸허 ⑨ 하강 ⑩ 기강 ⑪ 매개 ⑫ 객관 ⑬ 과거 ⑭ 기거 ⑮ 여건 ⑯ 근검 ⑰ 비견 ⑱ 결함 ⑲ 겸양 ⑳ 경치 ㉑ 경례 ㉒ 경제 ㉓ 경향 ㉔ 체계 ㉕ 계기 ㉖ 검무 ㉗ 귀감 ㉘ 경중 ㉙ 가결 ㉚ 안경　**2** ① 버릴 강 ② 어깨 견 ③ 거울 감 ④ 칼 검 ⑤ 굳을 견 ⑥ 겸손할 겸 ⑦ 날/글 경 ⑧ 물리칠 각　**3** ① 傾 ② 係 ③ 敢 ④ 降 ⑤ 儉 ⑥ 鏡 ⑦ 慶 ⑧ 缺　**4** ① 旅客船 ② 降雨量 ③ 休暇 ④ 聖經　**5** ① ㄴ ② ㄱ ③ ㄹ　**6** ① 去 ② 減 ③ 降 ④ 可 ⑤ 慶　**7** ① 加 ② 固 ③ 居 ④ 敬　**8** ① 敢 ② 加 ③ 可 ④ 鏡　**9** ① 缶 ② 月(肉) ③ 糸 ④ 攵(攴) ⑤ 土 ⑥ 攵(攴) ⑦ 糸 ⑧ 心　**10** ① 공손하고 겸손함 ② 칼춤 ③ 동굴에서 삶 ④ 검소하며 절약함 ⑤ 양쪽 어깨 ⑥ 경사스러운 일을 축하함　**11** ① 倹 ② 剣 ③ 経 ④ 軽 ⑤ 坚

미리 확인하기   ○ ×   ○ ×

啓	啓	啓	啓	啓	啓	□ □	
鷄	鷄	鷄	鷄	鷄	鷄	□ □	
考	考	考	考	考	考	□ □	
告	告	告	告	告	告	□ □	
固	固	固	固	固	固	□ □	
姑	姑	姑	姑	姑	姑	□ □	
枯	枯	枯	枯	枯	枯	□ □	
顧	顧	顧	顧	顧	顧	□ □	
哭	哭	哭	哭	哭	哭	□ □	
困	困	困	困	困	困	□ □	
功	功	功	功	功	功	□ □	
共	共	共	共	共	共	□ □	
攻	攻	攻	攻	攻	攻	□ □	
貢	貢	貢	貢	貢	貢	□ □	
果	果	果	果	果	果	□ □	

官	官	官	官	官	官	□ □	
貫	貫	貫	貫	貫	貫	□ □	
關	關	關	關	關	關	□ □	
光	光	光	光	光	光	□ □	
廣	廣	廣	廣	廣	廣	□ □	
掛	掛	掛	掛	掛	掛	□ □	
愧	愧	愧	愧	愧	愧	□ □	
敎	敎	敎	敎	敎	敎	□ □	
具	具	具	具	具	具	□ □	
舊	舊	舊	舊	舊	舊	□ □	
驅	驅	驅	驅	驅	驅	□ □	
國	國	國	國	國	國	□ □	
君	君	君	君	君	君	□ □	
權	權	權	權	權	權	□ □	
給	給	給	給	給	給	□ □	

鷄卵有骨 □ □ □ □   群鷄一鶴 □ □ □ □

貪官汚吏 □ □ □ □   姑息之計 □ □ □ □

0361 3급II　啓　열 계:　ⓑ口

啓導(계:도)　啓蒙(계:몽)　啓發(계:발)　啓示(계:시)　狀啓(장:계)
　　　　　　　　　　　　　　　　　　　　감사나 왕명으로 지방에 파견된
　　　　　　　　　　　　　　　　　　　　벼슬아치가 글로 써서 올리던 보고

0362 4급　鷄　닭 계　ⓑ鳥

鷄林(계림)　鷄鳴(계명)　鷄卵有骨(계란유골)　群鷄一鶴(군계일학)

0363 5급　考　생각할 고(:)　ⓑ耂　ⓤ思 생각 사, 想 생각 상, 念 생각할 념, 慮 생각할 려

考査(고:사)　考試(고:시)　考案(고안)　考察(고찰)　思考(사고)　再考(재:고)

0364 5급　告　고할 고:　ⓑ口　ⓤ報 알릴 보, 申 납 신

警告(경:고)　告訴(고:소)　告解(고:해)　勸告(권:고)　密告(밀고)

0365 5급　固　굳을 고　ⓑ囗　ⓤ堅 굳을 견, 確 굳을 확

固有(고유)　固定(고정)　固執(고집)　固體(고체)　凝固(응:고)　確固(확고)

0366 3급II　姑　시어미 고　ⓑ女　ⓟ婦 며느리 부

姑母(고모)　姑婦(고부)　姑從(고종)　姑姪(고질)　姑息之計(고식지계)
　　　　　　　　　　　　고모의 아들이나 딸

0367 3급　枯　마를 고　ⓑ木

枯渴(고갈)　枯骨(고골)　枯淡(고담)　枯木(고목)　枯死(고사)　枯葉(고엽)
　　　　　　　　　　　속되지 아니하고 아취가 있음

0368 3급　顧　돌아볼 고　ⓑ頁

顧客(고객)　顧慮(고려)　顧問(고문)　回顧(회고)　四顧無親(사고무친)

0369 3급II　哭　울 곡　ⓑ口　ⓤ泣 울 읍, 鳴 울 명　ⓟ笑 웃을 소

哭臨(곡림)　哭聲(곡성)　哭泣(곡읍)　鬼哭(귀:곡)　痛哭(통:곡)　號哭(호:곡)
　　　　　　　　　　　소리 내어 슬피 욺

0370 4급　困　곤할 곤:　ⓑ囗　ⓤ窮 궁할 궁, 疲 피곤할 피

困窮(곤:궁)　困難(곤:란)　勞困(노곤)　貧困(빈곤)　春困(춘곤)　疲困(피곤)

참고 困窮(곤궁) ↔ 富裕(부유)

0371 6급　功　공 공　ⓑ力　ⓟ過 지날 과

功過(공과)　功德(공덕)　功力(공력)　功臣(공신)　螢雪之功(형설지공)
　　　　　　　　　　　애써 들인 힘

13일째 한자익히기 0372~0382

共 攻 貢 果 官 貫 關 光 廣 掛 愧

0372 共 6급
한가지/함께 공:
- (부)八 (유)同 한가지 동
- 共謀(공:모) 共犯(공:범) 共用(공:용) 共有(공:유) 共存(공:존)
- 참고 共用(공용) ↔ 專用(전용)

0373 攻 4급
칠 공:
- (부)攵(攴) (유)擊 부딪칠 격 (반)防 막을 방, 守 지킬 수
- 攻擊(공:격) 攻防(공:방) 攻勢(공:세) 專攻(전공) 遠交近攻(원교근공)
- 참고 攻擊(공격) ↔ 防禦(방어), 守備(수비)

0374 貢 3급II
바칠 공:
- (부)貝 (유)獻 바칠 헌
- 貢納(공:납) 貢物(공:물) 貢賦(공:부) 貢租(공:조) 貢獻(공:헌)
- 지난날, 백성이 나라에 바치던 공물과 세금

0375 果 6급
과실 과:
- (부)木 (유)實 열매 실 (반)因 인할 인
- 結果(결과) 果斷(과:단) 果樹(과:수) 果實(과:실) 因果應報(인과응보)

0376 官 4급II
벼슬 관
- (부)宀 (반)民 백성 민
- 官僚(관료) 官吏(관리) 官民(관민) 官廳(관청) 貪官汚吏(탐관오리)

0377 貫 3급II
꿸 관(:)
- (부)貝 (유)徹 통할 철, 通 통할 통
- 貫祿(관:록) 貫流(관:류) 貫目(관목) 貫子(관자) 貫革(관:혁)
- 꿰뚫고 흐름

0378 關 5급
관계할/빗장 관
- (부)門 (약)関
- 關係(관계) 關門(관문) 關稅(관세) 關與(관여) 稅關(세:관) 聯關(연관)

0379 光 6급
빛 광
- (부)儿
- 光明(광명) 光復(광복) 光線(광선) 光速(광속) 光源(광원) 光陰(광음)
- 태양·전구·촛불 등, 빛을 내는 근원

0380 廣 5급
넓을 광:
- (부)广 (반)狹 좁을 협 (약)広
- 廣告(광:고) 廣大(광:대) 廣漠(광:막) 廣範圍(광범위) 廣域市(광역시)

0381 掛 3급
걸 괘
- (부)扌(手)
- 掛念(괘념) 掛圖(괘도) 掛登(괘등) 掛書(괘서) 掛曆(괘력) 掛鐘(괘종)
- 전각이나 누각의 천장에 매다는 등

0382 愧 3급
부끄러울 괴:
- (부)忄(心)
- 愧色(괴:색) 愧心(괴:심) 憤愧(분:괴) 慙愧(참괴)

0383 8급
敎 가르칠 교:
(부)攵(攴) (유)訓 가르칠 훈 (반)學 배울 학
敎授(교:수) 敎養(교:양) 敎育(교:육) 說敎(설교) 儒敎(유교) 宗敎(종교)

0384 5급
具 갖출 구(:)
(부)八 (유)備 갖출 비
具備(구비) 具色(구색) 具德(구덕) 具錄(구록) 具象(구상)
빠짐없이 모두 적음

0385 5급
舊 예 구:
(부)臼 (반)新 새로운 신 (약)旧
舊家(구:가) 舊刊(구:간) 舊觀(구:관) 舊敎(구:교) 舊年(구:년)
원래의 모양

0386 3급
驅 몰 구
(부)馬 (약)駆
驅動(구동) 驅迫(구박) 驅步(구보) 驅使(구사) 驅逐(구축) 驅蟲(구충)
사람이나 동물을 마구 몰아쳐 부림

0387 8급
國 나라 국
(부)口 (약)国
國家(국가) 國民(국민) 國語(국어) 全國(전국) 國際的(국제적)

0388 4급
君 임금 군
(부)口 (유)王 임금 왕, 皇 임금 황 (반)臣 신하 신, 民 백성 민
君子(군자) 君主(군주) 檀君(단군) 諸君(제군) 四君子(사군자)

0389 4급II
權 권세 권
(부)木 (약)权
權利(권리) 權勢(권세) 權限(권한) 棄權(기권) 復權(복권) 政權(정권)
(참고) 權利(권리) ↔ 義務(의무)
유죄나 파산 선고로 잃어버렸던 권리나 자격 등을 되찾음

0390 4급
給 줄 급
(부)糸 (유)授 줄 수, 與 줄 여 (반)需 구할 수
供給(공:급) 給付(급부) 給與(급여) 都給(도급) 補給(보:급) 支給(지급)

| 오 늘 의 사 자 성 어 |

鷄卵有骨 계란유골 [계란에도 뼈가 있다는 뜻] 늘 일이 잘 안 되는 사람이 좋은 기회를 만났으나 역시 일이 잘 안 될 때를 이르는 말

群鷄一鶴 군계일학 [닭의 무리 속에 있는 한 마리의 학이라는 뜻] '평범한 여러 사람 가운데의 뛰어난 한 사람'을 비유하여 이르는 말

貪官汚吏 탐관오리 탐욕이 많고 행실이 깨끗하지 못한 벼슬아치

姑息之計 고식지계 근본적인 해결책이 아닌, 임시변통의 계책

13

I 다음 漢字語의 讀音을 쓰시오.

① 顧問	② 姑婦	③ 貢獻	④ 攻勢
⑤ 困窮	⑥ 官吏	⑦ 廣漠	⑧ 共存
⑨ 功德	⑩ 警告	⑪ 貫流	⑫ 儒敎
⑬ 關與	⑭ 具備	⑮ 掛書	⑯ 舊家
⑰ 慙愧	⑱ 枯葉	⑲ 啓蒙	⑳ 果實
㉑ 國家	㉒ 補給	㉓ 再考	㉔ 驅逐
㉕ 凝固	㉖ 諸君	㉗ 哭泣	㉘ 光線
㉙ 權勢	㉚ 鷄鳴		

2 다음 漢字의 訓과 音을 쓰시오.

① 枯	② 顧	③ 啓	④ 驅
⑤ 愧	⑥ 掛	⑦ 貫	⑧ 哭
⑨ 姑	⑩ 告		

3 다음의 訓과 音을 지닌 漢字를 쓰시오.

① 갖출 구	② 예 구	③ 줄 급	④ 칠 공
⑤ 넓을 광	⑥ 가르칠 교	⑦ 한가지 공	⑧ 곤할 곤

4 밑줄 그은 單語를 漢字語로 쓰시오.

① 우리 회사는 무엇보다 국제적인 감각을 가진 인재를 필요로 합니다.

② 결과에 너무 연연해하지마.

③ 곤란할 때 도와주는 친구가 진정한 친구지.

5 다음 漢字語 중 첫소리가 長音인 것을 고르시오.

① ㄱ. 考察	ㄴ. 思考	ㄷ. 考案	ㄹ. 考試
② ㄱ. 光明	ㄴ. 廣告	ㄷ. 顧客	ㄹ. 具色
③ ㄱ. 共謀	ㄴ. 功臣	ㄷ. 官僚	ㄹ. 關稅

13

6 다음 빈칸에 뜻이 反對 또는 相反 되는 漢字를 쓰시오.

① (　) ↔ 狹　　② 新 ↔ (　)　　③ (　) ↔ 過　　④ 因 ↔ (　)

7 다음 빈칸에 訓이 같거나 유사한 漢字를 써 넣어 單語를 完成하시오.

① 貫(　)　　② (　)備　　③ 堅(　)　　④ 果(　)

8 다음 빈 칸에 알맞은 漢字를 써넣어 四字成語를 完成하시오.

① 螢雪之(　)　　② 遠交近(　)　　③ 群(　)一鶴　　④ 螢雪之(　)

9 다음 漢字의 部首를 쓰시오.

① 舊　　② 貫　　③ 具　　④ 哭

IO 다음 漢字語의 뜻을 쓰시오.

① 顯考　　② 功過　　③ 哭聲　　④ 官民

II 다음 漢字의 略字를 쓰시오.

① 關　　② 舊　　③ 國　　④ 權

I2 다음 漢字의 同音異義語를 하나만 쓰시오.

① 啓導　　② 共用　　③ 果實　　④ 政權

정답

1 ① 고문 ② 고부 ③ 공헌 ④ 공세 ⑤ 곤궁 ⑥ 관리 ⑦ 광막 ⑧ 공존 ⑨ 공덕 ⑩ 경고 ⑪ 관류 ⑫ 유교 ⑬ 관여 ⑭ 구비 ⑮ 괘서 ⑯ 구가 ⑰ 참괴 ⑱ 고엽 ⑲ 계몽 ⑳ 과실 ㉑ 국가 ㉒ 보급 ㉓ 재고 ㉔ 구축 ㉕ 응고 ㉖ 제군 ㉗ 곡읍 ㉘ 광선 ㉙ 권세 ㉚ 계명　**2** ① 마를 고 ② 돌아볼 고 ③ 열 계 ④ 몰 구 ⑤ 부끄러울 괴 ⑥ 걸 괘 ⑦ 꿸 관 ⑧ 울 곡 ⑨ 시어미 고 ⑩ 고할 고　**3** ① 具 ② 舊 ③ 給 ④ 攻 ⑤ 廣 ⑥ 敎 ⑦ 共 ⑧ 困　**4** ① 國際的 ② 結果 ③ 困難　**5** ① ㄹ ② ㄴ ③ ㄱ　**6** ① 廣 ② 舊 ③ 功 ④ 果　**7** ① 通 ② 具 ③ 固 ④ 實　**8** ① 功 ② 攻 ③ 鷄 ④ 功　**9** ① 臼 ② 貝 ③ 八 ④ 口　**10** ① 신주나 축문에서 '돌아가신 아버지'를 이르는 말 ② 공로와 과실 ③ 곡하는 소리 ④ 관청과 민간　**11** ① 関 ② 旧 ③ 国 ④ 权　**12** ① 契刀/計圖 ② 公用/功用 ③ 過失 ④ 正權

미리 확인하기 　　o x 　　　　　　　　　　　o x

技	技 技 技 技 技	□ □	團	團 團 團 團 團	□ □
祈	祈 祈 祈 祈 祈	□ □	達	達 達 達 達 達	□ □
起	起 起 起 起 起	□ □	淡	淡 淡 淡 淡 淡	□ □
棄	棄 棄 棄 棄 棄	□ □	談	談 談 談 談 談	□ □
欺	欺 欺 欺 欺 欺	□ □	畓	畓 畓 畓 畓 畓	□ □
期	期 期 期 期 期	□ □	待	待 待 待 待 待	□ □
器	器 器 器 器 器	□ □	貸	貸 貸 貸 貸 貸	□ □
機	機 機 機 機 機	□ □	到	到 到 到 到 到	□ □
南	南 南 南 南 南	□ □	逃	逃 逃 逃 逃 逃	□ □
內	內 內 內 內 內	□ □	徒	徒 徒 徒 徒 徒	□ □
念	念 念 念 念 念	□ □	盜	盜 盜 盜 盜 盜	□ □
努	努 努 努 努 努	□ □	都	都 都 都 都 都	□ □
惱	惱 惱 惱 惱 惱	□ □	督	督 督 督 督 督	□ □
多	多 多 多 多 多	□ □	篤	篤 篤 篤 篤 篤	□ □
段	段 段 段 段 段	□ □	獨	獨 獨 獨 獨 獨	□ □

| 鶴首苦待 | □ □ □ □ | 多多益善 | □ □ □ □ |
| 南柯一夢 | □ □ □ □ | 內憂外患 | □ □ □ □ |

0391 5급 技 재주 기 ― ⊕ 扌(手) ㊭ 術 꾀 술, 藝 재주 예
競技(경:기) 技能(기능) 技術(기술) 技藝(기예) 妙技(묘:기) 特技(특기)

0392 3급Ⅱ 祈 빌 기 ― ⊕ 示 ㊭ 祝 빌 축
祈望(기망) 祈福(기복) 祈願(기원) 祈祝(기축) 祈雨祭(기우제)
소원이 이루어지기를 빎

0393 4급Ⅱ 起 일어날 기 ― ⊕ 走 ㊫ 伏 엎드릴 복, 寢 잠잘 침
起伏(기복) 起訴(기소) 起案(기안) 起用(기용) 起寢(기침) 起廢(기폐)
[정식의 문서나 안을 만들기 위하여] 안을 세움

0394 3급 棄 버릴 기 ― ⊕ 木 ㊞ 弃
棄却(기각) 棄權(기권) 遺棄(유기) 投棄(투기) 破棄(파:기) 廢棄(폐:기)

0395 3급 欺 속일 기 ― ⊕ 欠 ㊭ 詐 속일 사
欺弄(기롱) 欺滿(기만) 欺罔(기망) 詐欺(사기) 欺君罔上(기군망상)
속이어 농락함

0396 5급 期 기약할 기 ― ⊕ 月
期間(기간) 期待(기대) 期約(기약) 期月(기월) 期限(기한) 延期(연기)
정한 기한의 달

0397 4급Ⅱ 器 그릇 기 ― ⊕ 口
器官(기관) 器具(기구) 樂器(악기) 容器(용기) 用器(용:기) 銃器(총기)

0398 4급 機 틀 기 ― ⊕ 木 ㊭ 械 기계 계
機械(기계) 機器(기기) 機會(기회) 轉機(전:기) 切斷機(절단기)

0399 8급 南 남녘 남 ― ⊕ 十 ㊫ 北 북녘 북
南極(남극) 南北(남북) 南山(남산) 南風(남풍) 南海(남해) 南向(남향)

0400 7급 內 안 내: ― ⊕ 入 ㊫ 外 바깥 외
內國(내:국) 內面(내:면) 內賓(내:빈) 內容(내:용) 內外(내:외)
내시 나: 內人(나:인)
고려·조선 시대에, 궁궐 안에서 대전(大殿)·내전(內殿)을
가까이 모시는 내명부를 통틀어 이르던 말

0401 5급 念 생각 념(염): ― ⊕ 心 ㊭ 思 생각 사, 考 헤아릴 고, 慮 생각할 려, 想 생각 상
觀念(관념) 思念(사념) 想念(상:념) 信念(신:념) 念力(염:력) 雜念(잡념)

14일째 한자익히기 0402~0412

努 惱 多 段 團 達 淡 談 畓 待 貸

0402 4급II 努 힘쓸 노
畀 力
努力(노력) 努肉(노육)
굳은살

0403 3급 惱 번뇌할 뇌
畀 忄(心) 약 悩
苦惱(고뇌) 惱殺(뇌쇄) 惱神(뇌신) 煩惱(번뇌) 心惱(심뇌)
정신을 어지럽히고 괴롭힘

0404 6급 多 많을 다
畀 夕 반 少 적을 소, 寡 적을 과
多寡(다과) 多少(다소) 多數(다수) 多情(다정) 多多益善(다다익선)

0405 4급 段 층계 단
畀 殳 유 階 섬돌 계
階段(계단) 多段(다단) 段階(단계) 段落(단락) 段別(단별) 文段(문단)
어떤 단계나 단락을 단위로 하여 나눈 구별

0406 5급 團 둥글 단
畀 囗 유 圓 둥글 원 약 団
團束(단속) 團地(단지) 團體(단체) 團合(단합) 樂團(악단) 創團(창:단)

0407 4급II 達 통달할 달
畀 辶(辵) 유 到 다다를 도
達成(달성) 到達(도:달) 發達(발달) 榮達(영달) 暢達(창:달) 通達(통달)

0408 3급II 淡 맑을 담:
畀 氵(水) 유 淸 맑을 청 반 濃 짙을 농
枯淡(고담) 濃淡(농담) 淡淡(담:담) 淡墨(담:묵) 淡色(담:색) 淡水(담:수)
참고 淡色(담색) ↔ 濃色(농색)

0409 5급 談 말씀 담
畀 言 유 話 말할 화
弄談(농:담) 談笑(담소) 談話(담화) 德談(덕담) 密談(밀담) 俗談(속담)

0410 3급 畓 논 답
畀 田 반 田 밭 전
畓結(답결) 畓券(답권) 畓農(답농) 畓土(답토) 屯畓(둔답) 田畓(전답)
주둔병의 군량을 자급하기 위하여
마련되어 있던 논

0411 6급 待 기다릴 대:
畀 彳
企待(기대) 待機(대:기) 待遇(대:우) 招待(초대) 厚待(후:대)
待合室(대합실) 鶴首苦待(학수고대)
후하게 대접함

0412 3급II 貸 빌릴/뀔 대:
畀 貝 반 借 빌릴 차
貸付(대:부) 貸與(대:여) 貸借(대:차) 貸出(대:출) 賃貸(임:대)

0413 5급 **到** 이를 도: ⊕ 刂(刀) ⊛ 達 통할 달, 着 붙을 착

到達(도:달) 到來(도:래) 到着(도:착) 到處(도:처) 殺到(쇄:도)

참고 到着(도착) ↔ 出發(출발)

0414 4급 **逃** 도망할 도 ⊕ 辶(辵) ⊛ 亡 망할 망, 避 피할 피

逃去(도거) 逃亡(도망) 逃散(도산) 逃走(도주) 逃避(도피)

0415 4급 **徒** 무리 도 ⊕ 彳 ⊛ 黨 무리 당, 衆 무리 중, 群 무리 군

徒黨(도당) 徒勞(도로) 叛徒(반:도) 司徒(사도) 暴徒(폭도) 學徒(학도)
반란을 꾀하거나, 반란을 함께 일으킨 무리

0416 4급 **盜** 도둑 도(:) ⊕ 皿 ⊛ 賊 도둑 적

强盜(강:도) 盜用(도용) 盜賊(도적) 捕盜大將(포도대장)

0417 5급 **都** 도읍 도 ⊕ 阝(邑)

都監(도감) 都給(도급) 都市(도시) 都心(도심) 首都(수도) 遷都(천:도)
고려·조선 시대에, 국장[國葬]·국혼[國婚] 따위를
맡아보던 임시 관청

0418 4급Ⅱ **督** 감독할 독 ⊕ 目

監督(감독) 督勵(독려) 督促(독촉) 提督(제독) 總督(총:독)

0419 3급 **篤** 도타울 독 ⊕ 竹 ⊛ 敦 도타울 돈

篤敬(독경) 篤信(독신) 篤實(독실) 篤行(독행) 敦篤(돈독) 危篤(위독)
언행이 도탑고 공손함

0420 5급 **獨** 홀로 독 ⊕ 犭(犬) ⊛ 孤 외로울 고 ⊛ 独

單獨(단독) 獨立(독립) 獨白(독백) 獨身(독신) 獨存(독존) 獨占(독점)

| 오 늘 의 사 자 성 어 |

鶴首苦待 학수고대 [학처럼 목을 빼고 기다린다는 뜻으로] '몹시 기다림'을 뜻하는 말

多多益善 다다익선 많으면 많을수록 더욱 좋음

南柯一夢 남가일몽 덧없는 꿈, 또는 덧없는 부귀영화

內憂外患 내우외환 국내의 걱정스러운 사태와 외국과의 사이에 일어난 어려운 사태. 안팎의 근심거리

14

1 다음 漢字語의 讀音을 쓰시오.

① 機械	② 南極	③ 雜念	④ 階段
⑤ 煩惱	⑥ 發達	⑦ 談笑	⑧ 逃避
⑨ 內容	⑩ 欺罔	⑪ 獨白	⑫ 起伏
⑬ 貸借	⑭ 叛徒	⑮ 廢棄	⑯ 田畓
⑰ 盜賊	⑱ 到來	⑲ 祈願	⑳ 督勵
㉑ 努力	㉒ 篤實	㉓ 待機	㉔ 期限
㉕ 遷都	㉖ 枯淡	㉗ 妙技	㉘ 團束
㉙ 樂器	㉚ 多寡		

2 다음 漢字의 訓과 音을 쓰시오.

① 畓	② 欺	③ 淡	④ 談
⑤ 惱	⑥ 篤	⑦ 棄	⑧ 待
⑨ 祈	⑩ 貸		

3 다음의 訓과 音을 지닌 漢字를 쓰시오.

① 틀 기	② 층계 단	③ 도망할 도	④ 일어날 기
⑤ 통달할 달	⑥ 무리 도	⑦ 그릇 기	

4 밑줄 그은 單語를 漢字語로 쓰시오.

① 목욕탕에서 시계를 <u>도난</u> 당했어.

② 일정을 모두 <u>연기</u>할 정도로 큰일이 대체 뭐야?

③ 어떤 <u>단체</u>에서 활동하셨지요?

④ 드디어 나의 실력을 드러낼 수 있는 <u>기회</u>가 왔다.

5 다음 漢字語 중 첫소리가 長音인 것을 고르시오.

① ㄱ. 內衣　　ㄴ. 團束　　ㄷ. 逃亡　　ㄹ. 都市

② ㄱ. 努力　　ㄴ. 談話　　ㄷ. 貸與　　ㄹ. 督促

6 다음 빈칸에 뜻이 反對 또는 相反되는 漢字를 쓰시오.

① ( ) ↔ 北　② ( ) ↔ 少　③ ( ) ↔ 伏　④ ( ) ↔ 外

7 다음 빈칸에 訓이 같거나 유사한 漢字를 써 넣어 單語를 完成하시오.

① 思( )　② ( )話　③ ( )亡　④ 到( )

⑤ ( )黨　⑥ ( )着　⑦ ( )賊

8 다음 빈 칸에 알맞은 漢字를 써넣어 四字成語를 完成하시오.

① ( )憂外患　② ( )柯一夢　③ 鶴首苦( )　④ 大( )晩成

9 다음 漢字의 部首를 쓰시오.

① 到　② 畓　③ 盜　④ 貸　⑤ 欺　⑥ 努

10 다음 漢字語의 뜻을 쓰시오.

① 叛徒　② 破棄　③ 起寢　④ 轉機

11 다음 漢字의 略字를 쓰시오.

① 棄　② 團　③ 惱　④ 獨

정답

1 ① 기계 ② 남극 ③ 잡념 ④ 계단 ⑤ 번뇌 ⑥ 발달 ⑦ 담소 ⑧ 도피 ⑨ 내용 ⑩ 기망 ⑪ 독백 ⑫ 기복 ⑬ 대차 ⑭ 반도 ⑮ 폐기 ⑯ 전답 ⑰ 도적 ⑱ 도래 ⑲ 기원 ⑳ 독려 ㉑ 노력 ㉒ 독실 ㉓ 대기 ㉔ 기한 ㉕ 천도 ㉖ 고담 ㉗ 묘기 ㉘ 단속 ㉙ 악기 ㉚ 다과 **2** ① 논 답 ② 속일 기 ③ 맑을 담 ④ 말씀 담 ⑤ 번뇌할 뇌 ⑥ 도타울 독 ⑦ 버릴 기 ⑧ 기다릴 대 ⑨ 빌 기 ⑩ 빌릴/꿜 대 **3** ① 機 ② 段 ③ 逃 ④ 起 ⑤ 達 ⑥ 徒 ⑦ 器 **4** ① 盜難 ② 延期 ③ 團體 ④ 機會 **5** ① ㄱ ② ㄷ **6** ① 南 ② 多 ③ 起 ④ 內 **7** ① 念 ② 談 ③ 逃 ④ 達 ⑤ 徒 ⑥ 到 ⑦ 盜 **8** ① 內 ② 南 ③ 待 ④ 器 **9** ① 刂(刀) ② 田 ③ 皿 ④ 貝 ⑤ 欠 ⑥ 力 **10** ① 반란을 꾀하거나, 반란을 함께 일으킨 무리 ② 깨뜨리거나 찢어서 없앰 ③ 잠을 깨어 잠자리에서 일어남 ④ (사물이나 형세가) 어떤 상태에서 다른 상태로 변하는 계기 **11** ① 弃 ② 団 ③ 悩 ④ 独

미리 확인하기   O X   O X

讀	讀 讀 讀 讀 讀	□ □	料	料 料 料 料 料	□ □
敦	敦 敦 敦 敦 敦	□ □	漏	漏 漏 漏 漏 漏	□ □
突	突 突 突 突 突	□ □	留	留 留 留 留 留	□ □
童	童 童 童 童 童	□ □	流	流 流 流 流 流	□ □
銅	銅 銅 銅 銅 銅	□ □	輪	輪 輪 輪 輪 輪	□ □
鈍	鈍 鈍 鈍 鈍 鈍	□ □	栗	栗 栗 栗 栗 栗	□ □
樂	樂 樂 樂 樂 樂	□ □	隆	隆 隆 隆 隆 隆	□ □
濫	濫 濫 濫 濫 濫	□ □	莫	莫 莫 莫 莫 莫	□ □
量	量 量 量 量 量	□ □	幕	幕 幕 幕 幕 幕	□ □
糧	糧 糧 糧 糧 糧	□ □	漠	漠 漠 漠 漠 漠	□ □
歷	歷 歷 歷 歷 歷	□ □	晚	晚 晚 晚 晚 晚	□ □
禮	禮 禮 禮 禮 禮	□ □	慢	慢 慢 慢 慢 慢	□ □
勞	勞 勞 勞 勞 勞	□ □	望	望 望 望 望 望	□ □
路	路 路 路 路 路	□ □	埋	埋 埋 埋 埋 埋	□ □
賴	賴 賴 賴 賴 賴	□ □	賣	賣 賣 賣 賣 賣	□ □

莫逆之友 □ □ □ □   晚時之歎 □ □ □ □
望洋之嘆 □ □ □ □   樂山樂水 □ □ □ □

0421 6급
讀 읽을 독 / 구절 두
부首 言 · 약略 読
購讀(구독)　多讀(다독)　讀書(독서)　讀者(독자)　讀解(독해)　速讀(속독)

0422 3급
敦 도타울 돈
부首 攵(攴) · 유類 篤 도타울 독
敦篤(돈독)　敦睦(돈목)　敦宗(돈종)　敦親(돈친)　敦厚(돈후)
　　　　　　　　　　친척끼리 화목함

0423 3급Ⅱ
突 갑자기 돌
부首 穴
激突(격돌)　突厥(돌궐)　突發(돌발)　突然(돌연)　突出(돌출)　衝突(충돌)

0424 6급
童 아이 동(:)
부首 立 · 유類 兒 아이 아 · 반反 丈 어른 장
童心(동:심)　童謠(동:요)　童話(동:화)　牧童(목동)　童蒙先習(동몽선습)

0425 4급Ⅱ
銅 구리 동
부首 金
銅劍(동검)　銅鏡(동경)　銅像(동상)　銅線(동선)　銅錢(동전)　銅版(동판)

0426 3급
鈍 둔할 둔:
부首 金 · 반反 銳 날카로울 예, 敏 민첩할 민
鈍角(둔:각)　鈍感(둔:감)　鈍濁(둔:탁)　鈍痛(둔:통)　鈍化(둔:화)
　　　　　　　　　　　　　　　무지근한 아픔

0427 6급
樂 즐길 락(낙) / 노래 악 / 좋을 요
부首 木 · 반反 苦 괴로울 고, 哀 슬플 애 · 약略 楽
苦樂(고락)　樂觀(낙관)　樂園(낙원)　樂地(낙지)　樂天(낙천)　樂土(낙토)
樂曲(악곡)　樂劇(악극)　樂團(악단)　樂隊(악대)　樂譜(악보)　樂士(악사)
樂山樂水(요산요수)

0428 3급
濫 넘칠 람(남):
부首 氵(水) · 약略 滥
濫發(남:발)　濫伐(남:벌)　濫用(남:용)　濫造(남:조)　濫職(남:직)
　　　　　　　　　　　　　마구 많이 만듦

0429 5급
量 헤아릴 량(양)
부首 里 · 유類 料 헤아릴 료
計量(계:량)　度量(도:량)　分量(분:량)　量案(양안)　熱量(열량)　測量(측량)
　　　　　　　　　　　　　지난날, 논밭에 관해 기록한 책으로
　　　　　　　　　　　　　오늘날의 토지 대장과 같은 것

0430 4급
糧 양식 량(양)
부首 米
糧穀(양곡)　糧道(양도)　糧食(양식)　糧草(양초)　軍糧米(군량미)
　　　　　　(일정한 기간 동안에 드는) 식량

0431 5급
歷 지날 력(역)
부首 止
經歷(경력)　歷史(역사)　歷任(역임)　遍歷(편력)　履歷書(이력서)

15일째 한자익히기 0432~0442

禮 勞 路 賴 料 漏 留 流 輪 栗 隆

0432 6급 禮 예도 례(예) 부首示 약礼
洗禮(세:례) 禮節(예절) 葬禮(장:례) 虛禮虛飾(허례허식)

0433 5급 勞 일할 로(노) 부首力 반使 부릴 사 약労
勤勞(근:로) 勞動(노동) 勞務(노무) 勞使(노사) 徒勞(도로) 慰勞(위로)

0434 6급 路 길 로(노): 부首足 유道 길 도, 途 길 도
路面(노:면) 路程(노:정) 道路(도:로) 迷路(미:로) 路上强盜(노상강도)

0435 3급II 賴 의지할 뢰(뇌) 부首貝
賴德(뇌덕) 賴力(뇌력) 信賴(신:뢰) 依賴(의뢰) 無賴漢(무뢰한)
남의 힘을 입음

0436 5급 料 헤아릴 료(:) 부首米 유量 헤아릴 량
無料(무료) 史料(사:료) 燃料(연료) 料金(요:금) 料理(요리) 材料(재료)

0437 3급II 漏 샐 루(누): 부首氵(水)
漏落(누:락) 漏水(누:수) 漏濕(누:습) 漏電(누:전) 漏出(누:출)
습기가 스며 있음

0438 4급II 留 머무를 류(유) 부首田 유停 머무를 정
保留(보:류) 抑留(억류) 留念(유념) 遺留(유류) 留意(유의) 殘留(잔류)
遺留品(유류품) 留置場(유치장) 停留場(정류장)

0439 5급 流 흐를 류(유) 부首氵(水)
交流(교류) 流星(유성) 流通(유통) 流行(유행) 潮流(조류) 寒流(한류)
참고 寒流(한류) ↔ 暖流(난류)

0440 4급 輪 바퀴 륜(윤) 부首車
競輪(경:륜) 四輪(사:륜) 輪讀(윤독) 輪番(윤번) 五輪旗(오륜기)

0441 3급II 栗 밤 률(율) 부首木
乾栗(건율) 生栗(생률) 栗木(율목) 栗房(율방) 栗園(율원) 黃栗(황률)
밤송이

0442 3급II 隆 높을 륭(융) 부首阝(阜) 유崇 높을 숭
隆起(융기) 隆鼻(융비) 隆盛(융성) 隆崇(융숭) 隆恩(융은) 隆興(융흥)
우뚝한 코

0443 3급II
莫 없을 막
부 艹(艸) 유 無 없을 무
莫强(막강) 莫大(막대) 莫論(막론) 莫重(막중) 莫上莫下(막상막하)

0444 3급II
幕 장막 막
부 巾 유 帳 장막 장
開幕(개막) 幕間(막간) 幕舍(막사) 幕後(막후) 閉幕(폐:막) 黑幕(흑막)
한 막이 끝나고 다음 막이 시작되기까지의 동안

0445 3급II
漠 넓을 막
부 氵(水) 유 廣 넓을 광
廣漠(광:막) 漠漠(막막) 漠然(막연) 漠地(막지) 茫漠(망막) 沙漠(사막)

0446 3급II
晚 늦을 만:
부 日 반 무 일찍 조
晚稻(만:도) 晚春(만:춘) 晚學(만:학) 晚婚(만:혼) 晚時之歎(만시지탄)
참고 晚婚(만혼) ↔ 早婚(조혼)

0447 3급
慢 거만할 만:
부 忄(心) 유 怠 게으를 태 반 勤 부지런할 근
慢罵(만:매) 傲慢(오:만) 緩慢(완:만) 自慢(자만) 怠慢(태만)
업신여겨 매우 꾸짖음

0448 5급
望 바랄 망:
부 月 유 希 바랄 희, 願 바랄 원
望間(망:간) 朔望(삭망) 輿望(여:망) 希望(희망) 望夫石(망부석)
음력 보름께

0449 3급
埋 묻을 매
부 土
埋立(매립) 埋木(매목) 埋沒(매몰) 埋伏(매복) 埋葬(매장) 埋築(매축)

0450 5급
賣 팔 매(:)
부 貝 반 買 살 매 약 売
賣却(매:각) 賣買(매매) 賣上(매:상) 發賣(발매) 小賣(소:매) 販賣(판매)

| 오 늘 의 사 자 성 어 |

莫逆之友 막역지우 막역한 벗
晚時之歎 만시지탄 시기에 뒤늦었음을 원통해하는 탄식
望洋之嘆 망양지탄 [어떤 일에] 자신의 힘이 미치지 못함을 탄식함을 이르는 말
樂山樂水 요산요수 산과 물을 좋아함을 이르는 말

15

I 다음 漢字語의 讀音을 쓰시오.

① 衝突	② 鈍濁	③ 銅錢	④ 測量
⑤ 葬禮	⑥ 濫用	⑦ 依賴	⑧ 漏落
⑨ 歷史	⑩ 勞動	⑪ 保留	⑫ 交流
⑬ 競輪	⑭ 牧童	⑮ 隆盛	⑯ 漠然
⑰ 莫重	⑱ 生栗	⑲ 閉幕	⑳ 突然
㉑ 傲慢	㉒ 迷路	㉓ 興望	㉔ 樂劇
㉕ 購讀	㉖ 埋沒	㉗ 晚稻	㉘ 糧穀
㉙ 販賣	㉚ 料理		

2 다음 漢字의 訓과 音을 쓰시오.

① 鈍	② 濫	③ 賴	④ 突
⑤ 敦	⑥ 隆	⑦ 幕	⑧ 漏
⑨ 埋	⑩ 慢		

3 다음의 訓과 音을 지닌 漢字를 쓰시오.

① 구리 동	② 헤아릴 량	③ 지날 력	④ 머무를 류
⑤ 흐를 류	⑥ 양식 량	⑦ 아이 동	⑧ 헤아릴 료

4 밑줄 그은 單語를 漢字語로 쓰시오.

① <u>노사</u>간의 갈등이 고조되고 있습니다.

② 내 돼지 저금통에는 500원짜리 <u>동전</u>만 들어 있어.

③ <u>역사</u>를 왜곡해서는 안돼.

5 다음 漢字語 중 첫소리가 長音인 것을 고르시오.

① ㄱ. 突發　　ㄴ. 銅線　　ㄷ. 樂園　　ㄹ. 童謠

② ㄱ. 鈍角　　ㄴ. 讀者　　ㄷ. 糧食　　ㄹ. 歷史

③ ㄱ. 流行　　ㄴ. 料理　　ㄷ. 料金　　ㄹ. 勞動

6 다음 빈칸에 뜻이 反對 또는 相反 되는 漢字를 쓰시오.

① 哀 ↔ (   )　　　② (   ) ↔ 使　　　③ (   ) ↔ 買

7 다음 빈칸에 訓이 같거나 유사한 漢字를 써 넣어 單語를 完成하시오.

① 料(   )　　　② 希(   )　　　③ 停(   )

8 다음 빈 칸에 알맞은 漢字를 써넣어 四字成語를 完成하시오.

① (   )不虛傳　　② 買占(   )惜　　③ (   )蒙先習　　④ 喜怒哀(   )

9 다음 漢字의 部首를 쓰시오.

① 隆　　　② 望　　　③ 留　　　④ 幕
⑤ 料　　　⑥ 賴　　　⑦ 路　　　⑧ 歷

10 다음 漢字語의 뜻을 쓰시오.

① 鈍角　　　② 徒勞　　　③ 度量　　　④ 漏出

11 다음 漢字의 略字를 쓰시오.

① 濫　　　② 賣　　　③ 禮　　　④ 樂

12 다음 漢字의 同音異義語를 하나만 쓰시오.

① 埋葬　　　② 道路

정답

1 ① 충돌 ② 둔탁 ③ 동전 ④ 측량 ⑤ 장례 ⑥ 남용 ⑦ 의뢰 ⑧ 누락 ⑨ 역사 ⑩ 노동 ⑪ 보류 ⑫ 교류 ⑬ 경륜 ⑭ 목동 ⑮ 융성 ⑯ 막연 ⑰ 막중 ⑱ 생률 ⑲ 폐막 ⑳ 돌연 ㉑ 오만 ㉒ 미로 ㉓ 여망 ㉔ 악극 ㉕ 구독 ㉖ 매몰 ㉗ 만도 ㉘ 양곡 ㉙ 판매 ㉚ 요리　**2** ① 둔할 둔 ② 넘칠 람 ③ 의지할 뢰 ④ 갑자기 돌 ⑤ 도타울 돈 ⑥ 높을 륭 ⑦ 장막 막 ⑧ 샐 루 ⑨ 묻을 매 ⑩ 거만할 만　**3** ① 銅 ② 量 ③ 歷 ④ 留 ⑤ 流 ⑥ 糧 ⑦ 童 ⑧ 料　**4** ① 勞使 ② 銅錢 ③ 歷史
5 ① ㄹ ② ㄱ ③ ㄷ　**6** ① 樂 ② 勞 ③ 賣　**7** ① 量 ② 望 ③ 留　**8** ① 名 ② 賣 ③ 童 ④ 樂　**9** ① 阝(阜) ② 月 ③ 田 ④ 巾 ⑤ 米 ⑥ 貝 ⑦ 足 ⑧ 止　**10** ① 90도보다는 크고 180도보다는 작은 각 ② 헛되이 수고함 ③ 너그러운 마음과 깊은 생각 ④ 새어 나옴　**11** ① 濫 ② 売 ③ 礼 ④ 楽　**12** ① 賣場 ② 徒勞

미리 확인하기　　　　O X　　　　　　　O X

名	名	名	名	名	名	□ □	拍	拍	拍	拍	拍	□ □
冥	冥	冥	冥	冥	冥	□ □	博	博	博	博	博	□ □
母	母	母	母	母	母	□ □	反	反	反	反	反	□ □
蒙	蒙	蒙	蒙	蒙	蒙	□ □	防	防	防	防	防	□ □
妙	妙	妙	妙	妙	妙	□ □	邦	邦	邦	邦	邦	□ □
墓	墓	墓	墓	墓	墓	□ □	訪	訪	訪	訪	訪	□ □
舞	舞	舞	舞	舞	舞	□ □	排	排	排	排	排	□ □
默	默	默	默	默	默	□ □	百	百	百	百	百	□ □
味	味	味	味	味	味	□ □	番	番	番	番	番	□ □
微	微	微	微	微	微	□ □	煩	煩	煩	煩	煩	□ □
民	民	民	民	民	民	□ □	飜	飜	飜	飜	飜	□ □
敏	敏	敏	敏	敏	敏	□ □	伐	伐	伐	伐	伐	□ □
憫	憫	憫	憫	憫	憫	□ □	範	範	範	範	範	□ □
密	密	密	密	密	密	□ □	碧	碧	碧	碧	碧	□ □
蜜	蜜	蜜	蜜	蜜	蜜	□ □	辯	辯	辯	辯	辯	□ □

孟母斷機 □ □ □ □　　　桑田碧海 □ □ □ □

百折不屈 □ □ □ □　　　一罰百戒 □ □ □ □

名冥母蒙妙墓舞默味微民

0451 7급
名 이름 명
㈜日
名家(명가)　名單(명단)　名聲(명성)　名譽(명예)　名不虛傳(명불허전)

0452 3급
冥 어두울 명
㈜冖　㈀暗 어두울 암, 昏 어두울 혼　㈘明 밝을 명
冥加(명가)　冥感(명감)　冥福(명복)　冥想(명상)　冥曹(명조)　冥護(명호)
사람이 모르는 사이에 신불(神佛)이 보호함

0453 8급
母 어미 모:
㈜母　㈘父 아비 부
母系(모:계)　母國(모:국)　母法(모:법)　母性(모:성)　母親(모:친)
참고 母法(모법) ↔ 子法(자법)

0454 3급Ⅱ
蒙 어두울 몽
㈜卄(艸)
啓蒙(계:몽)　蒙利(몽리)　蒙昧(몽매)　蒙喪(몽상)　蒙學(몽학)
저수지나 보 따위 수리 시설의 혜택을 입음

0455 4급
妙 묘할 묘:
㈜女
巧妙(교묘)　奇妙(기묘)　妙計(묘:계)　妙技(묘:기)　妙理(묘:리)　妙味(묘:미)

0456 4급
墓 무덤 묘:
㈜土　㈀墳 무덤 분
墓碑(묘:비)　墓域(묘:역)　墓祭(묘:제)　墓地(묘:지)　墳墓(분묘)
산소에서 지내는 제사

0457 4급
舞 춤출 무:
㈜舛
歌舞(가무)　鼓舞(고무)　群舞(군무)　舞曲(무:곡)　舞臺(무:대)　舞樂(무:악)

0458 3급Ⅱ
默 잠잠할 묵
㈜黑
默念(묵념)　默殺(묵살)　默言(묵언)　默音(묵음)　默示的(묵시적)

0459 4급Ⅱ
味 맛 미:
㈜口
加味(가미)　味覺(미각)　別味(별미)　嘗味(상미)　意味(의:미)　趣味(취:미)
맛을 봄

0460 3급Ⅱ
微 작을 미
㈜彳　㈀小 작을 소　㈘大 큰 대, 巨 클 거
微量(미량)　微妙(미묘)　微細(미세)　微賤(미천)　微視的(미시적)
참고 微視的(미시적) ↔ 巨視的(거시적)

0461 8급
民 백성 민
㈜氏　㈘君 임금 군
國民(국민)　民謠(민요)　民族(민족)　庶民(서:민)　訓民正音(훈민정음)

16일째 한자익히기 0462~0472

敏 憫 密 蜜 拍 博 反 防 邦 訪 排

0462 3급
敏 민첩할 **민**
(부) 攵(攴) (유) 銳 날카로울 예 (반) 鈍 둔할 둔
機敏(기민)　敏感(민감)　敏活(민활)　銳敏(예:민)　俊敏(준:민)　慧敏(혜:민)
(참고) 敏感(민감) ↔ 鈍感(둔감)　└ 날쌔고 활발함

0463 3급
憫 민망할 **민**
(부) 忄(心)
憫悼(민도)　憫迫(민박)　憫笑(민소)　憐憫(연민)
가엽게 여기어 웃음

0464 4급Ⅱ
密 빽빽할 **밀**
(부) 宀
密告(밀고)　密度(밀도)　密封(밀봉)　密集(밀집)　隱密(은밀)　精密(정밀)

0465 3급
蜜 꿀 **밀**
(부) 虫
蜜蜂(밀봉)　蜜語(밀어)　蜜月(밀월)　蜜酒(밀주)　口蜜腹劍(구밀복검)

0466 4급
拍 칠 **박**
(부) 扌(手) (유) 打 칠 타
拍手(박수)　拍子(박자)　拍車(박차)　拍掌大笑(박장대소)

0467 4급Ⅱ
博 넓을 **박**
(부) 十
博士(박사)　博識(박식)　博學(박학)　該博(해박)　博覽會(박람회)

0468 6급
反 돌아올/돌이킬 **반:**
(부) 又 (반) 贊 도울 찬
反感(반:감)　反對(반:대)　反射(반:사)　反省(반:성)　反抗(반:항)

0469 4급Ⅱ
防 막을 **방**
(부) 阝(阜) (유) 衛 지킬 위 (반) 攻 칠 공
防圍(방위)　防衛(방위)　防音(방음)　豫防(예:방)　防波堤(방파제)

0470 3급
邦 나라 **방**
(부) 阝(邑) (유) 國 나라 국
邦家(방가)　邦交(방교)　邦國(방국)　合邦(합방)　異邦人(이방인)
나라, 국가

0471 4급Ⅱ
訪 찾을 **방:**
(부) 言 (유) 尋 찾을 심, 探 찾을 탐
訪問(방:문)　訪韓(방:한)　搜訪(수방)　巡訪(순방)　尋訪(심방)　探訪(탐방)
방문하여 찾아봄

0472 3급Ⅱ
排 밀칠 **배**
(부) 扌(手) (유) 斥 물리칠 척
排擊(배격)　排氣(배기)　排便(배변)　排斥(배척)　排他的(배타적)
안에 든 공기를 밖으로 뽑아냄

0473 7급 **百** 일백 **백** — 부 白

百眉(백미)　百濟(백제)　一罰百戒(일벌백계)　百發百中(백발백중)
여러 사람 중에서 가장 뛰어난 사람.
또는 많은 것 중에서 가장 뛰어난 것

0474 6급 **番** 차례 **번** — 부 田

當番(당번)　番地(번지)　番次(번차)　番號(번호)　非番(비:번)　週番(주번)

0475 3급 **煩** 번거로울 **번** — 부 火

煩苦(번고)　煩惱(번뇌)　煩勞(번로)　煩悶(번민)　煩雜(번잡)
일이 번거로워서 괴로움

0476 3급 **飜** 번역할 **번** — 부 飛　유 譯 번역할 역

飜刻(번각)　飜覆(번복)　飜案(번안)　飜譯(번역)　飜意(번의)

0477 4급II **伐** 칠 **벌** — 부 亻(人)　유 討 칠 토, 征 칠 정

濫伐(남:벌)　伐採(벌채)　伐草(벌초)　征伐(정벌)　討伐(토벌)
산림의 나무를 함부로 벰

0478 4급 **範** 법 **범:** — 부 竹　유 模 법 모

規範(규범)　模範(모범)　範圍(범:위)　垂範(수범)　示範(시:범)　儀範(의범)
모범을 보임

0479 3급II **碧** 푸를 **벽** — 부 石

碧溪(벽계)　碧眼(벽안)　碧玉(벽옥)　碧天(벽천)　桑田碧海(상전벽해)
물이 매우 맑아 푸른빛이 도는 시내

0480 4급 **辯** 말씀 **변:** — 부 辛　유 言 말씀 언

達辯(달변)　答辯(답변)　辯論(변:론)　辯護(변:호)　熱辯(열변)　雄辯(웅변)

| 오 늘 의 사 자 성 어 |

孟母斷機　맹모단기　맹자가 학업을 중도에 폐지하고 돌아왔을 때, 그 어머니가 짜던 베를 칼로 끊어
　　　　　　　　　　　학업의 중단을 훈계하였다는 고사

桑田碧海　상전벽해　[뽕밭이 변하여 푸른 바다가 된다는 뜻으로] '세상일이 덧없이 바뀜'을 이르는 말

百折不屈　백절불굴　[백 번 꺾여도 굴하지 않는다는 뜻에서] 어떠한 어려움에도 굽히지 않음

一罰百戒　일벌백계　여러 사람에게 경각심을 불러일으키게 하기 위하여 무거운 벌로 다스리는 일

16

1 다음 漢字語의 讀音을 쓰시오.

① 啓蒙	② 墳墓	③ 冥想	④ 民謠
⑤ 奇妙	⑥ 蜜蜂	⑦ 該博	⑧ 訪問
⑨ 反省	⑩ 合邦	⑪ 默殺	⑫ 名聲
⑬ 憐憫	⑭ 排斥	⑮ 百濟	⑯ 番號
⑰ 精密	⑱ 征伐	⑲ 防圍	⑳ 母系
㉑ 飜譯	㉒ 模範	㉓ 碧玉	㉔ 別味
㉕ 鼓舞	㉖ 煩雜	㉗ 微細	㉘ 答辯
㉙ 銳敏	㉚ 拍手		

2 다음 漢字의 訓과 音을 쓰시오.

① 蒙	② 默	③ 冥	④ 敏
⑤ 蜜	⑥ 微	⑦ 邦	⑧ 訪

3 다음의 訓과 音을 지닌 漢字를 쓰시오.

① 묘할 묘	② 무덤 묘	③ 빽빽할 밀	④ 넓을 박
⑤ 춤출 무	⑥ 칠 벌	⑦ 법 범	⑧ 말씀 변

4 밑줄 그은 單語를 漢字語로 쓰시오.

① 그는 얼굴이 빨개질 정도로 <u>열변</u>을 토했다.
② 이 집은 <u>방음</u>시설이 아주 잘 되어 있습니다.
③ <u>박사</u>가 되려면 앞으로 2년은 더 걸릴 거야.
④ 그녀는 음정, <u>박자</u>를 모두 무시하는 음치야.

5 다음 漢字語 중 첫소리가 長音인 것을 고르시오.

① ㄱ. 範圍　　ㄴ. 碧溪　　ㄷ. 伐採　　ㄹ. 煩雜
② ㄱ. 默念　　ㄴ. 舞樂　　ㄷ. 微量　　ㄹ. 民族
③ ㄱ. 排斥　　ㄴ. 番地　　ㄷ. 百濟　　ㄹ. 訪問

6 다음 빈칸에 뜻이 反對 또는 相反 되는 漢字를 쓰시오.

① 君 ↔ ( ) ② 攻 ↔ ( ) ③ 贊 ↔ ( )

7 다음 빈칸에 訓이 같거나 유사한 漢字를 써 넣어 單語를 完成하시오.

① 模( ) ② 探( ) ③ 墳( ) ④ 討( )

8 다음 빈 칸에 알맞은 漢字를 써넣어 四字成語를 完成하시오.

① ( )實相符 ② ( )折不屈 ③ 孟( )斷機 ④ 意( )深長

9 다음 漢字의 部首를 쓰시오.

① 舞 ② 妙 ③ 拍 ④ 密
⑤ 排 ⑥ 博

10 다음 漢字語의 뜻을 쓰시오.

① 嘗味 ② 密告 ③ 機敏 ④ 合邦

11 다음 漢字의 同音異義語를 하나만 쓰시오.

① 防圍 ② 冥加

미리 확인하기

O X   O X

變	變 變 變 變 變	□ □	貧	貧 貧 貧 貧 貧	□ □
步	步 步 步 步 步	□ □	聘	聘 聘 聘 聘 聘	□ □
寶	寶 寶 寶 寶 寶	□ □	邪	邪 邪 邪 邪 邪	□ □
復	復 復 復 復 復	□ □	私	私 私 私 私 私	□ □
腹	腹 腹 腹 腹 腹	□ □	社	社 社 社 社 社	□ □
複	複 複 複 複 複	□ □	師	師 師 師 師 師	□ □
逢	逢 逢 逢 逢 逢	□ □	蛇	蛇 蛇 蛇 蛇 蛇	□ □
蜂	蜂 蜂 蜂 蜂 蜂	□ □	賜	賜 賜 賜 賜 賜	□ □
否	否 否 否 否 否	□ □	辭	辭 辭 辭 辭 辭	□ □
浮	浮 浮 浮 浮 浮	□ □	朔	朔 朔 朔 朔 朔	□ □
粉	粉 粉 粉 粉 粉	□ □	産	産 産 産 産 産	□ □
墳	墳 墳 墳 墳 墳	□ □	上	上 上 上 上 上	□ □
崩	崩 崩 崩 崩 崩	□ □	床	床 床 床 床 床	□ □
卑	卑 卑 卑 卑 卑	□ □	尙	尙 尙 尙 尙 尙	□ □
悲	悲 悲 悲 悲 悲	□ □	狀	狀 狀 狀 狀 狀	□ □

| 面從腹背 | □ □ □ □ | 龍頭蛇尾 | □ □ □ □ |
| 畫蛇添足 | □ □ □ □ | 同床異夢 | □ □ □ □ |

0481 5급 **變** 변할 변: — ㈜言 ㈜化 될 화 ㈜変
變更(변:경) 變裝(변:장) 變化(변:화) 逢變(봉변) 不變(불변)

0482 4급Ⅱ **步** 걸음 보: — ㈜止
踏步(답보) 步道(보:도) 讓步(양:보) 進步(진:보) 步行者(보행자)

0483 4급Ⅱ **寶** 보배 보: — ㈜宀 ㈜珍 보배 진 ㈜宝
國寶(국보) 寶石(보:석) 寶鑑(보:감) 寶劍(보:검) 東醫寶鑑(동의보감)
[보배로운 거울이라는 뜻] 본보기

0484 4급Ⅱ **復** 회복할 복 / 다시 부: — ㈜彳 ㈜往 갈 왕
報復(보:복) 復舊(복구) 復權(복권) 復歸(복귀) 復習(복습) 復元(복원)
復活(부:활) 復興(부:흥)

0485 3급Ⅱ **腹** 배 복 — ㈜月(肉) ㈜背 등 배
腹稿(복고) 腹筋(복근) 腹部(복부) 腹痛(복통) 面從腹背(면종복배)
시문(詩文) 등을 지을 때
마음속으로 먼저 구상하는 일

0486 4급 **複** 겹칠 복 — ㈜衤(衣) ㈜單 홑 단
複寫(복사) 複數(복수) 複雜(복잡) 複製(복제) 複合(복합) 重複(중:복)

0487 3급Ⅱ **逢** 만날 봉 — ㈜辶(辵) ㈜別 다를 별
逢變(봉변) 逢辱(봉욕) 逢賊(봉적) 逢着(봉착) 相逢(상봉)

0488 3급 **蜂** 벌 봉 — ㈜虫
蜜蜂(밀봉) 蜂起(봉기) 蜂蝶(봉접) 蜂針(봉침) 養蜂(양:봉)

0489 4급 **否** 아닐 부: / 막힐 비: — ㈜口 ㈜可 옳을 가
拒否(거:부) 當否(당부) 否認(부:인) 否定(부:정) 與否(여:부)
否塞(비:색) 否運(비:운)
(운수 따위가) 꽉 막힘

0490 3급Ⅱ **浮** 뜰 부 — ㈜氵(水) ㈜沈 잠길 침
浮浪(부랑) 浮揚(부양) 浮言(부언) 浮遊(부유) 浮沈(부침) 浮漂(부표)
물 위에서 떠돌아다님

0491 4급 **粉** 가루 분(:) — ㈜米
粉末(분말) 粉食(분식) 粉飾(분식) 粉乳(분유) 粉筆(분필) 粉紅(분:홍)

17일째 한자익히기 0492~0502

墳崩卑悲貧聘邪私社師蛇

0492 **墳** 3급 무덤 분
(부)土 (유)墓 무덤 묘
古墳(고:분)　封墳(봉분)　墳墓(분묘)　雙墳(쌍분)　土墳(토분)
합장(合葬)하지 않고
나란히 쓴 부부의 두 무덤

0493 **崩** 3급 무너질 붕
(부)山 (유)壞 무너질 괴
崩壞(붕괴)　崩御(붕어)　崩積土(붕적토)　崩城之痛(붕성지통)
[성이 무너져 내리는 슬픔이란 뜻]
남편을 여읜 아내의 슬픔

0494 **卑** 3급II 낮을 비:
(부)十 (유)賤 낮을 천 (반)尊 높을 존
卑屬(비:속)　卑賤(비:천)　卑下(비:하)　尊卑(존비)　登高自卑(등고자비)

0495 **悲** 4급II 슬플 비:
(부)心 (유)哀 슬플 애 (반)喜 기쁠 희, 歡 기뻐할 환
悲劇(비:극)　悲哀(비:애)　悲痛(비:통)　慈悲(자비)　興盡悲來(흥진비래)
참고 悲劇(비극) ↔ 喜劇(희극)

0496 **貧** 4급II 가난할 빈
(부)貝 (유)窮 다할 궁 (반)富 부자 부
貧困(빈곤)　貧窮(빈궁)　貧民(빈민)　貧富(빈부)　貧血(빈혈)　傷貧(상빈)

0497 **聘** 3급 부를 빙
(부)耳 (유)招 부를 초
聘母(빙모)　聘問(빙문)　聘召(빙소)　聘用(빙용)　聘丈(빙장)　招聘(초빙)
예(禮)를 갖추어 사람을 맞이하여 씀

0498 **邪** 3급II 간사할 사
(부)阝(邑)
邪敎(사교)　邪念(사념)　邪戀(사련)　邪論(사론)　邪惡(사악)　逐邪(축사)
사악(邪惡)한 귀신이나
기운을 물리침

0499 **私** 4급 사사로울 사
(부)禾 (반)公 공변될 공
公私(공사)　私道(사도)　私心(사심)　私有地(사유지)　私利私慾(사리사욕)

0500 **社** 6급 모일 사
(부)示 (유)會 모일 회
結社(결사)　公社(공사)　廟社(묘:사)　社交(사교)　社會(사회)　入社(입사)
종묘(宗廟)와 사직(社稷)을 아울러 이르는 말

0501 **師** 4급II 스승 사
(부)巾 (반)弟 아우 제 (약)师
講師(강:사)　敎師(교:사)　弓師(궁사)　師弟(사제)　師兄(사형)　恩師(은사)

0502 **蛇** 3급II 긴뱀 사
(부)虫 (유)巳 뱀 사
毒蛇(독사)　蛇龍(사룡)　蛇心(사심)　蛇足(사족)　龍頭蛇尾(용두사미)
〈화사첨족(畫蛇添足)〉의 준말로 안 해도 될 쓸데없는
일을 덧붙여 하다가 도리어 일을 그르친다는 뜻

0503 3급 **賜** 줄 **사:** — ㉘貝 ㉔授 줄 **수**
賜名(사:명) 賜謁(사:알) 賜藥(사:약) 賜田(사:전) 下賜(하:사)
임금이 신하에게 만날 것을 허락함

0504 4급 **辭** 말씀 **사** — ㉘辛 ㉔說 말씀 설 ㉕辞
答辭(답사) 辭讓(사양) 辭典(사전) 送辭(송:사) 飾辭(식사) 祝辭(축사)

0505 3급 **朔** 초하루 **삭** — ㉘月
滿朔(만삭) 朔望(삭망) 朔月(삭월) 朔地(삭지) 朔風(삭풍) 八朔(팔삭)
북방에 있는 땅

0506 5급 **産** 낳을 **산:** — ㉘生 ㉔生 날 생
家産(가산) 産苦(산:고) 産業(산:업) 生産(생산) 順産(순:산)

0507 7급 **上** 윗 **상:** — ㉘一 ㉛下 아래 **하**
上官(상:관) 上昇(상:승) 上位(상:위) 引上(인상) 向上(향:상)

0508 4급Ⅱ **床** 상 **상** — ㉘广
兼床(겸상) 苗床(묘:상) 病床(병:상) 床奴(상노) 同床異夢(동상이몽)
밥상을 나르거나 잔심부름을 하던 어린아이

0509 3급Ⅱ **尙** 오히려 **상(:)** — ㉘小
高尙(고상) 尙宮(상궁) 尙今(상금) 尙武(상:무) 尙文(상:문)
지금까지

0510 4급Ⅱ **狀** 형상 **상:** / 문서 **장:** — ㉘犬 ㉔券 문서 권 ㉕状
狀態(상태) 狀況(상황) 實狀(실상) 現狀(현:상)
賞狀(상장) 狀啓(장:계) 狀頭(장:두) 狀請(장:청) 年賀狀(연하장)
감사나 왕명으로 지방에 파견된
벼슬아치가 글로 써서 올리던 보고

| 오 늘 의 사 자 성 어 |

面從腹背 면종복배 겉으로는 복종하는 체하면서 속으로는 배반함

龍頭蛇尾 용두사미 [머리는 용이나 꼬리는 뱀이라는 뜻으로] '시작은 거창하나 뒤로 갈수록 흐지부
지해짐'을 비유하여 이르는 말

畵蛇添足 화사첨족 [뱀을 그리는 데 발까지 그려 넣는다는 뜻으로] '안 해도 될 쓸데없는 일을 덧붙
여 하다가 도리어 일을 그르침'을 이르는 말

同床異夢 동상이몽 [같은 잠자리에서 다른 꿈을 꾼다는 뜻으로] 겉으로는 같은 행동을 하면서도 속
으로는 각각 딴 생각을 함을 이르는 말

17

1 다음 漢字語의 讀音을 쓰시오.

① 腹痛	② 逢變	③ 拒否	④ 浮揚
⑤ 踏步	⑥ 粉飾	⑦ 賞狀	⑧ 復舊
⑨ 症狀	⑩ 國寶	⑪ 崩壞	⑫ 招聘
⑬ 答辭	⑭ 蜂蝶	⑮ 兼床	⑯ 尙武
⑰ 逐邪	⑱ 私心	⑲ 朔望	⑳ 複數
㉑ 恩師	㉒ 順産	㉓ 雙墳	㉔ 上位
㉕ 毒蛇	㉖ 尊卑	㉗ 慈悲	㉘ 結社
㉙ 賜藥	㉚ 貧窮		

2 다음 漢字의 訓과 音을 쓰시오.

| ① 聘 | ② 浮 | ③ 朔 | ④ 邪 |
| ⑤ 蜂 | ⑥ 賜 | ⑦ 蛇 | ⑧ 腹 |

3 다음의 訓과 音을 지닌 漢字를 쓰시오.

| ① 사사로울 사 | ② 낳을 산 | ③ 보배 보 | ④ 슬플 비 |
| ⑤ 스승 사 | ⑥ 겹칠 복 | ⑦ 가난할 빈 | ⑧ 말씀 사 |

4 밑줄 그은 單語를 漢字語로 쓰시오.

① 차보다 보행자가 우선 아닌가요?

② 빈부의 격차가 점점 더 커지고 있어요.

③ 예습, 복습을 철저히 해 주세요.

④ 넌 훌륭한 교사가 될 수 있을 거야.

5 다음 漢字語 중 첫소리가 長音인 것을 고르시오.

① ㄱ. 復舊 　ㄴ. 復活 　ㄷ. 復權 　ㄹ. 復元

② ㄱ. 否認 　ㄴ. 浮揚 　ㄷ. 粉末 　ㄹ. 墳墓

③ ㄱ. 社會 　ㄴ. 師弟 　ㄷ. 私心 　ㄹ. 賜田

6 다음 빈칸에 뜻이 反對 또는 相反 되는 漢字를 쓰시오.

① 往 ↔ (　)　　　② (　) ↔ 下　　　③ 單 ↔ (　)　　　④ 可 ↔ (　)
⑤ 喜 ↔ (　)　　　⑥ (　) ↔ 富

7 다음 빈칸에 訓이 같거나 유사한 漢字를 써 넣어 單語를 完成하시오.

① 寶(　)　　　② (　)化　　　③ (　)說　　　④ (　)窮

8 다음 빈 칸에 알맞은 漢字를 써넣어 四字成語를 完成하시오.

① 興盡(　)來　　　② (　)利(　)慾　　　③ 同(　)異夢

9 다음 漢字의 部首를 쓰시오.

① 粉　　　② 悲　　　③ 寶　　　④ 私
⑤ 復　　　⑥ 師　　　⑦ 辭　　　⑧ 步

10 다음 漢字語의 뜻을 쓰시오.

① 逢辱　　　② 浮沈　　　③ 粉飾　　　④ 崩御

11 다음 漢字의 略字를 쓰시오.

① 師　　　② 狀　　　③ 寶　　　④ 變

12 다음 漢字의 同音異義語를 하나만 쓰시오.

① 公社　　　② 邪敎

1 ① 복통 ② 봉변 ③ 거부 ④ 부양 ⑤ 답보 ⑥ 분식 ⑦ 상장 ⑧ 복구 ⑨ 증상 ⑩ 국보 ⑪ 붕괴 ⑫ 초빙 ⑬ 답사 ⑭ 봉접 ⑮ 검상 ⑯ 상무 ⑰ 축사 ⑱ 사심 ⑲ 삭망 ⑳ 복수 ㉑ 은사 ㉒ 순산 ㉓ 쌍분 ㉔ 상위 ㉕ 독사 ㉖ 존비 ㉗ 자비 ㉘ 결사 ㉙ 사약 ㉚ 빈궁　**2** ① 부를 빙 ② 뜰 부 ③ 초하루 삭 ④ 간사할 사 ⑤ 벌 봉 ⑥ 줄 사 ⑦ 긴뱀 사 ⑧ 배 복　**3** ① 私 ② 産 ③ 寶 ④ 悲 ⑤ 師 ⑥ 復 ⑦ 貧 ⑧ 辭　**4** ① 步行者 ② 貧富 ③ 復習 ④ 敎師　**5** ① ㄴ ② ㄱ ③ ㄹ　**6** ① 復 ② 上 ③ 複 ④ 否 ⑤ 悲 ⑥ 貧　**7** ① 珍 ② 變 ③ 辭 ④ 貧　**8** ① 悲 ② 私 ③ 床　**9** ① 米 ② 心 ③ 宀 ④ 禾 ⑤ 彳 ⑥ 巾 ⑦ 辛 ⑧ 止　**10** ① 욕된 일을 당함 ② 물 위에 떠올랐다 잠겼다 함 ③ 아름답게 또는 훌륭하게 보이기 위하여 겉을 꾸밈 ④ 임금이 세상을 떠남　**11** ① 师 ② 状 ③ 宝 ④ 変　**12** ① 公私 ② 社交

미리 확인하기　　　　ｏ ｘ　　　　　　ｏ ｘ

想	想 想 想 想 想	□ □	訴	訴 訴 訴 訴 訴	□ □
霜	霜 霜 霜 霜 霜	□ □	蔬	蔬 蔬 蔬 蔬 蔬	□ □
宣	宣 宣 宣 宣 宣	□ □	束	束 束 束 束 束	□ □
船	船 船 船 船 船	□ □	送	送 送 送 送 送	□ □
選	選 選 選 選 選	□ □	訟	訟 訟 訟 訟 訟	□ □
禪	禪 禪 禪 禪 禪	□ □	頌	頌 頌 頌 頌 頌	□ □
雪	雪 雪 雪 雪 雪	□ □	誦	誦 誦 誦 誦 誦	□ □
說	說 說 說 說 說	□ □	刷	刷 刷 刷 刷 刷	□ □
星	星 星 星 星 星	□ □	囚	囚 囚 囚 囚 囚	□ □
誠	誠 誠 誠 誠 誠	□ □	守	守 守 守 守 守	□ □
洗	洗 洗 洗 洗 洗	□ □	秀	秀 秀 秀 秀 秀	□ □
勢	勢 勢 勢 勢 勢	□ □	帥	帥 帥 帥 帥 帥	□ □
素	素 素 素 素 素	□ □	需	需 需 需 需 需	□ □
笑	笑 笑 笑 笑 笑	□ □	隨	隨 隨 隨 隨 隨	□ □
掃	掃 掃 掃 掃 掃	□ □	宿	宿 宿 宿 宿 宿	□ □

傲霜孤節 □ □ □ □　　　　說往說來 □ □ □ □

西勢東漸 □ □ □ □　　　　破竹之勢 □ □ □ □

0511 4급II
想 생각 상:
㉑心 ㉨思 생각 사, 念 생각 념, 考 헤아릴 고, 慮 생각할 려
感想(감:상)　妄想(망:상)　冥想(명상)　想起(상:기)　想像(상:상)
참고 理想(이상) ↔ 現實(현실)

0512 3급II
霜 서리 상
㉑雨
霜露(상로)　霜雪(상설)　霜信(상신)　秋霜(추상)　傲霜孤節(오상고절)
서리와 함께 온 소식이라는 뜻으로 기러기를 말함

0513 4급
宣 베풀 선
㉑宀
宣告(선고)　宣敎(선교)　宣誓(선서)　宣言(선언)　宣戰(선전)　宣布(선포)

0514 5급
船 배 선
㉑舟 ㉨舟 배 주
船員(선원)　船賃(선임)　船長(선장)　漁船(어선)　遊覽船(유람선)

0515 5급
選 가릴 선:
㉑辶(辵) ㉨別 다를 별, 擇 가릴 택
選拔(선:발)　選別(선:별)　選定(선:정)　選擇(선:택)　嚴選(엄선)

0516 3급II
禪 선 선
㉑示
禪寺(선사)　禪僧(선승)　禪宗(선종)　禪學(선학)　坐禪(좌:선)　參禪(참선)
참선하고 있는 중

0517 6급
雪 눈 설
㉑雨
白雪(백설)　雪景(설경)　雪山(설산)　雪原(설원)　雪上加霜(설상가상)

0518 5급
說 말씀 설 달랠 세:
㉑言 ㉨辭 말씀 사, 言 말씀 언, 話 말씀 화
說得(설득)　說明(설명)　說吐(설토)　解說(해:설)　說往說來(설왕설래)
說客(세:객)　遊說(유세)
능란한 말솜씨로 유세(遊說)하며 다니는 사람

0519 4급II
星 별 성
㉑日 ㉨辰 별 진
明星(명성)　星月(성월)　星座(성좌)　星次(성차)　衛星(위성)　曉星(효:성)
샛별

0520 4급II
誠 정성 성
㉑言 ㉨精 찧을 정
誠勤(성근)　誠實(성실)　精誠(정성)　至誠(지성)　忠誠(충성)　孝誠(효:성)
성실하고 부지런함

0521 5급
洗 씻을 세:
㉑氵(水) ㉨濯 씻을 탁
洗踏(세:답)　洗禮(세:례)　洗手(세:수)　洗顔(세:안)　洗足(세:족)
기독교에서, 신자가 될 때에 베푸는 의식

18일째 한자익히기 0522~0532

勢 素 笑 掃 訴 蔬 束 送 訟 頌 誦

0522 勢 4급II 형세 세:
⊕力
權勢(권세) 勢道(세:도) 勢力(세:력) 情勢(정세) 破竹之勢(파죽지세)

0523 素 4급II 본디/흴 소(:)
⊕糸 ⊛朴 순박할 박
簡素(간소) 儉素(검:소) 素服(소:복) 素材(소재) 素質(소질) 元素(원소)

0524 笑 4급II 웃음 소:
⊕竹 ⊜泣 울 읍, 哭 울 곡
微笑(미소) 笑談(소:담) 一笑一少(일소일소) 破顔大笑(파안대소)
즐거운 표정으로 한바탕 크게 웃음

0525 掃 4급II 쓸 소(:)
⊕扌(手)
掃灑(소쇄) 掃除(소:제) 掃地(소:지) 一掃(일소) 淸掃(청소)
비로 쓸고 물을 뿌림

0526 訴 3급II 호소할 소
⊕言 ⊛訟 송사할 송
告訴(고:소) 免訴(면:소) 訴訟(소송) 訴狀(소장) 泣訴(읍소) 呼訴(호소)

0527 蔬 3급 나물 소
⊕卄(艸) ⊛菜 나물 채
蔬果(소과) 蔬食(소사) 菜蔬(채:소) 春蔬(춘소)
채소 반찬뿐인 음식

0528 束 5급 묶을 속
⊕木 ⊜釋 풀 석, 解 풀 해
拘束(구속) 團束(단속) 束縛(속박) 約束(약속) 束手無策(속수무책)

0529 送 4급II 보낼 송:
⊕辶(辵) ⊜迎 맞이할 영
發送(발송) 放送(방:송) 送辭(송:사) 送迎(송:영) 郵送(우송) 歡送(환송)
[참고] 歡送(환송) ↔ 歡迎(환영)

0530 訟 3급II 송사할 송:
⊕言 ⊛訴 호소할 소
訴訟(소송) 訟務(송:무) 訟辯(송:변) 訟事(송:사) 獄訟(옥송)
송사에서 변론함

0531 頌 4급 칭송할/기릴 송:
⊕頁 ⊛稱 일컬을 칭, 讚 기릴 찬
頌德(송:덕) 頌辭(송:사) 頌祝(송:축) 稱頌(칭송) 讚頌歌(찬송가)
공덕을 기림

0532 誦 3급 욀 송:
⊕言
誦讀(송:독) 誦詠(송:영) 暗誦(암:송) 愛誦(애:송) 連誦(연송)

0533 **刷** 인쇄할 **쇄:**
3급II
⊕ 刂(刀)
刷掃(쇄:소) 刷新(쇄:신) 刷還(쇄:환) 印刷(인쇄) 縮刷(축쇄)
쓸고 닦음

0534 **囚** 가둘 **수**
3급
⊕ 囗 ⊕ 放 놓을 방, 釋 풀 석, 解 풀 해
囚役(수역) 囚人(수인) 在囚(재:수) 罪囚(죄:수) 死刑囚(사형수)

0535 **守** 지킬 **수**
4급II
⊕ 宀 ⊕ 保 보전할 보, 衛 지킬 위 ⊕ 攻 칠 공
死守(사:수) 守令(수령) 守備(수비) 遵守(준:수) 保守的(보수적)
참고 守備(수비) ↔ 攻擊(공격)

0536 **秀** 빼어날 **수**
4급
⊕ 禾 ⊕ 傑 뛰어날 걸, 俊 준걸 준
秀麗(수려) 秀眉(수미) 秀才(수재) 優秀(우수) 俊秀(준:수) 珍秀(진수)
참고 秀才(수재) ↔ 鈍才(둔재)

0537 **帥** 장수 **수**
3급II
⊕ 巾 ⊕ 將 장수 장 ⊕ 兵 병사 병, 卒 마칠 졸
軍帥(군수) 副帥(부:수) 帥臣(수신) 總帥(총:수) 統帥(통:수)
병마절도사(兵馬節度使)와 수군절도사(水軍節度使)를
아울러 이르던 말

0538 **需** 구할 **수**
3급II
⊕ 雨 ⊕ 給 줄 급
內需(내:수) 需給(수급) 需要(수요) 需用(수용) 必需(필수) 婚需(혼수)

0539 **隨** 따를 **수**
3급II
⊕ 阝(阜) ⊕ 随
隨感(수감) 隨伴(수반) 隨筆(수필) 隨行(수행) 夫唱婦隨(부창부수)
남편이 주장하고 부인이 이에 따름

0540 **宿** 잘 **숙**
5급
⊕ 宀 ⊕ 泊 머무를 박, 眠 잘 면, 寢 잘 침
宿望(숙망) 宿命(숙명) 宿泊(숙박) 宿所(숙소) 寄宿舍(기숙사)
별자리 **수:**
星宿(성수)

| 오 늘 의 사 자 성 어 |

傲霜孤節 오상고절 [서릿발 속에서도 굽히지 않고, 외로이 지키는 절개라는 뜻으로] '국화'를 비유
하여 이르는 말

說往說來 설왕설래 무슨 일의 시비를 따지느라고 말로 옥신각신 함

西勢東漸 서세동점 서양 세력을 차차 동쪽으로 옮김

破竹之勢 파죽지세 [대가 결 따라 쪼개질 때와 같은 형세라는 뜻으로] 감히 대적할 수 없을 정도로
막힘없이 무찔러 나아가는 맹렬한 기세

18

1 다음 漢字語의 讀音을 쓰시오.

① 選拔	② 雪原	③ 簡素	④ 洗顔
⑤ 淸掃	⑥ 明星	⑦ 拘束	⑧ 泣訴
⑨ 勢力	⑩ 優秀	⑪ 霜露	⑫ 誦讀
⑬ 縮刷	⑭ 頌德	⑮ 罪囚	⑯ 總帥
⑰ 婚需	⑱ 漁船	⑲ 妄想	⑳ 郵送
㉑ 禪僧	㉒ 微笑	㉓ 說得	㉔ 守備
㉕ 隨伴	㉖ 宣敎	㉗ 秀麗	㉘ 忠誠
㉙ 宿命	㉚ 菜蔬		

2 다음 漢字의 訓과 音을 쓰시오.

① 洗	② 訟	③ 蔬	④ 誦
⑤ 船	⑥ 刷	⑦ 囚	⑧ 隨

3 다음의 訓과 音을 지닌 漢字를 쓰시오.

① 정성 성	② 본디/흴 소	③ 베풀 선	④ 보낼 송
⑤ 형세 세	⑥ 웃음 소	⑦ 빼어날 수	⑧ 별 성

4 밑줄 그은 單語를 漢字語로 쓰시오.

① <u>설경</u>이 너무 아름답다.

② 우편물은 이번 주에 일괄 <u>발송</u>됩니다.

③ 그는 <u>선교</u>활동을 위해 아프리카로 떠났어.

④ 넌 정말 <u>보수적</u>이야.

5 다음 漢字語 중 첫소리가 長音인 것을 고르시오.

① ㄱ. 選別	ㄴ. 宣告	ㄷ. 船員	ㄹ. 禪僧
② ㄱ. 勢力	ㄴ. 誠實	ㄷ. 訴狀	ㄹ. 訴訟
③ ㄱ. 囚人	ㄴ. 守護	ㄷ. 刷新	ㄹ. 秀麗

18

6 다음 빈칸에 뜻이 反對 또는 相反 되는 漢字를 쓰시오.

① ( ) ↔ 迎   ② 攻 ↔ ( )   ③ ( ) ↔ 釋   ④ 泣 ↔ ( )

7 다음 빈칸에 訓이 같거나 유사한 漢字를 써 넣어 單語를 完成하시오.

① ( )朴   ② ( )濯   ③ 稱( )

8 다음 빈 칸에 알맞은 漢字를 써넣어 四字成語를 完成하시오.

① 破竹之( )   ② ( )往說來   ③ 破顔大( )   ④ ( )上加霜

9 다음 漢字의 部首를 쓰시오.

① 洗   ② 素   ③ 頌   ④ 秀   ⑤ 勢   ⑥ 星

IO 다음 漢字語의 뜻을 쓰시오.

① 曉星   ② 送迎   ③ 內需   ④ 刷掃

II 다음 漢字의 略字를 쓰시오.

① 隨

I2 다음 漢字의 同音異義語를 하나만 쓰시오.

① 頌辭   ② 誦詠   ③ 歡送

정답

1 ① 선발 ② 설원 ③ 간소 ④ 세안 ⑤ 청소 ⑥ 명성 ⑦ 구속 ⑧ 읍소 ⑨ 세력 ⑩ 우수 ⑪ 상로 ⑫ 송독 ⑬ 축쇄 ⑭ 송덕 ⑮ 죄수 ⑯ 총수 ⑰ 혼수 ⑱ 어선 ⑲ 망상 ⑳ 우송 ㉑ 선승 ㉒ 미소 ㉓ 설득 ㉔ 수비 ㉕ 수반 ㉖ 선교 ㉗ 수려 ㉘ 충성 ㉙ 숙명 ㉚ 채소 **2** ① 씻을 세 ② 송사할 송 ③ 나물 소 ④ 월 송 ⑤ 배 선 ⑥ 인쇄할 쇄 ⑦ 가둘 수 ⑧ 따를 수 **3** ① 誠 ② 素 ③ 宣 ④ 送 ⑤ 勢 ⑥ 笑 ⑦ 秀 ⑧ 星 **4** ① 雪景 ② 發送 ③ 宣教 ④ 保守的 **5** ① ㄱ ② ㄱ ③ ㄷ **6** ① 送 ② 守 ③ 束 ④ 笑 **7** ① 素 ② 洗 ③ 頌 **8** ① 勢 ② 說 ③ 笑 ④ 雪 **9** ① 氵(水) ② 糸 ③ 頁 ④ 禾 ⑤ 力 ⑥ 日 **10** ① 샛별 ② 가는 이를 전송하고, 오는 이를 맞이함 ③ 국내의 수요 ④ 쓸고 닦음 **11** ① 随 **12** ① 訟事/送辭 ② 送迎 ③ 還送

미리 확인하기　　　　　O X　　　　　　　　　　O X

					O X							O X
肅	肅	肅	肅	肅	肅	□□	我	我	我	我	我	我	□□
純	純	純	純	純	純	□□	亞	亞	亞	亞	亞	亞	□□
順	順	順	順	順	順	□□	岸	岸	岸	岸	岸	岸	□□
術	術	術	術	術	術	□□	眼	眼	眼	眼	眼	眼	□□
習	習	習	習	習	習	□□	顔	顔	顔	顔	顔	顔	□□
濕	濕	濕	濕	濕	濕	□□	哀	哀	哀	哀	哀	哀	□□
昇	昇	昇	昇	昇	昇	□□	愛	愛	愛	愛	愛	愛	□□
是	是	是	是	是	是	□□	厄	厄	厄	厄	厄	厄	□□
時	時	時	時	時	時	□□	液	液	液	液	液	液	□□
式	式	式	式	式	式	□□	夜	夜	夜	夜	夜	夜	□□
息	息	息	息	息	息	□□	野	野	野	野	野	野	□□
伸	伸	伸	伸	伸	伸	□□	弱	弱	弱	弱	弱	弱	□□
新	新	新	新	新	新	□□	陽	陽	陽	陽	陽	陽	□□
甚	甚	甚	甚	甚	甚	□□	養	養	養	養	養	養	□□
芽	芽	芽	芽	芽	芽	□□	樣	樣	樣	樣	樣	樣	□□

權謀術數 □□□□　　　　溫故知新 □□□□

我田引水 □□□□　　　　錦衣夜行 □□□□

0541 4급 **肅** 엄숙할 숙
- 부 聿 / 유 嚴 엄할 엄 / 약 肅, 甫
- 肅拜(숙배) 肅然(숙연) 肅正(숙정) 嚴肅(엄숙) 自肅(자숙) 靜肅(정숙)

0542 4급Ⅱ **純** 순수할 순
- 부 糸 / 유 潔 깨끗할 결
- 單純(단순) 純潔(순결) 純系(순계) 純粹(순수) 純種(순종) 純眞(순진)
  - 딴 계통과 섞이지 않은 순수한 종

0543 5급 **順** 순할 순:
- 부 頁 / 반 逆 거스를 역
- 順産(순:산) 順序(순:서) 順應(순:응) 順從(순:종) 柔順(유순)

0544 6급 **術** 재주 술
- 부 行 / 유 藝 재주 예, 技 재주 기
- 技術(기술) 美術(미:술) 術數(술수) 藝術(예:술) 戰術(전:술) 學術(학술)

0545 6급 **習** 익힐 습
- 부 羽 / 유 練 익힐 련
- 習慣(습관) 習讀(습독) 習得(습득) 練習(연:습) 自習(자습) 學習(학습)

0546 3급Ⅱ **濕** 젖을 습
- 부 氵(水) / 반 乾 마를 건 / 약 湿
- 漏濕(누:습) 濕氣(습기) 濕度(습도) 濕潤(습윤) 濕地(습지) 陰濕(음습)
  - 습기가 스며 있음 / 습기를 띠고 있음

0547 3급Ⅱ **昇** 오를 승
- 부 日 / 반 降 내릴 강
- 上昇(상:승) 昇格(승격) 昇進(승진) 昇天(승천) 昇降機(승강기)
- 참고 昇天(승천) ↔ 降臨(강림)

0548 4급Ⅱ **是** 이/옳을 시:
- 부 日 / 유 可 옳을 가, 義 옳을 의 / 반 否 아닐 부, 未 아닐 미, 非 아닐 비
- 當是(당시) 是非(시:비) 是認(시:인) 是日(시:일) 是正(시:정)

0549 7급 **時** 때 시
- 부 日
- 同時(동시) 時間(시간) 時急(시급) 時代(시대) 時節(시절) 時調(시조)

0550 6급 **式** 법 식
- 부 弋 / 유 法 법도 법, 典 경전 전
- 式科(식과) 式典(식전) 株式(주식) 形式(형식) 方程式(방정식)
- 참고 形式(형식) ↔ 實質(실질)

0551 4급Ⅱ **息** 쉴 식
- 부 心 / 유 休 쉴 휴
- 息肩(식견) 息穀(식곡) 安息(안식) 子息(자식) 歎息(탄:식) 休息(휴식)
  - 갚을 때는 길미를 붙여 주기로 하고 꾸는 곡식

19일째 한자익히기 0552~0562

伸 新 甚 芽 我 亞 岸 眼 顏 哀 愛

0552 3급 **伸** 펼 신
部 亻(人)　反 縮 줄일 축
伸救(신구)　伸筋(신근)　伸雪(신설)　伸張(신장)　伸縮(신축)　追伸(추신)
[물체의 크기나 세력 따위가] 늘어나고 펼쳐짐, 또는 늘이고 펼침

0553 6급 **新** 새 신
部 斤　反 舊 예 구, 古 예 고, 故 예 고
更新(갱:신)　新舊(신구)　新羅(신라)　新式(신식)　新裝(신장)　新參(신참)
참고 新式(신식) ↔ 舊式(구식)

0554 3급Ⅱ **甚** 심할 심:
部 甘　反 劇 극심할 극
極甚(극심)　甚難(심:난)　甚深(심:심)　甚暑(심:서)　尤甚(우심)
더욱 심함

0555 3급Ⅱ **芽** 싹 아
部 艹(艸)
麥芽(맥아)　發芽(발아)　芽生(아생)　頂芽(정아)

0556 3급Ⅱ **我** 나 아:
部 戈　類 吾 나 오　反 彼 저 피
我軍(아:군)　我相(아:상)　我執(아:집)　自我(자아)　彼我(피:아)
참고 我軍(아군) ↔ 敵軍(적군)

0557 3급Ⅱ **亞** 버금 아(:)
部 二　類 副 버금 부, 次 버금 차, 仲 버금 중　略 亜
東亞(동아)　亞流(아:류)　亞聖(아:성)　亞鉛(아연)　亞細亞(아세아)
성인(聖人)에 버금가는 사람

0558 3급Ⅱ **岸** 언덕 안:
部 山　類 丘 언덕 구
東岸(동안)　岸壁(안:벽)　涯岸(애안)　沿岸(연안)　此岸(차안)　彼岸(피:안)
이 세상

0559 4급Ⅱ **眼** 눈 안:
部 目　類 目 눈 목
老眼(노:안)　白眼(백안)　眼科(안:과)　眼目(안:목)　血眼(혈안)
[눈알의 흰자위라는 뜻으로] 업신여기거나 냉대하여 흘겨보는 눈

0560 3급Ⅱ **顏** 낯 안
部 頁　類 面 낯 면
老顏(노:안)　顏面(안면)　顏色(안색)　龍顏(용안)　厚顏無恥(후안무치)

0561 3급Ⅱ **哀** 슬플 애
部 口　類 悲 슬플 비　反 歡 기뻐할 환, 喜 기쁠 희, 樂 즐거울 락
悲哀(비:애)　哀悼(애도)　哀惜(애석)　哀願(애원)　哀痛(애통)　哀歡(애환)

0562 6급 **愛** 사랑 애(:)
部 心　類 慈 사랑할 자　反 惡 미워할 오, 憎 미워할 증
愛煙(애:연)　愛情(애:정)　友愛(우:애)　慈愛(자애)　同胞愛(동포애)

0563 3급	厄 액 액	鬼 厂

厄年(액년) 厄神(액신) 厄運(액운) 厄月(액월) 厄禍(액화) 災厄(재액)
운수가 사나운 달

0564 4급Ⅱ	液 진 액	鬼 氵(水)

樹液(수액) 液卵(액란) 液面(액면) 液體(액체) 液態(액태) 血液(혈액)

0565 6급	夜 밤 야:	鬼 夕 反 晝 낮 주 反 午 낮 오

夜間(야:간) 夜光(야:광) 夜市(야:시) 夜深(야:심) 晝夜(주야)

참고 夜間(야간) ↔ 晝間(주간) 〈야시장(夜市場)〉의 준말

0566 6급	野 들 야:	鬼 里 反 與 더불 여, 朝 아침 조

視野(시:야) 野黨(야:당) 野生(야:생) 野營(야:영) 與野(여:야)

참고 野黨(야당) ↔ 與黨(여당)

0567 6급	弱 약할 약	鬼 弓 反 強 강할 강

衰弱(쇠약) 弱骨(약골) 弱勢(약세) 弱者(약자) 弱點(약점) 弱志(약지)

참고 弱者(약자) ↔ 強者(강자)

0568 6급	陽 볕 양	鬼 阝(阜) 反 陰 그늘 음

斜陽(사양) 夕陽(석양) 陽刻(양각) 陽性(양성) 陽尊(양존) 陰陽(음양)
(속으로 해할 마음을 품고 있으면서)
겉으로는 존경함

0569 5급	養 기를 양:	鬼 食 諭 育 기를 육

養生(양:생) 養成(양:성) 養育(양:육) 養子(양:자) 入養(입양)

0570 4급	樣 모양 양	鬼 木 諭 態 모습 태

模樣(모양) 貌樣(모양) 樣相(양상) 樣式(양식) 樣姿(양자) 外樣(외:양)

| 오 늘 의 사 자 성 어 |

權謀術數 권모술수 남을 교묘하게 속이는 계책
溫故知新 온고지신 옛것을 연구하여 거기서 새로운 지식이나 도리를 찾아내는 일
我田引水 아전인수 [제 논에 물 대기라는 뜻으로] '자기에게만 이롭게 되도록 생각하거나 행동함'을 뜻하는 말
錦衣夜行 금의야행 [비단옷을 입고 밤길을 걷는다는 뜻으로] '아무 보람이 없는 행동을 자랑스레 함'을 이르는 말

19

1 다음 漢字語의 讀音을 쓰시오.

① 練習　　② 昇進　　③ 時急　　④ 我軍
⑤ 尤甚　　⑥ 東亞　　⑦ 模樣　　⑧ 血眼
⑨ 樣相　　⑩ 顔色　　⑪ 純眞　　⑫ 災厄
⑬ 是認　　⑭ 慈愛　　⑮ 樹液　　⑯ 夜市
⑰ 美術　　⑱ 視野　　⑲ 衰弱　　⑳ 入養
㉑ 陽刻　　㉒ 漏濕　　㉓ 肅然　　㉔ 哀惜
㉕ 順應　　㉖ 沿岸　　㉗ 伸張　　㉘ 麥芽
㉙ 株式　　㉚ 更新

2 다음 漢字의 訓과 音을 쓰시오.

① 岸　　② 亞　　③ 濕　　④ 哀
⑤ 厄　　⑥ 顔　　⑦ 甚

3 다음의 訓과 音을 지닌 漢字를 쓰시오.

① 쉴 식　　② 눈 안　　③ 진 액　　④ 순할 순
⑤ 모양 양　　⑥ 익힐 습　　⑦ 이/옳을 시

4 밑줄 그은 單語를 漢字語로 쓰시오.

① 방정식이 제일 어렵습니다.
② 양계장에 직접 가서 사온 달걀이야.
③ 눈병이 심해져서 안과에 가야겠어.
④ 이 문제는 그렇게 단순한게 아니야.

5 다음 漢字語 중 첫소리가 長音인 것을 고르시오.

① ㄱ. 亞鉛　　ㄴ. 純眞　　ㄷ. 術數　　ㄹ. 亞流
② ㄱ. 純種　　ㄴ. 順從　　ㄷ. 昇進　　ㄹ. 習得
③ ㄱ. 陽性　　ㄴ. 養子　　ㄷ. 哀願　　ㄹ. 新式

19

6 다음 빈칸에 뜻이 反對 또는 相反 되는 漢字를 쓰시오.

① 晝 ↔ ( )　　② 逆 ↔ ( )　　③ ( ) ↔ 憎　　④ ( ) ↔ 非

⑤ 與 ↔ ( )　　⑥ ( ) ↔ 舊　　⑦ 强 ↔ ( )　　⑧ 陰 ↔ ( )

7 다음 빈칸에 訓이 같거나 유사한 漢字를 써 넣어 單語를 完成하시오.

① ( )潔　　② 藝( )　　③ 休( )　　④ ( )目

8 다음 빈 칸에 알맞은 漢字를 써넣어 四字成語를 完成하시오.

① ( )肉强食　　② 厚( )無恥　　③ 溫故知( )　　④ 錦衣( )行

9 다음 漢字의 部首를 쓰시오.

① 式　　② 新　　③ 習　　④ 弱

10 다음 漢字語의 뜻을 쓰시오.

① 純種　　② 白眼　　③ 濕潤　　④ 朝野

11 다음 漢字의 略字를 쓰시오.

① 濕　　② 亞　　③ 肅

12 다음 漢字의 同音異義語를 하나만 쓰시오.

① 純種　　② 伸救　　③ 老顔

정답

1 ① 연습 ② 승진 ③ 시급 ④ 아군 ⑤ 우심 ⑥ 동아 ⑦ 모양 ⑧ 혈안 ⑨ 양상 ⑩ 안색 ⑪ 순진 ⑫ 재액 ⑬ 시인 ⑭ 자애 ⑮ 수액 ⑯ 야시 ⑰ 미술 ⑱ 시야 ⑲ 쇠약 ⑳ 입양 ㉑ 양각 ㉒ 누습 ㉓ 숙연 ㉔ 애석 ㉕ 순응 ㉖ 연안 ㉗ 신장 ㉘ 맥아 ㉙ 주식 ㉚ 갱신　**2** ① 언덕 안 ② 버금 아 ③ 젖을 습 ④ 슬플 애 ⑤ 액 액 ⑥ 낯 안 ⑦ 심할 심　**3** ① 息 ② 眼 ③ 液 ④ 順 ⑤ 樣 ⑥ 習 ⑦ 是　**4** ① 方程式 ② 養鷄場 ③ 眼科 ④ 單純　**5** ① ㄹ ② ㄴ ③ ㄴ　**6** ① 夜 ② 順 ③ 愛 ④ 是 ⑤ 野 ⑥ 新 ⑦ 弱 ⑧ 陽　**7** ① 純 ② 術 ③ 息 ④ 眼　**8** ① 弱 ② 顔 ③ 新 ④ 夜　**9** ① 弋 ② 斤 ③ 羽 ④ 弓　**10** ① 딴 계통과 섞이지 않은 순수한 종 ② [눈알의 흰자위라는 뜻으로] 업신여기거나 냉대하여 흘겨보는 눈 ③ 습기를 띠고 있음 ④ 조정과 재야　**11** ① 湿 ② 亜 ③ 肅,肅　**12** ① 順從 ② 新舊 ③ 老眼

미리 확인하기

o X   o X

讓	讓 讓 讓 讓 讓	□ □	影	影 影 影 影 影	□ □
語	語 語 語 語 語	□ □	藝	藝 藝 藝 藝 藝	□ □
嚴	嚴 嚴 嚴 嚴 嚴	□ □	翁	翁 翁 翁 翁 翁	□ □
與	與 與 與 與 與	□ □	臥	臥 臥 臥 臥 臥	□ □
興	興 興 興 興 興	□ □	緩	緩 緩 緩 緩 緩	□ □
逆	逆 逆 逆 逆 逆	□ □	謠	謠 謠 謠 謠 謠	□ □
域	域 域 域 域 域	□ □	庸	庸 庸 庸 庸 庸	□ □
譯	譯 譯 譯 譯 譯	□ □	勇	勇 勇 勇 勇 勇	□ □
延	延 延 延 延 延	□ □	尤	尤 尤 尤 尤 尤	□ □
軟	軟 軟 軟 軟 軟	□ □	偶	偶 偶 偶 偶 偶	□ □
煙	煙 煙 煙 煙 煙	□ □	愚	愚 愚 愚 愚 愚	□ □
鉛	鉛 鉛 鉛 鉛 鉛	□ □	運	運 運 運 運 運	□ □
燕	燕 燕 燕 燕 燕	□ □	雄	雄 雄 雄 雄 雄	□ □
葉	葉 葉 葉 葉 葉	□ □	怨	怨 怨 怨 怨 怨	□ □
迎	迎 迎 迎 迎 迎	□ □	原	原 原 原 原 原	□ □

語不成說 □ □ □ □   嚴冬雪寒 □ □ □ □
塞翁之馬 □ □ □ □   送舊迎新 □ □ □ □

0571 3급II
讓
사양할 양:
⟨부⟩言
謙讓(겸양)　辭讓(사양)　讓渡(양:도)　讓步(양:보)　**割讓(할양)**
(물건의 한 부분을) 떼어 남에게 줌

0572 7급
語
말씀 어:
⟨부⟩言　⟨유⟩言 말씀 언　⟨반⟩行 행실 행
國語(국어)　單語(단어)　語學(어:학)　言語(언어)　標準語(표준어)

0573 4급
嚴
엄할 엄
⟨부⟩口
戒嚴(계:엄)　嚴格(엄격)　嚴肅(엄숙)　嚴正(엄정)　嚴冬雪寒(엄동설한)

0574 4급
與
더불/줄 여:
⟨부⟩臼　⟨유⟩參 참여할 참　⟨반⟩野 들 야　⟨약⟩与
關與(관여)　給與(급여)　貸與(대:여)　與件(여:건)　與黨(여:당)
〔참고〕與黨(여당) ↔ 野黨(야당)

0575 3급
輿
수레 여:
⟨부⟩車
輿論(여:론)　輿望(여:망)　**輿頌(여:송)**　輿情(여:정)　輿地(여:지)
세상 사람들의 칭송

0576 4급II
逆
거스를 역
⟨부⟩辶(辵)　⟨반⟩順 순할 순
拒逆(거:역)　反逆(반:역)　逆流(역류)　逆順(역순)　**莫逆之友(막역지우)**
뜻이 맞아 서로 허물이 없는 벗

0577 4급
域
지경 역
⟨부⟩土　⟨유⟩區 지경 구, 界 지경 계
區域(구역)　邊域(변역)　聖域(성:역)　殊域(수역)　域外(역외)　地域(지역)

0578 3급II
譯
번역할 역
⟨부⟩言　⟨유⟩飜 번역할 번　⟨약⟩訳
飜譯(번역)　譯官(역관)　**譯述(역술)**　誤譯(오:역)　完譯(완역)　通譯(통역)
번역하여 말하거나 기술함

0579 4급
延
늘일 연
⟨부⟩廴　⟨유⟩遲 더딜 지
延期(연기)　延性(연성)　延長(연장)　遲延(지연)　延滯料(연체료)

0580 3급II
軟
연할 연:
⟨부⟩車　⟨유⟩柔 부드러울 유　⟨반⟩硬 굳을 경, 固 굳을 고
柔軟(유연)　軟骨(연:골)　軟性(연:성)　軟食(연:식)　軟弱(연:약)

0581 4급II
煙
연기 연
⟨부⟩火
禁煙(금:연)　煙氣(연기)　雲煙(운연)　紫煙(자:연)　黑煙(흑연)　吸煙(흡연)

20일째 한자익히기 0582~0592

鉛 燕 葉 迎 影 藝 翁 臥 緩 謠 庸

0582 鉛 4급 납 연
부 金
亞鉛(아연)　鉛糖(연당)　鉛版(연판)　鉛筆(연필)　黑鉛(흑연)
아세트산납

0583 燕 3급Ⅱ 제비 연(:)
부 灬(火)
燕翼(연:익)　燕寢(연:침)　燕尾服(연미복)　燕巖集(연암집)
조상이 자손을 편안하도록 도움, 어진 신하가 임금을 도움

0584 葉 5급 잎 엽
부 艹(艸)
枯葉(고엽)　落葉(낙엽)　枝葉(지엽)　托葉(탁엽)　葉綠素(엽록소)

0585 迎 4급 맞을 영
부 辶(辵)　반 送 보낼 송
郊迎(교영)　迎鼓(영고)　迎歲(영세)　迎入(영입)　迎接(영접)　歡迎(환영)
성문 밖에서 마중함

0586 影 3급Ⅱ 그림자 영:
부 彡
影像(영:상)　影殿(영:전)　影響(영:향)　陰影(음영)　投影(투영)

0587 藝 4급Ⅱ 재주 예:
부 艹(艸)　유 術 꾀 술, 技 재주 기　약 芸
技藝(기예)　武藝(무:예)　藝能(예:능)　藝術(예:술)　園藝(원예)

0588 翁 3급 늙은이 옹
부 羽　유 老 늙을 로
老翁(노:옹)　翁姑(옹고)　翁主(옹주)　塞翁之馬(새옹지마)
조선 시대에, 임금의 후궁(後宮)에게서 태어난 왕녀

0589 臥 3급 누울 와:
부 臣　반 起 일어날 기
臥具(와:구)　臥龍(와:룡)　臥病(와:병)　臥床(와:상)　臥食(와:식)
臥薪嘗膽(와신상담)

0590 緩 3급Ⅱ 느릴 완:
부 糸　유 徐 천천할 서　반 急 급할 급
緩急(완:급)　緩步(완:보)　緩衝(완:충)　緩和(완:화)　緩行列車(완행열차)

0591 謠 4급Ⅱ 노래 요
부 言　유 歌 노래 가, 曲 굽을 곡
歌謠(가요)　童謠(동:요)　民謠(민요)　俗謠(속요)　巷謠(항:요)
항간에서 부르는 세속적인 노래

0592 庸 3급 떳떳할 용
부 广　반 拙 졸할 졸
庸劣(용렬)　庸言(용언)　庸人(용인)　庸將(용장)　庸拙(용졸)　中庸(중용)

0593 6급 **勇** 날랠 용: (부)力 (유)猛 사나울 맹
勇敢(용:감) 勇氣(용:기) 勇德(용:덕) 勇猛(용:맹) 勇士(용:사)
어떤 위험을 무릅쓰고서라도 착한 일을 해내는 덕행

0594 3급 **尤** 더욱 우 (부)尢
尤妙(우묘) 尤物(우물) 尤甚(우심)
더욱 묘함

0595 3급II **偶** 짝 우(:) (부)亻(人) (유)配 짝 배
偶力(우력) 偶發(우:발) 偶像(우:상) 偶數(우:수) 配偶者(배우자)

0596 3급II **愚** 어리석을 우 (부)心 (반)賢 어질 현 (반)仁 어질 인, 良 어질 량
愚鈍(우둔) 愚弄(우롱) 愚問(우문) 愚民(우민) 愚書(우서) 愚人(우인)

0597 6급 **運** 옮길 운: (부)辶(辵)
運動(운:동) 運命(운:명) 運勢(운:세) 運數(운:수) 運輸(운:수)

0598 5급 **雄** 수컷 웅 (부)隹
英雄(영웅) 雄大(웅대) 雄辯(웅변) 雄飛(웅비) 雄壯(웅장) 雄志(웅지)
웅대한 뜻

0599 4급 **怨** 원망할 원: (부)心 (유)恨 한할 한 (반)恩 은혜 은, 惠 은혜 혜
舊怨(구:원) 怨望(원:망) 怨慕(원:모) 怨府(원:부) 怨敵(원:적)
(임금이나 부모의) 무정함을 원망하면서도 사모함

0600 5급 **原** 언덕 원 (부)厂
原價(원가) 原理(원리) 原人(원인) 原因(원인) 原罪(원죄) 原住(원주)
(참고) 原因(원인) ↔ 結果(결과)

| 오 늘 의 사 자 성 어 |

語不成說 어불성설 말이 조금도 사리에 맞지 않음
嚴冬雪寒 엄동설한 깊은 겨울의 심한 추위를 뜻함
塞翁之馬 새옹지마 인생의 길흉화복은 항상 바뀌어 미리 헤아릴 수가 없다는 말
送舊迎新 송구영신 묵은해를 보내고 새해를 맞이함

20

1 다음 漢字語의 讀音을 쓰시오.

① 地域　　② 紫煙　　③ 緩急　　④ 迎歲
⑤ 老翁　　⑥ 燕翼　　⑦ 勇士　　⑧ 童謠
⑨ 藝能　　⑩ 庸劣　　⑪ 偶發　　⑫ 貸與
⑬ 愚弄　　⑭ 割讓　　⑮ 遲延　　⑯ 興望
⑰ 尤甚　　⑱ 運勢　　⑲ 雄辯　　⑳ 嚴格
㉑ 怨望　　㉒ 原價　　㉓ 反逆　　㉔ 庸拙
㉕ 單語　　㉖ 柔軟　　㉗ 鉛筆　　㉘ 枯葉
㉙ 陰影　　㉚ 通譯

2 다음 漢字의 訓과 音을 쓰시오.

① 興　　② 譯　　③ 軟　　④ 燕
⑤ 尤　　⑥ 影　　⑦ 臥

3 다음의 訓과 音을 지닌 漢字를 쓰시오.

① 지경 역　　② 납 연　　③ 재주 예　　④ 노래 요
⑤ 엄할 엄　　⑥ 늘일 연　　⑦ 더불/줄 여

4 밑줄 그은 單語를 漢字語로 쓰시오.

① 완벽한 표준어를 구사하는 것은 그리 쉬운 일이 아닙니다.

② 그의 용감한 행동에 모두 박수를 보냈다.

③ 이 건물 어디에서도 흡연은 불가능합니다.

④ 강물이 역류해 버렸다.

5 다음 漢字語 중 첫소리가 長音인 것을 고르시오.

① ㄱ. 民謠　　ㄴ. 勇氣　　ㄷ. 庸劣　　ㄹ. 庸拙
② ㄱ. 原人　　ㄴ. 怨望　　ㄷ. 雄壯　　ㄹ. 嚴正
③ ㄱ. 延長　　ㄴ. 煙氣　　ㄷ. 軟骨　　ㄹ. 迎歲

145

6 다음 빈칸에 뜻이 反對 또는 相反 되는 漢字를 쓰시오.

① (　) ↔ 順　　　② (　) ↔ 送　　　③ (　) ↔ 野　　　④ 恩 ↔ (　)

7 다음 빈칸에 訓이 같거나 유사한 漢字를 써 넣어 單語를 完成하시오.

① (　)言　　　② 參(　)　　　③ (　)恨　　　④ 歌(　)

⑤ 遲(　)　　　⑥ 區(　)

8 다음 빈 칸에 알맞은 漢字를 써넣어 四字成語를 完成하시오.

① 送舊(　)新　　　② 塞(　)之馬　　　③ (　)不成說

9 다음 漢字의 部首를 쓰시오.

① 興　　　② 軟　　　③ 燕　　　④ 與　　　⑤ 影　　　⑥ 尤

10 다음 漢字語의 뜻을 쓰시오.

① 緩步　　　② 譯官　　　③ 遲延　　　④ 砲煙

11 다음 漢字의 略字를 쓰시오.

① 藝　　　② 與　　　③ 譯

12 다음 漢字의 同音異義語를 하나만 쓰시오.

① 辭讓　　　② 運輸　　　③ 黑鉛　　　④ 煙氣

정답

1 ① 지역 ② 자연 ③ 완급 ④ 영세 ⑤ 노옹 ⑥ 연익 ⑦ 용사 ⑧ 동요 ⑨ 예능 ⑩ 용렬 ⑪ 우발 ⑫ 대여 ⑬ 우롱 ⑭ 할양 ⑮ 지연 ⑯ 여망 ⑰ 우심 ⑱ 운세 ⑲ 웅변 ⑳ 엄격 ㉑ 원망 ㉒ 원가 ㉓ 반역 ㉔ 용졸 ㉕ 단어 ㉖ 유연 ㉗ 연필 ㉘ 고엽 ㉙ 음영 ㉚ 통역　**2** ① 수레 여 ② 번역할 역 ③ 연할 연 ④ 제비 연 ⑤ 더욱 우 ⑥ 그림자 영 ⑦ 누울 와　**3** ① 域 ② 鉛 ③ 藝 ④ 謠 ⑤ 嚴 ⑥ 延 ⑦ 與　**4** ① 標準語 ② 勇敢 ③ 吸煙 ④ 逆流　**5** ① ㄴ ② ㄴ ③ ㄷ　**6** ① 逆 ② 迎 ③ 與 ④ 怨　**7** ① 語 ② 與 ③ 怨 ④ 謠 ⑤ 延 ⑥ 域　**8** ① 迎 ② 翁 ③ 語　**9** ① 車 ② 車 ③ 灬(火) ④ 曰 ⑤ 彡 ⑥ 尤　**10** ① 느리게 걸음 ② 통역을 맡아보는 관리 ③ (어떤 일이 예정보다) 오래 걸려 늦추어짐 ④ 총포를 쏠 때 나는 연기　**11** ① 芸 ② 与 ③ 訳　**12** ① 斜陽 ② 運數 ③ 黑煙 ④ 延期

미리 확인하기　　　　　ㅇ X　　　　　　　　　ㅇ X

援	援 援 援 援 援	□□		陰	陰 陰 陰 陰 陰	□□
源	源 源 源 源 源	□□		應	應 應 應 應 應	□□
越	越 越 越 越 越	□□		義	義 義 義 義 義	□□
委	委 委 委 委 委	□□		疑	疑 疑 疑 疑 疑	□□
威	威 威 威 威 威	□□		夷	夷 夷 夷 夷 夷	□□
爲	爲 爲 爲 爲 爲	□□		移	移 移 移 移 移	□□
圍	圍 圍 圍 圍 圍	□□		仁	仁 仁 仁 仁 仁	□□
慰	慰 慰 慰 慰 慰	□□		引	引 引 引 引 引	□□
幼	幼 幼 幼 幼 幼	□□		因	因 因 因 因 因	□□
有	有 有 有 有 有	□□		忍	忍 忍 忍 忍 忍	□□
乳	乳 乳 乳 乳 乳	□□		姿	姿 姿 姿 姿 姿	□□
悠	悠 悠 悠 悠 悠	□□		資	資 資 資 資 資	□□
誘	誘 誘 誘 誘 誘	□□		爵	爵 爵 爵 爵 爵	□□
遺	遺 遺 遺 遺 遺	□□		雜	雜 雜 雜 雜 雜	□□
隱	隱 隱 隱 隱 隱	□□		帳	帳 帳 帳 帳 帳	□□

拔本塞源 □□□□　　　　吳越同舟 □□□□

見利思義 □□□□　　　　口尙乳臭 □□□□

0601 4급 援 도울 원:
부 扌(手) 유 救 구원할 구, 助 도울 조, 護 도울 호
救援(구:원) 聲援(성원) 援助(원:조) 援護(원:호) 應援(응:원)
도와주며 보살핌

0602 4급 源 근원 원
부 氵(水) 유 根 뿌리 근
根源(근원) 起源(기원) 源泉(원천) 資源(자원)
拔本塞源(발본색원)

0603 3급Ⅱ 越 넘을 월
부 走 유 超 뛰어넘을 초
越境(월경) 越冬(월동) 越墻(월장) 移越(이월) 超越(초월) 卓越(탁월)
담을 넘음

0604 4급 委 맡길 위
부 女 유 任 맡길 임
委付(위부) 委信(위신) 委員(위원) 委任(위임) 委囑(위촉) 委託(위탁)
맡겨 부탁하는 일

0605 4급 威 위엄 위
부 女 유 嚴 엄할 엄
威光(위광) 威力(위력) 威信(위신) 威壓(위압) 威嚴(위엄) 威脅(위협)

0606 4급Ⅱ 爲 할 위
부 爫(爪) 약 為
爲國(위국) 爲業(위업) 行爲(행위) 爲政者(위정자) 人爲的(인위적)
轉禍爲福(전화위복) 指鹿爲馬(지록위마)

0607 4급 圍 에워쌀 위
부 囗 유 包 쌀 포 약 囲
防圍(방위) 範圍(범:위) 四圍(사위) 圍排(위배) 周圍(주위) 胸圍(흉위)
죽 둘러서 벌여 놓음

0608 4급 慰 위로할 위
부 心
慰樂(위락) 慰勞(위로) 慰問(위문) 慰安(위안) 慰靈曲(위령곡)

0609 3급Ⅱ 幼 어릴 유
부 幺 유 兒 아이 아, 稚 어릴 치 반 長 길 장
幼根(유근) 幼年(유년) 幼兒(유아) 幼蟲(유충) 幼稚(유치)
어린 뿌리

0610 7급 有 있을 유:
부 月 유 在 있을 재 반 無 없을 무
有力(유:력) 有利(유:리) 有別(유:별) 有産(유:산) 有識(유:식)
有機物(유기물) 有備無患(유비무환)

0611 4급 乳 젖 유
부 乙
豆乳(두유) 粉乳(분유) 乳母(유모) 乳房(유방) 乳兒(유아) 乳齒(유치)

21일째 한자익히기 0612~0622

悠 誘 遺 隱 陰 應 義 疑 夷 移 仁

0612 3급II 悠 멀 유
⊕心 ㉦遙 멀 요, 遠 멀 원
悠久(유구) 悠揚(유양) 悠然(유연) 悠遠(유원) 悠悠自適(유유자적)
속세를 떠나 아무것에도 매이지 않고 자유롭게 삶

0613 3급II 誘 꾈 유
⊕言
誘發(유발) 誘引(유인) 誘致(유치) 誘惑(유혹) 誘導彈(유도탄)
어떠한 일이 원인이 되어 다른 일이 일어남

0614 4급 遺 남길 유
⊕辶(辵)
遺稿(유고) 遺棄(유기) 遺物(유물) 遺産(유산) 遺族(유족) 遺風(유풍)

0615 4급 隱 숨을 은
⊕阝(阜) ㉫見 볼 견, 現 나타날 현, 顯 나타날 현 ㉵隱
隱居(은거) 隱德(은덕) 隱遁(은둔) 隱密(은밀) 隱然(은연) 隱蔽(은폐)

0616 4급II 陰 그늘 음
⊕阝(阜) ㉫陽 볕 양
陰謀(음모) 陰性(음성) 陰陽(음양) 陰影(음영) 陰地(음지) 陰沈(음침)

0617 4급II 應 응할 응:
⊕心 ㉦諾 허락할 낙 ㉵応
對應(대:응) 順應(순:응) 應感(응:감) 應諾(응:낙) 應答(응:답)
應試(응:시) 應用(응:용) 臨機應變(임기응변)

0618 4급II 義 옳을 의:
⊕羊 ㉦可 옳을 가, 是 옳을 시 ㉫否 아닐 부, 不 아닐 부, 未 아닐 미
義務(의:무) 義勇(의:용) 意義(의:의) 義絕(의:절) 定義(정:의)
見利思義(견리사의) 君臣有義(군신유의)

0619 4급 疑 의심할 의
⊕疋
疑懼(의구) 疑忌(의기) 疑心(의심) 質疑(질의) 嫌疑(혐의) 懷疑(회의)

0620 3급 夷 오랑캐 이
⊕大
島夷(도이) 東夷(동이) 明夷(명이) 洋夷(양이) 夷國(이국) 夷俗(이속)
오랑캐의 풍속

0621 4급II 移 옮길 이
⊕禾 ㉦轉 구를 전
移動(이동) 移植(이식) 移越(이월) 移住(이주) 遷移(천:이) 推移(추이)
옮겨 바뀜

0622 4급 仁 어질 인
⊕亻(人) ㉦慈 사랑할 자, 賢 어질 현
仁壽(인수) 仁術(인술) 仁恩(인은) 仁義(인의) 仁慈(인자) 仁厚(인후)

0623 4급II
引 끌 인
㉕弓 ㉙牽 끌 견, 導 이끌 도
牽引(견인)　索引(색인)　引導(인도)　引率(인솔)　引水(인수)　引用(인용)

0624 5급
因 인할 인
㉕口 ㉿果 열매 과
起因(기인)　原因(원인)　因果(인과)　因數(인수)　因循(인순)　因緣(인연)
내키지 않아 머뭇거림

0625 3급II
忍 참을 인
㉕心 ㉙耐 견딜 내
堅忍(견인)　忍苦(인고)　忍耐(인내)　忍辱(인욕)　目不忍見(목불인견)
(몹시 딱하거나 참혹하여) 차마 눈을 뜨고 볼 수 없음

0626 4급
姿 모양 자
㉕女 ㉙態 모양 태
淑姿(숙자)　樣姿(양자)　姿色(자색)　姿勢(자세)　姿容(자용)　姿態(자태)
덕스러운 자태

0627 4급
資 재물 자
㉕貝 ㉙財 재물 재, 貨 재물 화
物資(물자)　資格(자격)　資産(자산)　資源(자원)　資材(자재)　投資(투자)

0628 3급
爵 벼슬 작
㉕爫(爪) ㉙官 벼슬 관
公爵(공작)　官爵(관작)　伯爵(백작)　爵祿(작록)　爵位(작위)　侯爵(후작)
벼슬과 녹봉

0629 4급
雜 섞일 잡
㉕隹 ㉙混 섞을 혼 ㉵雑
煩雜(번잡)　複雜(복잡)　雜念(잡념)　雜種(잡종)　雜戲(잡희)　混雜(혼:잡)

0630 4급
帳 장막 장
㉕巾 ㉙幕 장막 막
臺帳(대장)　帳幕(장막)　帳簿(장부)　通帳(통장)　揮帳(휘장)
練習帳(연습장)　布帳馬車(포장마차)

| 오 늘 의 사 자 성 어 |

拔本塞源 발본색원　폐단의 근본 원인을 아주 없앰

吳越同舟 오월동주　서로 적의를 품은 사람끼리 한자리나 같은 처지에 있게 된 경우, 또는 서로 미워하면서도 공통의 어려움이나 이해에 대해서는 협력하는 경우를 비유하는 말

見利思義 견리사의　이익이 보일 때 의리를 먼저 생각함

口尙乳臭 구상유취　[입에서 아직 젖내가 난다는 뜻으로] '말이나 하는 짓이 유치함'을 이르는 말

21

Ⅰ 다음 漢字語의 讀音을 쓰시오.

① 爲政	② 有識	③ 東夷	④ 陰謀
⑤ 揮帳	⑥ 引導	⑦ 慰勞	⑧ 隱密
⑨ 粉乳	⑩ 應援	⑪ 周圍	⑫ 混雜
⑬ 仁慈	⑭ 侯爵	⑮ 起源	⑯ 誘惑
⑰ 粉乳	⑱ 資産	⑲ 因緣	⑳ 姿勢
㉑ 忍耐	㉒ 委託	㉓ 遺族	㉔ 疑懼
㉕ 越墻	㉖ 義務	㉗ 遷移	㉘ 威脅
㉙ 悠久	㉚ 應答		

2 다음 漢字의 訓과 音을 쓰시오.

① 悠   ② 夷   ③ 爵   ④ 引
⑤ 幼   ⑥ 援   ⑦ 資   ⑧ 越

3 다음의 訓과 音을 지닌 漢字를 쓰시오.

① 모양 자   ② 젖 유   ③ 어질 인   ④ 위로할 위
⑤ 섞일 잡   ⑥ 장막 장   ⑦ 의심할 의   ⑧ 근원 원

4 밑줄 그은 單語를 漢字語로 쓰시오.

① 연습장도 없이 이렇게 공부를 헤?
② 오늘 3시에 신장이식수술이 잡혀 있어.
③ 사람의 감정은 인위적으로 조정할 수 없어.
④ 약물검사에서 음성반응이 나왔대.

5 다음 漢字語 중 첫소리가 長音인 것을 고르시오.

① ㄱ. 因緣   ㄴ. 移植   ㄷ. 雜念   ㄹ. 應試
② ㄱ. 疑心   ㄴ. 慰安   ㄷ. 委託   ㄹ. 義務
③ ㄱ. 有産   ㄴ. 遺産   ㄷ. 乳兒   ㄹ. 幼兒

6 다음 빈칸에 뜻이 反對 또는 相反 되는 漢字를 쓰시오.

① ( ) ↔ 無　② ( ) ↔ 陽　③ 長 ↔ ( )　④ ( ) ↔ 顯　⑤ ( ) ↔ 果

7 다음 빈칸에 訓이 같거나 유사한 漢字를 써넣어 單語를 完成하시오.

① ( )任　　② ( )慈　　③ 牽( )　　④ ( )態

8 다음 빈칸에 알맞은 漢字를 써넣어 四字成語를 完成하시오.

① ( )者無敵　② 轉禍( )福　③ 見利思( )　④ 口尙( )臭

9 다음 漢字의 部首를 쓰시오.

① 爲　　　② 應　　　③ 威　　　④ 爵

⑤ 義　　　⑥ 疑　　　⑦ 乳

IO 다음 漢字語의 뜻을 쓰시오.

① 防圍　② 遺風　③ 爲政者　④ 隱居　⑤ 越墻

II 다음 漢字의 略字를 쓰시오.

① 爲　　② 圍　　③ 隱　　④ 應　　⑤ 雜

I2 다음 漢字의 同音異義語를 하나만 쓰시오.

① 正義　　② 幼稚　　③ 有産　　④ 幼兒

정답

1 ① 위정 ② 유식 ③ 동이 ④ 음모 ⑤ 휘장 ⑥ 인도 ⑦ 위로 ⑧ 은밀 ⑨ 분유 ⑩ 응원 ⑪ 주위 ⑫ 혼잡 ⑬ 인자 ⑭ 후작 ⑮ 기원 ⑯ 유혹 ⑰ 분유 ⑱ 자산 ⑲ 인연 ⑳ 자세 ㉑ 인내 ㉒ 위탁 ㉓ 유족 ㉔ 의구 ㉕ 월장 ㉖ 의무 ㉗ 천이 ㉘ 위협 ㉙ 유구 ㉚ 응답　**2** ① 멀 유 ② 오랑캐 이 ③ 벼슬 작 ④ 끌 인 ⑤ 어릴 유 ⑥ 도울 원 ⑦ 재물 자 ⑧ 넘을 월　**3** ① 姿 ② 乳 ③ 仁 ④ 慰 ⑤ 雜 ⑥ 帳 ⑦ 疑 ⑧ 源　**4** ① 練習帳 ② 移植 ③ 人爲的 ④ 陰性　**5** ① ㄹ ② ㄹ ③ ㄱ　**6** ① 有 ② 陰 ③ 幼 ④ 隱 ⑤ 因　**7** ① 委 ② 仁 ③ 引 ④ 姿　**8** ① 仁 ② 爲 ③ 義 ④ 乳　**9** ① 灬(爪) ② 心 ③ 女 ④ 灬(爪) ⑤ 羊 ⑥ 疋 ⑦ 乙　**10** ① (적을) 막아서 에워쌈 ② 예로부터 전해 내려오는 풍속 ③ 정치를 하는 사람 ④ (세상을 피하여) 숨어 삶 ⑤ 담을 넘음　**11** ① 為 ② 囲 ③ 隠 ④ 応 ⑤ 雑　**12** ① 定義 ② 乳齒 ③ 遺産 ④ 乳兒

미리 확인하기 　　　ㅇ X　　　　　　　　　　　ㅇ X

將	將 將 將 將 將	□□	切	切 切 切 切 切	□□
葬	葬 葬 葬 葬 葬	□□	折	折 折 折 折 折	□□
藏	藏 藏 藏 藏 藏	□□	絶	絶 絶 絶 絶 絶	□□
低	低 低 低 低 低	□□	節	節 節 節 節 節	□□
底	底 底 底 底 底	□□	點	點 點 點 點 點	□□
貯	貯 貯 貯 貯 貯	□□	政	政 政 政 政 政	□□
寂	寂 寂 寂 寂 寂	□□	停	停 停 停 停 停	□□
賊	賊 賊 賊 賊 賊	□□	淨	淨 淨 淨 淨 淨	□□
滴	滴 滴 滴 滴 滴	□□	程	程 程 程 程 程	□□
積	積 積 積 積 積	□□	精	精 精 精 精 精	□□
全	全 全 全 全 全	□□	整	整 整 整 整 整	□□
典	典 典 典 典 典	□□	帝	帝 帝 帝 帝 帝	□□
展	展 展 展 展 展	□□	提	提 提 提 提 提	□□
戰	戰 戰 戰 戰 戰	□□	濟	濟 濟 濟 濟 濟	□□
轉	轉 轉 轉 轉 轉	□□	弔	弔 弔 弔 弔 弔	□□

轉禍爲福 □□□□　　　　切齒腐心 □□□□

賊反荷杖 □□□□　　　　絶海孤島 □□□□

0631 4급Ⅱ
將 장수 장(:)
⊕寸 ⊛帥 장수 수 ⊛兵 군사 병, 卒 마칠 졸 ⊛将
將軍(장군) 將來(장래) 將兵(장:병) 將帥(장:수) 將卒(장:졸)
將次(장차) 日就月將(일취월장)
날로 달로 자라거나 나아감

0632 3급Ⅱ
葬 장사지낼 장:
⊕艹(艸)
埋葬(매장) 殉葬(순장) 安葬(안장) 葬禮(장:례) 葬儀(장:의) 火葬(화:장)
고대 국가에서, 왕이나 귀족이 죽었을 때,
신하나 종 등을 함께 매장하던 일

0633 3급Ⅱ
藏 감출 장
⊕艹(艸)
所藏(소:장) 藏書(장서) 藏守(장수) 冷藏庫(냉장고) 大藏經(대장경)

0634 4급Ⅱ
低 낮을 저:
⊕亻(人) ⊛高 높을 고
低廉(저:렴) 低利(저:리) 低俗(저:속) 低速(저:속) 低溫(저:온)
참고 低速(저속) ↔ 高速(고속)

0635 4급
底 밑 저:
⊕广
底力(저:력) 底線(저:선) 底意(저:의) 底止(저:지) 底層(저:층)
갈 데까지 가서 멈춤

0636 5급
貯 쌓을 저:
⊕貝 ⊛積 쌓을 적, 蓄 쌓을 축
貯金(저:금) 貯水(저:수) 貯藏(저:장) 貯蓄(저:축) 貯炭(저:탄)

0637 3급Ⅱ
寂 고요할 적
⊕宀 ⊛靜 고요할 정
孤寂(고적) 寂念(적념) 寂寞(적막) 寂默(적묵) 靜寂(정적) 閑寂(한적)
고요히 명상에 잠기어 아무 말이 없음

0638 4급
賊 도둑 적
⊕貝 ⊛盜 훔칠 도
盜賊(도적) 逢賊(봉적) 山賊(산적) 賊將(적장) 賊反荷杖(적반하장)

0639 3급
滴 물방울 적
⊕氵(水)
餘滴(여적) 雨滴(우:적) 滴露(적로) 滴定(적정) 滴板(적판)
붓 끝에 남은 먹물

0640 4급
積 쌓을 적
⊕禾 ⊛貯 쌓을 저, 蓄 쌓을 축
累積(누:적) 山積(산적) 積分(적분) 積習(적습) 積載(적재) 蓄積(축적)

0641 7급
全 온전 전
⊕入 ⊛完 완전할 완
保全(보:전) 全國(전국) 全部(전부) 全額(전액) 全般的(전반적)

22일째 한자익히기 0642~0652

典 展 戰 轉 切 折 絕 節 點 政 停

0642 5급
典 법 전:
♣八 ♧法 법도 법, 式 법 식
經典(경전)　古典(고:전)　法典(법전)　辭典(사전)　典掌(전:장)　典當(전:당)
물품을 담보로 하여 돈을 꾸어주거나 꾸어 쓰는 일

0643 5급
展 펼 전:
♣尸
發展(발전)　展開(전:개)　展望(전:망)　展示(전:시)　展覽會(전람회)

0644 6급
戰 싸움 전:
♣戈 ♧競 다툴 경, 爭 다툴 쟁, 鬪 싸움 투 ♨和 화할 화 ♟战
宣戰(선전)　戰亂(전:란)　戰時(전:시)　戰爭(전:쟁)　戰鬪(전:투)

0645 4급
轉 구를 전:
♣車 ♟転
運轉(운:전)　轉機(전:기)　轉用(전:용)　回轉(회전)　轉禍爲福(전화위복)

0646 5급
切 끊을 절 / 온통 체
♣刀
懇切(간:절)　一切(일절)　切斷(절단)　切實(절실)　切除(절제)　品切(품:절)
一切(일체)　(사물을 부인하거나 금하는 말과 어울려)
아주. 도무지
모든 것
참고 一切 독음 주의!

0647 4급
折 꺾을 절
♣扌(手) ♧曲 굽을 곡, 屈 굽힐 굴
骨折(골절)　屈折(굴절)　斷折(단:절)　折線(절선)　折尺(절척)　折衝(절충)
접었다 폈다 할 수 있게 만든 자

0648 4급Ⅱ
絕 끊을 절
♣糸 ♧斷 끊을 단
拒絕(거:절)　絕叫(절규)　絕斷(절단)　絕對的(절대적)　絕海孤島(절해고도)

0649 5급
節 마디 절
♣竹 ♧寸 마디 촌
季節(계:절)　曲節(곡절)　使節(사:절)　節介(절개)　節約(절약)　節電(절전)

0650 4급
點 점 점(:)
♣黑 ♟点
觀點(관점)　視點(시:점)　點線(점선)　點數(점수)　點心(점:심)　總點(총:점)
낮에 먹는 끼니

0651 4급Ⅱ
政 정사 정
♣攵(攴) ♧治 다스릴 치
政界(정계)　政黨(정당)　政府(정부)　政敵(정적)　政策(정책)　政治(정치)

0652 5급
停 머무를 정
♣亻(人) ♧留 머무를 류, 止 그칠 지
停年(정년)　停務(정무)　停止(정지)　停滯(정체)　停留場(정류장)

0653 3급II 淨 깨끗할 정 — 〔부〕氵(水) 〔유〕潔 깨끗할 결, 淸 맑을 청 〔반〕汚 더러울 오
不淨(부정)　淨潔(정결)　淨書(정서)　淨業(정업)　淨化(정화)　淸淨(청정)
청정한 행업(行業)

0654 4급II 程 한도/길 정 — 〔부〕禾 〔유〕道 길 도, 路 길 로
過程(과:정)　道程(도:정)　旅程(여정)　程度(정도)　方程式(방정식)

0655 4급II 精 정할/찧을 정 — 〔부〕米 〔유〕誠 정성 성
精米(정미)　精密(정밀)　精誠(정성)　精神(정신)　精察(정찰)　精通(정통)
자세하고 꼼꼼히 살핌

0656 4급 整 가지런할 정: — 〔부〕攵(攴) 〔유〕齊 가지런할 제
整列(정:렬)　整理(정:리)　整備(정:비)　整然(정:연)　整齊(정:제)

0657 4급 帝 임금 제: — 〔부〕巾 〔유〕王 임금 왕, 皇 임금 황 〔반〕民 백성 민, 臣 신하 신
帝國(제:국)　帝德(제:덕)　帝王(제:왕)　帝位(제:위)　皇帝(황제)

0658 4급II 提 끌 제 — 〔부〕扌(手)
前提(전제)　提供(제공)　提示(제시)　提議(제의)　提題(제제)　提携(제휴)
논증에 의하여 그 진위를 확정해야 할 명제

0659 4급II 濟 건널 제: — 〔부〕氵(水) 〔유〕救 구원할 구 〔약〕済
經濟(경제)　救濟(구:제)　百濟(백제)　濟度(제:도)　濟民(제:민)
(도탄에 빠진) 백성들을 건짐

0660 3급 弔 조상할 조: — 〔부〕弓 〔유〕喪 잃을 상 〔반〕慶 경사 경
慶弔(경:조)　弔問(조:문)　弔辭(조:사)　弔喪(조:상)　弔意(조:의)

|오늘의사자성어|

轉禍爲福　전화위복　화(禍)가 바뀌어 오히려 복(福)이 됨

切齒腐心　절치부심　[몹시 분하여] 이를 갈며 속을 썩임

賊反荷杖　적반하장　[도둑이 되레 매를 든다는 뜻으로] '잘못한 사람이 도리어 잘한 사람을 나무라는 경우'를 이르는 말

絶海孤島　절해고도　육지에서 멀리 떨어져 있는 외로운 섬을 뜻함

22

I 다음 漢字語의 讀音을 쓰시오.

① 逢賊	② 辭典	③ 孤寂	④ 季節
⑤ 觀點	⑥ 發展	⑦ 政策	⑧ 戰亂
⑨ 精神	⑩ 皇帝	⑪ 懇切	⑫ 淨潔
⑬ 屈折	⑭ 程度	⑮ 葬儀	⑯ 全部
⑰ 整理	⑱ 滴露	⑲ 提携	⑳ 弔喪
㉑ 低質	㉒ 將次	㉓ 底意	㉔ 百濟
㉕ 所藏	㉖ 轉機	㉗ 停滯	㉘ 貯藏
㉙ 累積	㉚ 絶叫		

2 다음 漢字의 訓과 音을 쓰시오.

① 滴	② 淨	③ 葬	④ 展
⑤ 提	⑥ 濟	⑦ 節	⑧ 藏

3 다음의 訓과 音을 지닌 漢字를 쓰시오.

① 도둑 적	② 구를 전	③ 임금 제	④ 밑 저
⑤ 끊을 절	⑥ 낮을 저	⑦ 정사 정	⑧ 한도 정

4 밑줄 그은 單語를 漢字語로 쓰시오.

① 절대적인 진리가 세상에 있을까요?

② 정류장에서 아침에 만나자.

③ 그 말의 저의가 무엇일까?

④ 경제가 전반적으로 어렵습니다.

5 다음 漢字語 중 첫소리가 長音인 것을 고르시오.

① ㄱ. 帝王	ㄴ. 提供	ㄷ. 精米	ㄹ. 淨潔
② ㄱ. 點數	ㄴ. 點心	ㄷ. 點線	ㄹ. 全國
③ ㄱ. 政黨	ㄴ. 停止	ㄷ. 程度	ㄹ. 整理

6 다음 빈칸에 뜻이 反對 또는 相反 되는 漢字를 쓰시오.

① 高 ↔ (　　)　　　② 和 ↔ (　　)　　　③ (　　) ↔ 臣　④ (　　) ↔ 兵

7 다음 빈칸에 訓이 같거나 유사한 漢字를 써넣어 單語를 完成 하시오.

① 盜(　)　　　② 蓄(　)　　　③ 法(　)　　　④ (　)齊
⑤ (　)鬪　　　⑥ (　)斷　　　⑦ (　)治　　　⑧ (　)濟

8 다음 빈 칸에 알맞은 漢字를 써넣어 四字成語를 完成 하시오.

① (　)禍爲福　　　② (　)齒腐心　　　③ (　)反荷杖

9 다음 漢字의 部首를 쓰시오.

① 貯　　　② 戰　　　③ 全　　　④ 點
⑤ 典　　　⑥ 政　　　⑦ 轉

10 다음 漢字語의 뜻을 쓰시오.

① 殉葬　　　② 精米　　　③ 整齊　　　④ 濟度

11 다음 漢字의 略字를 쓰시오.

① 濟　　　② 點　　　③ 戰　　　④ 轉

12 다음 漢字의 同音異義語를 하나만 쓰시오.

① 低俗　　　② 靜寂　　　③ 全用　　　④ 戰時　　　⑤ 山賊

정답

1 ① 봉적 ② 사전 ③ 고적 ④ 계절 ⑤ 관점 ⑥ 발전 ⑦ 정책 ⑧ 전란 ⑨ 정신 ⑩ 황제 ⑪ 간절 ⑫ 정결 ⑬ 굴절 ⑭ 정도 ⑮ 장의 ⑯ 전부 ⑰ 정리 ⑱ 적로 ⑲ 제휴 ⑳ 조상 ㉑ 저질 ㉒ 장차 ㉓ 저의 ㉔ 백제 ㉕ 소장 ㉖ 전기 ㉗ 정체 ㉘ 저장 ㉙ 누적 ㉚ 절규　**2** ① 물방울 적 ② 깨끗할 정 ③ 장사지낼 장 ④ 펼 전 ⑤ 끌 제 ⑥ 건널 제 ⑦ 마디 절 ⑧ 감출 장　**3** ① 賊 ② 轉 ③ 帝 ④ 底 ⑤ 絶 ⑥ 低 ⑦ 政 ⑧ 程　**4** ① 絶對的 ② 停留場 ③ 底意 ④ 全般的 ⑤ 運轉　**5** ① ㄱ ② ㄴ ③ ㄹ　**6** ① 低 ② 戰 ③ 帝 ④ 將　**7** ① 賊 ② 積 ③ 典 ④ 整 ⑤ 戰 ⑥ 絶 ⑦ 政 ⑧ 救　**8** ① 轉 ② 切 ③ 賊　**9** ① 貝 ② 戈 ③ 入 ④ 黑 ⑤ 八 ⑥ 攵(攴) ⑦ 車　**10** ① 고대 국가에서 왕이나 귀족이 죽었을 때, 신하나 종 등을 함께 매장하던 일 ② 벼를 찧어 쌀을 만듦 ③ 바로잡아 가지런히 함 ④ 불교에서 중생을 고해에서 건져 극락으로 이끌어 주는 일을 이르는 말　**11** ① 済 ② 点 ③ 战 ④ 転　**12** ① 低速 ② 政敵 ③ 轉用 ④ 展示 ⑤ 山積

미리 확인하기　　　　　　ㅇ ✕　　　　　　　　　　ㅇ ✕

早	早 早 早 早 早	□ □	證	證 證 證 證 證	□ □
造	造 造 造 造 造	□ □	知	知 知 知 知 知	□ □
朝	朝 朝 朝 朝 朝	□ □	持	持 持 持 持 持	□ □
照	照 照 照 照 照	□ □	指	指 指 指 指 指	□ □
調	調 調 調 調 調	□ □	職	職 職 職 職 職	□ □
存	存 存 存 存 存	□ □	織	織 織 織 織 織	□ □
罪	罪 罪 罪 罪 罪	□ □	振	振 振 振 振 振	□ □
主	主 主 主 主 主	□ □	質	質 質 質 質 質	□ □
準	準 準 準 準 準	□ □	借	借 借 借 借 借	□ □
中	中 中 中 中 中	□ □	捉	捉 捉 捉 捉 捉	□ □
仲	仲 仲 仲 仲 仲	□ □	着	着 着 着 着 着	□ □
衆	衆 衆 衆 衆 衆	□ □	慚	慚 慚 慚 慚 慚	□ □
症	症 症 症 症 症	□ □	昌	昌 昌 昌 昌 昌	□ □
蒸	蒸 蒸 蒸 蒸 蒸	□ □	倉	倉 倉 倉 倉 倉	□ □
增	增 增 增 增 增	□ □	唱	唱 唱 唱 唱 唱	□ □

夫唱婦隨 □ □ □ □　　　　朝令暮改 □ □ □ □

衆寡不敵 □ □ □ □　　　　指鹿爲馬 □ □ □ □

0661 4급II 早 이를 조:
부 日 반 晚 늦을 만
早急(조:급) 早期(조:기) 早稻(조:도) 早老(조:로) 早熟(조:숙)
참고 早熟(조숙) ↔ 晚熟(만숙)

0662 4급II 造 지을 조:
부 辶(辵) 유 作 지을 작, 製 지을 제
濫造(남:조) 僞造(위조) 製造(제:조) 造成(조:성) 造作(조:작)
(품질 따위는 생각하지 않고) 마구 많이 만듦

0663 6급 朝 아침 조
부 月 유 旦 아침 단 반 夕 저녁 석, 野 들 야
元朝(원조) 朝貢(조공) 朝夕(조석) 朝鮮(조선) 朝野(조야)
조정과 재야

0664 3급II 照 비출 조:
부 灬(火) 유 映 비칠 영
觀照(관조) 對照(대:조) 照覽(조:람) 照明(조:명) 照準(조:준)
똑똑히 살펴봄

0665 5급 調 고를 조
부 言 유 和 화목할 화
時調(시조) 調査(조사) 調書(조서) 調聲(조성) 調律(조율) 調和(조화)

0666 4급 存 있을 존
부 子 유 在 있을 재 반 亡 망할 망, 廢 폐할 폐
共存(공:존) 依存(의존) 殘存(잔존) 存亡(존망) 存續(존속) 存在(존재)

0667 5급 罪 허물 죄:
부 罒(网)
有罪(유:죄) 罪名(죄:명) 罪囚(죄:수) 罪惡(죄:악) 罪責感(죄책감)

0668 7급 主 임금/주인 주
부 丶 반 客 손님 객, 從 좇을 종
主客(주객) 主觀(주관) 主管(주관) 主體(주체) 主筆(주필) 地主(지주)
책임지고 맡아봄
참고 主觀(주관) ↔ 客觀(객관)

0669 4급II 準 준할 준:
부 氵(水)
基準(기준) 水準(수준) 準備(준:비) 準則(준:칙) 標準(표준)

0670 8급 中 가운데 중
부 丨 유 央 가운데 앙
空中(공중) 中間(중간) 中央(중앙) 中庸(중용) 中止(중지) 中退(중퇴)
어느쪽으로 치우침이 없이 온당한 일

0671 3급II 仲 버금 중(:)
부 亻(人) 유 次 버금 차, 副 버금 부 반 伯 맏 백
仲媒(중매) 仲氏(중:씨) 仲秋(중추) 仲兄(중:형) 仲介人(중개인)

23일째 한자익히기 0672~0682

衆 症 蒸 增 證 知 持 指 職 織 振

0672 4급II 衆 무리 중: ㉺血 ㉻徒 무리 도, 黨 무리 당, 群 무리 군 ㉫寡 적을 과
公衆(공중) 群衆(군중) 衆論(중:론) 衆生(중:생) 衆寡不敵(중과부적)

0673 3급II 症 증세 증 ㉺疒
渴症(갈증) 症狀(증상) 症勢(증세) 痛症(통:증) 症候群(증후군)

0674 3급II 蒸 찔 증 ㉺艹(艸) ㉪蒸
蒸氣(증기) 蒸發(증발) 蒸散(증산) 蒸熱(증열) 蒸炎(증염) 汗蒸(한:증)
증발하여 흩어짐

0675 4급II 增 더할 증 ㉺土 ㉻加 더할 가, 益 더할 익, 添 더할 첨 ㉫減 덜 감
漸增(점:증) 增加(증가) 增減(증감) 增設(증설) 增額(증액) 增資(증자)
㉠ 增額(증액) ↔ 減額(감액) 자본금을 늘림

0676 4급 證 증거 증 ㉺言 ㉪証
保證(보증) 心證(심증) 證據(증거) 證券(증권) 證明(증명) 證票(증표)

0677 5급 知 알 지 ㉺矢 ㉻識 알 식, 認 알 인
諒知(양지) 知名(지명) 知識(지식) 知足(지족) 知天命(지천명)
不問可知(불문가지) 溫故知新(온고지신)

0678 4급 持 가질 지 ㉺扌(手)
扶持(부지) 維持(유지) 持分(지분) 持續(지속) 持久力(지구력)
고생을 참고 어려움을 버티어 나감

0679 4급II 指 가리킬 지 ㉺扌(手)
指導(지도) 指示(지시) 指摘(지적) 指揮(지휘) 指鹿爲馬(지록위마)

0680 4급II 職 직분 직 ㉺耳
職務(직무) 職業(직업) 天職(천직) 賤職(천:직) 就職(취:직)

0681 4급 織 짤 직 ㉺糸 ㉻組 짤 조
組織(조직) 織工(직공) 織女(직녀) 織物(직물) 織造(직조)

0682 3급II 振 떨칠 진: ㉺扌(手)
不振(부진) 振氣(진:기) 振動(진:동) 振幅(진:폭) 振興(진:흥)

0683 5급
質　바탕 질
⊕貝　⊛本 근본 본　⊕眉
物質(물질)　本質(본질)　實質(실질)　質問(질문)　質疑(질의)　品質(품:질)

0684 3급II
借　빌/빌릴 차:
⊕亻(人)　⊛貸 빌릴 대
假借(가:차)　貸借(대:차)　借給(차:급)　借名(차:명)　借用(차:용)
임시로 빌리거나 꿈

0685 3급
捉　잡을 착
⊕扌(手)　⊛執 잡을 집, 捕 잡을 포
誤捉(오:착)　捉去(착거)　捉來(착래)　捉送(착송)　捉囚(착수)　捕捉(포착)
잡아서 보냄

0686 5급
着　붙을 착
⊕目　⊛附 붙을 부, 到 이를 도　⊛發 필 발
到着(도:착)　逢着(봉착)　接着(접착)　着陸(착륙)　着眼(착안)　着用(착용)
참고 着陸(착륙) ↔ 離陸(이륙)

0687 3급
慙　부끄러울 참
⊕心　⊛愧 부끄러울 괴, 恥 부끄러울 치
慙愧(참괴)　慙死(참사)　慙色(참색)　慙汗(참한)　慙悔(참회)
치욕을 견디기 어려워 죽으려 하거나 죽을 지경에 이름

0688 3급II
昌　창성할 창
⊕日　⊛隆 성할 융
繁昌(번창)　隆昌(융창)　昌平(창평)　昌德宮(창덕궁)
매우 기운차게 일어나거나 대단히 번성함

0689 3급II
倉　곳집 창(:)
⊕人　⊛庫 곳집 고
穀倉(곡창)　營倉(영창)　倉庫(창고)　倉卒(창:졸)　彈倉(탄:창)

0690 5급
唱　부를 창:
⊕口　⊛歌 노래 가
齊唱(제창)　唱歌(창:가)　唱劇(창:극)　夫唱婦隨(부창부수)

┃오늘의사자성어┃

夫唱婦隨 부창부수　남편이 주장하고 아내는 이에 따름
朝令暮改 조령모개　법령이나 명령이 자주 뒤바뀜을 이르는 말
衆寡不敵 중과부적　적은 수효로 많은 수효를 대적하지 못한다는 뜻
指鹿爲馬 지록위마　윗사람을 농락하여 권세를 마음대로 휘두르는 행위를 뜻함

1 다음 漢字語의 讀音을 쓰시오.

① 時調　② 中庸　③ 扶持　④ 朝貢
⑤ 汗蒸　⑥ 振幅　⑦ 增額　⑧ 質疑
⑨ 照覽　⑩ 指揮　⑪ 群衆　⑫ 慙悔
⑬ 職業　⑭ 罪囚　⑮ 繁昌　⑯ 仲媒
⑰ 到着　⑱ 標準　⑲ 依存　⑳ 倉卒
㉑ 主筆　㉒ 早期　㉓ 製造　㉔ 織造
㉕ 齊唱　㉖ 證據　㉗ 知識　㉘ 借用
㉙ 渴症　㉚ 捕捉

2 다음 漢字의 訓과 음을 쓰시오.

① 照　② 昌　③ 症　④ 蒸
⑤ 振　⑥ 調　⑦ 慙　⑧ 仲

3 다음의 訓과 음을 지닌 漢字를 쓰시오.

① 직분 직　② 무리 중　③ 지을 조　④ 증거 증
⑤ 있을 존　⑥ 가질 지　⑦ 더할 증　⑧ 가리킬 지

4 밑줄 그은 單語를 漢字語로 쓰시오.

① 질문이 있는 학생은 교무실로 오도록 하세요.
② 도착하자마자 전화해야해.
③ 심증은 가는데 물증이 없어.
④ 네 잘못이 아니니 죄책감 느낄 필요 없어.

5 다음 漢字語 중 첫소리가 長音인 것을 고르시오.

① ㄱ. 調和　ㄴ. 朝夕　ㄷ. 朝鮮　ㄹ. 照明
② ㄱ. 仲媒　ㄴ. 仲兄　ㄷ. 職務　ㄹ. 織物
③ ㄱ. 增加　ㄴ. 證明　ㄷ. 持續　ㄹ. 振動

6 다음 빈칸에 뜻이 反對 또는 相反되는 漢字를 쓰시오.

① 發 ↔ ( )   ② ( ) ↔ 夕   ③ ( ) ↔ 寡   ④ ( ) ↔ 客

7 다음 빈칸에 訓이 같거나 유사한 漢字를 써넣어 單語를 完成하시오.

① ( )作   ② 附( )   ③ ( )在   ④ ( )加
⑤ ( )央   ⑥ 群( )

8 다음 빈 칸에 알맞은 漢字를 써넣어 四字成語를 완성하시오.

① ( )寡不敵   ② ( )令暮改   ③ 不問可( )   ④ ( )鹿爲馬

9 다음 漢字의 部首를 쓰시오.

① 知   ② 存   ③ 衆   ④ 職   ⑤ 蒸   ⑥ 悲

10 다음 漢字語의 뜻을 쓰시오.

① 倉卒   ② 諒知   ③ 仲兄   ④ 元朝   ⑤ 濫造

11 다음 漢字의 略字를 쓰시오.

① 質   ② 證

12 다음 漢字의 同音異義語를 하나만 쓰시오.

① 天職   ② 公衆

미리 확인하기

o x　　　　　　　o x

蒼	蒼 蒼 蒼 蒼 蒼	□ □	忠	忠 忠 忠 忠 忠	□ □
菜	菜 菜 菜 菜 菜	□ □	衝	衝 衝 衝 衝 衝	□ □
妻	妻 妻 妻 妻 妻	□ □	取	取 取 取 取 取	□ □
斥	斥 斥 斥 斥 斥	□ □	就	就 就 就 就 就	□ □
天	天 天 天 天 天	□ □	測	測 測 測 測 測	□ □
泉	泉 泉 泉 泉 泉	□ □	値	値 値 値 値 値	□ □
鐵	鐵 鐵 鐵 鐵 鐵	□ □	恥	恥 恥 恥 恥 恥	□ □
尖	尖 尖 尖 尖 尖	□ □	稚	稚 稚 稚 稚 稚	□ □
添	添 添 添 添 添	□ □	漆	漆 漆 漆 漆 漆	□ □
請	請 請 請 請 請	□ □	寢	寢 寢 寢 寢 寢	□ □
聽	聽 聽 聽 聽 聽	□ □	稱	稱 稱 稱 稱 稱	□ □
替	替 替 替 替 替	□ □	快	快 快 快 快 快	□ □
促	促 促 促 促 促	□ □	妥	妥 妥 妥 妥 妥	□ □
推	推 推 推 推 推	□ □	墮	墮 墮 墮 墮 墮	□ □
築	築 築 築 築 築	□ □	歎	歎 歎 歎 歎 歎	□ □

古色蒼然 □ □ □ □　　　　麥秀之歎 □ □ □ □

風樹之歎 □ □ □ □　　　　天壤之差 □ □ □ □

0691 3급II
蒼 푸를 창
⊕艹(艸) ⊛靑 푸를 청
蒼空(창공)　蒼白(창백)　蒼遠(창원)　蒼天(창천)　古色蒼然(고색창연)
아득하게 멀거나 오래임

0692 3급II
菜 나물 채:
⊕艹(艸) ⊛蔬 나물 소
山菜(산채)　野菜(야:채)　菜農(채:농)　菜蔬(채:소)　菜食(채:식)
참고 菜食(채식) ↔ 肉食(육식)

0693 3급II
妻 아내 처
⊕女 ⊛夫 지아비 부
妻家(처가)　妻男(처남)　妻弟(처제)　妻族(처족)　賢母良妻(현모양처)

0694 3급
斥 물리칠 척
⊕斤 ⊛排 밀칠 배 ⊛和 화할 화
排斥(배척)　斥佛(척불)　斥言(척언)　斥候(척후)　斥和派(척화파)
적의 형편이나 지형 등을 살핌

0695 7급
天 하늘 천
⊕大 ⊛地 땅 지
天國(천국)　天命(천명)　天使(천사)　天地(천지)　曉天(효:천)
참고 天國(천국) ↔ 地獄(지옥)
새벽녘

0696 4급
泉 샘 천
⊕水
玉泉(옥천)　溫泉(온천)　源泉(원천)　泉脈(천맥)　泉下(천하)

0697 5급
鐵 쇠 철
⊕金 ⊛鉄
鋼鐵(강철)　鐵甲(철갑)　鐵器(철기)　鐵面皮(철면피)　寸鐵殺人(촌철살인)
짧은 경구(警句)로 사람의 마음을
찔러 감동시킨다는 말

0698 3급
尖 뾰족할 첨
⊕小 ⊛銳 날카로울 예
尖端(첨단)　尖兵(첨병)　尖峰(첨봉)　尖銳(첨예)　尖塔(첨탑)

0699 3급
添 더할 첨
⊕氵(水) ⊛加 더할 가 ⊛削 깎을 삭
別添(별첨)　添加(첨가)　添削(첨삭)　添附(첨부)　錦上添花(금상첨화)
좋은 일에 또 좋은 일이 더함

0700 4급II
請 청할 청
⊕言 ⊛願 원할 원
懇請(간:청)　申請(신청)　請求(청구)　請負(청부)　請約(청약)　請婚(청혼)

0701 4급
聽 들을 청
⊕耳 ⊛聞 들을 문 ⊛問 문을 문 ⊛聴
敬聽(경:청)　視聽(시:청)　聽覺(청각)　聽聞(청문)　聽衆(청중)　聽取(청취)

24일째 한자익히기 0702~0712

替 促 推 築 忠 衝 取 就 測 値 恥

0702 3급
替 바꿀 체
(부)日 (유)換 바꿀 환
交替(교체) 代替(대:체) 移替(이체) 立替(입체) 替換(체환)
후에 상환 받을 목적으로 금품 등을 대신 지급함

0703 3급II
促 재촉할 촉
(부)亻(人) (유)催 재촉할 최
督促(독촉) 促求(촉구) 促迫(촉박) 促進(촉진) 販促(판촉)

0704 4급
推 밀 추 / 밀 퇴
(부)扌(手) (반)引 끌 인
推理(추리) 推算(추산) 推移(추이) 推定(추정) 推薦(추천) 推測(추측)
推敲(퇴고) 推戶(퇴호)
지게문이나 사립문을 밀어서 엶

0705 4급II
築 쌓을 축
(부)竹 (유)貯 쌓을 저, 積 쌓을 적
建築(건:축) 構築(구축) 新築(신축) 增築(증축) 築造(축조) 築土(축토)
흙을 쌓아 올림

0706 4급II
忠 충성 충
(부)心
忠告(충고) 忠誠(충성) 忠臣(충신) 忠實(충실) 忠言(충언) 忠直(충직)

0707 3급II
衝 찌를 충
(부)行
緩衝(완:충) 衝擊(충격) 衝突(충돌) 衝動(충동) 要衝地(요충지)

0708 4급II
取 가질 취:
(부)又 (반)捨 버릴 사
取得(취:득) 取捨(취:사) 取消(취:소) 取材(취:재) 奪取(탈취)
쓸 것은 쓰고 버릴 것은 버림

0709 4급
就 나아갈 취:
(부)尢 (유)進 나아갈 진
成就(성취) 就業(취:업) 就任(취:임) 就職(취:직) 日就月將(일취월장)
참고 就職(취직) ↔ 失職(실직)

0710 4급II
測 헤아릴/잴 측
(부)氵(水) (유)量 헤아릴 량
豫測(예:측) 推測(추측) 測量(측량) 測定(측정) 測雨器(측우기)

0711 3급II
値 값 치
(부)亻(人) (유)價 값 가
價値(가치) 極値(극치) 數値(수:치) 加重値(가중치) 最大値(최대치)
함수의 극댓값과 극솟값을 이르는 말

0712 3급II
恥 부끄러울 치
(부)心 (유)慙 부끄러울 참, 愧 부끄러울 괴
廉恥(염치) 恥部(치부) 恥事(치사) 恥辱(치욕) 厚顔無恥(후안무치)

0713 3급II　稚　어릴 치　㉘禾　㉲幼 어릴 유
幼稚(유치)　稚氣(치기)　稚兒(치아)　稚魚(치어)　稚拙(치졸)
알에서 깬지 얼마 안 되는 물고기
참고 稚魚(치어) ↔ 成魚(성어)

0714 3급II　漆　옻 칠　㉘氵(水)　㉵柒
漆器(칠기)　漆工(칠공)　漆物(칠물)　漆夜(칠야)　漆板(칠판)　漆黑(칠흑)
아주 캄캄한 밤

0715 4급　寢　잘 침:　㉘宀　㉲眠 잘 면, 宿 잘 숙　㉰起 일어날 기
起寢(기침)　就寢(취:침)　寢臺(침:대)　寢睡(침:수)　寢室(침:실)
참고 就寢(취침) ↔ 起寢(기침)

0716 4급　稱　일컬을 칭　㉘禾　㉲頌 기릴 송　㉵称
名稱(명칭)　俗稱(속칭)　略稱(약칭)　稱訟(칭송)　稱讚(칭찬)　呼稱(호칭)

0717 4급II　快　쾌할 쾌　㉘忄(心)
不快(불쾌)　快感(쾌감)　快樂(쾌락)　快勝(쾌승)　快活(쾌활)　痛快(통:쾌)

0718 3급　妥　온당할 타:　㉘女　㉲當 마땅 당
未妥(미:타)　妥結(타:결)　妥當(타:당)　妥安(타:안)　妥協(타:협)
평안함

0719 3급　墮　떨어질 타:　㉘土　㉲落 떨어질 락　㉵堕
墮落(타:락)　墮淚(타:루)　墮獄(타:옥)　墮罪(타:죄)　墮胎(타:태)
낙태. 유산

0720 4급　歎　탄식할 탄:　㉘欠
感歎(감:탄)　慨歎(개:탄)　歎聲(탄:성)　歎息(탄:식)　恨歎(한:탄)

| 오 늘 의 사 자 성 어 |

古色蒼然　고색창연　오래 되어 옛날의 풍치가 저절로 들어나 보이는 모양을 일컬음
麥秀之歎　맥수지탄　멸망한 고국에 대한 한탄
風樹之歎　풍수지탄　'어버이가 돌아가시어 효도하고 싶어도 할 수 없는 슬픔'을 이르는 말
天壤之差　천양지차　하늘과 땅 사이와 같이 엄청난 차이를 뜻함

24

I 다음 漢字語의 讀音을 쓰시오.

① 尖銳	② 奪取	③ 推薦	④ 添附
⑤ 衝擊	⑥ 督促	⑦ 數値	⑧ 構築
⑨ 豫測	⑩ 廉恥	⑪ 排斥	⑫ 寢睡
⑬ 源泉	⑭ 痛快	⑮ 鐵甲	⑯ 呼稱
⑰ 敬聽	⑱ 妻家	⑲ 漆器	⑳ 墮落
㉑ 天使	㉒ 就業	㉓ 替換	㉔ 稚拙
㉕ 野菜	㉖ 妥協	㉗ 忠誠	㉘ 懇請
㉙ 蒼白	㉚ 慨歎		

2 다음 漢字의 訓과 音을 쓰시오.

① 歎	② 恥	③ 墮	④ 稚
⑤ 衝	⑥ 替	⑦ 漆	⑧ 促

3 다음의 訓과 音을 지닌 漢字를 쓰시오.

① 들을 청	② 나아갈 취	③ 쌓을 축	④ 밀 추
⑤ 쾌할 쾌	⑥ 일컬을 칭	⑦ 샘 천	⑧ 잘 침

4 밑줄 그은 單語를 漢字語로 쓰시오.

① 연예인을 취재하는 것은 정말 어려운 일입니다.

② 그렇게 뻔뻔한 소리를 하다니 정말 철면피구나.

③ 오늘 그녀에게 청혼할거야.

④ 내가 진행하는 프로그램이 동 시간대 청취율 1위를 했어요.

5 다음 漢字語 중 첫소리가 長音인 것을 고르시오.

① ㄱ. 尖端　　ㄴ. 添削　　ㄷ. 菜蔬　　ㄹ. 鐵器

② ㄱ. 取得　　ㄴ. 忠臣　　ㄷ. 衝突　　ㄹ. 推理

③ ㄱ. 妥協　　ㄴ. 稱讚　　ㄷ. 請求　　ㄹ. 聽取

6 다음 빈칸에 뜻이 反對 또는 相反 되는 漢字를 쓰시오.

① 起 ↔ ( )　　② ( ) ↔ 捨　　③ ( ) ↔ 問　　④ ( ) ↔ 地

7 다음 빈칸에 訓이 같거나 유사한 漢字를 써넣어 單語를 完成 하시오.

① ( )願　　② ( )訟　　③ 進( )　　④ ( )聞

8 다음 빈 칸에 알맞은 漢字를 써넣어 四字成語를 完成 하시오.

① 寸( )殺人　　② ( )壤之差　　③ 日( )月將

9 다음 漢字의 部首를 쓰시오.

① 尖　　② 聽　　③ 築　　④ 恥
⑤ 斥　　⑥ 墮　　⑦ 天　　⑧ 就

IO 다음 漢字語의 뜻을 쓰시오.

① 取捨　　② 起寢　　③ 快勝　　④ 曉天　　⑤ 替換

II 다음 漢字의 略字를 쓰시오.

① 鐵　　② 稱　　③ 聽

![정답]

1 ① 첨예 ② 탈취 ③ 추천 ④ 첨부 ⑤ 충격 ⑥ 독촉 ⑦ 수치 ⑧ 구축 ⑨ 예측 ⑩ 염치 ⑪ 배척 ⑫ 침수 ⑬ 원천 ⑭ 통쾌 ⑮ 철갑 ⑯ 호칭 ⑰ 경청 ⑱ 처가 ⑲ 칠기 ⑳ 타락 ㉑ 천사 ㉒ 취업 ㉓ 체환 ㉔ 치졸 ㉕ 야채 ㉖ 타협 ㉗ 충성 ㉘ 간청 ㉙ 창백 ㉚ 개탄　**2** ① 탄식할 탄 ② 부끄러울 치 ③ 떨어질 타 ④ 어릴 치 ⑤ 찌를 충 ⑥ 바꿀 체 ⑦ 옻 칠 ⑧ 재촉할 촉　**3** ① 聽 ② 就 ③ 築 ④ 推 ⑤ 快 ⑥ 稱 ⑦ 泉 ⑧ 寢　**4** ① 取材 ② 鐵面皮 ③ 請婚 ④ 聽取　**5** ① ㄷ ② ㄱ ③ ㄱ　**6** ① 寢 ② 取 ③ 聽 ④ 天　**7** ① 請 ② 稱 ③ 就 ④ 聽　**8** ① 鐵 ② 天 ③ 就　**9** ① 小 ② 耳 ③ 竹 ④ 心 ⑤ 斤 ⑥ 土 ⑦ 大 ⑧ 尤　**10** ① 쓸 것은 쓰고 버릴 것은 버림 ② 잠을 깨어 잠자리에서 일어남 ③ 통쾌하게 이김 ④ 새벽 하늘 ⑤ 대신하여 갈아서 바꿈　**11** ① 鉄 ② 称 ③ 聴

미리 확인하기　　　　O X　　　　　　　　　　O X

脫	脫 脫 脫 脫 脫	□ □	篇	篇 篇 篇 篇 篇	□ □
貪	貪 貪 貪 貪 貪	□ □	編	編 編 編 編 編	□ □
探	探 探 探 探 探	□ □	評	評 評 評 評 評	□ □
態	態 態 態 態 態	□ □	廢	廢 廢 廢 廢 廢	□ □
澤	澤 澤 澤 澤 澤	□ □	弊	弊 弊 弊 弊 弊	□ □
討	討 討 討 討 討	□ □	抱	抱 抱 抱 抱 抱	□ □
通	通 通 通 通 通	□ □	捕	捕 捕 捕 捕 捕	□ □
統	統 統 統 統 統	□ □	飽	飽 飽 飽 飽 飽	□ □
退	退 退 退 退 退	□ □	標	標 標 標 標 標	□ □
投	投 投 投 投 投	□ □	彼	彼 彼 彼 彼 彼	□ □
透	透 透 透 透 透	□ □	疲	疲 疲 疲 疲 疲	□ □
罷	罷 罷 罷 罷 罷	□ □	避	避 避 避 避 避	□ □
播	播 播 播 播	□ □	匹	匹 匹 匹 匹 匹	□ □
判	判 判 判 判 判	□ □	筆	筆 筆 筆 筆 筆	□ □
遍	遍 遍 遍 遍 遍	□ □	荷	荷 荷 荷 荷 荷	□ □

身言書判 □ □ □ □　　　　韋編三絕 □ □ □ □

抱腹絕倒 □ □ □ □　　　　匹馬單騎 □ □ □ □

0721 4급

脫 벗을 탈

(부) 月(肉)

離脫(이:탈)　脫營(탈영)　脫獄(탈옥)　脫衣(탈의)　脫盡(탈진)　脫出(탈출)

(참고) 脫衣(탈의) ↔ 着衣(착의)

0722 3급

貪 탐낼 탐

(부) 貝

貪廉(탐렴)　貪慾(탐욕)　小貪大失(소탐대실)　貪官汚吏(탐관오리)
탐욕과 청렴

0723 4급

探 찾을 탐

(부) 扌(手)　(유) 訪 찾을 방, 索 찾을 색

廉探(염탐)　探究(탐구)　探知(탐지)　探訪(탐방)　探險(탐험)

0724 4급II

態 모습 태:

(부) 心　(유) 姿 모양 자, 樣 모양 양

狀態(상태)　世態(세:태)　樣態(양태)　態度(태:도)　態勢(태:세)

0725 3급II

澤 못/늪 택

(부) 氵(水)　(유) 池 못 지　(약) 沢

德澤(덕택)　潤澤(윤:택)　川澤(천택)　澤梁(택량)　澤雨(택우)　惠澤(혜:택)
어량(魚梁)을 쳐 놓은 못

0726 4급

討 칠 토(:)

(부) 言　(유) 伐 칠 벌, 征 칠 정　(반) 守 지킬 수, 防 막을 방

討論(토:론)　討滅(토멸)　討伐(토벌)　討食(토식)　討議(토:의)　討破(토파)
음식을 억지로 청하여 먹음

0727 6급

通 통할 통

(부) 辶(辵)　(유) 貫 꿸 관, 徹 통할 철

交通(교통)　通過(통과)　通信(통신)　通譯(통역)　通用(통용)　亨通(형통)

0728 4급II

統 거느릴 통:

(부) 糸　(유) 率 거느릴 솔

傳統(전통)　統計(통:계)　統帥(통:수)　統合(통:합)　大統領(대통령)

0729 4급II

退 물러날 퇴:

(부) 辶(辵)　(유) 去 갈 거　(반) 進 나아갈 진

進退(진:퇴)　退却(퇴:각)　退步(퇴:보)　後退(후:퇴)　進退兩難(진퇴양난)

(참고) 後退(후퇴) ↔ 전진(前進)

0730 4급

投 던질 투

(부) 扌(手)

投射(투사)　投手(투수)　投身(투신)　投資(투자)　投票(투표)　投降(투항)
창이나 포탄 따위를 던지거나 쏨

0731 3급II

透 사무칠/통할 투

(부) 辶(辵)　(유) 撤 통할 철

透過(투과)　透明(투명)　透寫(투사)　透視(투시)　透映(투영)　透徹(투철)
속까지 환히 비춰 볼 수 있게 투명함

25일째 한자익히기 0732~0742

罷 播 判 遍 篇 編 評 廢 弊 抱 捕

0732 3급 罷 마칠 파:
⊕ 罒(网) ⊛ 終 마칠 종
罷民(파:민)　罷免(파:면)　罷業(파:업)　罷場(파:장)　罷戰(파:전)　罷職(파:직)
일정한 거처나 직업이 없이 떠도는 사람

0733 3급 播 뿌릴 파(:)
⊕ 扌(手)
傳播(전파)　直播(직파)　播多(파다)　播植(파식)　播越(파월)

0734 4급 判 판단할 판
⊕ 刂(刀)
批判(비:판)　審判(심:판)　裁判(재판)　判決(판결)　判斷(판단)　判事(판사)
判定(판정)　身言書判(신언서판)

0735 3급 遍 두루 편
⊕ 辶(辵) ⊛ 普 넓을 보
普遍(보:편)　遍踏(편답)　遍歷(편력)　遍滿(편만)　遍身(편신)　遍在(편재)
　　　　　　널리 각지를 돌아다님　　널리 가득 참

0736 4급 篇 책 편
⊕ 竹 ⊛ 册 책 책
續篇(속편)　長篇(장편)　篇法(편법)　篇首(편수)　後篇(후:편)

0737 3급Ⅱ 編 엮을 편
⊕ 糸
編曲(편곡)　編隊(편대)　編成(편성)　編入(편입)　編著(편저)　編制(편제)

0738 4급 評 평할 평:
⊕ 言 ⊛ 批 비평할 비
批評(비:평)　評價(평:가)　評判(평:판)　好評(호:평)　評論家(평론가)

0739 3급Ⅱ 廢 버릴/폐할 폐:
⊕ 广 ⊛ 亡 망할 망 ⊝ 存 있을 존 ⊚ 廃
存廢(존폐)　廢棄(폐:기)　廢人(폐:인)　廢止(폐:지)　廢墟(폐:허)
　　　　　　못쓰는 것을 내버림

0740 3급Ⅱ 弊 해질/폐단 폐:
⊕ 廾 ⊛ 害 해할 해
弊端(폐:단)　弊習(폐:습)　弊店(폐:점)　弊害(폐:해)　疲弊(피폐)
　　　　　　나쁜 풍습

0741 3급 抱 안을 포:
⊕ 扌(手) ⊛ 擁 낄 옹
抱負(포:부)　抱擁(포:옹)　懷抱(회포)　抱腹絕倒(포복절도)

0742 3급Ⅱ 捕 잡을 포:
⊕ 扌(手) ⊛ 獲 얻을 획
生捕(생포)　逮捕(체포)　捕手(포:수)　捕捉(포:착)　捕獲(포:획)
참고 捕手(포수) ↔ 投手(투수)

0743 3급 **飽** 배부를 **포**:
⊕食 ⊕飢 주릴 **기**, 餓 주릴 **아**
飽看(포:간) 飽滿(포:만) 飽聞(포:문) 飽食(포:식) 飽和(포:화)
싫증이 나도록 실컷 봄

0744 4급 **標** 표할 **표**
⊕木
目標(목표) 標記(표기) 標本(표본) 標示(표시) 標準(표준) 標識(표지)

0745 3급II **彼** 저 **피**:
⊕彳 ⊕我 나 **아**, 此 이 **차**
彼我(피:아) 彼岸(피:안) 彼此(피:차) 此日彼日(차일피일)
약속이나 기한 따위를 미적미적 미루는 모양
참고 彼岸(피안) ↔ 此岸(차안)

0746 4급 **疲** 피곤할 **피**
⊕疒 ⊕困 곤할 **곤**
疲困(피곤) 疲勞(피로) 疲弊(피폐)

0747 4급 **避** 피할 **피**:
⊕辶(辵) ⊕逃 도망할 **도**
忌避(기피) 逃避(도피) 避難(피:난) 避暑(피:서) 回避(회피)

0748 3급 **匹** 짝 **필**
⊕匚 ⊕配 짝 **배**, 偶 짝 **우**
配匹(배:필) 匹馬(필마) 匹敵(필적) 匹馬單騎(필마단기)
한 필의 말

0749 5급 **筆** 붓 **필**
⊕竹
名筆(명필) 隨筆(수필) 鉛筆(연필) 筆跡(필적) 一筆揮之(일필휘지)
글씨를 단숨에 힘차고 시원하게 죽 써 내림

0750 3급II **荷** 멜/연 **하**(:)
⊕艹(艸)
負荷(부:하) 荷擔(하담) 荷物(하:물) 荷量(하량) 賊反荷杖(적반하장)
어깨에 짐을 짐

| 오 늘 의 사 자 성 어 |

身言書判 신언서판 몸 · 말씨 · 글씨 · 판단을 이르는 말
韋編三絕 위편삼절 한 권의 책을 몇 십번이나 되풀이해서 읽음을 뜻함
抱腹絕倒 포복절도 [배를 안고 넘어짐] 몹시 웃을 때를 이르는 말
匹馬單騎 필마단기 홀로 한 필의 말을 타고 간다는 뜻

Ⅰ 다음 漢字語의 讀音을 쓰시오.

① 亨通	② 投降	③ 播種	④ 退却
⑤ 批評	⑥ 普遍	⑦ 裁判	⑧ 標識
⑨ 弊端	⑩ 編隊	⑪ 探險	⑫ 彼我
⑬ 捕獲	⑭ 潤澤	⑮ 罷免	⑯ 透徹
⑰ 避難	⑱ 貪慾	⑲ 離脫	⑳ 疲勞
㉑ 統帥	㉒ 隨筆	㉓ 負荷	㉔ 討議
㉕ 配匹	㉖ 廢棄	㉗ 世態	㉘ 抱擁
㉙ 續篇	㉚ 飽滿		

2 다음 漢字의 訓과 音을 쓰시오.

① 匹	② 編	③ 彼	④ 荷
⑤ 弊	⑥ 飽	⑦ 捕	⑧ 播

3 다음의 訓과 音을 지닌 漢字를 쓰시오.

① 찾을 탐	② 칠 토	③ 거느릴 통	④ 모습 태
⑤ 피할 피	⑥ 물러날 퇴	⑦ 책 편	⑧ 평할 평

4 밑줄 그은 單語를 漢字語로 쓰시오.

① 더 이상 <u>후퇴</u>할 수는 없다.

② <u>대통령</u>은 한 국가를 대표한다.

③ 이 책에 대한 <u>평가</u>가 엇갈리고 있다.

④ <u>탈의실</u>이 어디에요?

5 다음 漢字語 중 첫소리가 長音인 것을 고르시오.

① ㄱ. 討論　　ㄴ. 討伐　　ㄷ. 討食　　ㄹ. 討滅

② ㄱ. 統合　　ㄴ. 通過　　ㄷ. 貪慾　　ㄹ. 探究

③ ㄱ. 透視　　ㄴ. 罷職　　ㄷ. 遍歷　　ㄹ. 編成

6 다음 빈칸에 뜻이 反對 또는 相反 되는 漢字를 쓰시오.

① 進 ↔ ( )　　　　② 守 ↔ ( )

7 다음 빈칸에 訓이 같거나 유사한 漢字를 써넣어 單語를 完成 하시오.

① 逃( )　　　② ( )伐　　　③ 樣( )　　　④ ( )率

⑤ ( )訪　　　⑥ 批( )

8 다음 빈 칸에 알맞은 漢字를 써넣어 四字成語를 完成 하시오.

① 一( )揮之　　　② 進( )兩難　　　③ 身言書( )　　　④ 四( )八達

9 다음 漢字의 部首를 쓰시오.

① 飽　　② 弊　　③ 態　　④ 貪　　⑤ 討　　⑥ 荷

10 다음 漢字語의 뜻을 쓰시오.

① 貪廉　　　② 播多　　　③ 捕手　　　④ 遍歷

11 다음 漢字의 略字를 쓰시오.

① 澤　　　② 廢

12 다음 漢字의 同音異義語를 하나만 쓰시오.

① 投射　　　② 續編

정답

1 ① 형통 ② 투항 ③ 파종 ④ 퇴각 ⑤ 비평 ⑥ 보편 ⑦ 재판 ⑧ 표지 ⑨ 폐단 ⑩ 편대 ⑪ 탐험 ⑫ 피아 ⑬ 포획 ⑭ 윤택 ⑮ 파면 ⑯ 투철 ⑰ 피난 ⑱ 탐욕 ⑲ 이탈 ⑳ 피로 ㉑ 통수 ㉒ 수필 ㉓ 부하 ㉔ 토의 ㉕ 배팔 ㉖ 폐기 ㉗ 세태 ㉘ 포옹 ㉙ 속편 ㉚ 포만　**2** ① 짝 필 ② 엮을 편 ③ 저 피 ④ 멜/연 하 ⑤ 해질/폐단 폐 ⑥ 배부를 포 ⑦ 잡을 포 ⑧ 뿌릴 파　**3** ① 探 ② 討 ③ 統 ④ 態 ⑤ 避 ⑥ 退 ⑦ 篇 ⑧ 評　**4** ① 後退 ② 大統領 ③ 評價 ④ 脫衣室　**5** ① ㄱ ② ㄱ ③ ㄴ　**6** ① 退 ② 討　**7** ① 避 ② 討 ③ 態 ④ 統 ⑤ 探 ⑥ 評　**8** ① 筆 ② 退 ③ 判 ④ 通　**9** ① 食 ② 廾 ③ 心 ④ 貝 ⑤ 言 ⑥ ++(艸)　**10** ① 탐욕과 청렴 ② (소문이) 널리 퍼져있음 ③ 투수가 던지는 공을 받는 선수 ④ 널리 각지를 돌아다님　**11** ① 沢 ② 廃　**12** ① 透寫 ② 續篇

미리 확인하기　　　　　　　　ｏ Ｘ　　　　　　　　　　ｏ Ｘ

鶴	鶴	鶴	鶴	鶴	□ □	刑	刑	刑	刑	刑	□ □
恨	恨	恨	恨	恨	□ □	護	護	護	護	護	□ □
限	限	限	限	限	□ □	惑	惑	惑	惑	惑	□ □
閑	閑	閑	閑	閑	□ □	婚	婚	婚	婚	婚	□ □
漢	漢	漢	漢	漢	□ □	花	花	花	花	花	□ □
割	割	割	割	割	□ □	華	華	華	華	華	□ □
陷	陷	陷	陷	陷	□ □	擴	擴	擴	擴	擴	□ □
恒	恒	恒	恒	恒	□ □	況	況	況	況	況	□ □
港	港	港	港	港	□ □	皇	皇	皇	皇	皇	□ □
解	解	解	解	解	□ □	灰	灰	灰	灰	灰	□ □
響	響	響	響	響	□ □	懷	懷	懷	懷	懷	□ □
許	許	許	許	許	□ □	獲	獲	獲	獲	獲	□ □
現	現	現	現	現	□ □	曉	曉	曉	曉	曉	□ □
顯	顯	顯	顯	顯	□ □	喜	喜	喜	喜	喜	□ □
兄	兄	兄	兄	兄	□ □	止	止	止	止	止	□ □

明鏡止水 □ □ □ □ 　　　難兄難弟 □ □ □ □

見危致命 □ □ □ □ 　　　惑世誣民 □ □ □ □

0751 3급II **鶴** 학 학
⑨鳥
鶴望(학망) 鶴髮(학발) 群鷄一鶴(군계일학) 鶴首苦待(학수고대)
<u>鶴髮(학발)</u>
하얗게 센 머리 또는 그런 사람

0752 4급 **恨** 한 한:
⑨忄(心) ⑨怨 원망할 원 ⑩恩 은혜 은, 惠 은혜 혜
餘恨(여한) 痛恨(통:한) 恨事(한:사) 恨歎(한:탄) 悔恨(회:한)

0753 4급II **限** 한할 한:
⑨阝(阜)
期限(기한) 制限(제:한) 限界(한:계) 限度(한:도) 限定(한:정)

0754 4급 **閑** 한가할 한
⑨門 ⑩忙 바쁠 망
閑暇(한가) 閑良(한량) 閑散(한산) 閑人(한인) 閑寂(한적) <u>閑職(한직)</u>
늘 한가한 벼슬자리.
중요하지 않은 관직

0755 7급 **漢** 한수/ 한나라 한:
⑨氵(水)
漢江(한:강) <u>漢音(한:음)</u> 漢字(한:자) 漢族(한:족) 門外漢(문외한)
한자의 중국식 음

0756 3급II **割** 벨 할
⑨刂(刀) ⑨分 나눌 분
割據(할거) 割當(할당) 割賦(할부) 割讓(할양) <u>群雄割據(군웅할거)</u>
많은 영웅이 각지에 자리 잡고 세력을
떨치며 서로 맞서는 일

0757 3급II **陷** 빠질 함:
⑨阝(阜) ⑨沒 빠질 몰
缺陷(결함) 謀陷(모함) 陷落(함:락) 陷沒(함:몰) <u>陷害(함:해)</u>
(남을) 재해에 빠지게 함

0758 3급II **恒** 항상 항
⑨忄(心) ⑨常 항상 상
恒久(항구) 恒德(항덕) 恒時(항시) 恒常(항상) <u>恒溫(항온)</u> 恒用(항용)
상온. 늘 일정한 온도

0759 4급II **港** 항구 항:
⑨氵(水)
開港(개항) 漁港(어항) 入港(입항) 港口(항:구) 港圖(항:도) 港都(항:도)

0760 4급II **解** 풀 해:
⑨角 ⑨觧
告解(고:해) 讀解(독해) 理解(이:해) 解決(해:결) 解析(해:석)
結者解之(결자해지)

0761 3급II **響** 울릴 향:
⑨音
反響(반:향) 影響(영:향) 音響(음향) <u>響應(향:응)</u> 交響曲(교향곡)
소리 나는 데 따라 그 소리와 마주쳐 같이 울림

26일째 한자익히기 0762~0772

許 現 顯 兄 刑 護 惑 婚 花 華 擴

0762 許 5급
허락할 허
㉕言 ㉠諾 허락할 낙
免許(면:허) 認許(인허) 特許(특허) 許可(허가) 許諾(허락) 許容(허용)

0763 現 6급
나타날 현:
㉕玉 ㉠顯 나타날 현 ㉂隱 숨을 은
出現(출현) 表現(표현) 現象(현:상) 現實(현:실) 現在(현:재)

0764 顯 4급
나타날 현:
㉕頁 ㉠現 나타날 현 ㉂隱 숨을 은 ㉪顕
顯考(현:고) 顯達(현:달) 顯著(현:저) 顯職(현:직) 顯忠祠(현충사)
벼슬이나 덕망이 높아서 이름을 세상에 들날림

0765 兄 8급
형 형
㉕儿 ㉂弟 아우 제
師兄(사형) 妻兄(처형) 兄夫(형부) 兄弟(형제) 難兄難弟(난형난제)
나이와 학덕이 자신보다 높은 사람을 높여 일컫는 말

0766 刑 4급
형벌 형
㉕刂(刀)
極刑(극형) 死刑(사:형) 刑罰(형벌) 刑法(형법) 刑務所(형무소)

0767 護 4급Ⅱ
도울 호:
㉕言 ㉠援 도울 원, 扶 도울 부
看護(간호) 警護(경:호) 養護(양:호) 護送(호:송) 護衛(호:위)

0768 惑 3급Ⅱ
미혹할 혹
㉕心 ㉠迷 미혹할 미
困惑(곤:혹) 迷惑(미혹) 誘惑(유혹) 疑惑(의혹) 惑說(혹설) 惑信(혹신)
미혹되어 믿음

0769 婚 4급
혼인할 혼
㉕女 ㉠姻 혼인 인
旣婚(기혼) 約婚(약혼) 離婚(이:혼) 婚禮(혼례) 婚需(혼수) 婚姻(혼인)
참고 旣婚(기혼) ↔ 未婚(미혼)

0770 花 7급
꽃 화
㉕艹(艸)
花粉(화분) 花點(화점) 花草(화초) 無窮花(무궁화) 鳳仙花(봉선화)
바둑판에 표시된 아홉 군데의 점

0771 華 4급
빛날 화
㉕艹(艸)
豪華(호화) 華麗(화려) 富貴榮華(부귀영화) 中華料理(중화요리)

0772 擴 3급
넓힐 확
㉕扌(手) ㉪拡
擴大(확대) 擴散(확산) 擴張(확장) 擴充(확충) 擴聲器(확성기)

0773 4급 況 상황/하물며 황: ⊕ 氵(水) ⑪ 狀 형상 상
近況(근:황) 狀況(상황) 盛況(성:황) 現況(현:황) 況且(황:차)
하물며

0774 3급Ⅱ 皇 임금 황 ⊕ 白 ⑪ 王 임금 왕, 帝 임금 제 ⑫ 臣 신하 신, 民 백성 민
皇國(황국) 皇妃(황비) 皇室(황실) 皇帝(황제) 皇太子(황태자)

0775 4급 灰 재 회 ⊕ 火
石灰(석회) 洋灰(양회) 灰滅(회멸) 灰壁(회벽) 灰色(회색) 灰白色(회백색)
시멘트

0776 3급Ⅱ 懷 품을 회 ⊕ 忄(心) ⑳ 懐
感懷(감:회) 懷古(회고) 懷柔(회유) 懷疑(회의) 懷抱(회포)

0777 3급Ⅱ 獲 얻을 획 ⊕ 犭(犬) ⑪ 捕 잡을 포, 得 얻을 득
濫獲(남:획) 漁獲(어획) 捕獲(포:획) 獲得(획득)
(짐승.물고기 등을) 마구 잡음

0778 3급 曉 새벽 효: ⊕ 日 ⑪ 晨 새벽 신
曉達(효:달) 曉得(효:득) 曉星(효:성) 曉習(효:습) 曉天(효:천)
깨달아서 앎

0779 4급 喜 기쁠 희 ⊕ 口 ⑪ 歡 기뻐할 환 ⑫ 悲 슬플 비, 哀 슬플 애, 怒 성낼 노
歡喜(환희) 喜劇(희극) 喜悲(희비) 喜色(희색) 喜消息(희소식)

0780 5급 止 그칠 지 ⊕ 止 ⑪ 留 머무를 류, 停 머무를 정, 終 마칠 종
拒止(거:지) 禁止(금:지) 抑止(억지) 停止(정지) 止揚(지양) 止血(지혈)
더 높은 단계로 오르기 위하여
廢止(폐:지) 明鏡止水(명경지수) 어떠한 것을 하지 아니함

| 오 늘 의 사 자 성 어 |

明鏡止水 명경지수 [맑은 거울과 고요한 물] 즉 맑고 고요한 심정을 이름
難兄難弟 난형난제 누가 더 낫다고 할 수 없을 정도로 서로 비슷하다는 뜻
見危致命 견위치명 나라의 위태로움을 보고 나라를 위하여 목숨을 바침
惑世誣民 혹세무민 세상을 어지럽히고 백성을 속이는 것을 뜻함

I 다음 漢字語의 讀音을 쓰시오.

① 開港
② 恒久
③ 顯著
④ 限界
⑤ 華麗
⑥ 音響
⑦ 師兄
⑧ 許諾
⑨ 婚需
⑩ 恨歎
⑪ 極刑
⑫ 曉天
⑬ 割據
⑭ 盛況
⑮ 陷沒
⑯ 灰色
⑰ 漢字
⑱ 況且
⑲ 懷柔
⑳ 獲得
㉑ 皇室
㉒ 解析
㉓ 擴散
㉔ 花草
㉕ 停止
㉖ 閑暇
㉗ 迷惑
㉘ 現象
㉙ 看護
㉚ 鶴首苦待

2 다음 漢字의 訓과 음을 쓰시오.

① 陷
② 響
③ 惑
④ 恒
⑤ 擴
⑥ 皇
⑦ 懷
⑧ 曉
⑨ 獲
⑩ 況

3 다음의 訓과 음을 지닌 漢字를 쓰시오.

① 기쁠 희
② 한가할 한
③ 재 회
④ 빛날 화
⑤ 혼인할 혼
⑥ 도울 호
⑦ 나타날 현
⑧ 항구 항

4 밑줄 그은 單語를 漢字語로 쓰시오.

① 저는 미술에 관해서는 <u>문외한</u>입니다.

② 아버지는 항상 <u>한적한</u> 시골에서 살고 싶다고 말하시곤 했다.

③ 올해는 꼭 <u>호신술</u>을 배울 거야.

5 다음 漢字語 중 첫소리가 長音인 것을 고르시오.

① ㄱ. 割讓　　ㄴ. 許可　　ㄷ. 閑職　　ㄹ. 限定
② ㄱ. 恒常　　ㄴ. 港口　　ㄷ. 兄弟　　ㄹ. 刑罰
③ ㄱ. 華麗　　ㄴ. 況且　　ㄷ. 皇帝　　ㄹ. 懷抱

6 다음 빈칸에 뜻이 反對 또는 相反 되는 漢字를 쓰시오.

① 隱 ↔ (   )   ② (   ) ↔ 弟   ③ (   ) ↔ 悲

7 다음 빈칸에 訓이 같거나 유사한 漢字를 써넣어 單語를 完成하시오.

① 停(   )   ② 怨(   )   ③ (   )姻   ④ (   )諾
⑤ 援(   )   ⑥ 狀(   )   ⑦ 歡(   )

8 다음 빈칸에 알맞은 漢字를 써넣어 四字成語를 完成하시오.

① 明鏡(   )水   ② (   )怒哀樂   ③ 難(   )難弟   ④ 結者(   )之

9 다음 漢字의 部首를 쓰시오.

① 割   ② 閑   ③ 響   ④ 解
⑤ 現   ⑥ 皇   ⑦ 灰   ⑧ 顯

10 다음 漢字語의 뜻을 쓰시오.

① 餘恨   ② 閑職   ③ 曉星

11 다음 漢字의 略字를 쓰시오.

① 顯   ② 擴

12 다음 漢字語의 同音異義語를 하나만 쓰시오.

① 師兄   ② 恒久

정답

1 ① 개항 ② 항구 ③ 현저 ④ 한계 ⑤ 화려 ⑥ 음향 ⑦ 사형 ⑧ 허락 ⑨ 혼수 ⑩ 한탄 ⑪ 극형 ⑫ 효천 ⑬ 할거 ⑭ 성황 ⑮ 함몰 ⑯ 회색 ⑰ 한자 ⑱ 황차 ⑲ 회유 ⑳ 획득 ㉑ 황실 ㉒ 해석 ㉓ 확산 ㉔ 화초 ㉕ 정지 ㉖ 한가 ㉗ 미혹 ㉘ 현상 ㉙ 간호 ㉚ 학수고대 **2** ① 빠질 함 ② 울릴 향 ③ 미혹할 혹 ④ 항상 항 ⑤ 넓힐 확 ⑥ 임금 황 ⑦ 품을 회 ⑧ 새벽 효 ⑨ 얻을 획 ⑩ 상황/하물며 황 **3** ① 喜 ② 閑 ③ 灰 ④ 華 ⑤ 婚 ⑥ 護 ⑦ 顯,現 ⑧ 港 **4** ① 門外漢 ② 閑寂 ③ 護身術 **5** ① ㄹ ② ㄴ ③ ㄴ **6** ① 現/顯 ② 兄 ③ 喜 **7** ① 止 ② 恨 ③ 婚 ④ 許 ⑤ 護 ⑥ 況 ⑦ 喜 **8** ① 止 ② 喜 ③ 兄 ④ 解 **9** ① ㄐ(刀) ② 門 ③ 音 ④ 角 ⑤ 王(玉) ⑥ 白 ⑦ 火 ⑧ 頁 **10** ① 풀지 못하고 남은 원한 ② 중요하지 않은 관직 ③ 샛별 **11** ① 顕 ② 拡 **12** ① 死刑 ② 港口

미리 확인하기　　　　　○ X　　　　　　　　　○ X

比	比 比 比 比 比	□ □			用	用 用 用 用 用	□ □
毛	毛 毛 毛 毛 毛	□ □			田	田 田 田 田 田	□ □
氏	氏 氏 氏 氏 氏	□ □			白	白 白 白 白 白	□ □
水	水 水 水 水 水	□ □			皮	皮 皮 皮 皮 皮	□ □
火	火 火 火 火 火	□ □			目	目 目 目 目 目	□ □
父	父 父 父 父 父	□ □			矢	矢 矢 矢 矢 矢	□ □
片	片 片 片 片 片	□ □			石	石 石 石 石 石	□ □
牙	牙 牙 牙 牙 牙	□ □			示	示 示 示 示 示	□ □
牛	牛 牛 牛 牛 牛	□ □			禾	禾 禾 禾 禾 禾	□ □
犬	犬 犬 犬 犬 犬	□ □			穴	穴 穴 穴 穴 穴	□ □
玄	玄 玄 玄 玄 玄	□ □			立	立 立 立 立 立	□ □
玉	玉 玉 玉 玉 玉	□ □			竹	竹 竹 竹 竹 竹	□ □
瓦	瓦 瓦 瓦 瓦 瓦	□ □			米	米 米 米 米 米	□ □
甘	甘 甘 甘 甘 甘	□ □			絲	絲 絲 絲 絲 絲	□ □
生	生 生 生 生 生	□ □			羊	羊 羊 羊 羊 羊	□ □

刮目相對 □ □ □ □　　　　羊頭狗肉 □ □ □ □

矯角殺牛 □ □ □ □　　　　一魚濁水 □ □ □ □

0781 5급　**比** 견줄 비:
㊎比 ㊠較 견줄 교
對比(대:비)　比肩(비:견)　比較(비:교)　比等(비:등)　比率(비:율)
比重(비:중)　反比例(반비례)

0782 4급Ⅱ　**毛** 털 모
㊎毛 ㊠髮 터럭 발
毛髮(모발)　毛織(모직)　毛皮(모피)　脫毛(탈모)　九牛一毛(구우일모)
썩 많은 가운데 아주 적은 것을 뜻함

0783 4급　**氏** 각시/성씨 씨
㊎氏 ㊠姓 성 성
攝氏(섭씨)　姓氏(성:씨)　咸氏(함씨)　華氏(화씨)　氏族社會(씨족사회)

0784 8급　**水** 물 수
㊎水 ㊩火 불 화
水質(수질)　香水(향수)　山戰水戰(산전수전)　水魚之交(수어지교)
매우 친밀하게 사귀어 떨어질 수 없는 사이를 뜻함

0785 8급　**火** 불 화(:)
㊎火 ㊩水 물 수
小火(소:화)　消火(소화)　火山(화:산)　火傷(화:상)　火災(화:재)
火曜日(화요일)　明若觀火(명약관화)
불을 보듯이 명백함

0786 8급　**父** 아비 부
㊎父 ㊩母 어미 모
伯父(백부)　父系(부계)　父親(부친)　叔父(숙부)　父傳子傳(부전자전)

0787 3급Ⅱ　**片** 조각 편(:)
㊎片
片道(편도)　片肉(편육)　片影(편영)　片紙(편:지)　一葉片舟(일엽편주)
어떤 모습의 아주 작은 한 부분　　　한 척의 조각배

0788 3급Ⅱ　**牙** 어금니 아
㊎牙
象牙(상아)　牙旗(아기)　牙器(아기)　牙城(아성)　齒牙(치아)
성곽의 중심부

0789 5급　**牛** 소 우
㊎牛 ㊠丑 소 축
牛乳(우유)　鬪牛(투우)　牛耳讀經(우이독경)　矯角殺牛(교각살우)

0790 4급　**犬** 개 견
㊎犬 ㊠狗 개 구
犬馬(견마)　軍犬(군견)　猛犬(맹:견)　忠犬(충견)　犬馬之勞(견마지로)
윗사람에게 바치는 자기의 정성을 겸손하게 이르는 말

0791 3급Ⅱ　**玄** 검을 현
㊎玄 ㊩白 흰 백
玄關(현관)　玄機(현기)　玄談(현담)　玄木(현목)　玄米(현미)　玄孫(현손)

27일째 한자익히기 0792~0802

玉 瓦 甘 生 用 田 白 皮 目 矢 石

0792 4급Ⅱ 玉 구슬 옥
(부)玉 (유)珠 구슬 주 (반)石 돌 석
玉稿(옥고) 玉器(옥기) 玉石(옥석) 玉座(옥좌) 金枝玉葉(금지옥엽)

0793 3급Ⅱ 瓦 기와 와
(부)瓦
瓦家(와가) 瓦器(와기) 瓦工(와공) 弄瓦之慶(농와지경)
딸을 낳은 경사

0794 4급 甘 달 감
(부)甘 (반)苦 쓸 고
甘草(감초) 甘味料(감미료) 甘言利說(감언이설) 苦盡甘來(고진감래)

0795 8급 生 날 생
(부)生 (유)活 살 활 (반)死 죽을 사
殺生(살생) 生動(생동) 生命(생명) 生死(생사) 人生(인생) 派生(파생)
九死一生(구사일생) 起死回生(기사회생)

0796 6급 用 쓸 용:
(부)用 (유)費 쓸 비
私用(사용) 使用(사:용) 用件(용:건) 用器(용:기) 用例(용:례)
用務(용:무) 應用(응:용) 借用(차:용) 無用之物(무용지물)

0797 4급Ⅱ 田 밭 전
(부)田 (반)畓 논 답
賜田(사:전) 田畓(전답) 田園(전원) 田地(전지) 泥田鬪狗(이전투구)
볼썽사납게 서로 헐뜯거나 다투는 모양

0798 8급 白 흰 백
(부)白 (반)黑 검을 흑
白馬(백마) 白墨(백묵) 白眉(백미) 白飯(백반) 白髮(백발) 蒼白(창백)
白骨難忘(백골난망) 여러 사람 중에서 가장 뛰어난 사람

0799 3급Ⅱ 皮 가죽 피
(부)皮 (유)革 가죽 혁
桂皮(계:피) 皮下(피하) 皮革(피혁) 五加皮(오가피) 鐵面皮(철면피)

0800 6급 目 눈 목
(부)目 (유)眼 눈 안
目擊(목격) 目的(목적) 目次(목차) 眼目(안:목) 刮目相對(괄목상대)

0801 3급 矢 화살 시:
(부)矢
弓矢(궁시) 矢石(시:석) 矢數(시:수) 矢心(시:심) 矢言(시:언)
마음속으로 맹세함

0802 6급 石 돌 석
(부)石 (반)玉 구슬 옥
石刻(석각) 石壁(석벽) 石油(석유) 石造(석조) 石炭(석탄) 石塔(석탑)

0803 示 5급
보일 시:
훈 示 유 觀 볼 관, 視 볼 시, 覽 볼 람
誇示(과:시)　明示(명시)　示範(시:범)　示威(시:위)　例示(예:시)
豫示(예:시)　展示(전:시)　提示(제시)　指示(지시)　表示(표시)

0804 禾 3급
벼 화
훈 禾 유 稻 벼 도
禾穀(화곡)　禾黍(화서)　禾尺(화척)
　　지난날 고리 세공이나 조살을 업(業)으로 하던 천민

0805 穴 3급Ⅱ
굴 혈
훈 穴
經穴(경혈)　洞穴(동:혈)　墓穴(묘:혈)　穴居(혈거)　穴農(혈농)　穴深(혈심)
　　세체를 묻는 구덩이

0806 立 7급
설 립
훈 立 유 起 일어날 기
孤立(고립)　對立(대:립)　成立(성립)　立場(입장)　立證(입증)　立春(입춘)

0807 竹 4급Ⅱ
대 죽
훈 竹
松竹(송죽)　竹林(죽림)　竹馬故友(죽마고우)　破竹之勢(파죽지세)

0808 米 6급
쌀 미
훈 米
祿米(녹미)　白米(백미)　米穀(미곡)　米壽(미수)　米飮(미음)　米作(미작)
녹봉(祿俸)으로 주는 쌀

0809 絲 4급
실 사
훈 糸 약 糸
絹絲(견사)　菌絲(균사)　綿絲(면사)　絲管(사관)　一絲不亂(일사불란)
　　(줄을 타거나 대롱을 불어 소리내는 악기라는
　　뜻으로) 관현(管絃) 또는 음악을 이름

0810 羊 4급Ⅱ
양 양
훈 羊
綿羊(면양)　山羊(산양)　羊毛(양모)　羊皮(양피)　羊頭狗肉(양두구육)
솟과의 가축. 초식동물로 성질이 순하며 무리를 지어 지냄

| 오 늘 의 사 자 성 어 |

刮目相對　괄목상대　[학식이나 재주가 놀랍게 상승함] 눈을 비비고 다시 본다는 말

羊頭狗肉　양두구육　[양의 머리를 내걸고 개고기를 팜] 선전은 크게 하면서 내실이 없음을 이르는 말

矯角殺牛　교각살우　[소의 뿔을 바로잡으려다가 소를 죽인다는 뜻으로] '결점이나 흠을 고치려다가 수단이 지나쳐서 도리어 일을 그르침'을 이르는 말

一魚濁水　일어탁수　한 사람의 악행으로 인하여 여러 사람이 피해를 본다는 뜻

27

I 다음 漢字語의 讀音을 쓰시오.

① 伯父	② 玄關	③ 瓦器	④ 軍犬
⑤ 玉石	⑥ 甘草	⑦ 火傷	⑧ 賜田
⑨ 派生	⑩ 石炭	⑪ 提示	⑫ 姓氏
⑬ 禾穀	⑭ 松竹	⑮ 穴居	⑯ 片肉
⑰ 孤立	⑱ 脫毛	⑲ 牛乳	⑳ 弓矢
㉑ 水質	㉒ 應用	㉓ 白飯	㉔ 皮革
㉕ 比率	㉖ 羊毛	㉗ 目擊	㉘ 象牙
㉙ 米穀	㉚ 絹絲		

2 다음 漢字의 訓과 音을 쓰시오.

① 片	② 牙	③ 牛	④ 玄
⑤ 瓦	⑥ 皮	⑦ 矢	⑧ 穴

3 다음의 訓과 音을 지닌 漢字를 쓰시오.

① 털 모	② 개 견	③ 구슬 옥	④ 각시/성씨 씨
⑤ 달 감	⑥ 밭 전	⑦ 대 죽	⑧ 실 사

4 밑줄 그은 單語를 漢字語로 쓰시오.

① 향수를 생일선물로 받았어.

② 숙부께서는 안녕하신지요?

③ 씨족사회에서는 친족의 사이가 친밀했었다.

④ 난 감미료를 많이 넣은 음식이 싫어.

5 다음 漢字語 중 첫소리가 長音인 것을 고르시오.

① ㄱ. 竹林　　ㄴ. 穴居　　ㄷ. 示威　　ㄹ. 石壁

② ㄱ. 目的　　ㄴ. 白馬　　ㄷ. 用件　　ㄹ. 生動

③ ㄱ. 毛皮　　ㄴ. 毛髮　　ㄷ. 片肉　　ㄹ. 片紙

6 다음 빈칸에 뜻이 反對 또는 相反되는 漢字를 쓰시오.

① ( ) ↔ 火   ② ( ) ↔ 苦   ③ ( ) ↔ 死   ④ ( ) ↔ 畓

⑤ ( ) ↔ 石   ⑥ 黑 ↔ ( )

7 다음 빈칸에 訓이 같거나 유사한 漢字를 써넣어 單語를 完成하시오.

① ( )髮   ② ( )活   ③ ( )較   ④ 眼( )

⑤ 姓( )   ⑥ 費( )   ⑦ 起( )

8 다음 빈 칸에 알맞은 漢字를 써넣어 四字成語를 完成하시오.

① 九牛一( )   ② 一魚濁( )   ③ 明若觀( )   ④ 矯角殺( )

⑤ 金枝( )葉   ⑥ 泥( )鬪狗

9 다음 漢字語의 뜻을 쓰시오.

① 白眉   ② 石刻   ③ 片影   ④ 私用   ⑤ 牙旗

10 다음 漢字의 同音異義語를 하나만 쓰시오.

① 小火   ② 使用   ③ 勇氣   ④ 白眉

⑤ 豫示   ⑥ 入丈

정답

1 ① 백부 ② 현관 ③ 와기 ④ 군견 ⑤ 옥석 ⑥ 감초 ⑦ 화상 ⑧ 사전 ⑨ 파생 ⑩ 석탄 ⑪ 제시 ⑫ 성씨 ⑬ 화곡 ⑭ 송죽 ⑮ 혈거 ⑯ 편육 ⑰ 고립 ⑱ 탈모 ⑲ 우유 ⑳ 궁시 ㉑ 수질 ㉒ 응용 ㉓ 백반 ㉔ 피혁 ㉕ 비율 ㉖ 양모 ㉗ 목격 ㉘ 상아 ㉙ 미곡 ㉚ 견사   **2** ① 조각 편 ② 어금니 아 ③ 소 우 ④ 검을 현 ⑤ 기와 와 ⑥ 가죽 피 ⑦ 화살 시 ⑧ 굴/구멍 혈   **3** ① 毛 ② 犬 ③ 玉 ④ 氏 ⑤ 甘 ⑥ 田 ⑦ 竹 ⑧ 絲   **4** ① 香水 ② 叔父 ③ 氏族社會 ④ 甘味料   **5** ① ㄷ ② ㄷ ③ ㄹ   **6** ① 水 ② 甘 ③ 生 ④ 田 ⑤ 玉 ⑥ 白   **7** ① 毛 ② 生 ③ 比 ④ 目 ⑤ 氏 ⑥ 用 ⑦ 立   **8** ① 毛 ② 水 ③ 火 ④ 牛 ⑤ 玉 ⑥ 田   **9** ① 여러 사람 중에서 가장 뛰어난 사람 ② 돌에 글이나 그림을 새김 ③ 어떤 모습의 아주 작은 한 부분 ④ 자기 개인의 용건 ⑤ 임금이나 대장군의 진지에 세우던 기   **10** ① 消火 ② 私用 ③ 用器 ④ 白米 ⑤ 例示 ⑥ 立場

쓰기한자 · 읽기한자 점검하기

01 춤출 무	( )	19 鑑 (	)
02 굳을 견	( )	20 綱 (	)
03 기울 경	( )	21 篤 (	)
04 경사 경	( )	22 謙 (	)
05 감독할 독	( )	23 鈍 (	)
06 묘할 묘	( )	24 啓 (	)
07 틀 기	( )	25 顧 (	)
08 힘쓸 노	( )	26 突 (	)
09 층계 단	( )	27 幕 (	)
10 통달할 달	( )	28 驅 (	)
11 도망할 도	( )	29 淡 (	)
12 진 액	( )	30 肩 (	)
13 눈 안	( )	31 敦 (	)
14 양식 량	( )	32 濫 (	)
15 무덤 묘	( )	33 賴 (	)
16 맛 미	( )	34 貫 (	)
17 빽빽할 밀	( )	35 契 (	)
18 이지러질 결	( )	36 隆 (	)

1舞 2堅 3傾 4慶 5督 6妙 7機 8努 9段 10達 11逃 12液 13眼 14糧 15墓 16味 17密 18缺 19거울 감 20벼리 강 21도타울 독 22겸손할 겸 23둔할 둔 24열 계 25돌아볼 고 26갑자기 돌 27장막 막 28몰 구 29맑을 담 30어깨 견 31도타울 돈 32넘칠 람 33의지할 뢰 34꿸 관 35맺을 계 36높을 륭

37 넓을 박 ( )	57 晚 ( )
38 닭 계 ( )	58 冥 ( )
39 말씀 변 ( )	59 腹 ( )
40 법 범 ( )	60 逢 ( )
41 구리 동 ( )	61 默 ( )
42 내릴 강, 항복할 항 ( )	62 微 ( )
43 도울 원 ( )	63 蜜 ( )
44 슬플 비 ( )	64 惱 ( )
45 말씀 사 ( )	65 排 ( )
46 본디 / 흴 소 ( )	66 煩 ( )
47 가난할 빈 ( )	67 碧 ( )
48 쓸 소 ( )	68 慢 ( )
49 모양 양 ( )	69 崩 ( )
50 응할 응 ( )	70 墳 ( )
51 칠 박 ( )	71 敏 ( )
52 빼어날 수 ( )	72 遍 ( )
53 정성 성 ( )	73 聘 ( )
54 순수할 순 ( )	74 訴 ( )
55 엄숙할 숙 ( )	75 透 ( )
56 쉴 식 ( )	76 棄 ( )

37博 38鷄 39辯 40範 41銅 42降 43援 44悲 45辭 46素 47貧 48掃 49樣
50應 51拍 52秀 53誠 54純 55肅 56息 57늦을 만 58어두울 명 59배 복 60만
날 봉 61잠잠할 묵 62작을 미 63꿀 밀 64번뇌할 뇌 65밀칠 배 66번거로울 번 67푸
를 벽 68거만할 만 69무너질 붕 70무덤 분 71민첩할 민 72두루 편 73부를 빙 74호
소할 소 75사무칠 / 통할 투 76버릴 기

3단계 쓰기한자 · 읽기한자 점검하기

77 상 상	( )	97 誦 (	)
78 연기 연	( )	98 飽 (	)
79 끊을 절	( )	99 浮 (	)
80 맞을 영	( )	100 需 (	)
81 형세 세	( )	101 芽 (	)
82 노래 요	( )	102 値 (	)
83 원망할 원	( )	103 訟 (	)
84 섞일 잡	( )	104 彼 (	)
85 맡길 위	( )	105 恥 (	)
86 밀 추, 밀 퇴	( )	106 罷 (	)
87 에워쌀 위	( )	107 弊 (	)
88 항구 항	( )	108 鶴 (	)
89 숨을 은	( )	109 惑 (	)
90 의심할 의	( )	110 懷 (	)
91 생각 상	( )	111 牙 (	)
92 옮길 이	( )	112 曉 (	)
93 모양 자	( )	113 帥 (	)
94 위로할 위	( )	114 擴 (	)
95 직분 직	( )	115 稚 (	)
96 장막 장	( )	116 藏 (	)

77床 78煙 79絶 80迎 81勢 82謠 83怨 84雜 85委 86推 87圍 88港 89隱 90疑 91想 92移 93姿 94慰 95職 96帳 97욀 송 98 배부를 포 99 뜰 부 100 구할 수 101 싹 아 102 값 치 103 송사할 송 104 저 피 105 부끄러울 치 106 마칠 파 107 해질 / 폐단 폐 108 학 학 109 미혹할 혹 110 품을 회 111 어금니 아 112 새벽 효 113 장수 수 114 넓힐 확 115 어릴 치 116 감출 장

117　베풀 선	( )	137　影 ( )
118　혼인할 혼	( )	138　隨 ( )
119　밑 저	( )	139　陷 ( )
120　쌓을 적	( )	140　漆 ( )
121　그늘 음	( )	141　我 ( )
122　잘 침	( )	142　岸 ( )
123　점 점	( )	143　顔 ( )
124　한도 / 길 정	( )	144　濕 ( )
125　지경 역	( )	145　哀 ( )
126　빛날 화	( )	146　響 ( )
127　책 편	( )	147　讓 ( )
128　남길 유	( )	148　替 ( )
129　정할 / 찧을 정	( )	149　愚 ( )
130　청할 청	( )	150　輿 ( )
131　증거 증	( )	151　獲 ( )
132　짤 직	( )	152　譯 ( )
133　거느릴 통	( )	153　燕 ( )
134　들을 청	( )	154　逆 ( )
135　끌 제	( )	155　緩 ( )
136　쌓을 축	( )	156　貪 ( )

117宣　118婚　119底　120積　121陰　122寢　123點　124程　125域　126華　127篇
128遺　129精　130請　131證　132織　133統　134聽　135提　136築　137그림자 영
138따를 수　139빠질 함　140옷 칠　141나 아　142언덕 안　143낯 안　144젖을 습　145슬플 애　146울릴 향　147사양할 양　148바꿀 체　149어리석을 우　150수레 여　151얻을 획　152번역할 역　153제비 연　154거스를 역　155느릴 완　156탐낼 탐

3단계 쓰기한자 · 읽기한자 점검하기

157 가리킬 지 ( )	177 促 ( )
158 가지런할 정 ( )	178 庸 ( )
159 도둑 적 ( )	179 偶 ( )
160 일컬을 칭 ( )	180 爵 ( )
161 탄식할 탄 ( )	181 軟 ( )
162 표할 표 ( )	182 割 ( )
163 더할 증 ( )	183 悠 ( )
164 피곤할 피 ( )	184 寂 ( )
165 피할 피 ( )	185 葬 ( )
166 무리 중 ( )	186 照 ( )
167 모습 태 ( )	187 淨 ( )
168 한가할 한 ( )	188 幼 ( )
169 가질 취 ( )	189 慙 ( )
170 회복할 복, 다시 부 ( )	190 臥 ( )
171 풀 해 ( )	191 越 ( )
172 나아갈 취 ( )	192 症 ( )
173 구를 전 ( )	193 蒸 ( )
174 기쁠 희 ( )	194 振 ( )
175 건널 제 ( )	195 誘 ( )
176 도울 호 ( )	196 昌 ( )

---

157 指   158 整   159 賊   160 稱   161 歎   162 標   163 增   164 疲   165 避   166 衆   167 態
168 閑   169 取   170 復   171 解   172 就   173 轉   174 喜   175 濟   176 護   177 재촉할 촉
178 떳떳할 용   179 짝 우   180 벼슬 작   181 연할 연   182 벨 할   183 멀 유   184 고요할 적
185 장사지낼 장   186 비출 조   187 깨끗할 정   188 어릴 유   189 부끄러울 참   190 누울 와
191 넘을 월   192 증세 증   193 찔 증   194 떨칠 진   195 꾈 유   196 창성할 창

197 끌 인	(	)	217 倉 (	)
198 펼 전	(	)	218 蒼 (	)
199 쇠 철	(	)	219 尖 (	)
200 허락 허	(	)	220 添 (	)
201 재물 자	(	)	221 滴 (	)
202 지을 조	(	)	222 衝 (	)
203 붓 필	(	)	223 測 (	)
204 꺾을 절	(	)	224 與 (	)
205 충성 충	(	)	225 顯 (	)
206 쌓을 저	(	)	226 將 (	)
207 재 회	(	)	227 寶 (	)
208 생각할 고	(	)	228 輪 (	)
209 넓을 광	(	)	229 況 (	)
210 홀로 독	(	)	230 準 (	)
211 팔 매	(	)	231 送 (	)
212 낳을 산	(	)	232 嚴 (	)
213 수컷 웅	(	)	233 景 (	)
214 헤아릴 량	(	)	234 源 (	)
215 기를 양	(	)	235 義 (	)
216 변할 변	(	)	236 夷 (	)

197 引　198 展　199 鐵　200 許　201 資　202 造　203 筆　204 折　205 忠　206 貯　207 灰　208 考　209 廣　210 獨　211 賣　212 産　213 雄　214 量　215 養　216 變　217 곳집 창　218 푸를 창　219 뾰족할 첨　220 더할 첨　221 물방울 적　222 찌를 충　223 헤아릴 / 잴 측　224 더불 / 줄 여　225 나타날 현　226 장수 장　227 보배 보　228 바퀴 륜　229 상황 / 하물며 황　230 준할 준　231 보낼 송　232 엄할 엄　233 볕 / 경치 경　234 근원 원　235 옳을 의　236 오랑캐 이

합격을 결정짓는 우선순위 한자 450

냉철한 눈으로 사람을 바라보고,
냉철한 귀로 남의 말을 들으며,
냉철한 감정으로 느낌을 대하고,
냉철한 마음으로 도리를 생각하라.

冷眼觀人 冷耳聽語 冷情當感 冷心思理

- 채근담 중에서 -

본 편에 수록된 단어는 450자로서 학습일은 15일입니다.
4단계에 수록된 한자는 그동안 출제빈도가 그리 높지는 않았으며, 지난 30회 까지의 한자능력검정시험에서 2회 ~ 3회 출제되었습니다.

1 | 미리 확인하기를 통해 우선 본인이 음과 훈, 부수, 약자 등을 알고 있는 한자를 먼저 체크해 봅니다.

2 | 본인이 모르고 있거나 확실치 않은 한자를 중심으로 본문 순서에 따라 학습을 합니다.
이 때 단순히 한자의 음과 훈만을 위주로 기억하지 말고, 부수 · 유의어 · 반의어 · 약자 등을 모두 익혀두셔야 합니다.

3 | 모두 암기가 되었다면, 오늘의 단어와 관련이 있는 사자성어를 익혀 둡니다.

4 | 본문 학습이 끝난 후에는 한자 검검하기를 통해 본인의 학습정도를 체크해 봅니다. 한자 점검하기의 문제는 실제 출제되는 문제의 유형에 따라 그날 분의 한자로 구성한 것입니다.

5 | 15일분의 학습 분량이 끝나면 각 단원의 쓰기한자, 읽기한자 연습이 있습니다. 쓰기한자와 읽기한자 연습을 통해 다시 한번 앞에서 공부한 내용을 확인해 둡니다. 쓰기한자는 4급과 4급Ⅱ 위주의 문제이고, 읽기한자는 3급과 3급Ⅱ 위주의 문제입니다(그러나 반드시 일치하지는 않습니다).

미리 확인하기　　　　　　　ㅇ ✕　　　　　　　　　　ㅇ ✕

佳 佳 佳 佳 佳 □□	建 建 建 建 建 □□
架 架 架 架 架 架 □□	乾 乾 乾 乾 乾 乾 □□
街 街 街 街 街 街 □□	傑 傑 傑 傑 傑 傑 □□
脚 脚 脚 脚 脚 脚 □□	格 格 格 格 格 格 □□
刊 刊 刊 刊 刊 刊 □□	激 激 激 激 激 激 □□
姦 姦 姦 姦 姦 姦 □□	絹 絹 絹 絹 絹 絹 □□
幹 幹 幹 幹 幹 幹 □□	決 決 決 決 決 決 □□
甲 甲 甲 甲 甲 甲 □□	京 京 京 京 京 京 □□
剛 剛 剛 剛 剛 剛 □□	竟 竟 竟 竟 竟 竟 □□
強 強 強 強 強 強 □□	競 競 競 競 競 競 □□
講 講 講 講 講 講 □□	警 警 警 警 警 警 □□
皆 皆 皆 皆 皆 皆 □□	驚 驚 驚 驚 驚 驚 □□
慨 慨 慨 慨 慨 慨 □□	界 界 界 界 界 界 □□
巨 巨 巨 巨 巨 巨 □□	桂 桂 桂 桂 桂 桂 □□
健 健 健 健 健 健 □□	溪 溪 溪 溪 溪 溪 □□

甲男乙女 □□□□　　　　驚天動地 □□□□
外柔內剛 □□□□　　　　無味乾燥 □□□□

0811 **佳** 3급II
아름다울 가:
부 亻(人) 유 美 아름다울 미, 嘉 아름다울 가
佳景(가:경)　佳緣(가:연)　佳人(가:인)　佳日(가:일)　百年佳約(백년가약)
좋은 인연

0812 **架** 3급II
시렁 가
부 木
架設(가설)　架橋(가교)　書架(서가)　十字架(십자가)

0813 **街** 4급II
거리 가(:)
부 行　유 巷 거리 항
街道(가:도)　街頭(가:두)　商街(상가)　街路樹(가로수)　街路燈(가로등)
도시의 큰 도로

0814 **脚** 3급II
다리 각
부 月(肉)
脚光(각광)　脚本(각본)　脚色(각색)　立脚(입각)　脚氣病(각기병)
무대의 앞면 아래쪽에서 배우를 환하게 비추어 주는 조명

0815 **刊** 3급II
책 펴낼/
새길 간
부 刂(刀)
刊行(간행)　發刊(발간)　新刊(신간)　週刊(주간)　創刊(창:간)　出刊(출간)
한 주일마다 한 번씩 펴냄

0816 **姦** 3급
간사할/
간음할 간:
부 女
姦夫(간:부)　姦淫(간:음)　姦通(간:통)　强姦(강:간)　近親相姦(근친상간)

0817 **幹** 3급II
줄기 간
부 干　유 根 뿌리 근
幹部(간부)　幹線(간선)　骨幹(골간)　根幹(근간)　語幹(어:간)　才幹(재간)
뼈대. 골격

0818 **甲** 4급
갑옷 갑
부 田
甲富(갑부)　甲板(갑판)　同甲(동갑)　鐵甲(철갑)　甲男乙女(갑남을녀)

0819 **剛** 3급II
굳셀 강
부 刂(刀)　유 健 굳셀 건　반 柔 부드러울 유
剛健(강건)　剛直(강직)　金剛山(금강산)　外柔內剛(외유내강)

0820 **強** 6급
강할 강(:)
부 弓　반 弱 약할 약
强姦(강:간)　强盜(강:도)　强力(강력)　强制(강:제)　强化(강화)
참고 强化(강화) ↔ 弱化(약화)

0821 **講** 4급II
욀/익힐 강:
부 言
講究(강:구)　講堂(강:당)　講師(강:사)　講義(강:의)　講座(강:좌)
알맞은 방법이나 방책을 연구함

28일째 한자익히기 0822~0832

皆 慨 巨 健 建 乾 傑 格 激 絹 決

0822 3급
皆 다 개

㉠白 ㉴咸 다 함

皆勤(개근) 皆伐(개벌) 皆兵(개병) 擧皆(거:개) 皆骨山(개골산)
산림의 나무를 한꺼번에 모두 베어 냄

0823 3급
慨 슬퍼할 개:

㉠忄(心) ㉴哀 슬플 애 ㉲歡 기쁠 환, 喜 기쁠 희

感慨(감:개) 慨歎(개:탄) 憤慨(분:개) 感慨無量(감개무량)
마음에 사무치는 느낌이 한이 없음

0824 4급
巨 클 거:

㉠工 ㉴大 큰 대, 太 클 태 ㉲小 작을 소

巨大(거:대) 巨物(거:물) 巨富(거:부) 巨人(거:인) 巨視的(거시적)

참고 巨大(거대) ↔ 微小(미소)

0825 5급
健 굳셀 건:

㉠亻(人) ㉴康 편안할 강

健康(건:강) 健勝(건:승) 健兒(건:아) 健全(건:전) 健忘症(건망증)

0826 5급
建 세울 건:

㉠廴 ㉴立 설 립 ㉲壞 무너질 괴, 崩 무너질 붕

建國(건:국) 建設(건:설) 建築(건:축) 封建(봉건) 創建(창:건)

0827 3급Ⅱ
乾 하늘/마를 건

㉠乙 ㉴天 하늘 천, 燥 마를 조 ㉲坤 땅 곤, 濕 축축할 습

乾坤(건곤) 乾達(건달) 乾杯(건배) 乾性(건성) 乾濕(건습) 乾燥(건조)
乾草(건초) 無味乾燥(무미건조)

0828 4급
傑 뛰어날 걸

㉠亻(人) ㉴秀 빼어날 수, 俊 준걸 준 ㉲拙 졸할 졸

傑句(걸구) 傑士(걸사) 傑出(걸출) 傑作(걸작) 俊傑(준:걸) 豪傑(호걸)
뛰어난 인사

0829 5급
格 격식 격

㉠木

格言(격언) 規格(규격) 性格(성:격) 昇格(승격) 失格(실격) 嚴格(엄격)

0830 4급
激 격할 격

㉠氵(水)

感激(감:격) 激突(격돌) 激勵(격려) 激烈(격렬) 激鬪(격투) 過激(과:격)

0831 3급
絹 비단 견

㉠糸 ㉴錦 비단 금

絹絲(견사) 絹布(견포) 本絹(본견) 生絹(생견) 絹織物(견직물)
비단과 포목

0832 5급
決 결단할 결

㉠氵(水)

可決(가:결) 決斷(결단) 決算(결산) 決裁(결재) 未決(미:결) 判決(판결)

참고 可決(가결) ↔ 否決(부결)

0833 6급 **京** 서울 경
⊕亠 ⊕鄕 시골 향
<u>京府(경부)</u> 京城(경성) 京鄕(경향) 歸京(귀:경) 上京(상:경)
서울. 수도

0834 3급 **竟** 마침내 경:
⊕立 ⊕畢 마칠 필
竟夜(경:야) <u>究竟(구경)</u> 畢竟(필경)
사물의 궁구해 가다가 마침내 도달한 곳

0835 5급 **競** 다툴 경:
⊕立 ⊕爭 다툴 쟁, 戰 싸울 전, 鬪 싸움 투
競技(경:기) 競馬(경:마) 競買(경:매) 競爭(경:쟁) 競合(경:합)

0836 4급II **警** 깨우칠/경계할 경:
⊕言 ⊕覺 깨달을 각, 戒 경계할 계
警戒(경:계) 警告(경:고) 警備(경:비) 警鐘(경:종) 警察(경:찰)
警覺心(경각심) 警護員(경호원)

0837 4급 **驚** 놀랄 경
⊕馬
驚起(경기) <u>驚倒(경도)</u> 驚異(경이) 驚歎(경탄) <u>驚天動地(경천동지)</u>
(까무러칠 정도로) 몹시 놀람 · 세상을 크게 놀라게 함

0838 6급 **界** 지경 계:
⊕田 ⊕境 지경 경
各界(각계) 境界(경계) 界面(계:면) 視界(시:계) 限界(한:계)

0839 3급II **桂** 계수나무 계:
⊕木
桂林(계:림) 桂樹(계:수) 桂皮(계:피) 月桂冠(월계관) 月桂樹(월계수)

0840 3급II **溪** 시내 계
⊕氵(水)
溪谷(계곡) 溪流(계류) 溪泉(계천) <u>碧溪(벽계)</u> 清溪(청계)
물이 매우 맑아 푸른빛이 도는 시내

| 오 늘 의 사 자 성 어 |

甲男乙女 갑남을녀 [갑이라는 남자와 을이라는 여자] 즉 평범한 사람을 이르는 말
驚天動地 경천동지 세상을 크게 놀라게 함
外柔內剛 외유내강 겉으로 보기에는 부드러우나 속은 꿋꿋하고 강함
無味乾燥 무미건조 재미나 취미가 없고 메마르다는 뜻

28

I 다음 漢字語의 讀音을 쓰시오.

① 脚色	② 皆勤	③ 乾燥	④ 競爭
⑤ 鐵甲	⑥ 絹絲	⑦ 街頭	⑧ 激勵
⑨ 畢竟	⑩ 性格	⑪ 判決	⑫ 建築
⑬ 京鄕	⑭ 境界	⑮ 强盜	⑯ 根幹
⑰ 驚起	⑱ 溪流	⑲ 週刊	⑳ 桂皮
㉑ 健康	㉒ 警告	㉓ 講究	㉔ 架設
㉕ 巨富	㉖ 佳緣	㉗ 慨歎	㉘ 俊傑
㉙ 姦淫	㉚ 金剛山		

2 다음 漢字의 訓과 音을 쓰시오.

① 皆　　② 幹　　③ 驚　　④ 絹
⑤ 脚　　⑥ 竟　　⑦ 剛　　⑧ 乾

3 다음의 訓과 音을 지닌 漢字를 쓰시오.

① 뛰어날 걸　　② 깨우칠 경　　③ 갑옷 갑　　④ 격할 격
⑤ 다툴 경　　⑥ 익힐 강　　⑦ 거리 가　　⑧ 굳셀 건

4 밑줄 그은 單語를 漢字語로 쓰시오.

① 고조선의 건국이념은 홍익인간이다.
② 그와는 동갑내기이다.
③ 문단속을 잘해 강도에 대비해야 한다.
④ 인간의 능력에는 한계가 있다.

5 다음 漢字語 중 첫소리가 長音인 것을 고르시오.

① ㄱ. 街頭　　ㄴ. 甲富　　ㄷ. 脚色　　ㄹ. 皆勤
② ㄱ. 刊行　　ㄴ. 桂樹　　ㄷ. 失格　　ㄹ. 絹絲
③ ㄱ. 決斷　　ㄴ. 幹線　　ㄷ. 剛直　　ㄹ. 警告

6 뜻이 反對 또는 相對되는 漢字를 쓰시오.

① 鄕 ↔ ( )　　　　② 弱 ↔ ( )　　　　③ 小 ↔ ( )

7 빈칸에 訓이 같거나 유사한 漢字를 써넣어 單語를 完成하시오.

① ( )爭　　　　② 境( )　　　　③ 俊( )　　　　④ ( )康

8 다음 빈 곳에 알맞은 漢字를 써넣어 四字成語를 完成하시오.

① ( )男乙女　　　② 大( )失色　　　③ ( )物致知　　　④ 弱肉( )食

9 다음 漢字의 部首를 쓰시오.

① 强　　　　② 格　　　　③ 幹　　　　④ 刊
⑤ 界　　　　⑥ 絹　　　　⑦ 剛

10 다음 漢字語의 뜻을 쓰시오.

① 乾坤　　　② 限界　　　③ 警告　　　④ 根幹　　　⑤ 皆勤

11 음이 같고 뜻이 다른 漢字語를 한가지씩 쓰시오.

① 佳景　　　　② 週刊　　　　③ 可決　　　　④ 境界

12 음이 같고 뜻이 다른 漢字語를 한가지씩 쓰시오.

① 傾向　　　　② 競技　　　　③ 晝間

정답

1 ① 각색 ② 개근 ③ 건조 ④ 경쟁 ⑤ 철갑 ⑥ 견사 ⑦ 가두 ⑧ 격려 ⑨ 필경 ⑩ 성격 ⑪ 판결 ⑫ 건축 ⑬ 경향 ⑭ 경계 ⑮ 강도 ⑯ 근간 ⑰ 경기 ⑱ 계류 ⑲ 주간 ⑳ 계피 ㉑ 건강 ㉒ 경고 ㉓ 강구 ㉔ 가설 ㉕ 거부 ㉖ 가연 ㉗ 개탄 ㉘ 준걸 ㉙ 간음 ㉚ 금강산　**2** ① 다 개 ② 줄기 간 ③ 놀랄 경 ④ 비단 견 ⑤ 다리 각 ⑥ 마침내 경 ⑦ 굳셀 강 ⑧ 하늘/마를 건　**3** ① 傑 ② 警 ③ 甲 ④ 激 ⑤ 競 ⑥ 講 ⑦ 街 ⑧ 健　**4** ① 建國 ② 同甲 ③ 强盜 ④ 限界　**5** ① ㄱ ② ㄴ ③ ㄹ　**6** ① 京 ② 强 ③ 巨　**7** ① 競 ② 界 ③ 傑 ④ 健　**8** ① 甲 ② 驚 ③ 格 ④ 强　**9** ① 弓 ② 木 ③ 干 ④ ⺉(刀) ⑤ 田 ⑥ 糸 ⑦ ⺉(刀)　**10** ① 하늘과 땅 ② 정하여진 범위 ③ 조심하라고 알림 ④ 뿌리와 줄기 ⑤ 하루도 빠짐없이 출석 함　**11** ① 佳境/加敬 ② 株間/晝間 ③ 加結/可缺 ④ 經界/敬啓　**12** ① 京鄕 ② 驚起/景氣 ③ 週刊/週間

202

미리 확인하기   o x   o x

計	計 計 計 計 計	□□	矯	矯 矯 矯 矯 矯	□□
古	古 古 古 古 古	□□	句	句 句 句 句 句	□□
稿	稿 稿 稿 稿 稿	□□	究	究 究 究 究 究	□□
穀	穀 穀 穀 穀 穀	□□	拘	拘 拘 拘 拘 拘	□□
坤	坤 坤 坤 坤 坤	□□	區	區 區 區 區 區	□□
公	公 公 公 公 公	□□	懼	懼 懼 懼 懼 懼	□□
誇	誇 誇 誇 誇 誇	□□	苟	苟 苟 苟 苟 苟	□□
寡	寡 寡 寡 寡 寡	□□	拳	拳 拳 拳 拳 拳	□□
寬	寬 寬 寬 寬 寬	□□	勸	勸 勸 勸 勸 勸	□□
管	管 管 管 管 管	□□	厥	厥 厥 厥 厥 厥	□□
冠	冠 冠 冠 冠 冠	□□	叫	叫 叫 叫 叫 叫	□□
慣	慣 慣 慣 慣 慣	□□	菌	菌 菌 菌 菌 菌	□□
鑛	鑛 鑛 鑛 鑛 鑛	□□	克	克 克 克 克 克	□□
怪	怪 怪 怪 怪 怪	□□	極	極 極 極 極 極	□□
橋	橋 橋 橋 橋 橋	□□	劇	劇 劇 劇 劇 劇	□□

克己復禮 □□□□   赤手空拳 □□□□

誇大妄想 □□□□   勸善懲惡 □□□□

0841 6급
計
셀 계:
㈜言 ㈜算 계산 산
計略(계:략)　計算(계:산)　計座(계:좌)　計策(계:책)　計劃(계:획)

0842 6급
古
예 고:
㈜口 ㈜舊 예 구 ㉫今 이제 금
古宮(고:궁)　古文(고:문)　古墳(고:분)　古語(고:어)　古典(고:전)

0843 3급Ⅱ
稿
원고/볏짚 고
㈜禾
稿料(고료)　寄稿(기고)　原稿(원고)　遺稿(유고)　拙稿(졸고)　脫稿(탈고)
　　　　　　　　　　　　　　　　　　　　　　　　남 앞에서 자기의 원고를
　　　　　　　　　　　　　　　　　　　　　　　　겸손하게 이르는 말

0844 4급
穀
곡식 곡
㈜禾
穀類(곡류)　穀物(곡물)　穀食(곡식)　糧穀(양곡)　雜穀(잡곡)　脫穀(탈곡)

0845 3급
坤
땅 곤
㈜土 ㈜地 땅 지 ㉫乾 하늘 건, 天 하늘 천
乾坤(건곤)　坤宮(곤궁)　坤方(곤방)　坤位(곤위)　坤殿(곤전)
　　　　　　　　　　　　　　　　　　　　　　왕후(王后)를 높이어 일컫던 말

0846 6급
公
공평할/
공변될 공
㈜八 ㉫私 사사로울 사
公理(공리)　公募(공모)　公私(공사)　公約(공약)　公用(공용)　公衆(공중)
滅私奉公(멸사봉공)

0847 3급Ⅱ
誇
자랑할 과:
㈜言
誇大(과:대)　誇示(과:시)　誇言(과:언)　誇張(과:장)　誇大妄想(과대망상)

0848 3급Ⅱ
寡
적을 과:
㈜宀 ㉫衆 무리 중, 多 많을 다
寡默(과:묵)　寡慾(과:욕)　寡占(과:점)　多寡(다과)　衆寡不敵(중과부적)
　　　　　　　　　　　　　　　　　　　　　　　적은 수효로 많은 수효를
　　　　　　　　　　　　　　　　　　　　　　　맞겨루지 못함

0849 3급Ⅱ
寬
너그러울 관
㈜宀
寬大(관대)　寬恕(관서)　寬容(관용)　寬厚(관후)　寬仁大度(관인대도)

0850 4급
管
대롱/주관할/
피리 관
㈜竹
管理(관리)　管掌(관장)　保管(보:관)　所管(소:관)　氣管支(기관지)
　　　　　　　　　　　　　　　　　　　　　어떤 사무를 맡아 관리함

0851 3급Ⅱ
冠
갓 관
㈜冖
冠帶(관대)　冠禮(관례)　弱冠(약관)　王冠(왕관)　衣冠(의관)
月桂冠(월계관)　冠婚喪祭(관혼상제)

29일째 한자익히기 0852~0862

慣 鑛 怪 橋 矯 句 究 拘 區 懼 苟

0852 3급II
慣
익숙할/
버릇 관

㉟ ↑(心) ㉨ 習 익힐 습
慣例(관례) 慣性(관성) 慣習(관습) 慣用(관용) 慣行(관행) 習慣(습관)
습관적으로 자주 사용함

0853 4급
鑛
쇳돌 광:

㉟ 金 ㉪ 鉱
鑛物(광:물) 鑛夫(광:부) 鑛石(광:석) 鑛業(광:업) 採鑛(채:광)

0854 3급II
怪
괴이할 괴(:)

㉟ ↑(心) ㉨ 寄 기이할 기
怪物(괴:물) 怪變(괴:변) 怪常(괴상) 怪異(괴이) 奇巖怪石(기암괴석)

0855 5급
橋
다리 교

㉟ 木
橋脚(교각) 橋梁(교량) 踏橋(답교) 石橋(석교) 陸橋(육교) 鐵橋(철교)
다리밟이

0856 3급
矯
바로잡을 교:

㉟ 矢
矯導(교:도) 矯正(교:정) 矯角殺牛(교각살우)

0857 4급II
句
글귀 구

㉟ 口
句節(구절) 句讀(구두) 詩句(시구) 絕句(절구) 高句麗(고구려)

0858 4급II
究
연구할/
궁구할 구

㉟ 穴 ㉨ 硏 갈 연
講究(강:구) 究明(구명) 窮究(궁구) 硏究(연:구) 探究(탐구) 學究(학구)

0859 3급II
拘
잡을 구

㉟ 扌(手) ㉨ 捕 잡을 포
拘禁(구금) 拘留(구류) 拘束(구속) 拘引(구인) 拘置所(구치소)
잡아서 가둠

0860 3급
苟
구차할/
진실로 구

㉟ ++(艸)
苟艱(구간)
매우 가난함

0861 3급
懼
두려워할 구

㉟ ↑(心) ㉨ 恐 두려울 공
畏懼(외:구) 危懼(위구) 疑懼(의구)
삼가고 두려워함

0862 6급
區
구분할/
지경 구

㉟ 匚 ㉨ 別 나눌 별, 分 나눌 분 ㉪ 区
區間(구간) 區別(구별) 區分(구분) 區域(구역) 區廳(구청) 區劃(구획)

0863 3급II **拳** 주먹 권: ㉯手
拳法(권:법) 拳銃(권:총) 拳鬪(권:투) 鐵拳(철권) 赤手空拳(적수공권)

0864 4급 **勸** 권할 권: ㉯力 ㉴獎 장려할 장 ㉵劝
勸告(권:고) 勸誘(권:유) 勸獎(권:장) 勸學(권:학) 勸善懲惡(권선징악)

0865 3급 **厥** 그 궐 ㉯厂
厥角(궐각) 厥女(궐녀) 厥尾(궐미) 厥者(궐자) 厥後(궐후) 突厥(돌궐)
'그 여자'를 홀하게 이르는 말   그후

0866 3급 **叫** 부르짖을 규 ㉯口
叫聲(규성) 叫號(규호) 叫喚(규환) 絕叫(절규)
(괴로움 따위로) 큰 소리로 부르짖음

0867 3급II **菌** 버섯 균 ㉯艹(艸)
菌絲(균사) 滅菌(멸균) 病菌(병:균) 殺菌(살균) 細菌(세:균)

0868 3급II **克** 이길 극 ㉯儿
克己(극기) 克明(극명) 克服(극복) 克復(극복) 克己復禮(극기복례)
                  (어렵고 힘든 일 (어려운 상태를) 이겨내어
                  을) 이겨 냄   본디의 상태로 되돌아감

0869 4급II **極** 극진할/다할 극 ㉯木 ㉴端 끝 단, 至 이를 지, 盡 다할 진
窮極(궁극) 極端(극단) 極度(극도) 極貧(극빈) 極盡(극진) 極讚(극찬)
極惡無道(극악무도)

0870 4급 **劇** 심할 극 ㉯刂(刀) ㉴甚 심할 심
劇本(극본) 劇場(극장) 悲劇(비:극) 史劇(사:극) 演劇(연:극)
참고 悲劇(비극) ↔ 喜劇(희극)

| 오 늘 의 사 자 성 어 |

克己復禮 극기복례 지나친 욕심을 누르고 범절을 좇음
赤手空拳 적수공권 [맨손과 맨주먹이라는 뜻] 아무것도 가진 것이 없음
誇大妄想 과대망상 턱없이 과대하게 평가하여 그것을 믿는 망령된 생각
勸善懲惡 권선징악 선행을 권장하고 악행을 징계한다는 뜻

I 다음 漢字語의 讀音을 쓰시오.

① 鑛物　　② 區劃　　③ 誇張　　④ 劇場
⑤ 寡默　　⑥ 怪常　　⑦ 突厥　　⑧ 拙稿
⑨ 拳鬪　　⑩ 公募　　⑪ 踏橋　　⑫ 絕叫
⑬ 慣例　　⑭ 極盡　　⑮ 古宮　　⑯ 探究
⑰ 苟且　　⑱ 寬容　　⑲ 矯導　　⑳ 管掌
㉑ 拘束　　㉒ 計劃　　㉓ 糧穀　　㉔ 畏懼
㉕ 冠帶　　㉖ 乾坤　　㉗ 勸告　　㉘ 克己
㉙ 滅菌　　㉚ 高句麗

2 다음 漢字의 訓과 音을 쓰시오.

① 懼　　② 坤　　③ 冠　　④ 拳
⑤ 誇　　⑥ 叫　　⑦ 菌　　⑧ 厥

3 다음의 訓과 音을 지닌 漢字를 쓰시오.

① 예 고　　② 다리 교　　③ 연구할 구　　④ 구분할 구
⑤ 권할 권　　⑥ 셀 계　　⑦ 공평할 공　　⑧ 글귀 구

4 밑줄 그은 單語를 漢字語로 쓰시오.

① 귀중한 물건은 <u>보관</u>을 잘 해야 한다.
② 이 곳은 주차금지<u>구역</u>이다.
③ <u>광부</u>는 55세부터 국민연금을 받는다.
④ <u>공중</u>질서를 지켜야 한다.

5 다음 漢字語 중 첫소리가 長音인 것을 고르시오.

① ㄱ. 劇場　　ㄴ. 叫聲　　ㄷ. 究明　　ㄹ. 計略
② ㄱ. 誇示　　ㄴ. 區域　　ㄷ. 橋脚　　ㄹ. 穀食
③ ㄱ. 克服　　ㄴ. 鑛石　　ㄷ. 公用　　ㄹ. 寬大

6 뜻이 反對 또는 相對되는 漢字를 쓰시오.

① 今 ↔ ( )　　　② 私 ↔ ( )　　　③ 寡 ↔ ( )

7 빈칸에 訓이 같거나 유사한 漢字를 써넣어 單語를 完成하시오.

① ( )算　　　② 至( )　　　③ 硏( )　　　④ ( )別
⑤ ( )甚　　　⑥ ( )獎

8 다음 빈 곳에 알맞은 漢字를 써넣어 四字成語를 完成하시오.

① 滅私奉( )　　　② ( )惡無道　　　③ ( )善懲惡　　　④ 百年大( )

9 다음 漢字의 部首를 쓰시오.

① 句　　　② 劇　　　③ 勸　　　④ 冠
⑤ 橋　　　⑥ 矯

10 다음 漢字의 略字를 쓰시오.

① 鑛　　　② 區　　　③ 勸

11 다음 漢字語의 뜻을 쓰시오.

① 克己　　　② 滅菌　　　③ 拘束　　　④ 誇張　　　⑤ 多寡

정답

1 ① 광물 ② 구획 ③ 과장 ④ 극장 ⑤ 과묵 ⑥ 괴상 ⑦ 돌궐 ⑧ 졸고 ⑨ 권투 ⑩ 공모 ⑪ 답교 ⑫ 절규 ⑬ 관례 ⑭ 극진 ⑮ 고궁 ⑯ 탐구 ⑰ 구차 ⑱ 관용 ⑲ 교도 ⑳ 관장 ㉑ 구속 ㉒ 계획 ㉓ 양곡 ㉔ 외구 ㉕ 관대 ㉖ 건곤 ㉗ 권고 ㉘ 극기 ㉙ 멸균 ㉚ 고구려　**2** ① 두려워할 구 ② 땅 곤 ③ 갓 관 ④ 주먹 권 ⑤ 자랑할 과 ⑥ 부르짖을 규 ⑦ 버섯 균 ⑧ 그 궐　**3** ① 古 ② 橋 ③ 究 ④ 區 ⑤ 勸 ⑥ 計 ⑦ 公 ⑧ 句　**4** ① 保管 ② 區域 ③ 鑛夫 ④ 公衆　**5** ① ㄹ ② ㄱ ③ ㄴ　**6** ① 古 ② 公 ③ 多　**7** ① 計 ② 極 ③ 究 ④ 區 ⑤ 極 ⑥ 勸　**8** ① 公 ② 極 ③ 勸 ④ 計　**9** ① 口 ② 刂(刀) ③ 力 ④ 冖 ⑤ 木 ⑥ 矢　**10** ① 鉱 ② 区 ③ 劝　**11** ① 의지로 눌러 이김 ② 세균을 죽여 없앰 ③ 마음대로 못하게 얽어 맴 ④ 사실보다 지나치게 떠벌려 나타냄 ⑤ 많음과 적음

미리 확인하기　　　ㅇ Ｘ　　　　　ㅇ Ｘ

根	根	根	根	根	根	□□	年	年	年	年	年	年	□□
筋	筋	筋	筋	筋	筋	□□	寧	寧	寧	寧	寧	寧	□□
今	今	今	今	今	今	□□	農	農	農	農	農	農	□□
琴	琴	琴	琴	琴	琴	□□	腦	腦	腦	腦	腦	腦	□□
肯	肯	肯	肯	肯	肯	□□	能	能	能	能	能	能	□□
忌	忌	忌	忌	忌	忌	□□	泥	泥	泥	泥	泥	泥	□□
記	記	記	記	記	記	□□	丹	丹	丹	丹	丹	丹	□□
企	企	企	企	企	企	□□	旦	旦	旦	旦	旦	旦	□□
基	基	基	基	基	基	□□	壇	壇	壇	壇	壇	壇	□□
旣	旣	旣	旣	旣	旣	□□	檀	檀	檀	檀	檀	檀	□□
緊	緊	緊	緊	緊	緊	□□	答	答	答	答	答	答	□□
那	那	那	那	那	那	□□	堂	堂	堂	堂	堂	堂	□□
暖	暖	暖	暖	暖	暖	□□	黨	黨	黨	黨	黨	黨	□□
男	男	男	男	男	男	□□	臺	臺	臺	臺	臺	臺	□□
納	納	納	納	納	納	□□	代	代	代	代	代	代	□□

今時初聞 □□□□　　　愚問賢答 □□□□

雲泥之差 □□□□　　　稀代未聞 □□□□

0871 根 6급 뿌리 근
＊木 ⊕本 근본 본
根幹(근간)　根據(근거)　根本(근본)　根源(근원)　根絕(근절)　禍根(화:근)

0872 筋 4급 힘줄 근
＊竹
筋骨(근골)　筋力(근력)　筋肉(근육)　心筋(심근)　鐵筋(철근)
심장의 벽을 싸고 있는 근육

0873 今 6급 이제 금
＊人 ⊕昨 어제 작, 古 예 고
古今(고:금)　今年(금년)　今昔(금석)　今週(금주)　今始初聞(금시초문)

0874 琴 3급Ⅱ 거문고 금
＊王(玉)
琴線(금선)　琴道(금도)　心琴(심금)　洋琴(양금)　風琴(풍금)　奚琴(해금)
거문고에 대한 이론과 타는 기술

0875 肯 3급 즐길/옳이여길 긍:
＊月(肉)
肯諾(긍:낙)　肯意(긍:의)　肯定(긍:정)　肯志(긍:지)　首肯(수긍)
수긍하여 허락함

0876 忌 3급 꺼릴 기
＊心 ⊕避 피할 피
禁忌(금:기)　忌日(기일)　忌避(기피)　週忌(주기)　嫌忌(혐기)

0877 記 7급 기록할 기
＊言 ⊕錄 기록할 록
記念(기념)　記錄(기록)　記述(기술)　記者(기자)　記號(기호)　暗記(암:기)

0878 企 3급Ⅱ 꾀할 기
＊人
企待(기대)　企圖(기도)　企望(기망)　企業(기업)　企劃(기획)
일이 이루어지기를 바람

0879 基 5급 터 기
＊土
基金(기금)　基盤(기반)　基本(기본)　基點(기점)　基準(기준)　基礎(기초)

0880 旣 3급 이미 기
＊无
旣決(기결)　旣望(기망)　旣述(기술)　旣存(기존)　旣婚(기혼)　旣定(기정)
참고 旣決(기결) ↔ 未決(미결)

0881 緊 3급Ⅱ 긴할/팽팽할 긴
＊糸 ⊕緊
緊急(긴급)　緊密(긴밀)　緊迫(긴박)　緊要(긴요)　緊張(긴장)　緊縮(긴축)
매우 중요함

30일째 한자익히기 0882~0892

那 暖 男 納 年 寧 農 腦 能 泥 丹

0882 3급
那 어찌 나:
⓫阝(邑) ⓨ奈 어찌 내, 何 어찌 하
那落(나:락) 那邊(나:변) 刹那(찰나)
어디. 어느 곳

0883 4급II
暖 따뜻할 난:
⓫日 ⓨ溫 따뜻할 온 ⓑ冷 찰 랭, 寒 찰 한
暖帶(난:대) 暖冬(난:동) 暖流(난:류) 暖房(난:방) 溫暖(온난)
참고 暖房(난방) ↔ 冷房(냉방)

0884 7급
男 사내 남
⓫田 ⓑ女 계집 녀
男妹(남매) 男兒(남아) 男優(남우) 男便(남편) 得男(득남) 美男(미:남)
'남배우' 의 준말

0885 4급
納 들일 납
⓫糸 ⓨ入 들 입 ⓑ出 날 출
納骨(납골) 納期(납기) 納得(납득) 納付(납부) 納稅(납세) 納品(납품)

0886 8급
年 해 년
⓫干 ⓨ歲 해 세
送年(송:년) 年金(연금) 年號(연호) 閏年(윤:년) 靑年(청년) 豊年(풍년)
참고 豊年(풍년) ↔ 凶年(흉년)

0887 3급II
寧 편안 녕
⓫宀 ⓨ康 편안 강, 安 편안 안
康寧(강녕) 安寧(안녕) 寧日(영일) 寧察(영찰) 壽福康寧(수복강녕)
조선 말기에 평안북도 관찰사를
달리 이르던 말

0888 7급
農 농사 농
⓫辰
勸農(권:농) 農耕(농경) 農樂(농악) 農藥(농약) 農場(농장) 營農(영농)

0889 3급II
腦 골/뇌수 뇌
⓫月(肉) ⓐ脳
腦裏(뇌리) 腦死(뇌사) 腦炎(뇌염) 腦腫瘍(뇌종양) 腦震蕩(뇌진탕)

0890 5급
能 능할 능
⓫月(肉)
能力(능력) 能率(능률) 藝能(예:능) 可能性(가능성) 放射能(방사능)

0891 3급II
泥 진흙 니(이)
⓫氵(水)
泥水(이수) 泥土(이토) 泥田鬪狗(이전투구) 雲泥之差(운니지차)
진흙

0892 3급II
丹 붉을 단
⓫丶 ⓨ朱 붉을 주, 赤 붉을 적, 紅 붉을 홍
丹誠(단성) 丹粧(단장) 丹靑(단청) 丹楓(단풍) 牧丹(목단) 朱丹(주단)

0893 旦 3급II 아침 단
㉑日 ㉖朝 아침 조 ㉕夕 저녁 석
旦暮(단모) 旦夕(단석) 元旦(원단) 一旦(일단)
새벽녘과 해질녘

0894 壇 5급 단 단
㉑土
講壇(강:단) 敎壇(교:단) 壇上(단상) 樂壇(악단) 演壇(연:단)

0895 檀 4급II 박달나무 단
㉑木
檀君(단군) 檀紀(단기) 檀木(단목) 黑檀(흑단)
감나뭇과의 상록 교목. 잎이 두껍고
길둥근 모양이며 마주 남

0896 答 7급 대답 답
㉑竹 ㉕問 물을 문
答辯(답변) 答辭(답사) 對答(대:답) 應答(응:답) 愚問賢答(우문현답)

0897 堂 6급 집 당
㉑土 ㉖家 집 가, 館 집 관, 屋 집 옥
講堂(강:당) 堂堂(당당) 堂叔(당숙) 別堂(별당) 書堂(서당) 食堂(식당)

0898 黨 4급II 무리 당
㉑黑 ㉖徒 무리 도, 衆 무리 중, 群 무리 군 ㉞党
黨權(당권) 黨論(당론) 黨員(당원) 黨爭(당쟁) 黨籍(당적) 政黨(정당)
당파를 이루어 서로 싸움

0899 臺 3급II 대 대
㉑至 ㉞台
臺詞(대사) 燈臺(등대) 舞臺(무:대) 寢臺(침:대) 氣象臺(기상대)
배우가 무대 위에서 하는 대화·독백·방백 등을
통틀어 이르는 말

0900 代 6급 대신 대:
㉑亻(人)
代價(대:가) 代理(대:리) 代謝(대사) 代案(대:안) 代用(대:용)
代行(대:행) 代辯人(대:변인) 稀代未聞(희대미문)

| 오 늘 의 사 자 성 어 |

今時初聞 금시초문 이제야 비로소 처음 들음
愚問賢答 우문현답 어리석은 질문에 현명한 대답
雲泥之差 운니지차 [구름과 진흙의 차이라는 뜻으로] 매우 큰 차이
稀代未聞 희대미문 매우 드물어서 좀처럼 듣기 어려운 일을 이름

30

1 다음 漢字語의 讀音을 쓰시오.

① 奚琴	② 記者	③ 那邊	④ 丹粧
⑤ 閏年	⑥ 旣婚	⑦ 元旦	⑧ 今昔
⑨ 暖流	⑩ 基礎	⑪ 檀紀	⑫ 堂叔
⑬ 緊迫	⑭ 企劃	⑮ 納得	⑯ 男便
⑰ 政黨	⑱ 筋肉	⑲ 應答	⑳ 肯定
㉑ 安寧	㉒ 代價	㉓ 忌避	㉔ 舞臺
㉕ 樂壇	㉖ 根幹	㉗ 腦裏	㉘ 農藥
㉙ 可能性	㉚ 雲泥之差		

2 다음 漢字의 訓과 音을 쓰시오.

① 琴	② 寧	③ 泥	④ 忌
⑤ 那	⑥ 壇	⑦ 緊	⑧ 臺

3 다음의 訓과 音을 지닌 漢字를 쓰시오.

① 능할 능	② 집 당	③ 들일 납	④ 터 기
⑤ 뿌리 근	⑥ 대신 대	⑦ 대답 답	⑧ 따뜻할 난

4 밑줄 그은 單語를 漢字語로 쓰시오.

① 하루의 지출을 <u>기록</u>하는 것이 좋다.

② 그에게서 <u>가능성</u>을 엿볼 수 있다.

③ <u>근거</u> 없는 이야기에는 답변하고 싶지 않다.

5 다음 漢字語 중 첫소리가 長音인 것을 고르시오.

① ㄱ. 臺詞	ㄴ. 緊急	ㄷ. 暖流	ㄹ. 男妹
② ㄱ. 檀君	ㄴ. 丹粧	ㄷ. 肯定	ㄹ. 答禮
③ ㄱ. 代行	ㄴ. 能力	ㄷ. 腦裏	ㄹ. 納付
④ ㄱ. 納骨	ㄴ. 根據	ㄷ. 今昔	ㄹ. 那落

6 뜻이 反對 또는 相對되는 漢字를 쓰시오.

① 寒 ↔ (　)　　　　② 問 ↔ (　)　　　　③ 昨 ↔ (　)

7 빈칸에 訓이 같거나 유사한 漢字를 써 넣어 單語를 完成하시오.

① 溫(　)　　　　② 群(　)　　　　③ (　)錄　　　　④ (　)本

8 다음 빈칸에 알맞은 漢字를 써넣어 四字成語를 完成하시오.

① (　)時初聞　　　　② 愚問賢(　)　　　　③ 全知全(　)　　　　④ 稀(　)未聞

9 다음 漢字의 部首를 쓰시오.

① 男　　　　② 臺　　　　③ 肯　　　　④ 企
⑤ 答　　　　⑥ 黨　　　　⑦ 腦

10 다음 漢字의 略字를 쓰시오.

① 黨　　　　② 臺　　　　③ 腦　　　　④ 緊

11 다음 漢字語의 뜻을 쓰시오.

① 能力　　　　② 緊縮　　　　③ 旣婚　　　　④ 根據

12 音이 같고 뜻이 다른 漢字語를 한가지씩 쓰시오.

① 忌日　　　　② 企待　　　　③ 泥水

정답

1 ① 해금 ② 기자 ③ 나변 ④ 단장 ⑤ 윤년 ⑥ 기혼 ⑦ 원단 ⑧ 금석 ⑨ 난류 ⑩ 기초 ⑪ 단기 ⑫ 당숙 ⑬ 긴박 ⑭ 기획 ⑮ 납득 ⑯ 남편 ⑰ 정당 ⑱ 근육 ⑲ 응답 ⑳ 긍정 ㉑ 안녕 ㉒ 대가 ㉓ 기피 ㉔ 무대 ㉕ 악단 ㉖ 근간 ㉗ 뇌리 ㉘ 농약 ㉙ 가능성 ㉚ 운니지차 **2** ① 거문고 금 ② 편안 녕 ③ 진흙 니 ④ 꺼릴 기 ⑤ 어찌 나 ⑥ 단단 ⑦ 긴할/팽팽할 긴 ⑧ 대 대 **3** ① 能 ② 堂 ③ 納 ④ 基 ⑤ 根 ⑥ 代 ⑦ 答 ⑧ 暖 **4** ① 記錄 ② 可能性 ③ 根據 **5** ① ㄷ ② ㄷ ③ ㄱ ④ ㄹ **6** ① 暖 ② 答 ③ 今 **7** ① 暖 ② 黨 ③ 記 ④ 根 **8** ① 今 ② 答 ③ 能 ④ 代 **9** ① 田 ② 至 ③ 肉(肉) ④ 人 ⑤ 竹 ⑥ 黑 ⑦ 肉(肉) **10** ① 党 ② 台 ③ 脳 ④ 緊 **11** ① 어떤 일을 해낼 수 있는 힘 ② 바짝 줄임 ③ 이미 결혼함 ④ 어떤 행동을 하는데 터전이 되는 곳 **12** ① 숭日/期日 ② 期待 ③ 利水

미리 확인하기   ○ X   ○ X

隊	隊	隊	隊	隊	隊	□ □	靈	靈	靈	靈	靈	靈	□ □
德	德	德	德	德	德	□ □	例	例	例	例	例	例	□ □
稻	稻	稻	稻	稻	稻	□ □	弄	弄	弄	弄	弄	弄	□ □
跳	跳	跳	跳	跳	跳	□ □	了	了	了	了	了	了	□ □
豚	豚	豚	豚	豚	豚	□ □	柳	柳	柳	柳	柳	柳	□ □
冬	冬	冬	冬	冬	冬	□ □	吏	吏	吏	吏	吏	吏	□ □
燈	燈	燈	燈	燈	燈	□ □	梨	梨	梨	梨	梨	梨	□ □
絡	絡	絡	絡	絡	絡	□ □	萬	萬	萬	萬	萬	萬	□ □
卵	卵	卵	卵	卵	卵	□ □	末	末	末	末	末	末	□ □
欄	欄	欄	欄	欄	欄	□ □	亡	亡	亡	亡	亡	亡	□ □
冷	冷	冷	冷	冷	冷	□ □	罔	罔	罔	罔	罔	罔	□ □
憐	憐	憐	憐	憐	憐	□ □	媒	媒	媒	媒	媒	媒	□ □
裂	裂	裂	裂	裂	裂	□ □	買	買	買	買	買	買	□ □
廉	廉	廉	廉	廉	廉	□ □	盲	盲	盲	盲	盲	盲	□ □
令	令	令	令	令	令	□ □	猛	猛	猛	猛	猛	猛	□ □

罔極之痛 □ □ □ □   烏飛梨落 □ □ □ □

吟風弄月 □ □ □ □   興亡盛衰 □ □ □ □

0901 4급II
隊
무리 대
부 阝(阜) 유 群 무리 군, 徒 무리 도, 衆 무리 중
軍隊(군대)　隊列(대열)　隊員(대원)　隊形(대형)　探險隊(탐험대)
질서 있게 늘어선 행렬

0902 5급
德
큰/덕 덕
부 彳
德談(덕담)　德望(덕망)　道德(도:덕)　惡德(악덕)　福德房(복덕방)
참고 德談(덕담) ↔ 惡談(악담)

0903 3급
稻
벼 도
부 禾 유 禾 벼 화
稻作(도작)　晚稻(만:도)　陸稻(육도)　早稻(조:도)　立稻先賣(입도선매)
아직 논에서 자라고 있는 벼를 미리 팖

0904 3급
跳
뛸 도
부 足 유 躍 뛸 약
高跳(고도)　跳梁(도량)　跳躍(도약)
높이 뜀

0905 3급
豚
돼지 돈
부 豕 유 亥 돼지 해
豚舍(돈사)　豚兒(돈아)　豚肉(돈육)　養豚(양:돈)　種豚(종돈)
품종 개량이나 번식을 위해서 기르는
좋은 품종의 수퇘지

0906 7급
冬
겨울 동(:)
부 冫
冬期(동:기)　冬眠(동:면)　冬服(동:복)　冬至(동지)　嚴冬雪寒(엄동설한)

0907 4급II
燈
등 등
부 火 약 灯
燈臺(등대)　消燈(소등)　電燈(전:등)　白熱燈(백열등)　燈下不明(등하불명)
참고 消燈(소등) ↔ 點燈(점등)

0908 3급II
絡
이을/얽을 락(낙)
부 糸 유 連 잇닿을 련, 系 이을 계, 繼 이을 계, 續 이을 속
經絡(경락)　絡石(낙석)　脈絡(맥락)　連絡(연락)

0909 4급
卵
알 란(난):
부 卩
鷄卵(계란)　卵生(난:생)　卵子(난:자)　排卵(배란)　鷄卵有骨(계란유골)
늘 일이 잘 안되는 사람이 모처럼 좋은
기회를 만났으나 역시 잘 안 될 때를 이름

0910 3급II
欄
난간 란(난)
부 木
空欄(공란)　欄干(난간)　欄外(난외)

0911 5급
冷
찰 랭(냉):
부 冫 유 寒 찰 한 반 暖 따뜻할 난, 溫 따뜻할 온
急冷(급랭)　冷待(냉:대)　冷笑(냉:소)　冷戰(냉:전)　冷徹(냉:철)　寒冷(한랭)
감정에 좌우되지 않고 사물을
내다보는 데 냉정하고 날카로움

31일째 한자익히기 0912~0922

憐 裂 廉 令 靈 例 弄 了 柳 吏 梨

0912 **憐** 3급 불쌍히 여길 련(연)

부 忄(心)

可憐(가:련) 哀憐(애련) 憐憫(연민) 同病相憐(동병상련)

[같은 병의 환자끼리 서로 가엾게 여긴다는 뜻] 어려운 처지에 있는 사람끼리 동정하고 도움

0913 **裂** 3급II 찢어질 렬(열)

부 衣

決裂(결렬) 龜裂(균열) 裂傷(열상) 破裂(파:열) 支離滅裂(지리멸렬)

0914 **廉** 3급 청렴할 렴(염)

부 广

廉價(염가) 廉客(염객) 廉潔(염결) 廉恥(염치) 廉探(염탐) 低廉(저:렴)

廉價: 싼 값 / 廉客: 염탐꾼

0915 **令** 5급 하여금 령(영)(:)

부 人 유 使 하여금 사

假令(가:령) 命令(명:령) 發令(발령) 令監(영:감) 令狀(영장)

0916 **靈** 3급II 신령 령(영)

부 雨 약 灵

惡靈(악령) 靈歌(영가) 靈感(영감) 靈光(영광) 靈驗(영험) 靈魂(영혼)

0917 **例** 6급 법식 례(예):

부 亻(人)

慣例(관례) 凡例(범:례) 事例(사:례) 實例(실례) 例規(예:규)

例規: 관례와 규칙

0918 **弄** 3급II 희롱할 롱(농):

부 廾

弄談(농:담) 弄調(농:조) 愚弄(우롱) 才弄(재롱) 吟風弄月(음풍농월)

참고 弄談(농담) ↔ 眞談(진담)

0919 **了** 3급 마칠 료(요):

부 亅 유 終 마칠 종, 卒 마칠 졸, 畢 마칠 필

滿了(만료) 修了(수료) 了解(요:해) 完了(완료) 終了(종료)

了解: 사물의 이치나 뜻 따위를 분명히 이해함

0920 **柳** 4급 버들 류(유):

부 木 유 楊 버들 양

楊柳(양류) 柳器(유:기) 花柳(화류) 柳綠花紅(유록화홍)

柳綠花紅: 봄날의 경치를 이르는 말

0921 **吏** 3급II 관리/벼슬아치 리:

부 口 유 官 벼슬 관

官吏(관리) 稅吏(세:리) 吏房(이:방) 清白吏(청백리) 貪官汚吏(탐관오리)

0922 **梨** 3급 배 리(이)

부 木

山梨(산리) 梨園(이원) 梨花(이화) 烏飛梨落(오비이락)

0923 8급	**萬** 일만 만:	凰++(艸) 凰万 萬康(만:강) 萬能(만:능) 萬物(만:물) 萬歲(만:세) 萬事亨通(만사형통) [편지 글 등에서 윗사람의 안부를 묻는 말] 아주 편안함
0924 5급	**末** 끝 말	凰木 凰尾 꼬리 미, 端 끝 단, 終 마칠 종 凰始 비로소 시, 本 근본 본 結末(결말) 末期(말기) 末端(말단) 末尾(말미) 末世(말세) 年末(연말)
0925 5급	**亡** 망할/ 달아날 망	凰亠 凰廢 폐할 폐, 逃 달아날 도 凰存 있을 존, 興 일어날 흥 逃亡(도망) 亡國(망국) 亡命(망명) 滅亡(멸망) 興亡盛衰(흥망성쇠) 참고 滅亡(멸망) ↔ 興起(흥기)
0926 3급	**罔** 없을 망	凰罒(网) 凰無 없을 무, 莫 없을 막 欺罔(기망) 罔極(망극) 罔夜(망야) 罔測(망측) 罔極之痛(망극지통) 밤을 새움
0927 3급II	**媒** 중매 매	凰女 冷媒(냉:매) 媒介(매개) 媒體(매체) 仲媒(중매) 觸媒(촉매)
0928 5급	**買** 살 매:	凰貝 凰賣 팔 매, 販 팔 판 賣買(매매) 買收(매:수) 買入(매:입) 買票(매:표) 換買(환:매) 물건과 물건을 서로 바꿈
0929 3급II	**盲** 소경/ 눈멀 맹	凰目 盲目(맹목) 盲信(맹신) 盲兒(맹아) 盲人(맹인) 盲腸(맹장) 文盲(문맹)
0930 3급II	**猛** 사나울 맹:	凰犭(犬) 凰暴 사나울 포 猛犬(맹:견) 猛禽(맹:금) 猛毒(맹:독) 猛烈(맹:렬) 猛獸(맹:수) 성질이 사납고 육식을 하는 조류를 통틀어 이름

| 오늘의사자성어 |

罔極之痛 망극지통 [임금이나 어버이의 죽음과 같이] 그지없이 큰 슬픔
烏飛梨落 오비이락 공교롭게 어떤 일이 같은 시기에 일어나서 남의 의심을 삼
吟風弄月 음풍농월 맑은 바람과 밝은 달을 대하여 시를 지어 읊으면서 즐김
興亡盛衰 흥망성쇠 흥하고 망하고 성하고 쇠하는 일

31

I 다음 漢字語의 讀音을 쓰시오.

① 脈絡	② 凡例	③ 才弄	④ 末尾
⑤ 晩稻	⑥ 可憐	⑦ 靈魂	⑧ 萬歲
⑨ 電燈	⑩ 逃亡	⑪ 楊柳	⑫ 隊員
⑬ 官吏	⑭ 欺罔	⑮ 鷄卵	⑯ 盲腸
⑰ 欄干	⑱ 冬至	⑲ 賣買	⑳ 仲媒
㉑ 豚舍	㉒ 梨花	㉓ 龜裂	㉔ 猛禽
㉕ 廉潔	㉖ 終了	㉗ 跳躍	㉘ 命令
㉙ 德望	㉚ 冷待		

2 다음 漢字의 訓과 音을 쓰시오.

① 裂　　　　② 跳　　　　③ 了　　　　④ 卵

⑤ 盲　　　　⑥ 媒　　　　⑦ 罔　　　　⑧ 欄

3 다음의 訓과 音을 지닌 漢字를 쓰시오.

① 망할 망　　② 하여금 령　　③ 등 등　　④ 큰 덕

⑤ 버들 류　　⑥ 살 매　　⑦ 무리 대　　⑧ 일만 만

4 밑줄 그은 單語를 漢字語로 쓰시오.

① 지방으로 발령받았다.

② 새해에는 덕담이 오간다.

③ 경찰이 도망가는 범인을 뒤쫓았다.

5 다음 漢字語 중 첫소리가 長音인 것을 고르시오.

① ㄱ. 罔夜　　ㄴ. 亡命　　ㄷ. 弄談　　ㄹ. 隊列

② ㄱ. 萬能　　ㄴ. 憐憫　　ㄷ. 末尾　　ㄹ. 廉恥

③ ㄱ. 德望　　ㄴ. 媒介　　ㄷ. 買入　　ㄹ. 裂傷

④ ㄱ. 盲信　　ㄴ. 靈魂　　ㄷ. 欄外　　ㄹ. 猛烈

6 뜻이 反對 또는 相對되는 漢字를 쓰시오.

① 興 ↔ (　)　　　② 賣 ↔ (　)　　　③ 本 ↔ (　)　　　④ 溫 ↔ (　)

7 빈칸에 訓이 같거나 유사한 漢字를 써넣어 單語를 完成하시오.

① 逃(　)　　　② 寒(　)　　　③ 終(　)

8 다음 빈 칸에 알맞은 漢字를 써넣어 四字成語를 完成하시오.

① 嚴(　)雪寒　　　② 鷄(　)有骨　　　③ 興(　)盛衰　　　④ (　)下不明

9 다음 漢字의 部首를 쓰시오.

① 跳　　② 冬　　③ 罔　　④ 末　　⑤ 裂　　⑥ 末

10 다음 漢字의 略字를 쓰시오.

① 萬　　　　② 燈

11 다음 漢字語의 뜻을 쓰시오.

① 廉價　　② 隊列　　③ 滿了　　④ 滅亡　　⑤ 消燈

12 음이 같고 뜻이 다른 漢字語를 한가지씩 쓰시오.

① 司令　　　② 欺罔　　　③ 靈感

정답

1 ① 맥락 ② 범례 ③ 재롱 ④ 말미 ⑤ 만도 ⑥ 가련 ⑦ 영혼 ⑧ 만세 ⑨ 전등 ⑩ 도망 ⑪ 양류 ⑫ 대원 ⑬ 관리 ⑭ 기망 ⑮ 계란 ⑯ 맹장 ⑰ 난간 ⑱ 동지 ⑲ 매매 ⑳ 중매 ㉑ 돈사 ㉒ 이화 ㉓ 균열 ㉔ 맹금 ㉕ 염결 ㉖ 종료 ㉗ 도약 ㉘ 명령 ㉙ 덕망 ㉚ 냉대　**2** ① 찢어질 렬 ② 뛸 도 ③ 마칠 료 ④ 알 란 ⑤ 소경 맹 ⑥ 중매 매 ⑦ 없을 망 ⑧ 난간 란 **3** ① 亡 ② 令 ③ 燈 ④ 德 ⑤ 柳 ⑥ 買 ⑦ 隊 ⑧ 萬 **4** ① 發令 ② 德談 ③ 逃亡 **5** ① ㄷ ② ㄱ ③ ㄷ ④ ㄹ **6** ① 亡 ② 買 ③ 末 ④ 冷 **7** ① 亡 ② 冷 ③ 了 **8** ① 冬 ② 卵 ③ 亡 ④ 燈 **9** ① 足 ② 冫 ③ 罒(网) ④ 木 ⑤ 衣 ⑥ 木 **10** ① 万 ② 灯 **11** ① 싼값 ② 질서 있게 늘어선 행렬 ③ 정해진 기간이 끝남 ④ 망하여 없어짐 ⑤ 등불을 끔 **12** ① 使令/寺領 ② 祈望/期望 ③ 令監

미리 확인하기   O X   O X

眠	眠 眠 眠 眠 眠	□ □	拔	拔 拔 拔 拔 拔	□ □
綿	綿 綿 綿 綿 綿	□ □	倣	倣 倣 倣 倣 倣	□ □
銘	銘 銘 銘 銘 銘	□ □	傍	傍 傍 傍 傍 傍	□ □
貌	貌 貌 貌 貌 貌	□ □	拜	拜 拜 拜 拜 拜	□ □
謀	謀 謀 謀 謀 謀	□ □	凡	凡 凡 凡 凡 凡	□ □
募	募 募 募 募 募	□ □	壁	壁 壁 壁 壁 壁	□ □
暮	暮 暮 暮 暮 暮	□ □	辨	辨 辨 辨 辨 辨	□ □
睦	睦 睦 睦 睦 睦	□ □	別	別 別 別 別 別	□ □
廟	廟 廟 廟 廟 廟	□ □	病	病 病 病 病 病	□ □
茂	茂 茂 茂 茂 茂	□ □	譜	譜 譜 譜 譜 譜	□ □
未	未 未 未 未 未	□ □	補	補 補 補 補 補	□ □
美	美 美 美 美 美	□ □	服	服 服 服 服 服	□ □
迫	迫 迫 迫 迫 迫	□ □	本	本 本 本 本 本	□ □
半	半 半 半 半 半	□ □	奉	奉 奉 奉 奉 奉	□ □
叛	叛 叛 叛 叛 叛	□ □	封	封 封 封 封 封	□ □

同病相憐 □ □ □ □   滅私奉公 □ □ □ □
美風良俗 □ □ □ □   朝三暮四 □ □ □ □

0931 眠 3급II 잘 면
⊕目 ⊛宿 잘 숙
冬眠(동:면)　眠食(면식)　睡眠(수면)　安眠(안면)　不眠症(불면증)

0932 綿 3급II 솜/이어질 면
⊕糸
綿綿(면면)　綿密(면밀)　綿絲(면사)　綿衣(면의)　純綿(순면)　連綿(연면)
사물이 길게 이어져 있음

0933 銘 3급II 새길 명
⊕金 ⊛刻 새길 각
感銘(감:명)　銘記(명기)　銘文(명문)　銘心(명심)　座右銘(좌우명)
금석(金石) 따위에 새긴 글

0934 貌 3급II 모양/얼굴 모
⊕豸 ⊛兒
貌容(모용)　美貌(미:모)　變貌(변:모)　外貌(외:모)　姿貌(자모)

0935 謀 3급II 꾀 모
⊕言 ⊛策 꾀 책
共謀(공:모)　圖謀(도모)　謀叛(모반)　謀策(모책)　謀陷(모함)　無謀(무모)
꾀를 써서 남을 어려운 처지에 빠뜨림

0936 募 3급 모을/뽑을 모
⊕力 ⊛集 모을 집, 選 뽑을 선
公募(공모)　募軍(모군)　募金(모금)　募兵(모병)　募集(모집)　應募(응:모)

0937 暮 3급 저물 모:
⊕日
暮景(모:경)　暮色(모:색)　暮雨(모:우)　歲暮(세:모)　朝三暮四(조삼모사)
한 해의 마지막 때

0938 睦 3급II 화목할 목
⊕目 ⊛和 화목할 화
睦月(목월)　睦族(목족)　親睦(친목)　和睦(화목)
친족끼리 화목하게 지냄

0939 廟 3급 사당 묘:
⊕广 ⊛庿
廟堂(묘:당)　廟社(묘:사)　廟議(묘:의)　文廟(문묘)　宗廟(종묘)
조정의 논의

0940 茂 3급II 무성할 무:
⊕艹(艸) ⊛盛 성할 성
茂林(무:림)　茂盛(무:성)　茂蔭(무:음)

0941 未 4급II 아닐 미(:)
⊕木 ⊛不 아닐 불
未開(미:개)　未決(미:결)　未達(미:달)　未來(미:래)　未安(미안)
참고 未開(미개) ↔ 文明(문명)

32일째 한자익히기 0942~0952

美 迫 半 叛 拔 倣 傍 拜 凡 壁 辨

0942 6급
美 아름다울 미(:)
⊕羊 ⊜佳 아름다울 가 ⊛醜 추할 추
美觀(미:관) 美談(미:담) 美德(미:덕) 美人(미인) 美風良俗(미풍양속)
參考 美人(미인) - 미국 사람. 美人(미:인) - 얼굴이 아름다운 여자

0943 3급Ⅱ
迫 핍박할/ 닥칠 박
⊕辶(辵)
迫頭(박두) 迫力(박력) 迫害(박해) 壓迫(압박) 切迫(절박) 促迫(촉박)
(기일이나 시간이) 가까이 닥쳐옴

0944 6급
半 반 반:
⊕十
半徑(반:경) 半球(반:구) 半島(반:도) 半熟(반:숙) 半月(반:월)

0945 3급
叛 배반할 반:
⊕又
叛骨(반:골) 叛軍(반:군) 叛旗(반:기) 叛徒(반:도) 叛亂(반:란)
권위나 세상의 풍조 따위에 타협하지 않고 저항하는 기골(氣骨)

0946 3급Ⅱ
拔 뽑을/뺄 발
⊕扌(手) ⊜選 뽑을 선
拔劍(발검) 拔群(발군) 選拔(선:발) 卓拔(탁발) 拔山蓋世(발산개세)
'역발산기개세(力拔山氣蓋世)' 의 준말. 힘이 산이라도 빼어 던질 만하고, 기(氣) 는 세상을 덮을 만큼 웅대함

0947 3급
倣 본뜰 방:
⊕亻(人) ⊜模 본뜰 모
模倣(모방) 倣刻(방:각) 倣古(방:고) 倣似(방:사) 倣效(방:효)
아주 비슷함

0948 3급
傍 곁 방
⊕亻(人) ⊜側 곁 측
傍觀(방관) 傍點(방점) 傍照(방조) 傍聽客(방청객) 傍若無人(방약무인)

0949 4급Ⅱ
拜 절 배:
⊕手
拜伏(배:복) 拜謁(배:알) 歲拜(세:배) 崇拜(숭배) 禮拜(예배) 參拜(참배)
지체 높은 분을 만나 뵘

0950 3급Ⅱ
凡 무릇 범(:)
⊕几
凡骨(범골) 凡例(범:례) 凡百(범:백) 凡夫(범:부) 凡俗(범:속)

0951 4급Ⅱ
壁 벽 벽
⊕土
壁報(벽보) 壁書(벽서) 壁畫(벽화) 城壁(성벽) 障壁(장벽) 絕壁(절벽)

0952 3급
辨 분별할 변:
⊕辛
辨明(변:명) 辨別(변:별) 辨償(변:상) 辨濟(변:제) 辨理士(변리사)

0953 6급 **別** 다를/나눌 별
⑨ 刂(刀) ㊌ 選 뽑을 선, 擇 가릴 택
區別(구별) 別個(별개) 別紙(별지) 選別(선:별) 識別(식별) 差別(차별)

0954 6급 **病** 병 병:
⑨ 疒 ㊌ 疾 병 질
看病(간병) 病蟲(병:충) 病害(병:해) 病患(병:환) 同病相憐(동병상련)
환자를 보살핌

0955 3급 II **譜** 족보/계보 보:
⑨ 言
系譜(계:보) 譜法(보:법) 樂譜(악보) 年譜(연보) 族譜(족보)
악보의 법식

0956 3급 II **補** 기울 보:
⑨ 衤(衣)
補强(보:강) 補講(보:강) 補給(보:급) 補修(보:수) 補佐(보:좌)
상했거나 부서진 부분을 손질하여 고침

0957 6급 **服** 옷 복
⑨ 月 ㊌ 衣 옷 의, 屈 굽을 굴
服務(복무) 服役(복역) 服裝(복장) 服從(복종) 洋服(양복) 衣服(의복)

0958 6급 **本** 근본 본
⑨ 木 ㊌ 根 뿌리 근 ㊀ 末 끝 말
見本(견:본) 基本(기본) 本能(본능) 本意(본의) 本質(본질) 寫本(사본)

0959 5급 **奉** 받들 봉:
⑨ 大
奉公(봉:공) 奉仕(봉:사) 奉養(봉:양) 信奉(신:봉) 滅私奉公(멸사봉공)

0960 3급 II **封** 봉할 봉
⑨ 寸
開封(개봉) 密封(밀봉) 封建(봉건) 封鎖(봉쇄) 封印(봉인) 封紙(봉지)
봉한 자리에 도장을 찍음

| 오 늘 의 사 자 성 어 |

同病相憐 동병상련 [같은 병을 가진 사람끼리 서로 동정함] 어려운 처지에 있는 사람들끼리 서로 동정하고 도움

滅私奉公 멸사봉공 사를 버리고 공을 위하여 힘써 일함

美風良俗 미풍양속 아름답고 좋은 풍속

朝三暮四 조삼모사 간사한 꾀로 남을 속이고 농락함을 비유함

I 다음 漢字語의 讀音을 쓰시오.

① 外貌	② 辨別	③ 連綿	④ 病患
⑤ 未開	⑥ 拜謁	⑦ 壁報	⑧ 謀策
⑨ 族譜	⑩ 識別	⑪ 公募	⑫ 傍觀
⑬ 暮色	⑭ 基本	⑮ 叛徒	⑯ 模倣
⑰ 睡眠	⑱ 凡夫	⑲ 半熟	⑳ 奉仕
㉑ 和睦	㉒ 服從	㉓ 促迫	㉔ 開封
㉕ 銘心	㉖ 拔群	㉗ 廟堂	㉘ 茂盛
㉙ 補修	㉚ 美觀		

2 다음 漢字의 訓과 音을 쓰시오.

① 封　　② 貌　　③ 辨　　④ 傍
⑤ 叛　　⑥ 茂　　⑦ 謀　　⑧ 廟

3 다음의 訓과 音을 지닌 漢字를 쓰시오.

① 반 반　　② 받들 봉　　③ 아닐 미　　④ 옷 복
⑤ 근본 본　　⑥ 병 병　　⑦ 벽 벽　　⑧ 다를 별

4 밑줄 그은 單語를 漢字語로 쓰시오.

① 주말에 미술작품을 보러 다니는 것을 좋아한다.
② 기본에 충실해야 한다.
③ 단군신화를 우상숭배로 보는 견해도 있다.

5 다음 漢字語 중 첫소리가 長音인 것을 고르시오.

① ㄱ. 封紙　　ㄴ. 病害　　ㄷ. 拔群　　ㄹ. 謀策
② ㄱ. 辨明　　ㄴ. 別個　　ㄷ. 迫頭　　ㄹ. 募金
③ ㄱ. 本能　　ㄴ. 壁報　　ㄷ. 未安　　ㄹ. 叛亂
④ ㄱ. 補佐　　ㄴ. 睦族　　ㄷ. 眠食　　ㄹ. 綿絲

6 뜻이 反對 또는 相對되는 漢字를 쓰시오.

① 醜 ↔ (　)　　　　② 末 ↔ (　)

7 빈칸에 訓이 같거나 유사한 漢字를 써 넣어 單語를 完成하시오.

① 選(　)　　　　② 根(　)　　　　③ 衣(　)

8 다음 빈칸에 알맞은 漢字를 써 넣어 四字成語를 完成하시오.

① (　)風良俗　　　② 滅私(　)公　　　③ (　)若無人　　　④ 同(　)相憐

9 다음 漢字의 部首를 쓰시오.

① 募　　　　② 城　　　　③ 辨　　　　④ 拔
⑤ 眠　　　　⑥ 廟　　　　⑦ 迫

10 다음 漢字의 略字를 쓰시오.

① 貌　　　　② 廟

11 다음 漢字語의 뜻을 쓰시오.

① 謀陷　　　　② 看病　　　　③ 銘心　　　　④ 迫頭

미리 확인하기

O X　　　　　O X

符	符	符	符	符	符	□	□	仕	仕	仕	仕	仕	仕	□	□
腐	腐	腐	腐	腐	腐	□	□	舍	舍	舍	舍	舍	舍	□	□
夫	夫	夫	夫	夫	夫	□	□	射	射	射	射	射	射	□	□
扶	扶	扶	扶	扶	扶	□	□	寫	寫	寫	寫	寫	寫	□	□
府	府	府	府	府	府	□	□	謝	謝	謝	謝	謝	謝	□	□
附	附	附	附	附	附	□	□	殺	殺	殺	殺	殺	殺	□	□
赴	赴	赴	赴	赴	赴	□	□	三	三	三	三	三	三	□	□
分	分	分	分	分	分	□	□	桑	桑	桑	桑	桑	桑	□	□
朋	朋	朋	朋	朋	朋	□	□	喪	喪	喪	喪	喪	喪	□	□
祕	祕	祕	祕	祕	祕	□	□	嘗	嘗	嘗	嘗	嘗	嘗	□	□
碑	碑	碑	碑	碑	碑	□	□	償	償	償	償	償	償	□	□
賓	賓	賓	賓	賓	賓	□	□	祥	祥	祥	祥	祥	祥	□	□
史	史	史	史	史	史	□	□	索	索	索	索	索	索	□	□
捨	捨	捨	捨	捨	捨	□	□	西	西	西	西	西	西	□	□
斜	斜	斜	斜	斜	斜	□	□	恕	恕	恕	恕	恕	恕	□	□

東奔西走 □□□□　　　　朋友有信 □□□□

吾鼻三尺 □□□□　　　　臥薪嘗膽 □□□□

0961 符 3급II
부호/부신 부(:)
(부) 竹
符應(부:응) 符籍(부:적) 符節(부:절) 符合(부:합) 符號(부:호)
믿음이 두터워 부처나 신명에 통함

0962 腐 3급II
썩을 부:
(부) 肉
腐爛(부:란) 腐心(부:심) 腐敗(부:패) 陳腐(진:부) 防腐劑(방부제)
썩어 문들어짐

0963 夫 7급
지아비 부
(부) 大 (반) 婦 며느리 부
農夫(농부) 夫權(부권) 夫君(부군) 夫婦(부부) 望夫石(망부석)

0964 扶 3급II
도울 부
(부) 扌(手) (유) 助 도울 조
扶養(부양) 扶育(부육) 扶助(부조) 扶持(부지) 相扶相助(상부상조)

0965 府 4급II
마을/
관청 부(:)
(부) 广
府君(부:군) 府使(부사) 政府(정부) 學府(학부) 春府丈(춘부장)
대도호부사(大都護府使)나 도호부를 두루 일컫던 말

0966 附 3급II
붙을 부:
(부) 阝(阜) (유) 着 붙을 착
附錄(부:록) 附屬(부:속) 附着(부:착) 添附(첨부) 附和雷同(부화뇌동)

0967 赴 3급
다다를/
갈 부:
(부) 走
赴擧(부:거) 赴告(부:고) 赴役(부:역) 赴任(부:임)

0968 分 6급
나눌 분(:)
(부) 刀
名分(명분) 分校(분교) 分量(분:량) 分配(분배) 分數(분:수)

0969 朋 3급
벗 붕
(부) 月 (유) 友 벗 우
朋黨(붕당) 朋輩(붕배) 朋比(붕비) 朋友(붕우) 朋友有信(붕우유신)
나이 또는 지위가 비슷한 벗

0970 祕 4급
숨길 비:
(부) 示
極祕(극비) 祕密(비:밀) 祕法(비:법) 祕書(비:서) 祕話(비:화)

0971 碑 4급
비석/
돌기둥 비
(부) 石
墓碑(묘:비) 碑銘(비:명) 碑文(비문) 碑石(비석) 記念碑(기념비)
비석에 새긴 글

33일째 한자익히기 0972~0982

賓 史 捨 斜 仕 舍 射 寫 謝 殺 三

0972 3급
賓 손 빈
㊨貝 ㊒客 손 객
貴賓(귀:빈)　來賓(내:빈)　賓客(빈객)　賓室(빈실)　接賓(접빈)
　　　　　　　　　　　　귀한 손님

0973 5급
史 사기/역사 사:
㊨口
國史(국사)　史劇(사:극)　史料(사:료)　史書(사:서)　歷史(역사)

0974 3급
捨 버릴 사:
㊨扌(手)　㊒棄 버릴 기　㊙取 취할 취
捨施(사:시)　捨身(사:신)　取捨(취:사)　投捨(투사)　捨生取義(사생취의)
절에 시주(施主) 함

0975 3급Ⅱ
斜 비낄 사
㊨斗　㊒傾 기울 경
傾斜(경사)　斜徑(사경)　斜線(사선)　斜視(사시)　斜陽(사양)　斜塔(사탑)

0976 5급
仕 섬길/벼슬 사(:)
㊨亻(人)
奉仕(봉:사)　仕官(사관)　仕記(사기)　仕宦(사:환)　出仕(출사)
　　　　　　　　　　　　벼슬살이를 함

0977 4급Ⅱ
舍 집 사
㊨舌　㊒家 집 가, 屋 집 옥, 室 집 실, 宅 집 택
舍監(사감)　舍館(사관)　舍廊(사랑)　舍宅(사택)　寄宿舍(기숙사)
　　　　　　　　　한옥에서, 주로 바깥주인이 거처하는 곳

0978 4급
射 쏠 사
㊨寸
反射(반:사)　放射(방사)　射擊(사격)　射手(사수)

0979 5급
寫 베낄 사
㊨宀　㊛写, 写
模寫(모사)　複寫(복사)　寫本(사본)　寫眞(사진)　映寫(영사)　透寫(투사)

0980 4급Ⅱ
謝 사례할 사:
㊨言
感謝(감:사)　謝過(사:과)　謝禮(사:례)　謝恩(사:은)　謝罪(사:죄)

0981 4급Ⅱ
殺 죽일 살 / 감할 쇄:
㊨殳　㊒死 죽을 사　㊙生 날 생, 活 살 활
沒殺(몰살)　殺生(살생)　被殺(피:살)　殺身成仁(살신성인)
減殺(감:쇄)　相殺(상쇄)　殺到(쇄:도)
줄어서 없어짐

0982 8급
三 석 삼
㊨一
三韓(삼한)　三多島(삼다도)　吾鼻三尺(오비삼척)　張三李四(장삼이사)

0983 3급II 桑 뽕나무 상 ㈜木 ㈎枽

桑果(상과)　桑園(상원)　桑海(상해)　桑戶(상호)　桑田碧海(상전벽해)
가난한 집을 이르는 말

0984 3급II 喪 잃을/죽을 상(:) ㈜口 ㈜失 잃을 실

問喪(문:상)　喪家(상가)　喪亡(상망)　喪服(상복)　喪妻(상:처)

0985 3급 嘗 맛볼 상 ㈜口 ㈎甞

嘗味(상미)　嘗試(상시)　嘗藥(상약)　臥薪嘗膽(와신상담)
맛을 봄

0986 3급II 償 갚을 상 ㈜亻(人) ㈜報 갚을 보

辨償(변:상)　報償(보:상)　償却(상각)　償復(상복)　償還(상환)

0987 3급 祥 상서 상 ㈜示

吉祥(길상)　祥慶(상경)　祥夢(상몽)　祥福(상복)　祥瑞(상서)　祥運(상운)

0988 3급II 索 찾을 색 ㈜糸 ㈜探 찾을 탐, 搜 찾을 수

檢索(검:색)　索引(색인)　索出(색출)　搜索(수색)　探索(탐색)

노/동아줄 삭　索莫(삭막)　鐵索(철삭)
여러 가닥의 철사를 꼬아 만든 줄

0989 8급 西 서녘 서 ㈜襾 ㈝東 동녘 동

西紀(서기)　西洋(서양)　東問西答(동문서답)　東奔西走(동분서주)

0990 3급II 恕 용서할 서: ㈜心

恕免(서:면)　恕容(서:용)　恕罪(서:죄)　容恕(용서)　忠恕(충서)
용서하여 죄를 묻지 않음

| 오늘의사자성어 |

東奔西走 동분서주　여기저기 분주하게 돌아다님
朋友有信 붕우유신　벗과 벗은 믿음이 있어야 함
吾鼻三尺 오비삼척　[내 코가 석자] 내 사정이 급하여 남의 사정을 돌볼 겨를이 없음
臥薪嘗膽 와신상담　원수를 갚기 위하여 괴로움을 참고 견딤

33

I 다음 漢字語의 讀音을 쓰시오.

① 朋友　　② 扶持　　③ 秘密　　④ 赴任
⑤ 透寫　　⑥ 碑石　　⑦ 夫君　　⑧ 相殺
⑨ 分數　　⑩ 索引　　⑪ 歷史　　⑫ 政府
⑬ 吉祥　　⑭ 西洋　　⑮ 報償　　⑯ 容恕
⑰ 符號　　⑱ 奉仕　　⑲ 桑海　　⑳ 射手
㉑ 嘗味　　㉒ 陳腐　　㉓ 喪家　　㉔ 取捨
㉕ 賓客　　㉖ 謝恩　　㉗ 添附　　㉘ 斜陽
㉙ 三多島　　㉚ 寄宿舍

2 다음 漢字의 訓과 音을 쓰시오.

① 嘗　　② 祥　　③ 斜　　④ 恕
⑤ 附　　⑥ 扶　　⑦ 賓　　⑧ 償

3 다음의 訓과 音을 지닌 漢字를 쓰시오.

① 섬길 사　　② 마을 부　　③ 숨길 비　　④ 나눌 분
⑤ 죽일 살, 감할 쇄　　⑥ 사례할 사　　⑦ 쏠 사　　⑧ 베낄 사

4 밑줄 그은 單語를 漢字語로 쓰시오.

① 제주도에는 우리나라를 서방세계에 최초로 알린 하멜의 기념비가 있다.

② 부모님께 항상 감사하는 마음을 가져야 한다.

③ 정부는 곧 입장을 밝힐 예정이다.

5 다음 漢字語 중 첫소리가 長音인 것을 고르시오.

① ㄱ. 符號　　ㄴ. 符節　　ㄷ. 分校　　ㄹ. 分配
② ㄱ. 索莫　　ㄴ. 恕罪　　ㄷ. 寫本　　ㄹ. 賓室
③ ㄱ. 射手　　ㄴ. 祥瑞　　ㄷ. 謝恩　　ㄹ. 扶助
④ ㄱ. 斜線　　ㄴ. 碑石　　ㄷ. 償還　　ㄹ. 史料

6 뜻이 反對 또는 相對되는 漢字를 쓰시오.

① 東 ↔ ( ) 　　② 婦 ↔ ( )

7 다음 빈 곳에 알맞은 漢字를 써 넣어 四字成語를 完成하시오.

① 東奔( )走 　　② ( )身成仁 　　③ 吾鼻( )尺 　　④ ( )友有信

8 다음 漢字의 部首를 쓰시오.

① 碑 　　② 符 　　③ 赴 　　④ 索 　　⑤ 賓

9 다음 漢字의 略字를 쓰시오.

① 寫 　　② 嘗 　　③ 桑

10 다음 漢字語의 뜻을 쓰시오.

① 腐敗 　　② 謝禮 　　③ 殺生 　　④ 分類 　　⑤ 扶助

11 다음 一字多意字의 用例가 되는 單語를 각각 하나씩만 漢字語로 쓰시오.

① 索 　㉠ 찾을 색 :

　　　㉡ 노(동아줄) 삭 :

② 殺 　㉠ 죽일 살 :

　　　㉡ 감할 쇄 :

미리확인하기　　　　　ㅇ ✕　　　　　　　　　　ㅇ ✕

徐	徐	徐	徐	徐	徐	□ □	少	少	少	少	少	少	□ □
庶	庶	庶	庶	庶	庶	□ □	昭	昭	昭	昭	昭	昭	□ □
敍	敍	敍	敍	敍	敍	□ □	消	消	消	消	消	消	□ □
緒	緒	緒	緒	緒	緒	□ □	所	所	所	所	所	所	□ □
釋	釋	釋	釋	釋	釋	□ □	疏	疏	疏	疏	疏	疏	□ □
昔	昔	昔	昔	昔	昔	□ □	燒	燒	燒	燒	燒	燒	□ □
析	析	析	析	析	析	□ □	俗	俗	俗	俗	俗	俗	□ □
席	席	席	席	席	席	□ □	速	速	速	速	速	速	□ □
惜	惜	惜	惜	惜	惜	□ □	粟	粟	粟	粟	粟	粟	□ □
先	先	先	先	先	先	□ □	授	授	授	授	授	授	□ □
涉	涉	涉	涉	涉	涉	□ □	睡	睡	睡	睡	睡	睡	□ □
城	城	城	城	城	城	□ □	輸	輸	輸	輸	輸	輸	□ □
聖	聖	聖	聖	聖	聖	□ □	受	受	受	受	受	受	□ □
世	世	世	世	世	世	□ □	須	須	須	須	須	須	□ □
歲	歲	歲	歲	歲	歲	□ □	壽	壽	壽	壽	壽	壽	□ □

壽福康寧 □ □ □ □		滄海一粟 □ □ □ □
歲寒三友 □ □ □ □		手不釋卷 □ □ □ □

0991 徐 천천할 서(:) 3급II
㉟ 彳 ㉫ 急 급할 급, 速 빠를 속
徐步(서:보) 徐行(서:행) 徐羅伐(서라벌)

0992 庶 여러 서: 3급
㉟ 广
庶務(서:무) 庶物(서:물) 庶民(서:민) 庶子(서:자) 庶政(서:정)
　　　　　　　　　　　　　　　　　　　　　　　　　온갖 정사(政事)

0993 敍 펼 서: 3급
㉟ 攵 ㉞ 叙, 敘
敍事(서:사) 敍述(서:술) 敍任(서:임) 敍情(서:정) 敍勳(서:훈)
　　　　　　　　　　　　벼슬자리를 내림

0994 緒 실마리 서: 3급II
㉟ 糸
端緒(단서) 頭緒(두서) 緒戰(서:전) 由緒(유서) 情緒(정서) 統緒(통:서)

0995 釋 풀 석 3급II
㉟ 釆 ㉫ 放 놓을 방, 解 풀 해 ㉞ 釈
釋慮(석려) 釋明(석명) 釋放(석방) 釋然(석연) 手不釋卷(수불석권)
염려하던 마음을 놓음

0996 昔 예 석 3급
㉟ 日 ㉫ 古 예 고 ㉫ 今 이제 금
今昔(금석) 昔年(석년) 昔人(석인) 昔日(석일) 今昔之感(금석지감)
지금과 옛날

0997 析 쪼갤 석 3급
㉟ 木
開析(개석) 副析(부:석) 析出(석출) 透析(투석) 解析(해:석)
　　　　　　쪼개어 가름

0998 席 자리 석 6급
㉟ 巾 ㉫ 座 자리 좌
客席(객석) 席次(석차) 座席(좌:석) 參席(참석) 坐不安席(좌불안석)
⚫참고 座席(좌석) ↔ 立席(입석)

0999 惜 아낄 석 3급II
㉟ 忄(心)
不惜(불석) 惜別(석별) 惜陰(석음) 惜敗(석패) 哀惜(애석) 痛惜(통:석)
　　　　　　　　　　　시간을 아낌

1000 先 먼저 선 8급
㉟ 儿 ㉫ 前 앞 전 ㉫ 後 뒤 후
先決(선결) 先物(선물) 先輩(선배) 先生(선생) 先見之明(선견지명)
⚫참고 先輩(선배) ↔ 後輩(후배)

1001 涉 건널 섭 3급
㉟ 氵(水) ㉫ 渡 건널 도
干涉(간섭) 交涉(교섭) 涉世(섭세) 涉外(섭외) 幕後交涉(막후교섭)
　　　　　　　　　　세상을 살아감

34일째 한자익히기 1002~1012

城 聖 世 歲 少 昭 消 所 疏 燒 俗

1002 4급II
城
재 성
⌷土
開城(개성)　羅城(나성)　山城(산성)　城壁(성벽)　萬里長城(만리장성)
성의 외곽

1003 4급II
聖
성인 성:
⌷耳
聖君(성:군)　聖業(성:업)　聖人(성:인)　聖賢(성:현)　太平聖代(태평성대)

1004 7급
世
인간 세:
⌷一　약古
世間(세:간)　世紀(세:기)　世代(세:대)　世上(세:상)　世俗(세:속)

1005 5급
歲
해 세:
⌷止　유年 해 년
萬歲(만:세)　歲拜(세:배)　歲月(세:월)　迎歲(영세)　歲寒三友(세한삼우)

1006 7급
少
적을 소:
⌷小　반老 늙을 로, 多 많을 다
減少(감:소)　少年(소:년)　少額(소:액)　少量(소:량)　稀少(희소)
참고 少量(소량) ↔ 大量(대량)

1007 3급
昭
밝을 소
⌷日　유明 밝을 명　반暗 어두울 암
昭代(소대)　昭明(소명)　昭詳(소상)　昭雪(소설)　昭然(소연)　昭著(소저)
분명하고 뚜렷함

1008 6급
消
사라질 소
⌷氵(水)　유滅 멸할 멸
消毒(소독)　消滅(소멸)　消費(소비)　消息(소식)　消化(소화)　解消(해:소)

1009 7급
所
바 소:
⌷戶　유處 곳 처
所感(소:감)　所望(소:망)　所藏(소:장)　所在(소:재)　住所(주:소)

1010 3급II
疏
소통할/
트일 소
⌷疋
疏漏(소루)　疏密(소밀)　疏外(소외)　疏遠(소원)　疏脫(소탈)　疏通(소통)
(생각이나 하는 일 따위가) 꼼꼼하지 못하고 얼뜨고 거침

1011 3급II
燒
사를 소(:)
⌷火　유燃 탈 연　약焼
燒却(소각)　燒失(소실)　燒紙(소:지)　燒盡(소진)　燒火(소화)　燃燒(연소)
신령 앞에서 비는 뜻에서 얇은 종이를
오려서 불을 붙여 공중으로 날리는 일

1012 4급II
俗
풍속 속
⌷亻(人)
俗談(속담)　俗物(속물)　俗語(속어)　低俗(저:속)　風俗(풍속)　土俗(토속)

1013 6급 **速** 빠를 속 — 부 辶(辵) 유 急 급할 급 비 徐 천천할 서

減速(감:속) 高速(고속) 急速(급속) 速達(속달) 速度(속도) 速力(속력)

1014 3급 **粟** 조 속 — 부 米

粟奴(속노) 粟米(속미) 粟飯(속반) 寒粟(한속) 滄海一粟(창해일속)
추울 때 몸에 돋는 소름

1015 4급II **授** 줄 수 — 부 扌(手) 반 受 받을 수

授賞(수상) 授受(수수) 授業(수업) 授與(수여) 授乳(수유) 傳授(전수)

1016 3급 **睡** 졸음 수 — 부 目 유 眠 잠잘 면

睡眠(수면) 睡中(수중) 午睡(오:수) 寢睡(침:수) 昏睡(혼수)
낮잠

1017 3급II **輸** 보낼 수 — 부 車

密輸(밀수) 輸送(수송) 輸入(수입) 輸出(수출) 輸血(수혈) 運輸(운:수)

1018 4급II **受** 받을 수 — 부 又 반 授 줄 수

受講(수강) 受難(수난) 受動(수동) 受賞(수상) 受容(수용) 受益(수익)
受託(수탁) 受驗(수험)

1019 3급 **須** 모름지기 수 — 부 頁 유 必 반드시 필

須女(수녀) 須知(수지) 必須(필수)
마땅히 알아야 하는 일

1020 3급II **壽** 목숨 수 — 부 士 유 命 목숨 명 약 寿

壽命(수명) 壽昌(수창) 天壽(천수) 鶴壽(학수) 壽福康寧(수복강녕)
오래 살고 자손이 번창함

| 오 늘 의 사 자 성 어 |

壽福康寧 수복강녕 오래 살고 복되며, 건강하고 편안함

滄海一粟 창해일속 [큰 바다에 던져진 한 알의 좁쌀 알갱이] 즉 매우 작거나 보잘 것 없는 존재를 이름

歲寒三友 세한삼우 추운 겨울에도 잘 견디는 '소나무 · 매화나무 · 대나무'를 이르는 말

手不釋卷 수불석권 손에서 책을 놓지 않고 늘 글을 읽음

34

1 다음 漢字語의 讀音을 쓰시오.

① 哀惜	② 昭明	③ 必須	④ 釋放
⑤ 運輸	⑥ 聖賢	⑦ 萬歲	⑧ 先物
⑨ 所藏	⑩ 寢睡	⑪ 座席	⑫ 城壁
⑬ 受益	⑭ 高速	⑮ 端緒	⑯ 世紀
⑰ 敍述	⑱ 粟米	⑲ 授受	⑳ 燒却
㉑ 庶務	㉒ 消滅	㉓ 解析	㉔ 低俗
㉕ 鶴壽	㉖ 疏漏	㉗ 徐行	㉘ 涉外
㉙ 稀少	㉚ 今昔		

2 다음 漢字의 訓과 音을 쓰시오.

① 敍　　② 昭　　③ 壽　　④ 昔
⑤ 惜　　⑥ 須　　⑦ 睡　　⑧ 粟

3 다음의 訓과 音을 지닌 漢字를 쓰시오.

① 받을 수　　② 성인 성　　③ 해 세　　④ 먼저 선
⑤ 빠를 속　　⑥ 줄 수　　⑦ 바 소　　⑧ 사라질 소

4 밑줄 그은 單語를 漢字語로 쓰시오.

① 그 누가 그를 <u>속물</u>이라 욕할 수 있겠는가?

② <u>주소</u>를 적어주세요.

③ <u>무소식</u>이 희소식이야. 너무 걱정하지마.

5 다음 漢字語 중 첫소리가 長音인 것을 고르시오.

① ㄱ. 授業　　ㄴ. 歲月　　ㄷ. 先占　　ㄹ. 睡眠
② ㄱ. 徐行　　ㄴ. 速度　　ㄷ. 輸血　　ㄹ. 釋放
③ ㄱ. 消費　　ㄴ. 速力　　ㄷ. 聖人　　ㄹ. 疏通
④ ㄱ. 壽命　　ㄴ. 昭詳　　ㄷ. 涉外　　ㄹ. 世俗

6 뜻이 反對 또는 相對되는 漢字를 쓰시오.

① 後 ↔ ( )　　　　　② 授 ↔ ( )

7 빈칸에 訓이 같거나 유사한 漢字를 써 넣어 單語를 完成하시오.

① 急( )　　　② ( )滅　　　③ 處( )　　　④ 年( )

8 다음 빈 곳에 알맞은 漢字를 써 넣어 四字成語를 完成하시오.

① ( )寒三友　　② ( )見之明　　③ 太平( )代　　④ 坐不安( )

9 다음 漢字의 部首를 쓰시오.

① 席　　　② 壽　　　③ 授　　　④ 粟

⑤ 城　　　⑥ 所　　　⑦ 歲

10 다음 漢字의 略字를 쓰시오.

① 壽　　　② 釋　　　③ 敍

11 다음 漢字語의 뜻을 쓰시오.

① 今昔　　　② 午睡　　　③ 稀少　　　④ 受容

12 음이 같고 뜻이 다른 漢字語를 한가지씩 쓰시오.

① 低俗　　　② 消費　　　③ 先占

정답

1 ① 애석 ② 소명 ③ 필수 ④ 석방 ⑤ 운수 ⑥ 성현 ⑦ 만세 ⑧ 선물 ⑨ 소장 ⑩ 침수 ⑪ 좌석 ⑫ 성벽 ⑬ 수익 ⑭ 고속 ⑮ 단서 ⑯ 세기 ⑰ 서술 ⑱ 속미 ⑲ 수수 ⑳ 소각 ㉑ 서무 ㉒ 소멸 ㉓ 해석 ㉔ 저속 ㉕ 학수 ㉖ 소루 ㉗ 서행 ㉘ 섭외 ㉙ 희소 ㉚ 금석　2 ① 펼 서 ② 밝을 소 ③ 목숨 수 ④ 예 석 ⑤ 아낄 석 ⑥ 모름지기 수 ⑦ 졸음 수 ⑧ 조 속　3 ① 受 ② 聖 ③ 歲 ④ 先 ⑤ 速 ⑥ 授 ⑦ 所 ⑧ 消　4 ① 俗物 ② 住所 ③ 無消息　5 ① ㄴ ② ㄱ ③ ㄷ ④ ㄹ　6 ① 先 ② 受　7 ① 速 ② 消 ③ 所 ④ 歲　8 ① 歲 ② 先 ③ 聖 ④ 席　9 ① 巾 ② 士 ③ 扌(手) ④ 米 ⑤ 土 ⑥ 戶 ⑦ 止　10 ① 寿 ② 釈 ③ 叙, 敍　11 ① 지금과 옛날 ② 낮잠 ③ 드물고 적음 ④ 받아들임　12 ① 低速 ② 所費/小妃 ③ 選點

미리 확인하기   ○ X   ○ X

數	數 數 數 數 數	□ □	兒	兒 兒 兒 兒 兒	□ □
叔	叔 叔 叔 叔 叔	□ □	雅	雅 雅 雅 雅 雅	□ □
孰	孰 孰 孰 孰 孰	□ □	雁	雁 雁 雁 雁 雁	□ □
循	循 循 循 循 循	□ □	謁	謁 謁 謁 謁 謁	□ □
旬	旬 旬 旬 旬 旬	□ □	殊	殊 殊 殊 殊 殊	□ □
述	述 述 述 述 述	□ □	若	若 若 若 若 若	□ □
戌	戌 戌 戌 戌 戌	□ □	藥	藥 藥 藥 藥 藥	□ □
襲	襲 襲 襲 襲 襲	□ □	洋	洋 洋 洋 洋 洋	□ □
承	承 承 承 承 承	□ □	御	御 御 御 御 御	□ □
市	市 市 市 市 市	□ □	漁	漁 漁 漁 漁 漁	□ □
施	施 施 施 施 施	□ □	役	役 役 役 役 役	□ □
侍	侍 侍 侍 侍 侍	□ □	易	易 易 易 易 易	□ □
始	始 始 始 始 始	□ □	沿	沿 沿 沿 沿 沿	□ □
神	神 神 神 神 神	□ □	硏	硏 硏 硏 硏 硏	□ □
室	室 室 室 室 室	□ □	燃	燃 燃 燃 燃 燃	□ □

漁父之利 □ □ □ □   傍若無人 □ □ □ □
明若觀火 □ □ □ □   三旬九食 □ □ □ □

1021 7급 **數** 셈 수:
자주 삭
㉠攵(攴) ㉡算 셈 산, 計 셀 계 ㉰数
多數(다수)　數量(수:량)　數學(수:학)　指數(지수)　劃數(획수)
數數(삭삭)　數遞(삭체)
자주자주

1022 4급 **叔** 아재비 숙
㉠又 ㉯姪 조카 질
堂叔(당숙)　叔母(숙모)　叔父(숙부)　叔姪(숙질)　外叔(외:숙)　妻叔(처숙)

1023 3급 **孰** 누구 숙
㉠子 ㉮誰 누구 수
孰誰(숙수)　孰若(숙약)

1024 3급 **循** 돌 순
㉠彳 ㉮巡 돌 순, 旋 돌 선
循例(순례)　循吏(순리)　循次(순차)　循行(순행)　循環(순환)　因循(인순)
참고 循行(순행) ↔ 逆行(역행)

1025 3급Ⅱ **旬** 열흘 순
㉠日
旬刊(순간)　旬報(순보)　旬葬(순장)　中旬(중순)　三旬九食(삼순구식)

1026 3급Ⅱ **述** 펼 술
㉠辶(辵)
記述(기술)　論述(논술)　敍述(서:술)　述語(술어)　述懷(술회)　陳述(진:술)
문장으로 적음　　　　　　　　　　　　　　　　　속에 품은 생각이나
　　　　　　　　　　　　　　　　　　　　　　　감개.추억 따위를 말함

1027 3급 **戌** 개 술
㉠戈 ㉮犬 개 견, 狗 개 구
戌年(술년)　戌削(술삭)　戌時(술시)　戌月(술월)　戌日(술일)
　　　　　　　　　　하오 7시부터 9시까지의 동안

1028 3급Ⅱ **襲** 엄습할 습
㉠衣
奇襲(기습)　踏襲(답습)　襲擊(습격)　逆襲(역습)　因襲(인습)　被襲(피:습)

1029 4급Ⅱ **承** 이을 승
㉠手 ㉮繼 이을 계, 續 이을 속
繼承(계:승)　承繼(승계)　承諾(승낙)　承服(승복)　承認(승인)　傳承(전승)
　　　　　　　　　　　　　　　납득하여 좇음

1030 7급 **市** 저자 시:
㉠巾
都市(도시)　市民(시:민)　市場(시:장)　市廳(시:청)　市販(시:판)

1031 4급Ⅱ **施** 베풀 시:
㉠方 ㉮設 베풀 설
施賞(시:상)　施設(시:설)　施術(시:술)　施行(시:행)　惡語易施(악어이시)

35일째 한자익히기 1032~1042

侍 始 神 室 兒 雅 雁 謁 殃 若 藥

1032 3급II
侍 모실 시:
부 亻(人)
內侍(내:시)　侍女(시:녀)　侍婢(시:비)　侍衛(시:위)　侍從(시:종)

1033 6급
始 비로소 시:
부 女　유 初 처음 초　반 末 끝 말, 終 마칠 종
開始(개시)　始作(시:작)　始終(시:종)　始初(시:초)　始終一貫(시종일관)

1034 6급
神 귀신 신
부 示　유 鬼 귀신 귀
鬼神(귀:신)　神殿(신전)　神話(신화)　精神(정신)　神出鬼沒(신출귀몰)
참 精神(정신) ↔ 物質(물질), 肉體(육체)

1035 8급
室 집 실
부 宀　유 家 집 가, 舍 집 사, 屋 집 옥, 宅 집 택
家室(가실)　密室(밀실)　室溫(실온)　寢室(침:실)　休憩室(휴게실)

1036 5급
兒 아이 아
부 儿　약 児
孤兒(고아)　迷兒(미아)　兒童(아동)　園兒(원아)　幼兒(유아)　育兒(육아)

1037 3급II
雅 맑을/우아할 아:
부 隹　유 淡 맑을 담, 淸 맑을 청　반 濁 흐릴 탁
端雅(단아)　雅淡(아:담)　雅量(아:량)　雅趣(아:취)　雅懷(아:회)
아담한 정취 또는 고상하고 운치있는 취미

1038 3급
雁 기러기 안:
부 隹　유 鴻 기러기 홍
孤雁(고안)　雁書(안:서)　雁陣(안:진)　雁行(안:항)　鴻雁(홍안)
[기러기의 행렬이라는 뜻]
남의 형제를 높여 이르는 말

1039 3급
謁 뵐/아뢸 알
부 言
拜謁(배:알)　歲謁(세:알)　謁聖(알성)　謁者(알자)　謁見(알현)
알현(謁見)을 청하는 사람

1040 3급
殃 재앙 앙
부 歹　유 災 재앙 재, 禍 재앙 화
殃慶(앙경)　殃禍(앙화)　災殃(재앙)　積殃(적앙)　天殃(천앙)
재앙이 거듭됨

1041 3급II
若 같을 약
부 艹(艸)
萬若(만:약)　若干(약간)　若或(약혹)　傍若無人(방약무인)
반야 야: 明若觀火(명약관화)　般若心經(반야심경)

1042 6급
藥 약 약
부 艹(艸)　약 薬
補藥(보:약)　賜藥(사:약)　藥局(약국)　洋藥(양약)　韓藥(한:약)

1043 6급 洋 큰바다 양
(부)氵(水)
洋服(양복) 洋書(양서) 洋食(양식) 洋酒(양주) 洋鐵(양철) 遠洋(원:양)

1044 3급Ⅱ 御 거느릴/어거할 어:
(부)彳
崩御(붕어) 御命(어:명) 御用(어:용) 御醫(어:의) 暗行御史(암행어사)
임금이 세상을 떠남

1045 5급 漁 고기잡을 어
(부)氵(水)
漁民(어민) 漁船(어선) 漁村(어촌) 漁獲(어획) 漁父之利(어부지리)

1046 3급Ⅱ 役 부릴 역
(부)彳 (유)使 부릴 사
囚役(수역) 役夫(역부) 役事(역사) 役割(역할) 用役(용:역) 懲役(징역)
죄수에게 일을 시킴

1047 4급 易 바꿀 역 / 쉬울 이:
(부)日 (반)難 어려울 난
交易(교역) 貿易(무:역) 易學(역학) 易地思之(역지사지)
簡易(간:이) 安易(안이) 容易(용이)

1048 3급Ⅱ 沿 물따라갈/따를 연(:)
(부)氵(水)
沿道(연도) 沿邊(연변) 沿岸(연안) 沿海(연해) 沿革(연:혁)

1049 4급Ⅱ 研 갈 연:
(부)石 (유)究 궁구할 구
研究(연:구) 研磨(연:마) 研武(연:무) 研修(연:수) 研學(연:학)

1050 4급 燃 탈 연
(부)火 (유)燒 사를 소
不燃(불연) 燃燈(연등) 燃料(연료) 燃燒(연소) 燃油(연유) 再燃(재:연)
타지 않음   연료로 쓰는 기름

| 오 늘 의 사 자 성 어 |

漁父之利 어부지리 둘이 다투고 있는 사이에 엉뚱한 사람이 이익을 얻음
傍若無人 방약무인 곁에 아무도 없는 것같이 거리낌 없이 행동함
明若觀火 명약관화 불을 보듯이 뻔함
三旬九食 삼순구식 [30일 동안에 아홉 끼니의 밥밖에 못먹음] 즉 몹시 가난함을 이르는 말

35

I 다음 漢字語의 讀音을 쓰시오.

① 市場	② 災殃	③ 旬報	④ 侍從
⑤ 雁行	⑥ 密室	⑦ 論述	⑧ 遠洋
⑨ 迷兒	⑩ 自若	⑪ 謁見	⑫ 承繼
⑬ 沿岸	⑭ 循環	⑮ 懲役	⑯ 藥局
⑰ 研修	⑱ 萬若	⑲ 交易	⑳ 漁獲
㉑ 外叔	㉒ 施設	㉓ 雅量	㉔ 精神
㉕ 燃料	㉖ 戌時	㉗ 數量	㉘ 御命
㉙ 踏襲	㉚ 始作		

2 다음 漢字의 訓과 音을 쓰시오.

① 役	② 雁	③ 謁	④ 殃
⑤ 孰	⑥ 旬	⑦ 襲	⑧ 述

3 다음의 訓과 音을 지닌 漢字를 쓰시오.

① 귀신 신	② 이을 승	③ 약 약	④ 갈 연
⑤ 저자 시	⑥ 비로소 시	⑦ 아이 아	⑧ 탈 연

4 밑줄 그은 單語를 漢字語로 쓰시오.

① 작년에 어학연수를 다녀왔다.

② 그는 시청에서 근무하고 있다.

③ 그는 영어보다 수학에 강하다.

5 다음 漢字語 중 첫소리가 長音인 것을 고르시오.

① ㄱ. 沿道	ㄴ. 沿岸	ㄷ. 沿邊	ㄹ. 沿革
② ㄱ. 燃料	ㄴ. 研究	ㄷ. 神話	ㄹ. 襲擊
③ ㄱ. 御命	ㄴ. 兒童	ㄷ. 藥局	ㄹ. 述語
④ ㄱ. 役夫	ㄴ. 洋服	ㄷ. 市場	ㄹ. 漁民

6 뜻이 反對 또는 相對되는 漢字를 쓰시오.

① 難 ↔ (　)　　　② 終 ↔ (　)　　　③ 姪 ↔ (　)

7 빈칸에 訓이 같거나 유사한 漢字를 써 넣어 單語를 完成하시오.

① (　)設　　　② (　)究　　　③ (　)初　　　④ (　)繼

8 다음 빈 곳에 알맞은 漢字를 써 넣어 四字成語를 完成하시오.

① (　)父之利　　　② (　)地思之　　　③ (　)出鬼沒　　　④ (　)終一貫

9 다음 漢字의 部首를 쓰시오.

① 雅　　　② 襲　　　③ 市　　　④ 兒

⑤ 數　　　⑥ 御　　　⑦ 易

10 다음 漢字의 略字를 쓰시오.

① 藥　　　② 數　　　③ 兒　　　④ 研

11 다음 漢字語의 뜻을 쓰시오.

① 記述　　② 孤兒　　③ 施賞　　④ 不燃　　⑤ 漁船

정답

1 ① 시장 ② 재앙 ③ 순보 ④ 시종 ⑤ 안항 ⑥ 밀실 ⑦ 논술 ⑧ 원양 ⑨ 미아 ⑩ 자약 ⑪ 알현 ⑫ 승계 ⑬ 연안 ⑭ 순환 ⑮ 징역 ⑯ 약국 ⑰ 연수 ⑱ 만약 ⑲ 교역 ⑳ 어획 ㉑ 외숙 ㉒ 시설 ㉓ 아량 ㉔ 정신 ㉕ 연료 ㉖ 술시 ㉗ 수량 ㉘ 어명 ㉙ 답습 ㉚ 시작 **2** ① 부릴 역 ② 기러기 안 ③ 뵐/아뢸 알 ④ 재앙 앙 ⑤ 누구 숙 ⑥ 열흘 순 ⑦ 엄습할 습 ⑧ 펼 술 **3** ① 神 ② 承 ③ 藥 ④ 研 ⑤ 市 ⑥ 始 ⑦ 兒 ⑧ 燃 **4** ① 研修 ② 市廳 ③ 數學 **5** ① ㄹ ② ㄴ ③ ㄱ ④ ㄷ **6** ① 易 ② 始 ③ 叔 **7** ① 施 ② 研 ③ 始 ④ 承 **8** ① 漁 ② 易 ③ 神 ④ 始 **9** ① 隹 ② 衣 ③ 巾 ④ 儿 ⑤ 攵(攴) ⑥ 彳 ⑦ 日 **10** ① 薬 ② 数 ③ 児 ④ 研 **11** ① 문장으로 적음 ② 부모가 없는 아이 ③ 상장, 상품, 상금 등을 줌 ④ 타지 않음 ⑤ 고기잡이 하는 배

미리 확인하기　　　o X　　　　　　o X

泳	泳	泳	泳	泳	泳	□ □
映	映	映	映	映	映	□ □
詠	詠	詠	詠	詠	詠	□ □
營	營	營	營	營	營	□ □
譽	譽	譽	譽	譽	譽	□ □
悟	悟	悟	悟	悟	悟	□ □
傲	傲	傲	傲	傲	傲	□ □
誤	誤	誤	誤	誤	誤	□ □
溫	溫	溫	溫	溫	溫	□ □
搖	搖	搖	搖	搖	搖	□ □
浴	浴	浴	浴	浴	浴	□ □
友	友	友	友	友	友	□ □
遇	遇	遇	遇	遇	遇	□ □
韻	韻	韻	韻	韻	韻	□ □
元	元	元	元	元	元	□ □

員	員	員	員	員	員	□ □
園	園	園	園	園	園	□ □
願	願	願	願	願	願	□ □
位	位	位	位	位	位	□ □
違	違	違	違	違	違	□ □
謂	謂	謂	謂	謂	謂	□ □
衛	衛	衛	衛	衛	衛	□ □
緯	緯	緯	緯	緯	緯	□ □
由	由	由	由	由	由	□ □
猶	猶	猶	猶	猶	猶	□ □
裕	裕	裕	裕	裕	裕	□ □
儒	儒	儒	儒	儒	儒	□ □
育	育	育	育	育	育	□ □
潤	潤	潤	潤	潤	潤	□ □
閏	閏	閏	閏	閏	閏	□ □

自己本位 □ □ □ □　　　過猶不及 □ □ □ □

搖之不動 □ □ □ □　　　千載一遇 □ □ □ □

1051 3급
泳
헤엄칠 영:
부 氵(水)
背泳(배:영) 水泳(수영) 蝶泳(접영) 平泳(평영)

1052 4급
映
비칠 영(:)
부 日
上映(상:영) 映寫(영사) 映窓(영:창) 映畫(영화) 透映(투영)

1053 3급
詠
읊을 영:
부 言 유 吟 읊을 음
代詠(대:영) 誦詠(송:영) 詠歌(영:가) 詠歎(영:탄) 吟詠(음영) 題詠(제영)
깊이 감동함

1054 4급
營
경영할 영
부 火 약 営
經營(경영) 營利(영리) 營養(영양) 營業(영업) 營造(영조) 營倉(영창)

1055 3급II
譽
기릴 예:
부 言 유 頌 기릴 송 약 誉
光譽(광예) 名譽(명예) 榮譽(영예) 譽聲(예:성) 譽言(예:언)
명예와 명성

1056 3급II
悟
깨달을 오:
부 忄(心) 유 覺 깨달을 각
覺悟(각오) 省悟(성오) 悟道(오:도) 悟性(오:성) 悔悟(회:오)
大悟覺醒(대오각성)

1057 3급
傲
거만할 오:
부 亻(人) 유 慢 거만할 만 반 謙 겸손할 겸
傲氣(오:기) 傲慢(오:만) 傲然(오:연) 怠傲(태오) 傲霜孤節(오상고절)
거만하고 버릇이 없음

1058 4급II
誤
그르칠 오:
부 言 유 過 지날 과 반 正 바를 정
過誤(과:오) 誤導(오:도) 誤算(오:산) 誤解(오:해) 錯誤(착오)

1059 6급
溫
따뜻할 온
부 氵(水) 유 暖 따뜻할 난 반 冷 찰 냉
溫暖(온난) 溫雅(온아) 溫柔(온유) 溫情(온정) 溫和(온화) 體溫(체온)
溫故之情(온고지정) 溫故知新(온고지신)

1060 3급
搖
흔들 요
부 扌(手)
動搖(동:요) 搖車(요거) 搖動(요동) 搖亂(요란) 搖之不動(요지부동)
어린아이를 태워 밀어주는 수레

1061 5급
浴
목욕할 욕
부 氵(水)
浴客(욕객) 浴室(욕실) 浴衣(욕의) 浴場(욕장) 海水浴(해수욕)
목욕을 하려고 오는 손님

36일째 한자익히기 1062~1072

友 遇 韻 元 員 園 願 位 違 謂 衞

1062 5급
友
벗 우:
부又 유朋 벗 붕
友邦(우:방)　友愛(우:애)　友誼(우:의)　友情(우:정)　友好(우:호)

1063 4급
遇
만날 우
부辶(辵) 유逢 만날 봉
境遇(경우)　待遇(대:우)　不遇(불우)　處遇(처:우)　千載一遇(천재일우)
놓이게 되는 조건이나 때

1064 3급Ⅱ
韻
운 운:
부音
頭韻(두운)　韻目(운:목)　韻文(운:문)　韻律(운율)　韻致(운:치)
참고 韻文(운문) ↔ 散文(산문)

1065 5급
元
으뜸 원
부儿
復元(복원)　元旦(원단)　元老(원로)　元素(원소)　元首(원수)　元祖(원조)

1066 4급Ⅱ
員
인원 원
부口 약貟
員數(원수)　人員(인원)　一員(일원)　職員(직원)　乘務員(승무원)

1067 6급
園
동산 원
부口
公園(공원)　園藝(원예)　園池(원지)　庭園(정원)　園頭幕(원두막)
정원과 못

1068 5급
願
원할 원:
부頁 유望 바랄 망, 希 바랄 희
祈願(기원)　所願(소:원)　哀願(애원)　念願(염:원)　願望(원:망)
願書(원:서)
바라고 원함

1069 5급
位
자리 위
부亻(人) 유席 자리 석, 座 자리 좌
方位(방위)　位階(위계)　位相(위상)　位置(위치)　自己本位(자기본위)

1070 3급
違
어긋날 위
부辶(辵)
違反(위반)　違背(위배)　違法(위법)　違約(위약)　違言(위언)　違憲(위헌)
참고 違法(위법) ↔ 合法(합법)

1071 3급Ⅱ
謂
이를 위
부言 유云 이를 운
可謂(가:위)　所謂(소:위)　云謂(운위)
가히 말한다면

1072 4급Ⅱ
衞
지킬 위
부行 유防 막을 방, 守 지킬 수
防衛(방위)　守衛(수위)　衛生(위생)　衛星(위성)　自衛(자위)　前衛(전위)

1073 3급	緯 씨 위	부 糸　반 經 경서 경

經緯(경위)　北緯(북위)　緯度(위도)　緯絲(위사)　緯線(위선)
　　　　　　　　　　　　　　　　　　피륙을 가로 건너 짜는 실
참고 緯度(위도) ↔ 經度(경도)

1074 6급	由 말미암을 유	부 田

經由(경유)　事由(사:유)　緣由(연유)　由來(유래)　理由(이:유)

1075 3급II	猶 오히려 유	부 犭(犬)

猶父(유부)　猶豫(유예)　猶子(유자)　猶不足(유부족)　過猶不及(과유불급)
아버지의 형제. 삼촌

1076 3급II	裕 넉넉할 유	부 衤(衣)　유 餘 남을 여　반 貧 가난할 빈

富裕(부:유)　餘裕(여유)　裕福(유복)　裕足(유족)　豊裕(풍유)
　　　　　　　　　　　　　　　　　　　　　　매우 넉넉함

1077 4급	儒 선비 유	부 亻(人)　유 士 선비 사

老儒(노:유)　儒敎(유교)　儒林(유림)　儒生(유생)　儒學(유학)

1078 7급	育 기를 육	부 月(肉)　유 養 기를 양

敎育(교:육)　發育(발육)　養育(양:육)　育林(육림)　育成(육성)　育兒(육아)

1079 3급II	潤 불을 윤:	부 氵(水)

濕潤(습윤)　潤氣(윤:기)　潤澤(윤:택)　利潤(이:윤)　潤滑油(윤활유)

1080 3급	閏 윤달 윤:	부 門

閏年(윤:년)　閏月(윤:월)　閏集(윤:집)　閏秒(윤:초)
　　　　　　　　　　　　　　　└ 원본에서 빠진 것을 편집한 문집
참고 閏年(윤년) ↔ 平年(평년)

| 오 늘 의 사 자 성 어 |

自己本位　자기본위　자신을 기준으로 하여 생각하고 행동함
過猶不及　과유불급　지나침은 미치지 못함과 같음
搖之不動　요지부동　흔들어도 조금도 움직이지 않음
千載一遇　천재일우　[천년에 한 번 만나다는 뜻] 좀처럼 얻기 어려운 좋은 기회를 이르는 말

1 다음 漢字語의 讀音을 쓰시오.

① 傲氣	② 所謂	③ 裕福	④ 覺悟
⑤ 念願	⑥ 職員	⑦ 過誤	⑧ 防衛
⑨ 猶豫	⑩ 榮譽	⑪ 閏集	⑫ 儒敎
⑬ 溫情	⑭ 營業	⑮ 緯線	⑯ 位階
⑰ 敎育	⑱ 詠歎	⑲ 搖動	⑳ 待遇
㉑ 利潤	㉒ 映畫	㉓ 友好	㉔ 復元
㉕ 違背	㉖ 背泳	㉗ 浴室	㉘ 庭園
㉙ 經由	㉚ 韻致		

2 다음 漢字의 訓과 音을 쓰시오.

① 譽 　② 韻 　③ 猶 　④ 潤
⑤ 傲 　⑥ 搖 　⑦ 謂 　⑧ 裕

3 다음의 訓과 音을 지닌 漢字를 쓰시오.

① 선비 유 　② 만날 우 　③ 기를 육 　④ 목욕할 욕
⑤ 경영할 영 　⑥ 지킬 위 　⑦ 원할 원 　⑧ 그르칠 오

4 밑줄 그은 單語를 漢字語로 쓰시오.

① 나의 취미는 <u>영화</u>감상이다.

② 우리는 사소한 <u>오해</u>로 헤어졌다.

③ 우리의 <u>소원</u>은 통일이다.

5 다음 漢字語 중 첫소리가 長音인 것을 고르시오.

① ㄱ. 映寫 　ㄴ. 透映 　ㄷ. 映窓 　ㄹ. 映畫
② ㄱ. 閏年 　ㄴ. 溫和 　ㄷ. 搖動 　ㄹ. 衛生
③ ㄱ. 儒生 　ㄴ. 位置 　ㄷ. 誤解 　ㄹ. 違法
④ ㄱ. 元祖 　ㄴ. 詠歎 　ㄷ. 營養 　ㄹ. 猶豫

6 뜻이 反對 또는 相對되는 漢字를 쓰시오.

① 冷 ↔ ( )   ② 正 ↔ ( )

7 빈칸에 訓이 같거나 유사한 漢字를 써 넣어 單語를 完成하시오.

① 養( )   ② ( )望   ③ ( )暖

8 다음 빈칸에 알맞은 漢字를 써 넣어 四字成語를 完成하시오.

① 千載一( )   ② ( )故知新   ③ 自己本( )

9 다음 漢字의 部首를 쓰시오.

① 育   ② 願   ③ 譽   ④ 友
⑤ 衛   ⑥ 員

10 다음 漢字語의 뜻을 쓰시오.

① 復元   ② 理由   ③ 動搖   ④ 祈願   ⑤ 所願

11 다음 漢字의 略字를 쓰시오.

① 員   ② 營   ③ 譽

12 음이 같고 뜻이 다른 漢字語를 한가지씩 쓰시오.

① 員數   ② 一員   ③ 水泳

정답

1 ① 오기 ② 소위 ③ 유복 ④ 각오 ⑤ 염원 ⑥ 직원 ⑦ 과오 ⑧ 방위 ⑨ 유예 ⑩ 영예 ⑪ 윤집 ⑫ 유교 ⑬ 온정 ⑭ 영업 ⑮ 위선 ⑯ 위계 ⑰ 교육 ⑱ 영탄 ⑲ 요동 ⑳ 대우 ㉑ 이윤 ㉒ 영화 ㉓ 우호 ㉔ 복원 ㉕ 위배 ㉖ 배영 ㉗ 욕실 ㉘ 정원 ㉙ 경유 ㉚ 운치 **2** ① 기릴 예 ② 운운 ③ 오히려 유 ④ 불을 윤 ⑤ 거만할 오 ⑥ 흔들 요 ⑦ 이를 위 ⑧ 넉넉할 유 **3** ① 儒 ② 遇 ③ 育 ④ 浴 ⑤ 營 ⑥ 衛 ⑦ 願 ⑧ 誤 **4** ① 映畫 ② 誤解 ③ 所願 **5** ① ㄷ ② ㄱ ③ ㄷ ④ ㄴ **6** ① 溫 ② 誤 **7** ① 育 ② 願 ③ 溫 **8** ① 遇 ② 溫 ③ 位 **9** ① 月(肉) ② 頁 ③ 言 ④ 又 ⑤ 行 ⑥ 口 **10** ① 원래대로 회복함 ② 까닭 ③ 움직이고 흔들림 ④ 바라는 일이 이루어지길 빔 ⑤ 바람 **11** ① 員 ② 営 ③ 誉 **12** ① 元首 ② 一元/一圓 ③ 水英/秀英

미리 확인하기   o x   o x

						o x							o x
吟	吟	吟	吟	吟	吟	□□	腸	腸	腸	腸	腸	腸	□□
淫	淫	淫	淫	淫	淫	□□	丈	丈	丈	丈	丈	丈	□□
泣	泣	泣	泣	泣	泣	□□	場	場	場	場	場	場	□□
凝	凝	凝	凝	凝	凝	□□	在	在	在	在	在	在	□□
依	依	依	依	依	依	□□	材	材	材	材	材	材	□□
宜	宜	宜	宜	宜	宜	□□	載	載	載	載	載	載	□□
議	議	議	議	議	議	□□	再	再	再	再	再	再	□□
翼	翼	翼	翼	翼	翼	□□	栽	栽	栽	栽	栽	栽	□□
印	印	印	印	印	印	□□	財	財	財	財	財	財	□□
慈	慈	慈	慈	慈	慈	□□	爭	爭	爭	爭	爭	爭	□□
恣	恣	恣	恣	恣	恣	□□	抵	抵	抵	抵	抵	抵	□□
紫	紫	紫	紫	紫	紫	□□	敵	敵	敵	敵	敵	敵	□□
作	作	作	作	作	作	□□	績	績	績	績	績	績	□□
酌	酌	酌	酌	酌	酌	□□	籍	籍	籍	籍	籍	籍	□□
掌	掌	掌	掌	掌	掌	□□	前	前	前	前	前	前	□□

九折羊腸 □□□□   泣斬馬謖 □□□□

命在頃刻 □□□□   仁者無敵 □□□□

1081 3급 **吟** 읊을 음
㉃口 ㉇詠 읊을 영
朗吟(낭:음) 詩吟(시음) 吟味(음미) 吟誦(음송) 吟詠(음영) 吟遊(음유)
(한시나 시조를) 소리 내어 읊음

1082 3급Ⅱ **淫** 음란할 음
㉃氵(水)
姦淫(간:음) 淫亂(음란) 淫慾(음욕) 淫蕩(음탕) 淫談悖說(음담패설)

1083 3급 **泣** 울 읍
㉃氵(水) ㉇哭 울 곡 ㉂笑 웃음 소
感泣(감:읍) 哭泣(곡읍) 泣訴(읍소) 泣請(읍청) 泣斬馬謖(읍참마속)
울면서 간절히 청함

1084 3급 **凝** 엉길 응:
㉃氵
凝結(응:결) 凝固(응:고) 凝視(응:시) 凝集(응:집) 凝血(응:혈)

1085 4급 **依** 의지할 의
㉃亻(人)
依據(의거) 依賴(의뢰) 依存(의존) 依支(의지) 舊態依然(구태의연)
변하였거나 진보.발전한 데가 없이
옛 모습 그대로임

1086 3급 **宜** 마땅 의
㉃宀 ㉇當 마땅할 당
機宜(기의) 事宜(사:의) 量宜(양의) 宜當(의당) 宜稱(의칭) 便宜(편의)

1087 4급Ⅱ **議** 의논할 의
㉃言 ㉇論 의논할 론
議決(의결) 議員(의원) 討議(토:의) 抗議(항:의) 不可思議(불가사의)

1088 3급Ⅱ **翼** 날개 익
㉃羽 ㉇羽 깃 우
羽翼(우:익) 右翼(우:익) 翼廊(익랑) 翼面(익면) 翼壁(익벽)
문의 좌우쪽에 잇대어 지은 행랑

1089 4급Ⅱ **印** 도장 인
㉃卩
印鑑(인감) 印象(인상) 印刷(인쇄) 印章(인장) 印朱(인주) 印紙(인지)

1090 3급Ⅱ **慈** 사랑 자
㉃心 ㉇愛 사랑 애, 仁 어질 인 ㉂惡 미워할 오, 憎 미워할 증
仁慈(인자) 慈堂(자당) 慈悲(자비) 慈善(자선) 慈愛(자애) 慈惠(자혜)

1091 3급 **恣** 방자할/마음대로 자
㉃心
恣樂(자락) 恣逸(자일) 恣意(자의) 恣暴(자포) 恣行(자행)

37일째 한자익히기 1092~1102

紫 作 酌 掌 腸 丈 場 在 材 載 再

1092 3급Ⅱ
紫
자줏빛 자:
(부)糸
紫色(자:색)　紫煙(자:연)　紫朱(자:주)　紫外線(자외선)

1093 6급
作
지을 작
(부)亻(人)　(유)製 지을 제, 造 지을 조
作家(작가)　作曲(작곡)　作成(작성)　作業(작업)　作爲(작위)　創作(창:작)

1094 3급
酌
술부을/
잔질할 작
(부)酉
對酌(대:작)　酌婦(작부)　酌量(작량)　酌定(작정)　參酌(참작)　淸酌(청작)
　　　　　　　　짐작하여 헤아림

1095 3급Ⅱ
掌
손바닥 장:
(부)手
管掌(관장)　掌握(장:악)　掌篇(장:편)　合掌(합장)　孤掌難鳴(고장난명)
일을 맡아서 다룸

1096 4급
腸
창자 장
(부)月(肉)
小腸(소:장)　胃腸(위장)　大腸菌(대장균)　九折羊腸(구절양장)

1097 3급Ⅱ
丈
어른 장:
(부)一
方丈(방장)　丈夫(장:부)　丈母(장:모)　丈人(장:인)　老人丈(노인장)
사방 1장(丈)의 넓이

1098 7급
場
마당 장
(부)土
廣場(광:장)　劇場(극장)　場面(장면)　場所(장소)　場外(장외)　閉場(폐:장)

1099 6급
在
있을 재:
(부)土　(유)有 있을 유　(반)無 없을 무
散在(산:재)　所在(소:재)　在職(재:직)　在學(재:학)　命在頃刻(명재경각)

1100 5급
材
재목 재
(부)木
素材(소재)　資材(자재)　材局(재국)　材料(재료)　材木(재목)　材質(재질)
　　　　　　　사람의 됨됨이와 유능한 소질

1101 3급Ⅱ
載
실을 재:
(부)車
所載(소:재)　連載(연재)　載量(재:량)　載送(재:송)　載籍(재:적)
　　　　　　　　　　　　　(차나 배 따위에) 물건을 실어 보냄

1102 5급
再
두 재:
(부)冂
再建(재:건)　再考(재:고)　再修(재:수)　再婚(재:혼)　再活(재:활)
다시 한 번 생각함

1103 栽 3급Ⅱ 심을 재:
⊕木 ⊛植 심을 식
<u>盆栽(분재)</u> 植栽(식재) 栽培(재:배) 栽植(재:식)
화분에 심어서 줄기나 가지를 운치 있게
다듬거나 변형시켜 가꾼 나무

1104 財 5급 재물 재
⊕貝 ⊛貨 재화 화
財界(재계) 財務(재무) 財物(재물) 財閥(재벌) 財政(재정) 財貨(재화)

1105 爭 5급 다툴 쟁
⊕爫(爪) ⊛競 다툴 경, 戰 싸울 전, 鬪 싸움 투 ⊛爭
競爭(경:쟁) 戰爭(전:쟁) 爭點(쟁점) 爭取(쟁취) 鬪爭(투쟁) 抗爭(항:쟁)

1106 抵 3급Ⅱ 막을 저:
⊕扌(手) ⊛抗 겨룰 항
抵當(저:당) <u>抵賴(저:뢰)</u> 抵敵(저:적) 抵觸(저:촉) 抵抗(저:항)
변명을 하면서 신문(訊問)에 복종하지 아니함
🔵참고 抵抗(저항) ↔ 順應(순응)

1107 敵 4급Ⅱ 대적할 적
⊕攵(攴)
敵對(적대) 敵將(적장) 敵陣(적진) <u>匹敵(필적)</u> 仁者無敵(인자무적)
재주나 힘 따위가 엇비슷하여
서로 견줄 만함

1108 績 4급 길쌈 적
⊕糸
功績(공적) 成績(성적) 實績(실적) 業績(업적) <u>積學(적학)</u> 前績(전적)
학문의 공(功)을 쌓음

1109 籍 4급 문서 적
⊕竹 ⊛券 문서 권
國籍(국적) 本籍(본적) 書籍(서적) 地籍(지적) 學籍(학적) 戶籍(호:적)

1110 前 7급 앞 전
⊕刂(刀) ⊛先 먼저 선 ⊛後 뒤 후
前過(전과) 前導(전도) 前半(전반) 前述(전술) 前任(전임) 前提(전제)
🔵참고 前任(전임) ↔ 後任(후임)

| 오 늘 의 사 자 성 어 |

九折羊腸 구절양장 [아홉 번 꼬부라진 양의 창자라는 뜻] 산길 등이 매우 꼬불꼬불한 것을 이름
泣斬馬謖 읍참마속 군율을 세우기 위해서는 사랑하고 아끼는 사람도 버림
命在頃刻 명재경각 거의 죽게 되어 숨이 곧 넘어갈 지경에 이름
仁者無敵 인자무적 어진 사람에게는 적이 없음

37

I 다음 漢字語의 讀音을 쓰시오.

① 便宜	② 前提	③ 抗爭	④ 敵將
⑤ 合掌	⑥ 依賴	⑦ 討議	⑧ 抵當
⑨ 財貨	⑩ 丈母	⑪ 散在	⑫ 凝固
⑬ 印刷	⑭ 羽翼	⑮ 栽培	⑯ 吟誦
⑰ 書籍	⑱ 泣訴	⑲ 慈善	⑳ 胃腸
㉑ 再建	㉒ 酌婦	㉓ 材料	㉔ 淫亂
㉕ 恣行	㉖ 創作	㉗ 廣場	㉘ 功績
㉙ 連載	㉚ 紫外線		

2 다음 漢字의 訓과 音을 쓰시오.

① 栽	② 掌	③ 抵	④ 翼
⑤ 紫	⑥ 泣	⑦ 恣	⑧ 淫

3 다음의 訓과 音을 지닌 漢字를 쓰시오.

① 의지할 의	② 대적할 적	③ 문서 적	④ 도장 인
⑤ 두 재	⑥ 다툴 쟁	⑦ 의논할 의	⑧ 마당 장

4 밑줄 그은 單語를 漢字語로 쓰시오.

① 행복은 <u>성적</u>순이 아니다.

② 음식은 정성과 <u>재료</u>가 맛을 좌우한다.

③ 정기적으로 <u>자선</u> 바자회를 개최하고 있다.

5 다음 漢字語 중 첫소리가 長音인 것을 고르시오.

① ㄱ. 凝視	ㄴ. 爭取	ㄷ. 慈善	ㄹ. 作業
② ㄱ. 敵將	ㄴ. 掌握	ㄷ. 依存	ㄹ. 財界
③ ㄱ. 材質	ㄴ. 印朱	ㄷ. 丈母	ㄹ. 場所
④ ㄱ. 議決	ㄴ. 前過	ㄷ. 宜當	ㄹ. 再活

255

6 뜻이 反對 또는 相對 되는 漢字語를 쓰시오.

① 後任 ↔ ( )   ② 順應 ↔ ( )

7 빈칸에 訓이 같거나 유사한 漢字를 써 넣어 單語를 完成하시오.

① ( )愛   ② ( )貨   ③ 製( )   ④ ( )論

8 다음 빈 칸에 알맞은 漢字를 써 넣어 四字成語를 完成하시오.

① 九折羊( )   ② 仁者無( )   ③ 命( )頃刻

9 다음 漢字의 部首를 쓰시오.

① 籍   ② 掌   ③ 栽   ④ 丈
⑤ 財   ⑥ 載

10 다음 漢字語의 뜻을 쓰시오.

① 再考   ② 依據   ③ 爭點   ④ 抵抗

11 다음 漢字의 略字를 쓰시오.

① 爭

12 音이 같고 뜻이 다른 漢字語를 한가지씩 쓰시오.

① 方丈   ② 素材   ③ 印象

정답

1 ① 편의 ② 전제 ③ 항쟁 ④ 적장 ⑤ 합장 ⑥ 의뢰 ⑦ 토의 ⑧ 저당 ⑨ 재화 ⑩ 장모 ⑪ 산재 ⑫ 응고 ⑬ 인쇄 ⑭ 우익 ⑮ 재배 ⑯ 음송 ⑰ 서적 ⑱ 읍소 ⑲ 자선 ⑳ 위장 ㉑ 재건 ㉒ 작부 ㉓ 재료 ㉔ 음란 ㉕ 자행 ㉖ 창작 ㉗ 광장 ㉘ 공적 ㉙ 연재 ㉚ 자외선 **2** ① 심을 재 ② 손바닥 장 ③ 막을 저 ④ 날개 익 ⑤ 자줏빛 자 ⑥ 울 읍 ⑦ 방자할/마음대로 자 ⑧ 음란할 음 **3** ① 依 ② 敵 ③ 籍 ④ 印 ⑤ 再 ⑥ 爭 ⑦ 議 ⑧ 場 **4** ① 成績 ② 材料 ③ 慈善 **5** ① ㄱ ② ㄴ ③ ㄷ ④ ㄹ **6** ① 前任 ② 抵抗 **7** ① 慈 ② 財 ③ 作 ④ 議 **8** ① 腸 ② 敵 ③ 在 **9** ① 竹 ② 手 ③ 木 ④ 一 ⑤ 貝 ⑥ 車 **10** ① 다시 한 번 생각함 ② 어떠한 사실을 근거로 함 ③ 논쟁의 중심이 되고 있는 점 ④ 맞서서 버팀 **11** ① 争 **12** ① 方長/方壯 ② 所在/小才 ③ 引上

미리 확인하기   O X   O X

專 專 專 專 專 □ □	租 租 租 租 租 □ □
電 電 電 電 電 電 □ □	條 條 條 條 條 □ □
傳 傳 傳 傳 傳 □ □	組 組 組 組 組 □ □
錢 錢 錢 錢 錢 □ □	潮 潮 潮 潮 潮 □ □
蝶 蝶 蝶 蝶 蝶 蝶 □ □	操 操 操 操 操 □ □
接 接 接 接 接 □ □	卒 卒 卒 卒 卒 □ □
征 征 征 征 征 □ □	宗 宗 宗 宗 宗 □ □
訂 訂 訂 訂 訂 □ □	座 座 座 座 座 □ □
題 題 題 題 題 題 □ □	周 周 周 周 周 □ □
弟 弟 弟 弟 弟 弟 □ □	柱 柱 柱 柱 柱 柱 □ □
堤 堤 堤 堤 堤 □ □	酒 酒 酒 酒 酒 □ □
製 製 製 製 製 □ □	注 注 注 注 注 □ □
際 際 際 際 際 □ □	株 株 株 株 株 □ □
諸 諸 諸 諸 諸 □ □	晝 晝 晝 晝 晝 □ □
祖 祖 祖 祖 祖 □ □	俊 俊 俊 俊 俊 □ □

晝夜長川 □ □ □ □   酒色雜技 □ □ □ □

晝夜不息 □ □ □ □   電光石火 □ □ □ □

1111 4급
專
오로지 전

(부)寸
專攻(전공) 專念(전념) 專門(전문) 專修(전수) 專業(전업) 專用(전용)
(참고) 專用(전용) ↔ 共用(공용)
(특정한 어떤 전문 기술·지식 따위를) 전문적으로 닦음

1112 7급
電
번개 전:

(부)雨
漏電(누:전) 電氣(전:기) 電力(전:력) 電話(전:화) 電光石火(전광석화)

1113 5급
傳
전할 전

(부)亻(人) (약)伝
宣傳(선전) 傳達(전달) 傳說(전설) 傳授(전수) 傳承(전승) 傳統(전통)

1114 4급
錢
돈 전:

(부)金 (약)銭
急錢(급전) 銅錢(동전) 錢穀(전:곡) 錢糧(전:량) 換錢(환:전)
돈과 곡식

1115 3급
蝶
나비 접

(부)虫
蜂蝶(봉접) 蝶泳(접영) 胡蝶(호접) 蝶形骨(접형골) 胡蝶之夢(호접지몽)
벌과 나비

1116 4급Ⅱ
接
이을 접

(부)扌(手) (유)續 이을 속
間接(간:접) 近接(근:접) 隣接(인접) 接見(접견) 接線(접선) 接續(접속)

1117 3급Ⅱ
征
칠 정

(부)彳 (유)伐 칠 벌, 討 칠 토
征途(정도) 征伐(정벌) 征服(정복) 征頂(정정) 征討(정토) 出征(출정)
산의 정상을 정복함

1118 3급
訂
바로잡을 정

(부)言 (유)矯 바로잡을 교
更訂(경정) 校訂(교:정) 修訂(수정) 再訂(재:정) 訂定(정정) 訂正(정정)
책의 내용 따위를 바르게 고침

1119 6급
題
제목 제

(부)頁
命題(명:제) 問題(문:제) 題名(제명) 題目(제목) 出題(출제) 話題(화제)

1120 8급
弟
아우 제:

(부)弓 (반)師 스승 사, 兄 형 형
師弟(사제) 子弟(자제) 弟夫(제:부) 弟子(제:자) 妻弟(처제) 兄弟(형제)

1121 3급
堤
둑 제

(부)土
堤防(제방) 築堤(축제) 河堤(하제) 防潮堤(방조제) 防波堤(방파제)

38일째 한자익히기 1122~1132

製 際 諸 祖 租 條 組 潮 操 卒 宗

1122 製
4급II
지을 제:
⊕衣 ⊛作 지을 작, 造 지을 조
複製(복제) 製作(제:작) 製造(제:조) 製品(제:품) 創製(창:제)

1123 際
4급II
즈음/가 제:
⊕阝(阜)
交際(교제) 國際(국제) 際遇(제:우) 際限(제:한) 際會(제:회)
우연히 만남

1124 諸
3급II
모두 제
⊕言
諸家(제가) 諸君(제군) 諸天(제천) 諸侯(제후) 諸子百家(제자백가)

1125 祖
7급
할아비 조
⊕示 ⊕孫 손자 손
鼻祖(비:조) 始祖(시:조) 祖國(조국) 祖父(조부) 祖上(조상) 祖孫(조손)
어떤 일을 가장 먼저 시작한 사람

1126 租
3급II
조세 조
⊕禾 ⊛稅 세금 세
田租(전조) 租稅(조세) 租借(조차) 租包(조포) 地租(지조)
벼를 담는 멱서리

1127 條
4급
가지 조
⊕木 ⊛枝 가지 지 ⊛条
條件(조건) 條理(조리) 條目(조목) 條文(조문) 條約(조약) 條項(조항)

1128 組
4급
짤 조
⊕糸 ⊛織 짤 직
勞組(노조) 組立(조립) 組成(조성) 組織(조직) 組版(조판) 組合(조합)

1129 潮
4급
조수 조
⊕氵(水)
干潮(간조) 順潮(순:조) 赤潮(적조) 潮流(조류) 潮水(조수) 風潮(풍조)
⊛참고 干潮(간조) ↔ 滿潮(만조)

1130 操
5급
잡을 조(:)
⊕扌(手)
操鍊(조:련) 操心(조:심) 操縱(조종) 操行(조행) 志操(지조)
보통때의 행실

1131 卒
5급
마칠 졸
⊕十 ⊛兵 군사 병, 士 선비 사 ⊕將 장수 장 ⊛卆
卒倒(졸도) 卒兵(졸병) 卒業(졸업) 倉卒(창:졸) 捕卒(포:졸)
갑자기 의식을 잃고 쓰러짐

1132 宗
4급II
마루 종
⊕宀
師宗(사종) 宗敎(종교) 宗廟(종묘) 宗山(종산) 宗族(종족) 宗派(종파)

1133 4급
座
자리 좌:
㈔广 ㈖席 자리 석
講座(강:좌) 計座(계:좌) 王座(왕좌) 座談(좌:담) 座席(좌:석)

1134 4급
周
두루 주
㈔口
一周(일주) 周到(주도) 周密(주밀) 周邊(주변) 周旋(주선) 周圍(주위)
빈틈이 없이 매우 찬찬함

1135 3급Ⅱ
柱
기둥 주
㈔木
四柱(사:주) 圓柱(원주) 電柱(전:주) 柱石(주석) 柱心(주심) 支柱(지주)
버팀대. 받침대

1136 4급
酒
술 주(:)
㈔酉
酒客(주객) 酒量(주량) 酒幕(주막) 酒酊(주:정) 酒色雜技(주색잡기)

1137 6급
注
부을 주:
㈔氵(水)
注目(주:목) 注文(주:문) 注射(주:사) 注意(주:의) 注入(주:입)

1138 3급Ⅱ
株
그루 주
㈔木
株價(주가) 株券(주권) 株式(주식) 株主(주주) 有望株(유망주)
앞으로 시세가 오를 가망이 있는
주식이나 증권

1139 6급
晝
낮 주
㈔日 ㈘夜 밤 야 ㈞晝
白晝(백주) 晝間(주간) 晝夢(주몽) 晝夜(주야) 晝耕夜讀(주경야독)
晝夜不息(주야불식) 晝夜長川(주야장천)
참고 晝間(주간) ↔ 夜間(야간)

1140 3급
俊
준걸 준:
㈔亻(人) ㈖傑 뛰어날 걸, 秀 빼어날 수
俊傑(준:걸) 俊敏(준:민) 俊拔(준:발) 俊秀(준:수) 俊才(준:재)
준수하고 빼어남

| 오 늘 의 사 자 성 어 |

晝夜長川 주야장천 밤낮으로 쉬지 않고 잇달아서. 언제나
酒色雜技 주색잡기 술과 여자와 여러 가지 놀음
晝夜不息 주야불식 밤낮으로 쉬지 않음
電光石火 전광석화 [전기불이나 부싯돌의 불이 번쩍하는 것처럼] 몹시 짧은 시간을 이름

I 다음 漢字語의 讀音을 쓰시오.

① 接線   ② 注射   ③ 圓柱   ④ 蝶泳

⑤ 條件   ⑥ 國際   ⑦ 征伐   ⑧ 講座

⑨ 組織   ⑩ 銅錢   ⑪ 酒量   ⑫ 問題

⑬ 傳統   ⑭ 師宗   ⑮ 志操   ⑯ 周邊

⑰ 諸君   ⑱ 師弟   ⑲ 潮流   ⑳ 再訂

㉑ 租稅   ㉒ 漏電   ㉓ 晝間   ㉔ 複製

㉕ 株式   ㉖ 專攻   ㉗ 祖父   ㉘ 俊秀

㉙ 卒業   ㉚ 防波堤

2 다음 漢字의 訓과 音을 쓰시오.

① 俊   ② 柱   ③ 諸   ④ 蝶

⑤ 堤   ⑥ 征   ⑦ 訂   ⑧ 株

3 다음의 訓과 音을 지닌 漢字를 쓰시오.

① 오로지 전   ② 자리 좌   ③ 조수 조   ④ 가지 조

⑤ 돈 전   ⑥ 마루 종   ⑦ 이을 접   ⑧ 짤 조

4 밑줄 그은 單語를 漢字語로 쓰시오.

① 돼지저금통에 동전이 가득하다.

② 주량이 얼마나 되는가?

③ 그의 출현으로 인해 화제가 바뀌었다.

5 다음 漢字語 중 첫소리가 長音인 것을 고르시오.

① ㄱ. 晝間   ㄴ. 柱石   ㄷ. 電力   ㄹ. 株式

② ㄱ. 卒倒   ㄴ. 潮流   ㄷ. 傳授   ㄹ. 製品

③ ㄱ. 座談   ㄴ. 宗廟   ㄷ. 接線   ㄹ. 周圍

④ ㄱ. 組合   ㄴ. 注射   ㄷ. 堤防   ㄹ. 傳達

38

6 뜻이 反對 또는 相對 되는 漢字를 쓰시오.

① 師 ↔ ( )   ② 孫 ↔ ( )   ③ 將 ↔ ( )   ④ ( ) ↔ 夜

7 빈칸에 訓이 같거나 유사한 漢字를 써 넣어 單語를 完成하시오.

① 兵( )   ② ( )席   ③ ( )作   ④ ( )織

8 다음 빈칸에 알맞은 漢字를 써 넣어 四字成語를 完成하시오.

① ( )光石火   ② ( )色雜技   ③ ( )耕夜讀

9 다음 漢字의 部首를 쓰시오.

① 酒   ② 卒   ③ 周   ④ 條   ⑤ 製   ⑥ 組

10 다음 漢字語의 뜻을 쓰시오.

① 蜂蝶   ② 創製   ③ 專用   ④ 株主

11 다음 漢字의 略字를 쓰시오.

① 錢   ② 卒   ③ 條   ④ 傳

12 음이 같고 뜻이 다른 漢字語를 한가지씩 쓰시오.

① 改組   ② 征服   ③ 師弟

정답

1 ① 접선 ② 주사 ③ 원주 ④ 접영 ⑤ 조건 ⑥ 국제 ⑦ 정벌 ⑧ 강좌 ⑨ 조직 ⑩ 동전 ⑪ 주량 ⑫ 문제 ⑬ 전통 ⑭ 사종 ⑮ 지조 ⑯ 주변 ⑰ 제군 ⑱ 사제 ⑲ 조류 ⑳ 재정 ㉑ 조세 ㉒ 누전 ㉓ 주간 ㉔ 복제 ㉕ 주식 ㉖ 전공 ㉗ 조부 ㉘ 준수 ㉙ 졸업 ㉚ 방파제 **2** ① 준걸 준 ② 기둥 주 ③ 모두 제 ④ 나비 접 ⑤ 둑 제 ⑥ 칠 정 ⑦ 바로잡을 정 ⑧ 그루 주 **3** ① 專 ② 座 ③ 潮 ④ 條 ⑤ 錢 ⑥ 宗 ⑦ 接 ⑧ 組 **4** ① 銅錢 ② 酒量 ③ 話題 **5** ① ㄷ ② ㄹ ③ ㄱ ④ ㄴ **6** ① 弟 ② 祖 ③ 卒 ④ 晝 **7** ① 卒 ② 座 ③ 製 ④ 組 **8** ① 電 ② 酒 ③ 晝 **9** ① 酉 ② 十 ③ 口 ④ 木 ⑤ 衣 ⑥ 糸 **10** ① 벌과 나비 ② 처음 만들거나 제정함 ③ 혼자서만 사용함 ④ 주식회사에 출자한 사람 **11** ① 銭 ② 卆 ③ 条 ④ 伝 **12** ① 開祖/改造 ② 情服/正服 ③ 司祭

미리 확인하기   O X   O X

						O X							O X
遵	遵	遵	遵	遵	遵	□ □	尺	尺	尺	尺	尺	尺	□ □
枝	枝	枝	枝	枝	枝	□ □	戚	戚	戚	戚	戚	戚	□ □
智	智	智	智	智	智	□ □	踐	踐	踐	踐	踐	踐	□ □
誌	誌	誌	誌	誌	誌	□ □	千	千	千	千	千	千	□ □
盡	盡	盡	盡	盡	盡	□ □	川	川	川	川	川	川	□ □
珍	珍	珍	珍	珍	珍	□ □	哲	哲	哲	哲	哲	哲	□ □
姪	姪	姪	姪	姪	姪	□ □	礎	礎	礎	礎	礎	礎	□ □
集	集	集	集	集	集	□ □	抄	抄	抄	抄	抄	抄	□ □
且	且	且	且	且	且	□ □	初	初	初	初	初	初	□ □
次	次	次	次	次	次	□ □	燭	燭	燭	燭	燭	燭	□ □
差	差	差	差	差	差	□ □	觸	觸	觸	觸	觸	觸	□ □
讚	讚	讚	讚	讚	讚	□ □	銃	銃	銃	亂	銃	銃	□ □
窓	窓	窓	窓	窓	窓	□ □	聰	聰	聰	聰	聰	聰	□ □
債	債	債	債	債	債	□ □	催	催	催	催	催	催	□ □
責	責	責	責	責	責	□ □	追	追	追	追	追	追	□ □

首丘初心	□ □ □ □		不遠千里	□ □ □ □	
千慮一得	□ □ □ □		金枝玉葉	□ □ □ □	

1141 3급 遵 좇을 준:
부 辶(辵)
遵據(준:거) 遵範(준:범) 遵法(준:법) 遵守(준:수) 遵用(준:용)
그대로 좇아서 씀

1142 3급Ⅱ 枝 가지 지
부 木 유 條 가지 조
連枝(연지) 枝幹(지간) 枝頭(지두) 枝葉(지엽) 金枝玉葉(금지옥엽)

1143 4급 智 지혜/슬기 지
부 日
智巧(지교) 智略(지략) 智謀(지모) 智慧(지혜) 眞智(진지)
슬기롭고 교묘함

1144 4급 誌 기록할 지
부 言 유 記 기록할 기, 錄 기록할 록
日誌(일지) 雜誌(잡지) 誌面(지면) 誌石(지석) 週刊誌(주간지)
지문(誌文)을 적어 무덤 앞에 묻는 돌이나 도판(陶板)

1145 4급 盡 다할 진:
부 皿 약 尽
極盡(극진) 盡力(진:력) 盡命(진:명) 盡心(진:심) 脫盡(탈진)

1146 4급 珍 보배 진
부 王(玉) 유 寶 보배 보 약 珎
珍貴(진귀) 珍寶(진보) 珍珠(진주) 山海珍味(산해진미)

1147 3급 姪 조카 질
부 女 반 叔 아재비 숙
叔姪(숙질) 姪女(질녀) 姪婦(질부) 姪子(질자) 姪行(질항)
조카뻘

1148 6급 集 모을 집
부 隹 반 配 짝 배, 散 흩어질 산
密集(밀집) 收集(수집) 集散(집산) 集大成(집대성) 離合集散(이합집산)

1149 3급 且 또 차:
부 一
且說(차:설) 且月(차:월) 且置(차:치) 況且(황:차) 重且大(중차대)
'하물며'의 뜻으로 쓰이는 접속의 말

1150 4급Ⅱ 次 버금 차
부 欠 유 副 버금 부, 쪼갤 복
月次(월차) 漸次(점:차) 次期(차기) 次女(차녀) 次善(차선)

1151 4급 差 다를 차 / 어긋날 치
부 工
隔差(격차) 差別(차별) 差異(차이) 日較差(일교차) 天壤之差(천양지차)
差勝(치승) 差池(치지)
(다른 것에 견주어) 조금 나음

39일째 한자익히기 1152~1162

讚 窓 債 責 尺 戚 踐 千 川 哲 礎

1152 4급
讚
기릴 찬:
⤴言 ⤵頌 기릴 송, 稱 일컬을 칭
讚辭(찬:사) 讚頌(찬:송) 讚揚(찬:양) 稱讚(칭찬) 自畵自讚(자화자찬)

1153 6급
窓
창 창
⤴穴
同窓(동창) 車窓(차창) 窓口(창구) 窓門(창문) 窓戶紙(창호지)

1154 3급Ⅱ
債
빚 채:
⤴亻(人)
國債(국채) 負債(부:채) 債權(채:권) 債務(채:무) 會社債(회사채)

1155 5급
責
꾸짖을 책
⤴貝
免責(면:책) 責望(책망) 責務(책무) 責問(책문) 責任(책임)
책임을 면함

1156 3급Ⅱ
尺
자 척
⤴尸 ⤵度 법도 도
越尺(월척) 尺度(척도) 三尺童子(삼척동자) 吾鼻三尺(오비삼척)

1157 3급Ⅱ
戚
친척/겨레 척
⤴戈
姻戚(인척) 族戚(족척) 戚黨(척당) 戚屬(척속) 親戚(친척)
친족이 아닌 겨레붙이

1158 3급Ⅱ
踐
밟을 천:
⤴足 ⤻踐
實踐(실천) 踐極(천:극) 踐踏(천:답) 踐約(천:약) 踐行(천:행)
약속을 지켜 실천함

1159 7급
千
일천 천
⤴十
一攫千金(일확천금) 千慮一得(천려일득) 千載一遇(천재일우)
不遠千里(불원천리)

1160 7급
川
내 천
⤴巛 ⤵河 물 하, 海 바다 해 ⤶山 산 산
山川(산천) 川邊(천변) 川澤(천택) 河川(하천) 晝夜長川(주야장천)
밤낮으로 쉬지 않고 잇달아서

1161 3급Ⅱ
哲
밝을 철
⤴口
明哲(명철) 聖哲(성:철) 哲理(철리) 哲人(철인) 哲學(철학)
현묘한 이치

1162 3급Ⅱ
礎
주춧돌 초
⤴石
基礎(기초) 定礎(정:초) 礎稿(초고) 礎盤(초반) 礎石(초석)
주춧돌을 놓음

1163 3급	抄 뽑을/베낄 초	扌(手)

拔抄(발초) 雜抄(잡초) 抄掠(초략) 抄本(초본) 抄出(초출)
글 가운데서 중요한 대목만을 뽑아 적음

1164 5급	初 처음 초	刀 始 처음 시 終 마칠 종

正初(정초) 初等(초등) 初盤(초반) 初行(초행) 初婚(초혼)
首丘初心(수구초심)

1165 3급	燭 촛불 촉	火

燭光(촉광) 燭臺(촉대) 燭淚(촉루) 燭火(촉화) 華燭(화촉)
촛불의 빛

1166 3급Ⅱ	觸 닿을 촉	角 触

抵觸(저:촉) 接觸(접촉) 觸覺(촉각) 觸感(촉감) 觸發(촉발)

1167 4급Ⅱ	銃 총 총	金

拳銃(권:총) 銃擊(총격) 銃器(총기) 銃聲(총성) 銃彈(총탄)

1168 3급	聰 귀밝을 총	耳

聰氣(총기) 聰達(총달) 聰明(총명) 聰叡(총예) 聰慧(총혜)
총명하고 슬기로움

1169 3급Ⅱ	催 재촉할 최	亻(人) 促 재촉할 촉

開催(개최) 主催(주최) 催眠(최면) 催産(최산) 催促(최촉)
(약물 따위를 써서) 임부(妊婦)의 해산을 쉽고 빠르게 함

1170 3급Ⅱ	追 쫓을/따를 추	辶(辵)

追念(추념) 追放(추방) 追伸(추신) 追憶(추억) 追跡(추적) 追從(추종)
옛일을 생각함

| 오늘의사자성어 |

首丘初心 수구초심 고향을 그리워하는 마음을 뜻함
不遠千里 불원천리 [천리도 멀다고 여기지 않는다는 뜻] 먼 길을 열심히 달려감을 이르는 말
千慮一得 천려일득 많은 생각을 하다보면 한 가지쯤은 좋은 생각을 얻는다는 뜻
金枝玉葉 금지옥엽 [금으로 된 나뭇가지와 옥으로 만든 잎] 즉 귀한 자손을 이름

39

1 다음 漢字語의 讀音을 쓰시오.

① 隔差	② 催眠	③ 族戚	④ 聰氣
⑤ 極盡	⑥ 追憶	⑦ 讚揚	⑧ 責望
⑨ 珍貴	⑩ 雜誌	⑪ 車窓	⑫ 銃器
⑬ 姪婦	⑭ 智略	⑮ 觸覺	⑯ 燭淚
⑰ 密集	⑱ 枝葉	⑲ 踐踏	⑳ 且月
㉑ 次女	㉒ 遵法	㉓ 拔抄	㉔ 基礎
㉕ 債務	㉖ 河川	㉗ 初婚	㉘ 越尺
㉙ 聖哲	㉚ 不遠千里		

2 다음 漢字의 訓과 音을 쓰시오.

| ① 燭 | ② 抄 | ③ 債 | ④ 遵 |
| ⑤ 觸 | ⑥ 聰 | ⑦ 哲 | ⑧ 礎 |

3 다음의 訓과 音을 지닌 漢字를 쓰시오.

| ① 총 총 | ② 기릴 찬 | ③ 다할 진 | ④ 버금 차 |
| ⑤ 지혜 지 | ⑥ 다를 차 | ⑦ 보배 진 | ⑧ 기록할 지 |

4 밑줄 그은 單語를 漢字語로 쓰시오.

① <u>총성</u>에 놀라 잠에서 깨었다.

② 그녀는 아프신 어머니를 <u>극진</u>히 모셨다.

③ <u>차기</u> 대선 후보는 누구인가?

5 다음 漢字語 중 첫소리가 長音인 것을 고르시오.

① ㄱ. 追放　　ㄴ. 次善　　ㄷ. 債權　　ㄹ. 哲學

② ㄱ. 窓口　　ㄴ. 且置　　ㄷ. 觸發　　ㄹ. 責務

③ ㄱ. 尺度　　ㄴ. 集散　　ㄷ. 聰慧　　ㄹ. 盡心

④ ㄱ. 遵法　　ㄴ. 初等　　ㄷ. 珍珠　　ㄹ. 銃擊

39

6 뜻이 反對 또는 相對되는 漢字를 쓰시오.

① (　) ↔ 終　　　② 山 ↔ (　)　　　③ 散 ↔ (　)

7 빈칸에 訓이 같거나 유사한 漢字를 써 넣어 單語를 完成하시오.

① 副(　)　　　② (　)寶　　　③ 稱(　)　　　④ 河(　)

8 다음 빈 곳에 알맞은 漢字를 써 넣어 四字成語를 完成하시오.

① 首邱(　)心　　　② 離合(　)散　　　③ 自畫自(　)　　　④ 天壤之(　)

9 다음 漢字의 部首를 쓰시오.

① 初　　② 戚　　③ 窓　　④ 盡　　⑤ 差　　⑥ 哲

10 다음 漢字語의 뜻을 쓰시오.

① 初行　　　② 燭淚　　　③ 智略　　　④ 免責

11 다음 漢字의 略字를 쓰시오.

① 觸　　　② 珍　　　③ 盡　　　④ 踐

12 音이 같고 뜻이 다른 漢字語를 한가지씩 쓰시오.

① 正初　　　② 漸次　　　③ 遵守

정답

1 ① 격차 ② 최면 ③ 족척 ④ 총기 ⑤ 극진 ⑥ 추억 ⑦ 찬양 ⑧ 책망 ⑨ 진귀 ⑩ 잡지 ⑪ 차창 ⑫ 총기 ⑬ 질부 ⑭ 지략 ⑮ 촉각 ⑯ 촉루 ⑰ 밀집 ⑱ 지엽 ⑲ 천답 ⑳ 차월 ㉑ 차녀 ㉒ 준법 ㉓ 발초 ㉔ 기초 ㉕ 채무 ㉖ 하천 ㉗ 초혼 ㉘ 월척 ㉙ 성철 ㉚ 불원천리　**2** ① 촛불 촉 ② 뽑을/베낄 초 ③ 빚 채 ④ 좇을 준 ⑤ 닿을 촉 ⑥ 귀밝을 총 ⑦ 밝을 철 ⑧ 주춧돌 초　**3** ① 銃 ② 讚 ③ 盡 ④ 次 ⑤ 智 ⑥ 差 ⑦ 珍 ⑧ 誌　**4** ① 銃聲 ② 極盡 ③ 次期　**5** ① ㄱ ② ㄱ ③ ㄹ ④ ㄱ　**6** ① 初 ② 川 ③ 集　**7** ① 次 ② 珍 ③ 讚 ④ 川　**8** ① 初 ② 集 ③ 讚 ④ 差　**9** ① 刀 ② 戈 ③ 穴 ④ 皿 ⑤ 工 ⑥ 口　**10** ① 처음으로 감 ② 촛농 ③ 슬기로운 계략 ④ 책임을 면함　**11** ① 触 ② 珎 ③ 尽 ④ 践　**12** ① 定草/正草 ② 點差 ③ 準數/俊秀

미리 확인하기

O X   O X

秋	秋 秋 秋 秋 秋	□ □	殆	殆 殆 殆 殆 殆	□ □
春	春 春 春 春 春	□ □	痛	痛 痛 痛 痛 痛	□ □
蟲	蟲 蟲 蟲 蟲 蟲	□ □	波	波 波 波 波 波	□ □
吹	吹 吹 吹 吹 吹	□ □	販	販 販 販 販 販	□ □
醉	醉 醉 醉 醉 醉	□ □	平	平 平 平 平 平	□ □
層	層 層 層 層 層	□ □	蔽	蔽 蔽 蔽 蔽 蔽	□ □
治	治 治 治 治 治	□ □	幣	幣 幣 幣 幣 幣	□ □
致	致 致 致 致 致	□ □	胞	胞 胞 胞 胞 胞	□ □
置	置 置 置 置 置	□ □	浦	浦 浦 浦 浦 浦	□ □
親	親 親 親 親 親	□ □	包	包 包 包 包 包	□ □
針	針 針 針 針 針	□ □	爆	爆 爆 爆 爆 爆	□ □
他	他 他 他 他 他	□ □	漂	漂 漂 漂 漂 漂	□ □
卓	卓 卓 卓 卓 卓	□ □	品	品 品 品 品 品	□ □
彈	彈 彈 彈 彈 彈	□ □	豐	豐 豐 豐 豐 豐	□ □
湯	湯 湯 湯 湯 湯	□ □	被	被 被 被 被 被	□ □

弊袍破笠 □ □ □ □   針小棒大 □ □ □ □
他山之石 □ □ □ □   卓上空論 □ □ □ □

1171 秋 7급
가을 추
㉘禾 ㉑春 봄 춘
秋季(추계)　秋穀(추곡)　秋霜(추상)　秋收(추수)　秋風落葉(추풍낙엽)
가을의 찬 서리

1172 春 7급
봄 춘
㉘日 ㉑秋 가을 추
靑春(청춘)　春窮(춘궁)　春困(춘곤)　春分(춘분)　一場春夢(일장춘몽)

1173 蟲 4급II
벌레 충
㉘虫 ㉕虫
幼蟲(유충)　寸蟲(촌:충)　蟲齒(충치)　蟲害(충해)　蟲媒花(충매화)
참고 幼蟲(유충) ↔ 成蟲(성충)

1174 吹 3급II
불 취:
㉘口
鼓吹(고취)　吹鳴(취:명)　吹入(취:입)　吹奏(취:주)　吹噓(취:허)
입으로 불어 연주함

1175 醉 3급II
취할 취:
㉘酉 ㉕酔
陶醉(도취)　心醉(심취)　醉客(취:객)　醉氣(취:기)　醉興(취:흥)

1176 層 4급
층 층
㉘尸 ㉕階 섬돌 계
高層(고층)　單層(단:층)　層階(층계)　層臺(층대)　層狀(층상)

1177 治 4급II
다스릴 치
㉘氵(水) ㉕政 정사 정
法治(법치)　自治(자치)　政治(정치)　治國(치국)　治安(치안)　治下(치하)
지배하거나
통치하는 아래

1178 致 5급
이를 치:
㉘至
景致(경치)　韻致(운:치)　誘致(유치)　致死(치:사)　致賀(치:하)
칭찬하거나 축하하는 뜻을 나타냄

1179 置 4급II
둘 치:
㉘罒(网)
代置(대:치)　配置(배:치)　設置(설치)　位置(위치)　置重(치:중)

1180 親 6급
친할 친
㉘見
懇親(간:친)　父親(부친)　親舊(친구)　親交(친교)　親密(친밀)　親戚(친척)
서로 다정하고 친근하게 사귀며 지냄

1181 針 4급
바늘 침(:)
㉘金
方針(방침)　針母(침:모)　針葉樹(침엽수)　針小棒大(침소봉대)

40일째 한자익히기 1182~1192

他 卓 彈 湯 殆 痛 波 販 平 蔽 幣

1182 5급
他
다를 **타**
부 亻(人) **반** 自 스스로 **자**
其他(기타) 他殺(타살) 他意(타의) 他人(타인) 他山之石(타산지석)

1183 5급
卓
높을 **탁**
부 十
食卓(식탁) 卓越(탁월) 卓異(탁이) 卓子(탁자) 卓上空論(탁상공론)
남보다 뛰어나게 다름

1184 4급
彈
탄알 **탄:**
부 弓 **약** 弹
彈力(탄:력) 彈性(탄:성) 彈丸(탄:환) 爆彈(폭탄) 誘導彈(유도탄)

1185 3급Ⅱ
湯
끓을 **탕:**
부 氵(水)
溫湯(온탕) 雜湯(잡탕) 湯器(탕:기) 湯液(탕:액) 湯藥(탕:약)
한약을 달이어 짠 물

1186 3급Ⅱ
殆
거의/
위태할 **태**
부 歹
危殆(위태) 殆無(태무) 殆半(태반) 殆哉(태재)
몹시 위태로움

1187 4급
痛
아플 **통:**
부 疒
齒痛(치통) 痛烈(통:렬) 痛惜(통:석) 痛切(통:절) 痛症(통:증) 痛快(통:쾌)

1188 4급Ⅱ
波
물결 **파**
부 氵(水) **유** 浪 물결 **랑**
世波(세:파) 餘波(여파) 波動(파동) 波瀾(파란) 波紋(파문)

1189 3급
販
팔 **판**
부 貝 **유** 賣 팔 **매**
市販(시:판) 總販(총:판) 販路(판로) 販賣(판매) 販促(판촉)
상품이 팔려 나가는 길이나 방면

1190 7급
平
평평할 **평**
부 干
公平(공평) 平均(평균) 平民(평민) 平凡(평범) 平常(평상) 平素(평소)
참고 貴族(귀족) ↔ 平民(평민)

1191 3급
蔽
덮을 **폐:**
부 艹(艸)
隱蔽(은폐) 蔽空(폐:공) 建蔽率(건폐율)
하늘을 뒤덮음

1192 3급
幣
화폐/
비단 **폐:**
부 巾
僞幣(위폐) 造幣(조:폐) 紙幣(지폐) 幣物(폐:물) 幣帛(폐:백)

1193 4급 胞 세포 포(:) · 月(肉)
同胞(동포) 細胞(세:포) 肺胞(폐:포) 胞衣(포의) 胞子(포자)
태아를 싸고 있는 막과 태반

1194 3급II 浦 개 포 · 氵(水)
浦口(포구) 浦落(포락) 浦田(포전) 浦村(포촌) 浦港(포항)
갯가에 있는 마을

1195 4급II 包 쌀 포(:) · 勹
內包(내:포) 包括(포:괄) 包容(포:용) 包圍(포:위) 包裝(포장)
참고 內包(내포) ↔ 外延(외연)

1196 4급 爆 불터질 폭 · 火
爆擊(폭격) 爆發(폭발) 爆笑(폭소) 爆藥(폭약) 爆竹(폭죽) 爆風(폭풍)

1197 3급 漂 떠다닐 표 · 氵(水)
漂浪(표랑) 漂流(표류) 漂白(표백) 漂說(표설) 漂鳥(표조) 漂土(표토)
철새

1198 5급 品 물건 품: · 口 · 物 물건 물, 件 물건 건
備品(비:품) 商品(상품) 製品(제:품) 品種(품:종) 品質(품:질)

1199 4급II 豊 풍년/풍성할 풍 · 豆 · 凶 흉할 흉
豊年(풍년) 豊富(풍부) 豊盛(풍성) 豊裕(풍유) 豊足(풍족)
매우 넉넉함

1200 3급II 被 입을 피: · 衤(衣)
被告(피:고) 被動(피:동) 被覆(피:복) 被襲(피:습) 被害(피:해)

| 오늘의사자성어 |

弊袍破笠 폐포파립 너절하고 구차한 차림새
針小棒大 침소봉대 [작은바늘을 큰 몽둥이처럼 말함] 심하게 과장한다는 뜻
他山之石 타산지석 다른 사람의 하찮은 언행도 자기의 지덕을 닦는데 도움이 된다는 뜻
卓上空論 탁상공론 실현성이 없는 헛된 이론

40

1 다음 漢字語의 讀音을 쓰시오.

① 誘致　　② 彈性　　③ 餘波　　④ 品種
⑤ 自治　　⑥ 隱蔽　　⑦ 湯藥　　⑧ 位置
⑨ 細胞　　⑩ 醉興　　⑪ 蟲齒　　⑫ 販路
⑬ 懇親　　⑭ 痛惜　　⑮ 包容　　⑯ 他殺
⑰ 漂浪　　⑱ 卓越　　⑲ 紙幣　　⑳ 爆發
㉑ 鼓吹　　㉒ 浦港　　㉓ 殆半　　㉔ 豊盛
㉕ 平凡　　㉖ 高層　　㉗ 秋穀　　㉘ 被動
㉙ 春困　　㉚ 針葉樹

2 다음 漢字의 訓과 音을 쓰시오.

① 幣　　② 漂　　③ 被　　④ 蔽
⑤ 醉　　⑥ 殆　　⑦ 吹　　⑧ 販

3 다음의 訓과 音을 지닌 漢字를 쓰시오.

① 다스릴 치　　② 벌레 충　　③ 아플 통　　④ 둘 치
⑤ 층 층　　⑥ 바늘 침　　⑦ 물결 파　　⑧ 탄알 탄

4 밑줄 그은 單語를 漢字語로 쓰시오.

① 그가 케이크의 촛불을 끄자마자 우리는 <u>폭죽</u>을 터트렸다.
② 헛소문의 <u>여파</u>가 매우 크다.
③ <u>풍년</u>이라 배추값이 내려갔어요.

5 다음 漢字語 중 첫소리가 長音인 것을 고르시오.

① ㄱ. 包圍　　ㄴ. 包裝　　ㄷ. 浦口　　ㄹ. 浦田
② ㄱ. 層階　　ㄴ. 置重　　ㄷ. 波動　　ㄹ. 爆風
③ ㄱ. 漂鳥　　ㄴ. 蟲害　　ㄷ. 平凡　　ㄹ. 痛症
④ ㄱ. 被動　　ㄴ. 豊富　　ㄷ. 秋收　　ㄹ. 治安

6 뜻이 反對 또는 相對되는 漢字를 쓰시오.

① ( ) ↔ 凶　　　② 春 ↔ ( )　　　③ 自 ↔ ( )

7 빈칸에 訓이 같거나 유사한 漢字를 써 넣어 單語를 完成하시오.

① 政( )　　　② 物( )　　　③ ( )階

8 다음 빈 곳에 알맞은 漢字를 써 넣어 四字成語를 完成하시오.

① ( )小棒大　　　② 一場( )夢　　　③ ( )上空論　　　④ ( )風落葉

9 다음 漢字의 部首를 쓰시오.

① 包　　　② 豊　　　③ 層　　　④ 殆

⑤ 販　　　⑥ 致

10 다음 漢字語의 뜻을 쓰시오.

① 包裝　　② 致賀　　③ 殆半　　④ 豊足　　⑤ 治國

11 다음 漢字의 略字를 쓰시오.

① 蟲　　　② 醉　　　③ 彈

12 음이 같고 뜻이 다른 漢字語를 한가지씩 쓰시오.

① 公平　　　② 方針　　　③ 政治

정답

1 ① 유치 ② 탄성 ③ 여파 ④ 품종 ⑤ 자치 ⑥ 은폐 ⑦ 탕약 ⑧ 위치 ⑨ 세포 ⑩ 취흥 ⑪ 충치 ⑫ 판로 ⑬ 간친 ⑭ 통석 ⑮ 포용 ⑯ 타살 ⑰ 표랑 ⑱ 탁월 ⑲ 지폐 ⑳ 폭발 ㉑ 고취 ㉒ 포항 ㉓ 태반 ㉔ 풍성 ㉕ 평범 ㉖ 고층 ㉗ 추곡 ㉘ 피동 ㉙ 춘곤 ㉚ 침엽수　**2** ① 화폐/비단 폐 ② 떠다닐 표 ③ 입을 피 ④ 덮을 폐 ⑤ 취할 취 ⑥ 거의/위태할 태 ⑦ 불 취 ⑧ 팔 판　**3** ① 治 ② 蟲 ③ 痛 ④ 置 ⑤ 層 ⑥ 針 ⑦ 波 ⑧ 彈　**4** ① 爆竹 ② 餘波 ③ 豊年　**5** ① ㄱ ② ㄴ ③ ㄹ ④ ㄱ　**6** ① 豊 ② 秋 ③ 他　**7** ① 治 ② 品 ③ 層　**8** ① 針 ② 春 ③ 卓 ④ 秋　**9** ① 勹 ② 豆 ③ 尸 ④ 歹 ⑤ 貝 ⑥ 至　**10** ① 물건을 싸서 꾸림 ② 칭찬하거나 축하하는 뜻을 나타냄 ③ 거의 절반 ④ 넉넉하여 모자람이 없음 ⑤ 나라를 다스림　**11** ① 虫 ② 酔 ③ 弾　**12** ① 公評 ② 方枕 ③ 定置/情致

미리 확인하기 　　　ㅇ ✕　　　　　　　　　　ㅇ ✕

畢	畢 畢 畢 畢 畢	□ □			向	向 向 向 向 向	□ □
下	下 下 下 下 下	□ □			憲	憲 憲 憲 憲 憲	□ □
賀	賀 賀 賀 賀 賀	□ □			軒	軒 軒 軒 軒 軒	□ □
旱	旱 旱 旱 旱 旱	□ □			險	險 險 險 險 險	□ □
汗	汗 汗 汗 汗 汗	□ □			絃	絃 絃 絃 絃 絃	□ □
寒	寒 寒 寒 寒 寒	□ □			賢	賢 賢 賢 賢 賢	□ □
含	含 含 含 含 含	□ □			嫌	嫌 嫌 嫌 嫌 嫌	□ □
合	合 合 合 合 合	□ □			脅	脅 脅 脅 脅 脅	□ □
航	航 航 航 航 航	□ □			形	形 形 形 形 形	□ □
項	項 項 項 項 項	□ □			螢	螢 螢 螢 螢 螢	□ □
害	害 害 害 害 害	□ □			號	號 號 號 號 號	□ □
奚	奚 奚 奚 奚 奚	□ □			互	互 互 互 互 互	□ □
該	該 該 該 該 該	□ □			魂	魂 魂 魂 魂 魂	□ □
核	核 核 核 核 核	□ □			昏	昏 昏 昏 昏 昏	□ □
享	享 享 享 享 享	□ □			忽	忽 忽 忽 忽 忽	□ □

燈下不明 □ □ □ □　　　　螢雪之功 □ □ □ □

百害無益 □ □ □ □　　　　汗馬之勞 □ □ □ □

1201 3급II
畢 마칠 필
부 田 유 竟 다할 경
未畢(미:필) 畢竟(필경) 畢納(필납) 畢生(필생) 畢役(필역)
건축이나 공사 등을 끝마침

1202 7급
下 아래 하:
부 一 반 上 위 상
下降(하:강) 下端(하:단) 下落(하:락) 地下鐵(지하철) 燈下不明(등하불명)
참고 下端(하단) ↔ 上端(상단)

1203 3급II
賀 하례할 하:
부 貝
慶賀(경:하) 祝賀(축하) 賀客(하:객) 賀禮(하:례) 年賀狀(연하장)

1204 3급
旱 가물 한:
부 日
旱氣(한:기) 旱災(한:재) 旱田(한:전) 旱害(한:해)
가뭄으로 인한 재해

1205 3급II
汗 땀 한(:)
부 氵(水)
汗黨(한당) 汗漫(한:만) 汗蒸(한:증) 汗血(한:혈) 汗馬之勞(한마지로)

1206 5급
寒 찰 한
부 宀 유 冷 찰 랭 반 暖 따뜻할 난, 溫 따뜻할 온, 暑 더울 서
極寒(극한) 耐寒(내:한) 惡寒(오한) 寒冷(한랭) 寒流(한류) 寒暑(한서)

1207 3급II
含 머금을 함
부 口
包含(포함) 含垢(함구) 含憤(함분) 含蓄(함축)
분한 마음을 품고 있음

1208 6급
合 합할 합
부 口 반 離 떠날 리
符合(부:합) 綜合(종합) 合法(합법) 合勢(합세) 合宿(합숙) 合唱(합창)

1209 4급II
航 배 항:
부 舟 유 船 배 선
航空(항:공) 航路(항:로) 航程(항:정) 航海(항:해) 航行(항:행)

1210 3급II
項 항목 항:
부 頁
公項(공항) 別項(별항) 事項(사:항) 前項(전항) 條項(조항) 項目(항:목)
다른 항목

1211 3급
害 해할 해:
부 宀 반 利 이로울 리
加害(가해) 障害(장해) 害惡(해:악) 害蟲(해:충) 百害無益(백해무익)

41일째 한자익히기 1212~1222

奚 該 核 享 向 憲 軒 險 絃 賢 嫌

1212 3급 奚 어찌 해
(부) 大
奚琴(해금) 奚特(해특) 奚必(해필)
하필

1213 3급 該 갖출/마땅 해
(부) 言
該當(해당) 該吏(해리) 該博(해박) 該切(해절) 該地(해지)
그 땅

1214 4급 核 씨 핵
(부) 木
結核(결핵) 核果(핵과) 核心(핵심) 細胞核(세포핵) 核武器(핵무기)

1215 3급 享 누릴 향:
(부) 亠
享樂(향:락) 享福(향:복) 享祀(향:사) 享受(향:수) 享有(향:유)
즐거움을 누림

1216 6급 向 향할 향:
(부) 口
傾向(경향) 趣向(취:향) 向上(향:상) 向學(향:학) 向後(향:후)
참고 向上(향상) ↔ 低下(저하)

1217 4급 憲 법 헌:
(부) 心 (유) 法 법도 법
違憲(위헌) 立憲(입헌) 憲法(헌:법) 憲章(헌:장) 制憲節(제헌절)

1218 3급 軒 집 헌
(부) 車
軒擧(헌거) 軒燈(헌등) 軒號(헌호) 烏竹軒(오죽헌)
불교에서 남의 당호를 높여 이르는 말

1219 4급 險 험할 험:
(부) 阝(阜) (약) 険
保險(보:험) 危險(위험) 險難(험:난) 險談(험:담) 險相(험:상)

1220 3급 絃 줄 현
(부) 糸
斷絃(단:현) 續絃(속현) 絃歌(현가) 絃誦(현송) 絃樂(현악)
현악기를 타며 시가를 노래함

1221 4급Ⅱ 賢 어질 현
(부) 貝 (유) 仁 어질 인 (반) 愚 어리석을 우 (약) 賢
先賢(선현) 聖賢(성:현) 賢明(현명) 賢愚(현우) 賢人(현인)

1222 3급 嫌 싫어할 혐
(부) 女 (반) 好 좋을 호
嫌忌(혐기) 嫌怒(혐노) 嫌文(혐문) 嫌惡(혐오) 嫌疑(혐의)

1223 3급II	脅 위협할 **협**	㈜月(肉)

威脅(위협) 脅迫(협박) <u>脅從(협종)</u> 脅奪(협탈) 脅迫(협박)
위협에 눌려 복종함

1224 6급	形 모양 **형**	㈜彡 ㈜象 모양 상, 姿 모양 자

形狀(형상) 形勢(형세) 形式(형식) 形容(형용) 形體(형체) 形態(형태)

1225 3급	螢 반딧불 **형**	㈜虫 ㈝蛍

螢雪(형설) <u>螢窓(형창)</u> 螢火(형화) 螢光燈(형광등) 螢雪之功(형설지공)
반딧불이 비치는 창
즉, 공부하는 방의 창을 이르는 말

1226 6급	號 이름 **호:**	㈜虍 ㈝号

番號(번호) 信號(신:호) 號哭(호:곡) 號令(호:령)

1227 3급	互 서로 **호:**	㈜二 ㈝相 서로 상

相互(상호) 互用(호:용) 互稱(호:칭) <u>互惠(호:혜)</u> <u>互換(호:환)</u>
서로 특별한 혜택을 주고 받음

1228 3급II	魂 넋 **혼**	㈜鬼 ㈝靈 영혼 령

亡魂(망혼) 靈魂(영혼) 魂怯(혼겁) 魂靈(혼령)

1229 3급	昏 어두울 **혼**	㈜日

昏忘(혼망) 昏迷(혼미) 昏絕(혼절) 黃昏(황혼) <u>昏定晨省(혼정신성)</u>
자식이 부모의 안부를 아침, 저녁으로
물어서 살핌

1230 3급II	忽 갑자기 **홀**	㈜心

疎忽(소홀) <u>怠忽(태홀)</u> 忽待(홀대) 忽視(홀시) <u>忽然(홀연)</u>
게으름   갑자기

| 오 늘 의 사 자 성 어 |

燈下不明 등하불명 가까이 있는 것을 오히려 잘 모른다는 뜻
螢雪之功 형설지공 고생하면서도 꾸준히 학문을 닦음
百害無益 백해무익 해롭기만 하고 이로운 것이 하나도 없음
汗馬之勞 한마지로 싸움에서 이긴 공로를 말함

41

1 다음 漢字語의 讀音을 쓰시오.

① 汗蒸   ② 結核   ③ 該當   ④ 靈魂
⑤ 趣向   ⑥ 奚琴   ⑦ 違憲   ⑧ 航路
⑨ 合勢   ⑩ 軒燈   ⑪ 下端   ⑫ 害蟲
⑬ 事項   ⑭ 聖賢   ⑮ 忽待   ⑯ 極寒
⑰ 絃歌   ⑱ 脅迫   ⑲ 享樂   ⑳ 互換
㉑ 嫌忌   ㉒ 旱害   ㉓ 險談   ㉔ 黃昏
㉕ 形體   ㉖ 祝賀   ㉗ 畢竟   ㉘ 含蓄
㉙ 號哭   ㉚ 螢光燈

2 다음 漢字의 訓과 音을 쓰시오.

① 魂   ② 賀   ③ 嫌   ④ 絃
⑤ 昏   ⑥ 汗   ⑦ 畢   ⑧ 螢
⑨ 享   ⑩ 該

3 다음의 訓과 音을 지닌 漢字를 쓰시오.

① 어질 현   ② 배 항   ③ 해할 해   ④ 법 헌
⑤ 씨 핵   ⑥ 찰 한   ⑦ 이름 호   ⑧ 모양 형

4 밑줄 그은 單語를 漢字語로 쓰시오.

① 이야기의 핵심이 무엇이냐?

② 7월 17일은 제헌절이다.

③ 나의 꿈은 현모양처이다.

5 다음 漢字語 중 첫소리가 長音인 것을 고르시오.

① ㄱ. 螢火   ㄴ. 絃樂   ㄷ. 號令   ㄹ. 該博
② ㄱ. 形容   ㄴ. 向學   ㄷ. 賢明   ㄹ. 合宿
③ ㄱ. 項目   ㄴ. 脅從   ㄷ. 嫌惡   ㄹ. 寒冷

279

6 뜻이 反對 또는 相對되는 漢字를 쓰시오.

① 離 ↔ ( )　　　② 利 ↔ ( )　　　③ 愚 ↔ ( )　　　④ 上 ↔ ( )

7 빈칸에 訓이 같거나 유사한 漢字를 써 넣어 單語를 完成하시오.

① 相 - ( )　　　② ( ) - 竟　　　③ ( ) - 冷　　　④ ( ) - 法

8 다음 빈 곳에 알맞은 漢字를 써 넣어 四字成語를 完成하시오.

① 百( )無益　　　② ( )雪之功　　　③ 謹( )新年　　　④ ( )馬之勞

9 다음 漢字의 部首를 쓰시오.

① 項　　　② 互　　　③ 畢　　　④ 奚
⑤ 享　　　⑥ 含　　　⑦ 嫌　　　⑧ 向

10 다음 漢字語의 뜻을 쓰시오.

① 賀客　　　② 享樂　　　③ 忽然　　　④ 互惠

11 다음 漢字의 略字를 쓰시오.

① 螢　　　② 號　　　③ 險　　　④ 賢

미리 확인하기

o x   o x

						o x
弘	弘	弘	弘	弘	弘	□□
鴻	鴻	鴻	鴻	鴻	鴻	□□
穫	穫	穫	穫	穫	穫	□□
換	換	換	換	換	換	□□
荒	荒	荒	荒	荒	荒	□□
悔	悔	悔	悔	悔	悔	□□
橫	橫	橫	橫	橫	橫	□□
後	後	後	後	後	後	□□
侯	侯	侯	侯	侯	侯	□□
訓	訓	訓	訓	訓	訓	□□
毀	毀	毀	毀	毀	毀	□□
休	休	休	休	休	休	□□
胸	胸	胸	胸	胸	胸	□□
吸	吸	吸	吸	吸	吸	□□
希	希	希	希	希	希	□□

						o x
羽	羽	羽	羽	羽	羽	□□
老	老	老	老	老	老	□□
而	而	而	而	而	而	□□
耳	耳	耳	耳	耳	耳	□□
肉	肉	肉	肉	肉	肉	□□
臣	臣	臣	臣	臣	臣	□□
自	自	自	自	自	自	□□
至	至	至	至	至	至	□□
舌	舌	舌	舌	舌	舌	□□
舟	舟	舟	舟	舟	舟	□□
色	色	色	色	色	色	□□
血	血	血	血	血	血	□□
行	行	行	行	行	行	□□
衣	衣	衣	衣	衣	衣	□□
見	見	見	見	見	見	□□

刻舟求劍 □□□□   敬而遠之 □□□□

目不忍見 □□□□   天衣無縫 □□□□

1231 3급 弘 클 홍 — ㈘弓
弘經(홍경) 弘報(홍보) 弘誓(홍서) 弘益(홍익)
불경을 널리 퍼뜨림

1232 3급 鴻 기러기 홍 — ㈘鳥 ㈔雁 기러기 안
鴻德(홍덕) 鴻圖(홍도) 鴻毛(홍모) 鴻雁(홍안) 鴻志(홍지)
큰 뜻

1233 3급 穫 거둘 확 — ㈘禾 ㈔收 거둘 수
收穫(수확) 秋穫(추확)
가을철에 수확을 하는 일. 추수

1234 3급Ⅱ 換 바꿀 환: — ㈘扌(手) ㈔替 바꿀 체
交換(교환) 替換(체환) 換價(환:가) 換氣(환:기) 換乘(환:승)

1235 3급Ⅱ 荒 거칠 황 — ㈘艹(艸)
荒唐(황당) 荒凉(황량) 荒林(황림) 荒野(황야) 荒游(황유) 荒廢(황폐)

1236 3급Ⅱ 悔 뉘우칠 회: — ㈘忄(心)
悔改(회:개) 悔淚(회:루) 悔心(회:심) 悔悟(회:오) 悔恨(회:한)
잘못을 뉘우치고 고침

1237 3급Ⅱ 橫 가로 횡 — ㈘木 ㈘縱 세로 종
橫領(횡령) 橫隊(횡대) 橫財(횡재) 橫奪(횡탈) 橫暴(횡포)
㊚ 橫隊(횡대) ↔ 縱隊(종대)

1238 7급 後 뒤 후: — ㈘彳 ㈘前 앞 전, 先 먼저 선
後代(후:대) 後略(후:략) 後發(후:발) 後續(후:속) 後食(후:식)
뒷 부분을 줄임

1239 3급 侯 제후 후 — ㈘亻(人)
君侯(군후) 王侯(왕후) 諸侯(제후) 侯爵(후작)

1240 6급 訓 가르칠 훈: — ㈘言 ㈔敎 가르칠 교
敎訓(교:훈) 訓戒(훈:계) 訓讀(훈:독) 訓練(훈:련) 訓育(훈:육)
㊚ 訓讀(훈독) ↔ 音讀(음독)

1241 3급 毁 헐 훼: — ㈘殳
毁謗(훼:방) 毁事(훼:사) 毁損(훼:손) 毁譽(훼:예) 毁折(훼:절)

42일째 한자익히기 1242~1252

休 胸 吸 希 羽 老 而 耳 肉 臣 自

1242 7급 休 쉴 휴
- (부)亻(人) (유)息 쉴 식
- 休暇(휴가) 休講(휴강) 休息(휴식) 休養(휴양) 休戰(휴전) 休紙(휴지)

1243 3급Ⅱ 胸 가슴 흉
- (부)月(肉) (반)背 등 배
- 氣胸(기흉) 胸部(흉부) 胸算(흉산) 胸像(흉상) 胸章(흉장) 胸中(흉중)
  - 속셈

1244 4급Ⅱ 吸 마실 흡
- (부)口 (반)呼 숨 내쉴 호
- 呼吸(호흡) 吸水(흡수) 吸煙(흡연) 吸入(흡입) 吸着(흡착)

1245 4급Ⅱ 希 바랄 희
- (부)巾 (유)望 바랄 망, 願 바랄 원
- 希求(희구) 希望(희망) 希願(희원)

1246 3급Ⅱ 羽 깃 우:
- (부)羽
- 羽樂(우:락) 羽毛(우:모) 羽翼(우:익) 羽族(우:족) 羽狀脈(우상맥)

1247 7급 老 늙을 로:
- (부)老 (반)少 적을 소
- 老年(노:년) 老熟(노:숙) 老人(노:인) 老衰(노:쇠) 老患(노:환)
  - 늙어서 몸과 마음이 쇠약함

1248 3급 而 말이을 이
- (부)而
- 而立(이립) 似而非(사이비) 敬而遠之(경이원지) 見而知之(견이지지)
  - '30살'을 이르는 말
  - 실제로 보고 깨달아서 아는 것을 이름

1249 5급 耳 귀 이:
- (부)耳
- 耳目(이:목) 耳垂(이:수) 耳順(이:순) 馬耳東風(마이동풍)
  - 귓불

1250 4급Ⅱ 肉 고기 육
- (부)肉 (유)身 몸 신, 體 몸 체
- 肉水(육수) 肉身(육신) 肉眼(육안) 肉質(육질) 肉體(육체) 肉親(육친)
- 참고 肉體(육체) ↔ 精神(정신)

1251 5급 臣 신하 신
- (부)臣 (반)君 임금 군
- 臣僚(신료) 臣僕(신복) 臣妾(신첩) 臣下(신하) 忠臣(충신)

1252 7급 自 스스로 자
- (부)自 (반)至 이를 지, 他 그 타
- 自覺(자각) 自己(자기) 自動(자동) 自白(자백) 自負心(자부심)
- 참고 自動(자동) ↔ 他動(타동)

1253 4급II
至 이를 지
ⓟ至 ⓨ極 지극할 극 ⓡ自 스스로 자
至恭(지공) 至極(지극) 至難(지난) 至當(지당) 至毒(지독)

1254 4급
舌 혀 설
ⓟ舌
毒舌(독설) 舌端(설단) 舌炎(설염) 舌音(설음) 口舌數(구설수)

1255 3급
舟 배 주
ⓟ舟 ⓨ船 배 선
方舟(방주) 舟軍(주군) 舟運(주운) 舟行(주행) 刻舟求劍(각주구검)

1256 7급
色 빛 색
ⓟ色
色盲(색맹) 色相(색상) 色素(색소) 色彩(색채) 色鉛筆(색연필)

1257 4급II
血 피 혈
ⓟ血
凝血(응:혈) 血氣(혈기) 血糖(혈당) 血脈(혈맥) 血色(혈색) 血書(혈서)

1258 7급
行 다닐 행(:) / 항렬 항
ⓟ行 ⓡ言 말씀 언, 語 말씀 어
遂行(수행) 修行(수행) 施行(시:행) 行步(행보) 行實(행:실) 行進(행진)
行列(항렬)

1259 6급
衣 옷 의
ⓟ衣 ⓨ服 입을 복
衣類(의류) 衣服(의복) 衣裳(의상) 衣裝(의장) 天衣無縫(천의무봉)

1260 5급
見 볼 견: / 뵈올 현:
ⓟ見 ⓨ現 나타날 현, 顯 나타날 현 ⓡ隱 숨을 은
見聞(견:문) 見本(견:본) 見習(견:습) 見學(견:학) 目不忍見(목불인견)
謁見(알현) 見齒(현:치)
'웃음'을 이르는 말

| 오 늘 의 사 자 성 어 |

刻舟求劍 각주구검 어리석고 미련하여 융통성이 없음
敬而遠之 경이원지 겉으로는 공경하되 가까이 하지는 않음
目不忍見 목불인견 차마 눈을 뜨고 볼 수 없음
天衣無縫 천의무봉 [천녀의 옷은 솔기가 없음] 시가 따위가 꾸밈없이 꽤 자연스러움

I 다음 漢字語의 讀音을 쓰시오.

① 血書	② 毒舌	③ 荒野	④ 收穫
⑤ 換乘	⑥ 吸着	⑦ 毁損	⑧ 耳順
⑨ 肉眼	⑩ 自動	⑪ 至毒	⑫ 方舟
⑬ 後發	⑭ 諸侯	⑮ 色彩	⑯ 臣妾
⑰ 胸像	⑱ 衣裝	⑲ 悔悟	⑳ 橫暴
㉑ 鴻志	㉒ 休暇	㉓ 希願	㉔ 訓練
㉕ 弘報	㉖ 謁見	㉗ 而立	㉘ 修行
㉙ 羽族	㉚ 老患		

2 다음 漢字의 訓과 音을 쓰시오.

① 羽	② 舟	③ 毁	④ 荒
⑤ 穫	⑥ 橫	⑦ 弘	⑧ 換

3 다음의 訓과 音을 지닌 漢字를 쓰시오.

① 마실 흡	② 피 혈	③ 고기 육	④ 바랄 희
⑤ 혀 설	⑥ 이를 지	⑦ 신하 신	⑧ 볼 견, 뵈올 현

4 밑줄 그은 單語를 漢字語로 쓰시오.

① 행동을 삼가지 않으면 <u>구설수</u>에 오르기 쉽다.

② 우린 <u>견해</u>의 차가 너무나 크다.

③ 한창 <u>혈기</u> 왕성할 나이다.

④ 이것은 한우로 <u>육질</u>이 매우 좋다.

5 다음 漢字語 중 첫소리가 長音인 것을 고르시오.

① ㄱ. 行列　　ㄴ. 行步　　ㄷ. 行實　　ㄹ. 行進

② ㄱ. 見本　　ㄴ. 休紙　　ㄷ. 諸侯　　ㄹ. 血書

③ ㄱ. 自己　　ㄴ. 後食　　ㄷ. 臣下　　ㄹ. 舌音

285

6 뜻이 反對 또는 相對되는 漢字를 쓰시오.

① 他 ↔ (   )   ② 君 ↔ (   )   ③ 少 ↔ (   )   ④ 呼 ↔ (   )

7 빈칸에 訓이 같거나 유사한 漢字를 써 넣어 單語를 完成하시오.

① 敎(   )   ② (   )息   ③ (   )望   ④ (   )服

8 다음 빈 곳에 알맞은 漢字를 써 넣어 四字成語를 完成하시오.

① 錦(   )還鄕   ② (   )物生心   ③ 刻(   )求劍   ④ 馬(   )東風

9 다음 漢字의 部首를 쓰시오.

① 行   ② 鴻   ③ 侯   ④ 弘

IO 다음 漢字語의 뜻을 쓰시오.

① 悔改   ② 胸算   ③ 老衰   ④ 而立

II 다음 一字多義字의 用例가 되는 單語를 보기처럼 하나씩만 漢字語로 쓰시오.

```
┌〈보기〉─────────────────────┐
    度 ┬ 법도 도      ① 度量        見 ┬ 볼 견      ① ______
       └ 헤아릴 탁    ② 度支部          └ 뵈올 현    ② ______
└──────────────────────────┘
```

쓰기한자 · 읽기한자 점검하기

01 욀 / 익힐 강	( )		19 蔽 (	)
02 클 거	( )		20 菌 (	)
03 거리 가	( )		21 絃 (	)
04 대롱 / 주관할 / 피리 관	( )		22 脅 (	)
05 다리 교	( )		23 雁 (	)
06 쇳돌 광	( )		24 析 (	)
07 세울 건	( )		25 御 (	)
08 뛰어날 걸	( )		26 拳 (	)
09 들일 납	( )		27 戚 (	)
10 능할 능	( )		28 踐 (	)
11 단 단	( )		29 昏 (	)
12 무리 당	( )		30 俊 (	)
13 무리 대	( )		31 株 (	)
14 어른 장	( )		32 寡 (	)
15 아닐 미	( )		33 鴻 (	)
16 따뜻할 난	( )		34 枝 (	)
17 곡식 곡	( )		35 債 (	)
18 버들 류	( )		36 換 (	)

1 講　2 巨　3 街　4 管　5 橋　6 鑛　7 建　8 傑　9 納　10 能　11 壇　12 黨　13 隊　14 丈
15 未　16 暖　17 穀　18 柳　19 덮을 폐　20 버섯 균　21 줄 현　22 위협할 협　23 기러기 안
24 쪼갤 석　25 거느릴 / 어거할 어　26 주먹 권　27 친척 / 겨레 척　28 밟을 천　29 어두울 혼
30 준걸 준　31 그루 주　32 적을 과　33 기러기 홍　34 가지 지　35 빚 채　36 바꿀 환

37 찰 랭	( )	57 觸 (		)
38 극진할 / 다할 극	( )	58 橫 (		)
39 공평할 / 공변될 공	( )	59 催 (		)
40 놀랄 경	( )	60 螢 (		)
41 격식 격	( )	61 追 (		)
42 큰 / 덕 덕	( )	62 琴 (		)
43 등 등	( )	63 旣 (		)
44 알 란	( )	64 慣 (		)
45 결단할 결	( )	65 靈 (		)
46 박달나무 단	( )	66 哲 (		)
47 갑옷 갑	( )	67 弄 (		)
48 집 사	( )	68 被 (		)
49 절 배	( )	69 浦 (		)
50 힘줄 근	( )	70 醉 (		)
51 쏠 사	( )	71 悔 (		)
52 재 성	( )	72 湯 (		)
53 심할 극	( )	73 販 (		)
54 조수 조	( )	74 畢 (		)
55 성인 성	( )	75 賀 (		)
56 권할 권	( )	76 姪 (		)

37冷　38極　39公　40驚　41格　42德　43燈　44卵　45決　46檀　47甲　48舍　49拜　50筋　51射　52城　53劇　54潮　55聖　56勸　57닿을 촉　58가로 횡　59재촉할 최　60반딧불 형　61쫓을 / 따를 추　62거문고 금　63이미 기　64익숙할 / 버릇 관　65신령 령　66밝을 철　67희롱할 롱　68입을 피　69개 포　70취할 취　71뉘우칠 회　72끓을 탕　73팔 판　74마칠 필　75하례할 하　76조카 질

77 아재비 숙	( )		97 梨	( )	
78 마을 / 관청 부	( )		98 罔	( )	
79 받을 수	( )		99 謂	( )	
80 비석 / 돌기둥 비	( )		100 聰	( )	
81 글귀 구	( )		101 跳	( )	
82 연구할 / 궁구할 구	( )		102 猶	( )	
83 베풀 시	( )		103 韻	( )	
84 탈 연	( )		104 凝	( )	
85 깨우칠 / 경계할 경	( )		105 稻	( )	
86 줄 수	( )		106 腦	( )	
87 사례할 사	( )		107 媒	( )	
88 지킬 위	( )		108 泥	( )	
89 비칠 영	( )		109 淫	( )	
90 경영할 영	( )		110 豚	( )	
91 격할 격	( )		111 絡	( )	
92 그르칠 오	( )		112 違	( )	
93 마루 종	( )		113 裂	( )	
94 이을 승	( )		114 譽	( )	
95 풍속 속	( )		115 廉	( )	
96 선비 유	( )		116 堤	( )	

77 叔   78 府   79 受   80 碑   81 句   82 究   83 施   84 燃   85 警   86 授   87 謝   88 衛   89 映   90 螢   91 激   92 誤   93 宗   94 承   95 俗   96 儒   97 배 리   98 없을 망   99 이를 위   100 귀밝을 총   101 뛸 도   102 오히려 유   103 운운   104 엉길 응   105 벼 도   106 골 / 뇌수 뇌   107 중매 매   108 진흙 니   109 음란할 음   110 돼지 돈   111 이을 / 얽을 / 헌솜 락   112 어긋날 위   113 찢어질 렬   114 기릴 예   115 청렴할 렴   116 둑 제

117 만날 우	( )		137 憐 (	)
118 의논할 의	( )		138 募 (	)
119 돈 전	( )		139 睦 (	)
120 죽일 살, 감할 쇄	( )		140 茂 (	)
121 창자 장	( )		141 栽 (	)
122 인원 원	( )		142 赴 (	)
123 대적할 적	( )		143 諸 (	)
124 의지할 의	( )		144 迫 (	)
125 문서 적	( )		145 潤 (	)
126 오로지 전	( )		146 幣 (	)
127 목욕할 욕	( )		147 載 (	)
128 갈 연	( )		148 眠 (	)
129 쌀 포	( )		149 租 (	)
130 지혜 / 슬기 지	( )		150 疏 (	)
131 벌레 충	( )		151 猛 (	)
132 총 총	( )		152 抵 (	)
133 해할 해	( )		153 綿 (	)
134 지을 제	( )		154 謀 (	)
135 술 주	( )		155 掌 (	)
136 마실 흡	( )		156 傍 (	)

117 遇 118 議 119 錢 120 殺 121 腸 122 員 123 敵 124 依 125 籍 126 專 127 浴 128 研 129 包 130 智 131 蟲 132 銃 133 害 134 製 135 酒 136 吸 137 불쌍히여길 련 138 모을 / 뽑을 모 139 화목할 목 140 무성할 무 141 심을 재 142 다다를 / 갈 부 143 모두 제 144 핍박할 / 닥칠 박 145 불을 윤 146 화폐 / 비단 폐 147 실을 재 148 잘 면 149 조세 조 150 소통할 / 트일 소 151 사나울 맹 152 막을 저 153 솜 / 이어질 면 154 꾀 모 155 손바닥 장 156 곁 방

4단계 쓰기한자 · 읽기한자 점검하기

157 바꿀 역, 쉬울 이 ( )		177 朋 ( )	
158 바늘 침 ( )		178 循 ( )	
159 벽 벽 ( )		179 幹 ( )	
160 피 혈 ( )		180 補 ( )	
161 배 항 ( )		181 恣 ( )	
162 길쌈 적 ( )		182 睡 ( )	
163 씨 핵 ( )		183 襲 ( )	
164 자리 좌 ( )		184 穫 ( )	
165 보배 진 ( )		185 封 ( )	
166 버금 차 ( )		186 譜 ( )	
167 탄알 탄 ( )		187 佳 ( )	
168 굳셀 건 ( )		188 腐 ( )	
169 즈음 / 가 제 ( )		189 惜 ( )	
170 기릴 찬 ( )		190 涉 ( )	
171 다스릴 치 ( )		191 皆 ( )	
172 두루 주 ( )		192 矯 ( )	
173 다할 진 ( )		193 喪 ( )	
174 세포 포 ( )		194 祥 ( )	
175 둘 치 ( )		195 須 ( )	
176 바랄 희 ( )		196 壽 ( )	

157 易 158 針 159 壁 160 血 161 航 162 績 163 核 164 座 165 珍 166 次 167 彈 168 健 169 際 170 讚 171 治 172 周 173 盡 174 胞 175 置 176 希 177 벗 붕 178 돌 순 179 줄기 간 180 기울 보 181 방자할 / 마음대로 자 182 졸음 수 183 엄습할 습 184 거둘 확 185 봉할 봉 186 족보 / 계보 보 187 아름다울 가 188 썩을 부 189 아낄 석 190 건널 섭 191 다 개 192 바로잡을 교 193 잃을 / 죽을 상 194 상서 상 195 모름지기 수 196 목숨 수

197 아플 통	( )		217 慨 (	)
198 짤 조	( )		218 徐 (	)
199 이을 접	( )		219 桑 (	)
200 기록할 지	( )		220 捨 (	)
201 물결 파	( )		221 祕 (	)
202 풍년 / 풍성할 풍	( )		222 斜 (	)
203 가지 조	( )		223 貌 (	)
204 어질 현	( )		224 釋 (	)
205 다를 차, 어긋날 치	( )		225 嘗 (	)
206 층 층	( )		226 倣 (	)
207 법 헌	( )		227 燒 (	)
208 고기 육	( )		228 酌 (	)
209 하여금 령	( )		229 索 (	)
210 험할 험	( )		230 附 (	)
211 불터질 폭	( )		231 該 (	)
212 이를 지	( )		232 冠 (	)
213 예 석	( )		233 刊 (	)
214 땅 곤	( )		234 舌 (	)
215 용서할 서	( )		235 懼 (	)
216 이길 극	( )		236 脚 (	)

197 痛 198 組 199 接 200 誌 201 波 202 豊 203 條 204 賢 205 差 206 層 207 憲 208 肉 209 令 210 險 211 爆 212 至 213 昔 214 坤 215 恕 216 克 217 슬퍼할 개 218 천천할 서 219 뽕나무 상 220 버릴 사 221 숨길 비 222 비낄 사 223 모양 / 얼굴 모 224 풀 석 225 맛볼 상 226 본뜰 방 227 사를 소 228 술부을 / 잔질할 작 229 찾을 색, 동아줄 삭 230 붙을 부 231 갖출 / 마땅 해 232 갓 관 233 책 펴낼 / 새길 간 234 혀 설 235 두려워할 구 236 다리 각

실력을 키워주는 우선순위 한자 557

예로부터 재앙은 은혜 속에서 싹트는 법이니,
만족할 때일수록 서둘러 주위를 둘러보아라.
실패한 뒤에 비로소 성공이 따르는 법이니,
행여 일이 뜻대로 되지 않더라도 포기하지 마라.
恩裡 由來生害 故快意時 須早回頭 敗時 或反成功 故拂心處 莫便放手

– 채근담 중에서 –

본 편에 수록된 한자는 557자로서 학습일은 19일입니다.
5단계에 수록된 한자는 출제율이 약 1회에서 아직 출제되지 않은 한자로 구성되어 있습니다.
출제율이 낮다고 하여 소홀히 하는 것보다는 다른 단계에 비하여 강도만 낮추어서 공부를 하는
것도 수험준비의 요령 중 하나입니다.

학습순서

1 | 미리 확인하기를 통해 우선 본인이 음과 훈, 부수, 약자 등을 알고 있는 한자를 먼저 체크해
봅니다.

2 | 본인이 모르고 있거나 확실치 않은 한자를 중심으로 본문 순서에 따라 학습을 합니다.
이 때 단순히 한자의 음과 훈만을 위주로 기억하지 말고, 부수 · 유의어 · 반의어 · 약자 등을
모두 익혀두셔야 합니다.

3 | 모두 암기가 되었다면, 오늘의 단어와 관련이 있는 사자성어를 익혀 둡니다.

4 | 본문 학습이 끝난 후에는 한자 검검하기를 통해 본인의 학습정도를 체크해 봅니다. 한자 점검
하기의 문제는 실제 출제되는 문제의 유형에 따라 그날 분의 한자로 구성한 것입니다.

5 | 19일분의 학습 분량이 끝나면 각 단원의 쓰기한자, 읽기한자 연습이 있습니다. 쓰기한자와 읽기
한자 연습을 통해 다시 한번 앞에서 공부한 내용을 확인해 둡니다. 쓰기한자는 4급과 4급Ⅱ 위주
의 문제이고, 읽기한자는 3급과 3급Ⅱ 위주의 문제입니다(그러나 반드시 일치하지는 않습니다).

6 | 우선순위 급수한자 1817의 모든 한자를 암기하셨습니다. 다음은 부록으로 마지막 정리를
하세요.

미리 확인하기

O X   O X

各	各 各 各 各 各	□□	徑	徑 徑 徑 徑 徑	□□
閣	閣 閣 閣 閣 閣	□□	卿	卿 卿 卿 卿 卿	□□
肝	肝 肝 肝 肝 肝	□□	硬	硬 硬 硬 硬 硬	□□
鋼	鋼 鋼 鋼 鋼 鋼	□□	耕	耕 耕 耕 耕 耕	□□
蓋	蓋 蓋 蓋 蓋 蓋	□□	頃	頃 頃 頃 頃 頃	□□
個	個 個 個 個 個	□□	季	季 季 季 季 季	□□
槪	槪 槪 槪 槪 槪	□□	癸	癸 癸 癸 癸 癸	□□
距	距 距 距 距 距	□□	械	械 械 械 械 械	□□
乞	乞 乞 乞 乞 乞	□□	繫	繫 繫 繫 繫 繫	□□
檢	檢 檢 檢 檢 檢	□□	故	故 故 故 故 故	□□
隔	隔 隔 隔 隔 隔	□□	孔	孔 孔 孔 孔 孔	□□
牽	牽 牽 牽 牽 牽	□□	恐	恐 恐 恐 恐 恐	□□
訣	訣 訣 訣 訣 訣	□□	供	供 供 供 供 供	□□
兼	兼 兼 兼 兼 兼	□□	科	科 科 科 科 科	□□
庚	庚 庚 庚 庚 庚	□□	課	課 課 課 課 課	□□

乞人憐天 □□□□   牽強附會 □□□□
隔世之感 □□□□   晝耕夜讀 □□□□

1261 各 6급 · 각각 **각**
🔹口
各其(각기) 各別(각별) 各自(각자) 各種(각종) 各界各層(각계각층)

1262 閣 3급Ⅱ · 문설주/ 집 **각**
🔹門
閣道(각도) 閣僚(각료) 閣議(각의) 閣筆(각필) 沙上樓閣(사상누각)
붓을 놓음. 더 쓰지 않음

1263 肝 3급Ⅱ · 간 **간(:)**
🔹月(肉)
肝銘(간:명) 肝炎(간:염) 肝要(간요) 肝腸(간장) 九曲肝腸(구곡간장)
굽이굽이 깊이 서린 간과 창자
즉, 깊은 마음속을 비유함

1264 鋼 3급Ⅱ · 강철 **강**
🔹金
鋼管(강관) 鋼船(강선) 鋼鐵(강철) 鋼板(강판) 鍊鋼(연강) 製鋼(제:강)

1265 蓋 3급Ⅱ · 덮을 **개(:)**
🔹艹(艸) 유閉 닫을 폐 반開 열 개
蓋果(개:과) 蓋頭(개:두) 蓋覆(개:복) 蓋然(개:연) 屋蓋(옥개)
지붕

1266 個 4급Ⅱ · 낱 **개(:)**
🔹亻(人)
各個(각개) 個年(개년) 個別(개:별) 個性(개:성) 個月(개월)

1267 槪 3급Ⅱ · 대개 **개:**
🔹木
槪觀(개:관) 槪念(개:념) 槪略(개:략) 槪論(개:론) 槪要(개:요)

1268 距 3급Ⅱ · 상거할 **거:**
🔹足
距骨(거:골) 距今(거:금) 距離(거:리) 距躍(거:약) 相距(상거)
복사뼈 서로 떨어져 있는 거리

1269 乞 3급 · 빌 **걸**
🔹乙
乞客(걸객) 乞神(걸신) 乞人(걸인) 乞人憐天(걸인연천)

1270 檢 4급Ⅱ · 검사할 **검:**
🔹木 약檢
檢問(검:문) 檢查(검:사) 檢索(검:색) 檢閱(검:열) 檢討(검:토)
검사하여 찾음

1271 隔 3급Ⅱ · 사이뜰 **격**
🔹阝(阜) 유間 사이 간
間隔(간:격) 隔離(격리) 隔阻(격조) 隔差(격차) 隔世之感(격세지감)

43일째 한자익히기 1272~1282

牽 訣 兼 庚 徑 卿 硬 耕 頃 季 癸

1272 3급
牽 이끌/끌 견
㈜牛 ㈜引 끌 인
牽聯(견련) 牽牛(견우) 牽引(견인) 牽制(견제) 牽強附會(견강부회)

1273 3급II
訣 이별할 결
㈜言 ㈜別 헤어질 별 ㈐逢 만날 봉
訣別(결별) 訣辭(결사) 秘訣(비:결) 要訣(요결) 永訣式(영결식)
종요로운 비결

1274 3급II
兼 겸할 겸
㈜八
兼備(겸비) 兼床(겸상) 兼業(겸업) 兼容(겸용) 兼職(겸직) 兼行(겸행)
도량이 넓음

1275 3급
庚 별 경
㈜广
庚戌(경술) 庚時(경시) 庚申(경신) 庚熱(경열) 庚炎(경염) 同庚(동경)
오후 4시 30분부터 오후 5시 30분

1276 3급II
徑 지름길/길 경
㈜彳 ㈕径
徑道(경도) 徑行(경행) 動徑(동:경) 半徑(반:경) 野徑(야:경)

1277 3급
卿 벼슬 경
㈜卩 ㈜官 벼슬 관, 爵 벼슬 작
卿宰(경재) 公卿(공경) 亞卿(아:경) 六卿(육경)
재상을 이름

1278 3급II
硬 굳을 경
㈜石 ㈜固 굳을 고
強硬(강경) 硬骨(경골) 硬直(경직) 硬貨(경화) 硬化(경화) 生硬(생경)

1279 3급II
耕 밭갈 경
㈜耒
耕具(경구) 耕農(경농) 耕作(경작) 耕田(경전) 晝耕夜讀(주경야독)

1280 3급II
頃 이랑/잠깐 경
㈜頁
頃刻(경각) 頃年(경년) 頃步(경보) 萬頃(만:경) 少頃(소:경) 食頃(식경)

1281 4급
季 계절 계:
㈜子
季刊(계:간) 季月(계:월) 季節(계:절) 季指(계:지) 季秋(계:추)

1282 3급
癸 북방 계:
㈜癶
癸方(계:방) 癸時(계:시) 癸酉(계:유) 癸亥(계:해)
상오 0시 30분부터 1시 30분까지

1283 3급II	械 기계 계:	⊕ 木
		器械(기계) 機械(기계)

1284 3급	繫 맬 계:	⊕ 糸
		繫累(계:루) 繫留(계:류) 繫索(계:삭) 繫屬(계:속) 繫止(계:지)
		이어서 얽어 맴

1285 4급II	故 연고 고(:)	⊕ 攵(攴)
		故園(고:원) 故意(고:의) 故人(고:인) 故鄕(고향) 緣故(연고)
		有故(유:고) 溫故知新(온고지신)

1286 4급	孔 구멍 공:	⊕ 子 ⊕ 穴 구멍 혈
		孔道(공:도) 孔孟(공:맹) 孔方(공:방) 孔性(공:성) 毛孔(모공)

1287 3급II	恐 두려울 공(:)	⊕ 心 ⊕ 懼 두려워할 구
		可恐(가공) 恐懼(공:구) 恐動(공:동) 恐龍(공:룡)
		두려워서 동요함

1288 3급II	供 이바지할 공:	⊕ 亻(人)
		供給(공:급) 供案(공:안) 供養(공:양) 供與(공:여) 供用(공:용)
		조선시대에 죄인을 문초한 내용을 적어둔 문서

1289 6급	科 과목 과	⊕ 禾
		科客(과객) 科擧(과거) 科目(과목) 科學(과학) 學科(학과)
		과거를 보러온 선비

1290 5급	課 공부할/ 과정 과(:)	⊕ 言
		課稅(과세) 課外(과외) 課程(과정) 課題(과제) 日課(일과)

| 오 늘 의 사 자 성 어 |

乞人憐天 걸인연천 격에 맞지 않는 걱정을 함
牽強附會 견강부회 이치에 맞지 않는 것을 억지로 끌어다 붙여 조리에 닿도록 함
隔世之感 격세지감 많은 진보와 변화로 인해 딴 세상처럼 느껴짐
晝耕夜讀 주경야독 바쁜 틈을 타서 어렵게 공부함

1 다음 漢字語의 讀音을 쓰시오.

① 蓋然	② 間隔	③ 恐懼	④ 科擧
⑤ 槪論	⑥ 訣別	⑦ 個別	⑧ 癸方
⑨ 距躍	⑩ 牽制	⑪ 庚時	⑫ 季節
⑬ 乞客	⑭ 硬直	⑮ 耕農	⑯ 供給
⑰ 半徑	⑱ 檢索	⑲ 機械	⑳ 課程
㉑ 毛孔	㉒ 鋼板	㉓ 公卿	㉔ 閣筆
㉕ 繫屬	㉖ 肝銘	㉗ 故意	㉘ 兼職
㉙ 食頃	㉚ 各種		

2 다음 漢字의 訓과 音을 쓰시오.

① 恐   ② 兼   ③ 隔   ④ 械
⑤ 蓋   ⑥ 乞   ⑦ 槪   ⑧ 訣

3 다음의 訓과 音을 지닌 漢字를 쓰시오.

① 낱 개   ② 구멍 공   ③ 검사할 검   ④ 계절 계
⑤ 연고 고   ⑥ 공부할/과정 과   ⑦ 상거할 거

4 밑줄 그은 單語를 漢字語로 쓰시오.

① 그의 강경한 태도에 놀랐다.

② 그가 유학을 간지 3개월이 지났다.

③ 그의 태도로 보아 고의로 내 팔을 친 것이 분명하다.

④ 그 차는 주차위반으로 견인되었습니다.

5 다음 漢字語 중 첫소리가 長音인 것을 고르시오.

① ㄱ. 供給   ㄴ. 各別   ㄷ. 閣筆   ㄹ. 兼容
② ㄱ. 鋼板   ㄴ. 恐龍   ㄷ. 訣別   ㄹ. 故鄕
③ ㄱ. 頃刻   ㄴ. 牽制   ㄷ. 槪念   ㄹ. 乞人

6 빈칸에 訓이 같거나 유사한 漢字를 써 넣어 單語를 完成하시오.

① 間( )　　　② ( )引　　　③ ( )懼　　　④ ( )別

7 다음 빈 곳에 알맞은 漢字를 써 넣어 四字成語를 完成하시오.

① 晝( )夜讀　　② 沙上樓( )　　③ ( )世之感　　④ 九曲( )腸

8 다음 漢字의 部首를 쓰시오.

① 恐　　　② 肝　　　③ 乞　　　④ 繫

⑤ 牽　　　⑥ 頃　　　⑦ 癸　　　⑧ 距

9 다음 漢字語의 뜻을 쓰시오.

① 閣筆　　　② 癸時　　　③ 繫累　　　④ 兼容

10 다음 漢字의 略字를 쓰시오.

① 徑　　　② 檢

11 다음 單語의 同音異義語를 하나씩만 쓰시오.

① 東京　　　② 古義

미리 확인하기   ○ X   ○ X

郭	郭 郭 郭 郭 郭	□□	軍	軍 軍 軍 軍 軍	□□
館	館 館 館 館 館	□□	郡	郡 郡 郡 郡 郡	□□
狂	狂 狂 狂 狂 狂	□□	宮	宮 宮 宮 宮 宮	□□
塊	塊 塊 塊 塊 塊	□□	券	券 券 券 券 券	□□
巧	巧 巧 巧 巧 巧	□□	卷	卷 卷 卷 卷 卷	□□
郊	郊 郊 郊 郊 郊	□□	軌	軌 軌 軌 軌 軌	□□
較	較 較 較 較 較	□□	規	規 規 規 規 規	□□
校	校 校 校 校 校	□□	紏	紏 紏 紏 紏 紏	□□
丘	丘 丘 丘 丘 丘	□□	均	均 均 均 均 均	□□
球	球 球 球 球 球	□□	僅	僅 僅 僅 僅 僅	□□
救	救 救 救 救 救	□□	謹	謹 謹 謹 謹 謹	□□
九	九 九 九 九 九	□□	禁	禁 禁 禁 禁 禁	□□
俱	俱 俱 俱 俱 俱	□□	及	及 及 及 及 及	□□
局	局 局 局 局 局	□□	級	級 級 級 級 級	□□
菊	菊 菊 菊 菊 菊	□□	奇	奇 奇 奇 奇 奇	□□

巧言令色 □□□□   九牛一毛 □□□□

僅僅得生 □□□□   奇巖怪石 □□□□

1291 郭 3급 / 둘레/외성 **곽**
- 뜻 阝(邑)
- 郭公(곽공)　內郭(내곽)　城郭(성곽)　外郭(외곽)　一郭(일곽)
  - 하나의 담으로 둘러쳐 막은 곳
- 참고 內郭(내곽) ↔ 外郭(외곽)

1292 館 3급Ⅱ / 집 **관**
- 뜻 食　약 舘
- 館閣(관각)　旅館(여관)　休館(휴관)　圖書館(도서관)　美術館(미술관)

1293 狂 3급Ⅱ / 미칠 **광**
- 뜻 犭(犬)
- 狂亂(광란)　狂奔(광분)　狂暴(광포)　發狂(발광)　熱狂(열광)
  - 목적을 이루려고 미친 듯이 날뜀

1294 塊 3급 / 흙덩이 **괴**
- 뜻 土
- 塊根(괴근)　塊石(괴석)　塊鐵(괴철)　塊炭(괴탄)　塊土(괴토)　金塊(금괴)

1295 巧 3급Ⅱ / 공교할 **교**
- 뜻 工
- 巧妙(교묘)　巧辯(교변)　巧手(교수)　技巧(기교)　巧言令色(교언영색)
  - 재치 있는 말

1296 郊 3급 / 들 **교**
- 뜻 阝(邑)
- 江郊(강교)　郊迎(교영)　郊外(교외)　近郊(근:교)　遠郊(원:교)　平郊(평교)
  - 성문 밖에서 마중함

1297 較 3급Ⅱ / 비교/견줄 **교(:)**
- 뜻 車
- 較計(교:계)　較量(교:량)　較差(교차)　比較(비:교)
  - 비교하여 서로 견주어 봄

1298 校 8급 / 학교 **교:**
- 뜻 木
- 校歌(교:가)　校監(교:감)　校具(교:구)　校庭(교:정)　校則(교:칙)

1299 丘 3급Ⅱ / 언덕 **구**
- 뜻 一　유 岸 언덕 안, 陵 언덕 릉
- 丘陵(구릉)　波丘(파구)　海丘(해:구)　比丘尼(비구니)　首丘初心(수구초심)
  - 바다 밑에 홀로 솟아 있는 언덕

1300 球 6급 / 공/옥경 **구**
- 뜻 王(玉)
- 球根(구근)　球團(구단)　球形(구형)　排球(배구)　眼球(안:구)　野球(야:구)

1301 救 5급 / 구원할 **구:**
- 뜻 攵(攴)　유 濟 구제할 제
- 救援(구:원)　救濟(구:제)　救出(구:출)　救護(구:호)　救急車(구급차)
  - 어려운 처지에 있는 사람을 도와줌

44일째 한자익히기 1302~1312

九 俱 局 菊 軍 郡 宮 券 卷 軌 規

1302 8급
九
아홉 **구**
뜻乙
九泉(구천) 九天(구천) 重九(중구) 九死一生(구사일생)
하늘에서 가장 높은 곳

1303 3급
俱
함께 **구**
뜻亻(人) 음共 함께 **공**
俱慶(구경) 俱沒(구몰) 俱全(구전) 俱存(구존) 俱樂部(구락부)
부모가 다 세상을 떠남

1304 5급
局
판 **국**
뜻尸
局面(국면) 局長(국장) 局限(국한) 藥局(약국) 郵遞局(우체국)
범위를 일정부분에 한함

1305 3급II
菊
국화 **국**
뜻艹(艸)
菊石(국석) 菊月(국월) 菊版(국판) 菊花(국화) 白菊(백국) 殘菊(잔국)

1306 8급
軍
군사 **군**
뜻車 음兵 군사 **병**
空軍(공군) 軍犬(군견) 軍旗(군기) 軍隊(군대) 軍糧(군량) 軍役(군역)

1307 6급
郡
고을 **군:**
뜻阝(邑) 음州 고을 **주**, 縣 고을 **현**
郡界(군:계) 郡民(군:민) 郡守(군:수) 郡邑(군:읍) 郡政(군:정)
군의 행정

1308 4급II
宮
집 **궁**
뜻宀
宮女(궁녀) 宮殿(궁전) 宮合(궁합) 龍宮(용궁) 皇宮(황궁)

1309 4급
券
문서 **권**
뜻刀 음狀 문서 **장**
食券(식권) 株券(주권) 證券(증권) 債券(채:권) 入場券(입장권)

1310 4급
卷
책 **권(:)**
뜻卩
卷頭(권두) 卷末(권말) 卷首(권수) 卷煙(권:연) 卷貝(권:패) 席卷(석권)

참고 卷頭(권두) ↔ 卷末(권말)

1311 3급
軌
바퀴자국 **궤:**
뜻車
軌度(궤:도) 軌道(궤:도) 軌範(궤:범) 軌鐵(궤:철) 不軌(불궤)
법을 지키지 않음

1312 5급
規
법 **규**
뜻見 음則 법칙 **칙**, 範 법 **범**
規格(규격) 規範(규범) 規約(규약) 規律(규율) 規則(규칙)

1313 3급 **糾** 얽힐 규 　㈘糸
糾理(규리)　糾明(규명)　糾問(규문)　糾察(규찰)　糾彈(규탄)　紛糾(분규)
자세히 캐고 따져 사실을 밝힘

1314 4급 **均** 고를 균 　㈘土
均等(균등)　均一(균일)　均田(균전)　均平(균평)　均衡(균형)

1315 3급 **僅** 겨우 근 　㈘亻(人)
僅僅(근:근)　僅少(근:소)　僅僅得生(근근득생)
겨우. 가까스로

1316 3급 **謹** 삼갈 근: 　㈘言　㈔愼 삼갈 신
謹白(근:백)　謹身(근:신)　謹嚴(근:엄)　謹賀(근:하)

1317 4급Ⅱ **禁** 금할 금: 　㈘示
禁忌(금:기)　禁斷(금:단)　禁煙(금:연)　禁酒(금:주)　禁止(금:지)

1318 3급Ⅱ **及** 미칠 급 　㈘又　㈖落 떨어질 락
及落(급락)　及第(급제)　波及(파급)　及其也(급기야)
어떤 일의 여파가 점점 더 크게 미침

1319 6급 **級** 등급 급 　㈘糸
級數(급수)　級訓(급훈)　等級(등:급)　職級(직급)　學級(학급)

1320 4급 **奇** 기특할/기이할 기 　㈘大
奇拔(기발)　奇緣(기연)　奇異(기이)　奇蹟(기적)　奇特(기특)
奇巖怪石(기암괴석)　└기이한 인연

巧言令色　교언영색　남에게 환심을 사기 위하여 듣기 좋게 꾸미는 말과 얼굴빛
九牛一毛　구우일모　아주 많은 가운데 섞인 아주 적은 것
僅僅得生　근근득생　겨우 겨우 살아감
奇巖怪石　기암괴석　기묘하게 생긴 바위와 괴상하게 생긴 돌

Ⅰ 다음 漢字語의 讀音을 쓰시오.

① 塊石　　② 俱存　　③ 郡民　　④ 禁煙
⑤ 巧妙　　⑥ 救護　　⑦ 軌範　　⑧ 謹嚴
⑨ 卷末　　⑩ 郵遞局　⑪ 僅少　　⑫ 較差
⑬ 奇特　　⑭ 均等　　⑮ 校則　　⑯ 旅館
⑰ 熱狂　　⑱ 皇宮　　⑲ 規律　　⑳ 波及
㉑ 郊外　　㉒ 軍旗　　㉓ 排球　　㉔ 糾問
㉕ 菊版　　㉖ 九泉　　㉗ 外郭　　㉘ 職級
㉙ 株券　　㉚ 比丘尼

2 다음 漢字의 訓과 音을 쓰시오.

① 俱　　② 塊　　③ 謹　　④ 菊
⑤ 糾　　⑥ 狂　　⑦ 巧　　⑧ 僅

3 다음의 訓과 音을 지닌 漢字를 쓰시오.

① 책 권　　② 금할 금　　③ 집 궁　　④ 문서 권
⑤ 고를 균　⑥ 기특할/기이할 기　⑦ 법 규　⑧ 구원할 구

4 밑줄 그은 單語를 漢字語로 쓰시오.

① 그는 주말이 되면 꼭 야구를 보러 간다.

② 사람들은 결혼 전에 궁합을 보곤 한다.

③ 무료 입장권이 생겼으니 같이 동물원에 가자.

④ 그는 자식들에게 균등하게 재산을 나누어 주었다.

5 다음 漢字語 중 첫소리가 長音인 것을 고르시오.

① ㄱ. 禁忌　　ㄴ. 級數　　ㄷ. 巧妙　　ㄹ. 狂亂
② ㄱ. 規律　　ㄴ. 軌度　　ㄷ. 丘陵　　ㄹ. 俱沒
③ ㄱ. 均一　　ㄴ. 局面　　ㄷ. 救出　　ㄹ. 糾明

44

6 빈칸에 訓이 같거나 유사한 漢字를 써 넣어 單語를 完成하시오.

① (　)濟　　　② (　)則　　　③ (　)愼　　　④ (　)陵

7 다음 빈 곳에 알맞은 漢字를 써 넣어 四字成語를 完成하시오.

① (　)巖怪石　　② 首(　)初心　　③ (　)言令色　　④ (　)死一生

8 다음 漢字의 部首를 쓰시오.

① 奇　　　② 丘　　　③ 救　　　④ 郊
⑤ 規　　　⑥ 禁　　　⑦ 軍

9 다음 漢字語의 뜻을 쓰시오.

① 救濟　　　② 糾明　　　③ 僅僅　　　④ 奇緣

10 다음 漢字의 略字를 쓰시오.

① 館

11 다음 單語의 同音異義語를 하나씩만 쓰시오.

① 九天　　　② 軌度

미리 확인하기

ㅇ ㄨ　　　　　　　　　　ㅇ ㄨ

寄	寄	寄	寄	寄	寄	☐ ☐
幾	幾	幾	幾	幾	幾	☐ ☐
旗	旗	旗	旗	旗	旗	☐ ☐
騎	騎	騎	騎	騎	騎	☐ ☐
汽	汽	汽	汽	汽	汽	☐ ☐
其	其	其	其	其	其	☐ ☐
豈	豈	豈	豈	豈	豈	☐ ☐
畿	畿	畿	畿	畿	畿	☐ ☐
吉	吉	吉	吉	吉	吉	☐ ☐
諾	諾	諾	諾	諾	諾	☐ ☐
娘	娘	娘	娘	娘	娘	☐ ☐
乃	乃	乃	乃	乃	乃	☐ ☐
奈	奈	奈	奈	奈	奈	☐ ☐
奴	奴	奴	奴	奴	奴	☐ ☐
怒	怒	怒	怒	怒	怒	☐ ☐

茶	茶	茶	茶	茶	茶	☐ ☐
但	但	但	但	但	但	☐ ☐
糖	糖	糖	糖	糖	糖	☐ ☐
唐	唐	唐	唐	唐	唐	☐ ☐
島	島	島	島	島	島	☐ ☐
倒	倒	倒	倒	倒	倒	☐ ☐
途	途	途	途	途	途	☐ ☐
陶	陶	陶	陶	陶	陶	☐ ☐
塗	塗	塗	塗	塗	塗	☐ ☐
挑	挑	挑	挑	挑	挑	☐ ☐
桃	桃	桃	桃	桃	桃	☐ ☐
渡	渡	渡	渡	渡	渡	☐ ☐
毒	毒	毒	毒	毒	毒	☐ ☐
洞	洞	洞	洞	洞	洞	☐ ☐
凍	凍	凍	凍	凍	凍	☐ ☐

武陵桃源 ☐ ☐ ☐ ☐　　　　騎虎之勢 ☐ ☐ ☐ ☐

凍足放尿 ☐ ☐ ☐ ☐　　　　洞房華燭 ☐ ☐ ☐ ☐

1321 4급 寄 부칠 **기**
(부) 宀
寄居(기거) 寄別(기별) 寄附(기부) 寄生(기생) 寄與(기여) 寄贈(기증)

1322 3급 幾 몇 **기**
(부) 幺
幾微(기미) 幾死(기사) 幾十(기십) 幾日(기일) 幾何(기하)
　　　　　　거의 다 죽게 됨

1323 7급 旗 기 **기**
(부) 方
國旗(국기) 旗手(기수) 旗葉(기엽) 旗幅(기폭) 旗標(기표) 白旗(백기)

1324 3급Ⅱ 騎 말탈 **기**
(부) 馬
騎馬(기마) 騎兵(기병) 騎士(기사) 騎手(기수) 騎虎之勢(기호지세)

1325 5급 汽 물끓는김 **기**
(부) 氵(水)
汽管(기관) 汽機(기기) 汽船(기선) 汽笛(기적) 汽車(기차)

1326 3급Ⅱ 其 그 **기**
(부) 八
其間(기간) 其實(기실) 其餘(기여) 其亦(기역) 其人(기인) 其處(기처)
　　　　　　　　　　　　　　그것 역시

1327 3급 豈 어찌 **기**
(부) 豆
豈可(기가) 豈非(기비) 豈弟(기제)
　　　　　　　　　　화락하게 즐김

1328 3급Ⅱ 畿 경기 **기**
(부) 田
畿近(기근) 畿內(기내) 畿湖(기호) 王畿(왕기)

1329 5급 吉 길할 **길**
(부) 口 (반) 凶 흉할 **흉**
吉夢(길몽) 吉運(길운) 吉日(길일) 吉鳥(길조) 吉凶(길흉) 不吉(불길)

1330 3급Ⅱ 諾 허락할 **낙**
(부) 言 (유) 許 허락할 **허**
諾否(낙부) 諾約(낙약) 諾意(낙의) 受諾(수락) 承諾(승낙) 許諾(허락)
　　　　　　　　　　　　　　　　　　　청하는 바를 들어줌

1331 3급Ⅱ 娘 계집 **낭**
(부) 女 (유) 女 계집 **녀** (반) 郎 사내 **랑**
娘家(낭가) 娘子(낭자) 娘細胞(낭세포)
（참고） 娘細胞(낭세포) ↔ 母細胞(모세포)

45일째 한자익히기 1332~1342

乃 奈 奴 怒 茶 但 糖 唐 島 倒 途

1332 3급
乃
이에 내:
(부) 丿
<u>乃父(내:부)</u>　乃祖(내:조)　乃終(내:종)　乃至(내:지)　乃兄(내:형)
그 사람의 아버지

1333 3급
奈
어찌 내
(부) 大
奈良(내량)　奈麻(내마)　奈何(내하)　莫無可奈(막무가내)

1334 3급II
奴
종 노
(부) 女
奴婢(노비)　<u>奴視(노시)</u>　奴隷(노예)　官奴(관노)　農奴(농노)
종을 보듯이 매우 멸시함

1335 4급II
怒
성낼 노:
(부) 心　(반) 喜 기쁠 희
怒氣(노:기)　怒嫌(노:혐)　憤怒(분:노)　怒發大發(노발대발)

1336 3급II
茶
차 다(차)
(부) 卄(艸)
茶菓(다과)　茶器(다기)　茶道(다도)　茶房(다방)　綠茶(녹차)

1337 3급II
但
다만 단:
(부) 亻(人)
但書(단:서)　但只(단:지)

1338 3급II
糖
엿 당
사탕 탕
(부) 米
果糖(과:당)　糖尿(당뇨)　糖分(당분)
砂糖(사탕)　雪糖(설탕)

1339 3급II
唐
당나라/
당황할 당(:)
(부) 口
唐突(당:돌)　唐本(당본)　<u>唐黃(당황)</u>　荒唐(황당)
성냥

1340 5급
島
섬 도
(부) 山
孤島(고도)　<u>群島(군도)</u>　島民(도민)　半島(반:도)
무리를 이룬 많은 섬

1341 3급II
倒
넘어질 도:
(부) 亻(人)
倒産(도:산)　倒置(도:치)　<u>倒懸(도:현)</u>　打倒(타:도)
거꾸로 매달림

1342 3급II
途
길 도:
(부) 辶(辵)　(유) 道 길 도, 路 길 로
窮途(궁도)　途中(도:중)　半途(반:도)　前途(전도)

1343 3급II **陶** 질그릇 도
(부) 阝(阜)
陶工(도공)　陶藝(도예)　陶醉(도취)　陶磁器(도자기)

1344 3급 **塗** 칠할 도
(부) 土
塗料(도료)　塗壁(도벽)　塗飾(도식)　塗裝(도장)　塗布(도포)
　　　　　　　　　　　칠하여 꾸밈

1345 3급 **挑** 돋울 도
(부) 扌(手)
挑燈(도등)　挑發(도발)　挑戰(도전)　挑出(도출)
　　　　　　　　　　　싸움을 걺

1346 3급II **桃** 복숭아 도
(부) 木
桃色(도색)　桃花(도화)　天桃(천도)　武陵桃源(무릉도원)

1347 3급II **渡** 건널 도
(부) 氵(水)　(유) 涉 건널 섭
渡江(도강)　渡口(도구)　渡來(도래)　渡船(도선)　渡津(도진)　渡河(도하)
　　　　　　　　　　　　　　　　　나룻배

1348 4급II **毒** 독 독
(부) 母
毒蛇(독사)　毒素(독소)　毒藥(독약)　毒草(독초)　毒劇物(독극물)
　　　　　　　　　　　　　　독이 있는 풀 또는 아주 독한 담배

1349 7급 **洞** 골 동: / 꿰뚫을 통:
(부) 氵(水)
洞口(동:구)　洞內(동:내)　洞房華燭(동방화촉)
洞察(통:찰)　洞徹(통:철)

1350 3급II **凍** 얼 동:
(부) 冫
凍結(동:결)　凍傷(동:상)　凍破(동:파)　凍氷寒雪(동빙한설)
凍足放尿(동족방뇨)

| 오 늘 의 사 자 성 어 |

武陵桃源 무릉도원　사람들이 행복하게 살 수 있는 이상향의 세계
騎虎之勢 기호지세　도중에 그만두거나 물러나거나 할 수 없는 내친 형세
凍足放尿 동족방뇨　[언 발에 오줌누기] 한 때 도움이 될 뿐 곧 효력이 없어져 더 나쁘게 됨
洞房華燭 동방화촉　혼례 후 신랑이 신부 방에서 첫날밤을 지내는 의식

1 다음 漢字語의 讀音을 쓰시오.

① 奴婢	② 倒産	③ 渡船	④ 吉夢
⑤ 孤島	⑥ 騎兵	⑦ 畿湖	⑧ 桃色
⑨ 挑發	⑩ 娘子	⑪ 其亦	⑫ 憤怒
⑬ 窮途	⑭ 汽笛	⑮ 洞徹	⑯ 國旗
⑰ 豈弟	⑱ 雪糖	⑲ 塗飾	⑳ 陶藝
㉑ 幾死	㉒ 荒唐	㉓ 但只	㉔ 凍破
㉕ 乃終	㉖ 許諾	㉗ 寄別	㉘ 毒蛇
㉙ 茶房	㉚ 奈麻		

2 다음 漢字의 訓과 音을 쓰시오.

① 糖	② 畿	③ 渡	④ 諾
⑤ 娘	⑥ 途	⑦ 騎	⑧ 塗

3 다음의 訓과 音을 지닌 漢字를 쓰시오.

① 부칠 기	② 섬 도	③ 길할 길	④ 성낼 노
⑤ 독 독	⑥ 물끓는김 기		

4 밑줄 그은 單語를 漢字語로 쓰시오.

① 할머니는 평생 번 돈을 대학에 <u>기부</u>하였다.

② 학생들이 등록금 <u>동결</u>을 위해 단식을 하고 있다.

③ 커피보다는 <u>녹차</u>를 마시는 편이 낫다.

④ 그는 미국에서 2년 <u>내지</u> 3년 유학할 예정이다.

5 다음 漢字語 중 첫소리가 長音인 것을 고르시오.

① ㄱ. 毒素	ㄴ. 娘子	ㄷ. 島民	ㄹ. 乃祖
② ㄱ. 諾約	ㄴ. 挑戰	ㄷ. 倒置	ㄹ. 寄生
③ ㄱ. 茶房	ㄴ. 怒嫌	ㄷ. 吉日	ㄹ. 汽車

6 뜻이 反對 또는 相對되는 漢字를 쓰시오.

① 喜 ↔ ( )　　　　② 凶 ↔ ( )　　　③ ( ) ↔ 郎

7 다음 빈 곳에 알맞은 漢字를 써 넣어 四字成語를 完成하시오.

① 武陵( )源　　　② ( )房華燭　　　③ ( )氷寒雪　　　④ ( )發大發

8 다음 漢字의 部首를 쓰시오.

① 唐　　　　　② 島　　　　　③ 挑　　　　　④ 幾

9 다음 漢字語의 뜻을 쓰시오.

① 承諾　　　　② 毒草　　　　③ 挑戰　　　　④ 群島

10 다음 單語의 同音異義語를 하나씩만 쓰시오.

① 唐慌　　　　② 半島

11 다음 一字多意字의 用例가 되는 單語를 보기처럼 각각 하나씩만 漢字語로 쓰시오.

> ─〈보기〉─
> 見 ┬ 볼 견 : 見解
> 　 └ 뵈올 현 : 謁見

① 糖 ┬ ㉠ 엿 당 : ________　　　② 洞 ┬ ㉠ 골 동 : ________
　 └ ㉡ 사탕 탕 : ________　　　　 └ ㉡ 밝을 통 : ________

정답

1 ① 노비 ② 도산 ③ 도선 ④ 길몽 ⑤ 고도 ⑥ 기병 ⑦ 기호 ⑧ 도색 ⑨ 도발 ⑩ 낭자 ⑪ 기역 ⑫ 분노 ⑬ 궁도 ⑭ 기적 ⑮ 통철 ⑯ 국기 ⑰ 기제 ⑱ 설탕 ⑲ 도식 ⑳ 도예 ㉑ 기사 ㉒ 황당 ㉓ 단지 ㉔ 동파 ㉕ 내종 ㉖ 허락 ㉗ 기별 ㉘ 독사 ㉙ 다방 ㉚ 내마　**2** ① 엿 당/사탕 탕 ② 경기 기 ③ 건널 도 ④ 허락할 낙 ⑤ 계집 낭 ⑥ 길 도 ⑦ 말탈 기 ⑧ 칠할 도　**3** ① 寄 ② 島 ③ 吉 ④ 怒 ⑤ 毒 ⑥ 汽　**4** ① 寄附 ② 凍結 ③ 綠茶 ④ 乃至　**5** ① ㄹ ② ㄷ ③ ㄴ　**6** ① 怒 ② 吉 ③ 娘　**7** ① 桃 ② 洞 ③ 凍 ④ 怒　**8** ① 口 ② 山 ③ 扌(手) ④ 幺　**9** ① 청하는 바를 들어줌 ② 독이 있는 풀 ③ 싸움을 걺 ④ 무리를 이룬 많은 섬　**10** ① 唐黃 ② 半途　**11** ① ㉠ 果糖/糖尿/糖分 ㉡ 砂糖/雪糖 ② ㉠ 洞口/洞內 ㉡ 洞察/洞徹

46일째 한자익히기 1351~1380

| 우선순위 급수한자 1817 |

미리 확인하기

						O X							O X
屯	屯	屯	屯	屯	屯	□ □	諒	諒	諒	諒	諒	諒	□ □
等	等	等	等	等	等	□ □	旅	旅	旅	旅	旅	旅	□ □
登	登	登	登	登	登	□ □	曆	曆	曆	曆	曆	曆	□ □
騰	騰	騰	騰	騰	騰	□ □	練	練	練	練	練	練	□ □
羅	羅	羅	羅	羅	羅	□ □	聯	聯	聯	聯	聯	聯	□ □
蘭	蘭	蘭	蘭	蘭	蘭	□ □	戀	戀	戀	戀	戀	戀	□ □
浪	浪	浪	浪	浪	浪	□ □	連	連	連	連	連	連	□ □
郎	郎	郎	郎	郎	郎	□ □	蓮	蓮	蓮	蓮	蓮	蓮	□ □
朗	朗	朗	朗	朗	朗	□ □	鍊	鍊	鍊	鍊	鍊	鍊	□ □
廊	廊	廊	廊	廊	廊	□ □	列	列	列	列	列	列	□ □
掠	掠	掠	掠	掠	掠	□ □	烈	烈	烈	烈	烈	烈	□ □
良	良	良	良	良	良	□ □	獵	獵	獵	獵	獵	獵	□ □
兩	兩	兩	兩	兩	兩	□ □	零	零	零	零	零	零	□ □
涼	涼	涼	涼	涼	涼	□ □	領	領	領	領	領	領	□ □
梁	梁	梁	梁	梁	梁	□ □	嶺	嶺	嶺	嶺	嶺	嶺	□ □

兩者擇一 □□□□　　梁上君子 □□□□

金蘭之契 □□□□　　一擧兩得 □□□□

1351 3급 屯 진칠 둔
(부) 屮
屯畓(둔답) 屯兵(둔병) 屯營(둔영) 屯田(둔전) 屯土(둔토)
둔전과 둔답

1352 6급 等 무리 등:
(부) 竹
等級(등:급) 等等(등:등) 等量(등:량) 等列(등:렬) 等分(등:분)

1353 7급 登 오를 등
(부) 癶 (반) 落 떨어질 락
登科(등과) 登校(등교) 登極(등극) 登壇(등단) 登山(등산) 登用(등용)

1354 3급 騰 오를 등
(부) 馬 (유) 昇 오를 승 (반) 落 떨어질 락
高騰(고등) 急騰(급등) 騰貴(등귀) 騰落(등락) 騰勢(등세)

1355 4급II 羅 벌릴/벌 라(나)
(부) 罒(网)
羅立(나립) 羅列(나열) 網羅(망라) 羅針盤(나침반) 森羅萬象(삼라만상)
우주 속에 존재하는
온갖 사물과 모든 현상

1356 3급II 蘭 난초 란(난)
(부) 艹(艸)
蘭月(난월) 蘭草(난초) 蘭秋(난추) 蘭香(난향) 金蘭之契(금란지계)
음력7월

1357 3급II 浪 물결 랑(:)
(부) 氵(水) (유) 波 물결 파
浪漫(낭:만) 浪費(낭:비) 浪說(낭:설) 浪人(낭:인) 放浪(방:랑)
헛되이 씀

1358 3급II 郎 사내 랑(낭)
(부) 阝(邑) (유) 男 사내 남 (반) 娘 계집 낭
郎官(낭관) 郎君(낭군) 郎材(낭재) 郎中(낭중) 新郎(신랑)
(삼) 新郎(신랑) ↔ 新婦(신부)

1359 5급 朗 밝을 랑(낭):
(부) 月
朗讀(낭:독) 朗朗(낭:랑) 朗誦(낭:송) 朗月(낭:월) 明朗(명랑)

1360 3급II 廊 사랑채 랑(낭)
(부) 广
廊腰(낭요) 廊底(낭저) 廊下(낭하) 舍廊(사랑) 行廊(행랑)
복도

1361 3급 掠 노략질할 략(약)
(부) 扌(手) (유) 奪 빼앗을 탈
攻掠(공:략) 掠取(약취) 掠奪(약탈) 抄掠(초략)

46일째 한자익히기 1362~1372

良 兩 涼 梁 諒 旅 曆 練 聯 戀 連

1362 5급
良 어질 량(양)
㈎艮 ㈟賢 어질 현
善良(선:량) 良家(양가) 良穀(양곡) 良心(양심) 良人(양인) 賢良(현량)

1363 4급Ⅱ
兩 두 량(양):
㈎入 ㈟雙 두 쌍 ㈞両
兩端(양:단) 兩性(양:성) 兩親(양:친) 一擧兩得(일거양득)

1364 3급Ⅱ
涼 서늘할 량(양)
㈎氵(水)
涼感(양감) 涼氣(양기) 涼味(양미) 涼室(양실) 涼風(양풍)
[햇볕을 가리기 위해] 처마 끝에 차양을 달아 낸 집

1365 3급Ⅱ
梁 들보/돌다리 량(양)
㈎木
橋梁(교량) 鼻梁(비량) 柱梁(주량) 梁上君子(양상군자)
기둥과 대들보

1366 3급
諒 살펴알 량(양)
㈎言
諒知(양지) 諒察(양찰) 諒解(양해) 海諒(해:량)

1367 5급
旅 나그네 려(여)
㈎方
旅客(여객) 旅館(여관) 旅券(여권) 旅路(여로) 旅裝(여장) 旅行(여행)

1368 3급Ⅱ
曆 책력 력(역)
㈎日
陽曆(양력) 曆官(역관) 曆年(역년) 曆法(역법) 曆書(역서) 曆數(역수)
책력에 나타나 있는 한해

1369 5급
練 익힐 련(연):
㈎糸
未練(미:련) 修練(수련) 練習(연:습) 調練(조련) 訓練(훈:련)

1370 3급Ⅱ
聯 연이을 련(연)
㈎耳 ㈞联
聯絡(연락) 聯盟(연맹) 聯邦(연방) 聯想(연상) 聯合(연합)

1371 3급Ⅱ
戀 그리워할 련(연):
㈎心 ㈞恋
悲戀(비:련) 失戀(실연) 哀戀(애련) 戀慕(연:모) 戀人(연:인)

1372 4급Ⅱ
連 이을 련(연)
㈎糸 ㈟繼 이을 계, 絡 이을 락, 續 이을 속
結連(결련) 綿連(면련) 連繫(연계) 連貫(연관) 連帶(연대) 連引(연인)

1373 3급Ⅱ	蓮 연꽃 련	⊕ 艹(艸)

睡蓮(수련)　木蓮(목련)　白蓮(백련)　蓮根(연근)　蓮座(연좌)　蓮花(연화)
　　　　　　　　　　　　　　　　　　　　　　　연꽃 모양으로 만든 불좌

1374 3급Ⅱ	鍊 쇠불릴/단련할 련(연):	⊕ 金

鍊達(연:달)　鍊磨(연:마)　鍊兵(연:병)　鍊成(연:성)　鍊熟(연:숙)

1375 4급Ⅱ	列 벌일 렬(열)	⊕ 刂(刀)

列擧(열거)　列外(열외)　列傳(열전)　列車(열차)　列次(열차)　行列(행렬)

1376 4급	烈 매울 렬(열)	⊕ 灬(火)

先烈(선열)　烈光(열광)　烈烈(열렬)　烈婦(열부)　烈士(열사)　烈風(열풍)

1377 3급	獵 사냥 렵(엽)	⊕ 犭(犬)　⊛ 猟

密獵(밀렵)　涉獵(섭렵)　狩獵(수렵)　獵犬(엽견)　獵奇(엽기)　獵師(엽사)
　　　　　널리 두루두루 돌아다니며 찾음

1378 3급	零 떨어질/영 령(영)	⊕ 雨

零落(영락)　零封(영봉)　零細(영세)　零縮(영축)　零下(영하)
　　　　　　　　　　　아주 작음

1379 5급	領 거느릴 령(영)	⊕ 頁

領率(영솔)　領域(영역)　領有(영유)　領土(영토)　領收證(영수증)
　　　　　국가의 주권이 미치는 범위

1380 3급Ⅱ	嶺 고개/재 령(영)	⊕ 山

高嶺(고령)　嶺南(영남)　嶺雲(영운)　銀嶺(은령)　海嶺(해:령)
　　　　　　　　　산마루 위에 뜬 구름

| 오 늘 의 사 자 성 어 |

兩者擇一　양자택일　둘 중에 하나를 가려서 잡음
梁上君子　양상군자　도둑을 점잖게 이르는 말
金蘭之契　금란지계　친구사이의 매우 도타운 사귐
一擧兩得　일거양득　한 가지 일로 두 가지 이익을 얻음

1 다음 漢字語의 讀音을 쓰시오.

① 等量　　② 聯想　　③ 高嶺　　④ 蓮根
⑤ 列擧　　⑥ 蘭香　　⑦ 廊底　　⑧ 朗讀
⑨ 密獵　　⑩ 等分　　⑪ 鼻梁　　⑫ 兩端
⑬ 修練　　⑭ 旅裝　　⑮ 良穀　　⑯ 掠奪
⑰ 放浪　　⑱ 涼感　　⑲ 諒察　　⑳ 連貫
㉑ 屯兵　　㉒ 郎官　　㉓ 烈光　　㉔ 戀慕
㉕ 鍊磨　　㉖ 騰勢　　㉗ 曆法　　㉘ 領收證
㉙ 羅針盤　　㉚ 零縮

2 다음 漢字의 訓과 音을 쓰시오..

① 獵　　② 蘭　　③ 嶺　　④ 屯
⑤ 掠　　⑥ 郎　　⑦ 浪　　⑧ 騰

3 다음의 訓과 音을 지닌 漢字를 쓰시오.

① 벌릴 라　　② 두 량　　③ 매울 렬　　④ 벌일 렬
⑤ 이을 련　　⑥ 거느릴 령　　⑦ 밝을 랑　　⑧ 어질 량

4 밑줄 그은 單語를 漢字語로 쓰시오.

① 그녀의 명랑한 목소리는 듣는 사람을 기분 좋게 한다.
② 현금으로 5,000원 이상 물품을 구매할 때 현금영수증을 받아야 한다.
③ 작은 수부터 차례로 나열하여라.
④ 주민 여러분의 많은 양해 부탁드립니다.

5 다음 漢字語 중 첫소리가 長音인 것을 고르시오.

① ㄱ. 戀人　　ㄴ. 聯合　　ㄷ. 羅立　　ㄹ. 列外
② ㄱ. 領土　　ㄴ. 掠取　　ㄷ. 練習　　ㄹ. 騰落
③ ㄱ. 蘭草　　ㄴ. 兩親　　ㄷ. 獵奇　　ㄹ. 諒解

6 다음 빈칸에 訓이 같거나 유사한 漢字를 써 넣어 單語를 完成하시오.

① ( )續   ② 波( )   ③ ( )奪   ④ 賢( )

7 다음 빈 곳에 알맞은 漢字를 써 넣어 四字成語를 完成하시오.

① 森( )萬象   ② 一擧( )得   ③ ( )上君子   ④ 金( )之契

8 다음 漢字의 部首를 쓰시오.

① 曆   ② 戀   ③ 騰   ④ 朗

⑤ 列   ⑥ 兩   ⑦ 等   ⑧ 零

9 다음 漢字語의 뜻을 쓰시오.

① 涉獵   ② 零細   ③ 浪費   ④ 領域

10 다음 漢字의 略字를 쓰시오.

① 獵   ② 兩   ③ 戀   ④ 聯

11 다음 單語의 同音異義語를 하나씩만 쓰시오.

① 列次   ② 戀人

정답

1 ① 등량 ② 연상 ③ 고령 ④ 연근 ⑤ 열거 ⑥ 난향 ⑦ 낭저 ⑧ 낭독 ⑨ 밀렵 ⑩ 등분 ⑪ 비량 ⑫ 양단 ⑬ 수련 ⑭ 여장 ⑮ 양곡 ⑯ 약탈 ⑰ 방랑 ⑱ 양감 ⑲ 양찰 ⑳ 연관 ㉑ 둔병 ㉒ 낭관 ㉓ 열광 ㉔ 연모 ㉕ 연마 ㉖ 등세 ㉗ 역법 ㉘ 영수증 ㉙ 나침반 ㉚ 영축 **2** ① 사냥 렵 ② 난초 란 ③ 고개/재 령 ④ 진칠 둔 ⑤ 노략질할 략 ⑥ 사내 랑 ⑦ 물결 랑 ⑧ 오를 등 **3** ① 羅 ② 兩 ③ 烈 ④ 列 ⑤ 連 ⑥ 領 ⑦ 朗 ⑧ 良 **4** ① 明朗 ② 領收證 ③ 羅列 ④ 諒解 **5** ① ㄱ ② ㄷ ③ ㄴ **6** ① 連 ② 浪 ③ 掠 ④ 良 **7** ① 羅 ② 兩 ③ 梁 ④ 蘭 **8** ① 日 ② 心 ③ 馬 ④ 月 ⑤ 刂(刀) ⑥ 入 ⑦ 竹 ⑧ 雨 **9** ① 널리 두루두루 돌아다니며 열심히 찾음 ② 아주 작음 ③ 헛되이 씀 ④ 국가의 주권이 미치는 범위 **10** ① 猎 ② 両 ③ 恋 ④ 联 **11** ① 列車 ② 連引

미리 확인하기　　　　ㅇ ✕　　　　　　　　　ㅇ ✕

隷	隷 隷 隷 隷 隷	□ □	倫	倫 倫 倫 倫 倫	□ □
露	露 露 露 露 露	□ □	律	律 律 律 律 律	□ □
爐	爐 爐 爐 爐 爐	□ □	率	率 率 率 率 率	□ □
綠	綠 綠 綠 綠 綠	□ □	陵	陵 陵 陵 陵 陵	□ □
錄	錄 錄 錄 錄 錄	□ □	履	履 履 履 履 履	□ □
祿	祿 祿 祿 祿 祿	□ □	李	李 李 李 李 李	□ □
雷	雷 雷 雷 雷 雷	□ □	隣	隣 隣 隣 隣 隣	□ □
僚	僚 僚 僚 僚 僚	□ □	林	林 林 林 林 林	□ □
累	累 累 累 累 累	□ □	臨	臨 臨 臨 臨 臨	□ □
樓	樓 樓 樓 樓 樓	□ □	漫	漫 漫 漫 漫 漫	□ □
淚	淚 淚 淚 淚 淚	□ □	妄	妄 妄 妄 妄 妄	□ □
屢	屢 屢 屢 屢 屢	□ □	茫	茫 茫 茫 茫 茫	□ □
類	類 類 類 類 類	□ □	忙	忙 忙 忙 忙 忙	□ □
陸	陸 陸 陸 陸 陸	□ □	妹	妹 妹 妹 妹 妹	□ □
六	六 六 六 六 六	□ □	每	每 每 每 每 每	□ □

累卵之危 □□□□　　　　綠衣紅裳 □□□□

茫無際涯 □□□□　　　　忙中有閑 □□□□

1381 隸 3급
부 隶
종 **례(예):** 官隸(관례) 今隸(금례) 奴隸(노예) 隸僕(예:복) 隸屬(예:속)
종

1382 露 3급II
부 雨 반 霜 서리 상
이슬 **로(:)** 露骨(노골) 露宿(노숙) 露積(노:적) 露出(노출) 發露(발로) 暴露(폭로)
한데서 밤을 지냄
참고 暴露(폭로) ↔ 隱蔽(은폐)

1383 爐 3급II
부 火 약 炉
화로 **로(노)** 爐邊(노변) 風爐(풍로) 火爐(화:로) 鎔鑛爐(용광로) 原子爐(원자로)

1384 綠 6급
부 糸 유 碧 푸를 벽
푸를 **록(녹)** 綠豆(녹두) 綠林(녹림) 綠末(녹말) 新綠(신록) 綠衣紅裳(녹의홍상)

1385 錄 4급II
부 金 유 記 기록할 기, 誌 기록할 지
기록할 **록(녹)** 記錄(기록) 錄音(녹음) 錄畫(녹화) 登錄(등록) 附錄(부:록) 收錄(수록)

1386 祿 3급II
부 示
녹 **록(녹)** 官祿(관록) 祿俸(녹봉) 祿邑(녹읍) 食祿(식록) 重祿(중:록)
많고도 후한 녹봉

1387 雷 3급II
부 雨 유 震 우레 진
우레 **뢰(뇌)** 落雷(낙뢰) 雷名(뇌명) 雷雨(뇌우) 雷電(뇌전) 雷震(뇌진) 地雷(지뢰)
천둥과 번개

1388 僚 3급
부 亻(人)
동료 **료(뇨)** 僚堂(요당) 僚友(요우) 閣僚(각료) 官僚(관료) 同僚(동료)
같은 일자리에서 일하고 있는 동료

1389 累 3급II
부 糸
여러/ 累減(누:감) 累計(누:계) 累犯(누:범) 累積(누:적) 累卵之危(누란지위)
자주 **루(누):** 자꾸 줄여 나감

1390 樓 3급II
부 木 약 楼
다락 **루(누)** 高樓(고루) 樓閣(누각) 樓船(누선) 砂上樓閣(사상누각)

1391 淚 3급
부 氵(水)
눈물 **루(누):** 感淚(감:루) 淚水(누:수) 淚河(누:하) 燭淚(촉루)

47일째 한자익히기 1392~1402

屢 類 陸 六 倫 律 率 陵 履 李 隣

1392 3급
屢
여러 **루(누):**
⠀部 尸
屢度(누:도) 屢報(누:보)
여러 번 보도함

1393 5급
類
무리 **류(유):**
⠀部 頁
類例(유:례) 類似(유:사) 類推(유:추) 類槪念(유개념) 類義語(유의어)

1394 5급
陸
뭍 **륙(육)**
⠀部 阝(阜) ⠀反 海 바다 해
陸橋(육교) 陸路(육로) 陸運(육운) 陸地(육지) 陸海空軍(육해공군)

1395 8급
六
여섯 **륙(육)**
⠀部 八
望六(망:륙) 六禮(육례) 六房(육방) 六寸(육촌) 六面體(육면체)
'51살'을 이름

1396 3급Ⅱ
倫
인륜 **륜(윤)**
⠀部 亻(人)
不倫(불륜) 倫理(윤리) 人倫(인륜) 天倫(천륜) 三綱五倫(삼강오륜)

1397 4급Ⅱ
律
법칙 **률(율)**
⠀部 彳 ⠀類 則 법칙 칙
律動(율동) 律文(율문) 律法(율법) 律師(율사) 二律背反(이율배반)

1398 3급Ⅱ
率
비율 **률(율)**
거느릴 **솔**
⠀部 玄
能率(능률) 確率(확률) 換率(환:율)
率先(솔선) 率直(솔직) 引率(인솔)

1399 3급Ⅱ
陵
언덕 **릉(능)**
⠀部 阝(阜) ⠀類 岸 언덕 안, 丘 언덕 구
丘陵(구릉) 陵畓(능답) 陵幸(능행) 王陵(왕릉) 陵谷之變(능곡지변)
언덕과 골짜기가 변함
즉, 세상일의 변천이 심함을 이르는 말

1400 3급Ⅱ
履
밟을 **리(이):**
⠀部 尸
木履(목리) 履修(이:수) 履行(이:행) 踐履(천:리) 履歷書(이력서)
나막신

1401 6급
李
오얏/성 **리:**
⠀部 木
李花(이:화) 張三李四(장삼이사)

1402 3급
隣
이웃 **린(인)**
⠀部 阝(阜)
隣近(인근) 隣保(인보) 隣誼(인의) 隣接(인접) 隣村(인촌)
이웃집과 이웃 사람들

| 1403
7급 | 林
수풀 림(임) | ⊕木 ⊛樹 나무 수, 木 나무 목, 森 수풀 삼
森林(삼림) 樹林(수림) 林木(임목) 林野(임야) 竹林七賢(죽림칠현) |

1404 3급II 臨 임할 림(임)
⊕臣 ⊛临
臨機(임기) 臨農(임농) 臨迫(임박) 臨産(임산) 臨時變通(임시변통)

1405 3급 漫 흩어질 만:
⊕氵(水)
漫談(만:담) 漫漫(만:만) 漫步(만:보) 漫吟(만:음) 漫評(만:평)
일정한 글제가 없이
생각나는 대로 시를 지어 읊음

1406 3급II 妄 망령될 망:
⊕女
妄覺(망:각) 妄擧(망:거) 妄靈(망:령) 妄論(망:론) 妄發(망:발)
분별없이 망령된 행동

1407 3급 茫 아득할 망
⊕艹(艸)
茫漠(망막) 茫洋(망양) 茫然(망연) 茫無際涯(망무제애)

1408 3급 忙 바쁠 망
⊕忄(心)
忙迫(망박) 忙殺(망쇄) 忙中(망중) 忙中閑(망중한) 忙中有閑(망중유한)
몹시 바쁨

1409 4급 妹 누이 매
⊕女 ⊛姉 손윗누이 자
男妹(남매) 妹家(매가) 妹夫(매부) 妹弟(매제) 妹兄(매형) 姉妹(자매)

1410 7급 每 매양 매(:)
⊕母 ⊛常 항상 상
每物(매:물) 每番(매:번) 每常(매:상) 每時(매:시) 每樣(매양)
항상

| 오 늘 의 사 자 성 어 |

累卵之危 누란지위 포개어 놓은 달걀과 같이 매우 위험한 형세를 이름
綠衣紅裳 녹의홍상 젊은 여자의 고운 차림
茫無際涯 망무제애 아득하게 넓고 그지없음
忙中有閑 망중유한 바쁜 가운데서도 한가한 겨를(여유)이 있음

47

1 다음 漢字語의 讀音을 쓰시오.

① 露骨	② 陸橋	③ 每番	④ 統率
⑤ 附錄	⑥ 落雷	⑦ 妹家	⑧ 臨産
⑨ 倫理	⑩ 燭淚	⑪ 屢報	⑫ 樹林
⑬ 漫步	⑭ 律動	⑮ 隣接	⑯ 累犯
⑰ 爐邊	⑱ 丘陵	⑲ 茫漠	⑳ 李花
㉑ 類推	㉒ 祿俸	㉓ 樓船	㉔ 忙殺
㉕ 官僚	㉖ 新綠	㉗ 隸屬	㉘ 履修
㉙ 妄靈	㉚ 六面體		

2 다음 漢字의 訓과 音을 쓰시오.

① 僚	② 忙	③ 爐	④ 樓
⑤ 隣	⑥ 履	⑦ 屢	⑧ 漫

3 다음의 訓과 音을 지닌 漢字를 쓰시오.

① 법칙 률	② 이슬 로	③ 누이 매	④ 기록할 록
⑤ 무리 류	⑥ 뭍 륙	⑦ 우레 뢰	

4 밑줄 그은 單語를 漢字語로 쓰시오.

① 그는 나의 친구이자 매제이다.

② 내가 이 시험에 합격할 확률이 얼마나 될까?

③ 유유상종이라고 하더니 성격이 너와 너무도 같다.

④ 너의 옷은 매양 똑같구나

5 다음 漢字語 중 첫소리가 長音인 것을 고르시오.

① ㄱ. 能率   ㄴ. 履行   ㄷ. 林野   ㄹ. 雷電
② ㄱ. 類例   ㄴ. 臨時   ㄷ. 綠豆   ㄹ. 倫理
③ ㄱ. 忙中   ㄴ. 律文   ㄷ. 樓閣   ㄹ. 漫談

6 뜻이 反對 또는 相對되는 漢字를 쓰시오.

① 姉 ↔ (　)　　　　② (　) ↔ 海　　　　③ 霜 ↔ (　)

7 다음 빈 곳에 알맞은 漢字를 써 넣어 四字成語를 完成하시오.

① (　)無際涯　　② (　)時變通　　③ 二(　)背反　　④ 三綱五(　)

8 다음 漢字의 部首를 쓰시오.

① 妄　　　　② 屢　　　　③ 率　　　　④ 隷

9 다음 漢字語의 뜻을 쓰시오.

① 雷電　　　　② 露宿　　　　③ 累減　　　　④ 每常

10 다음 漢字의 略字를 쓰시오.

① 爐　　　　② 樓　　　　③ 臨

11 다음 一字多義字의 用例가 되는 單語를 보기처럼 하나씩만 漢字語로 쓰시오.

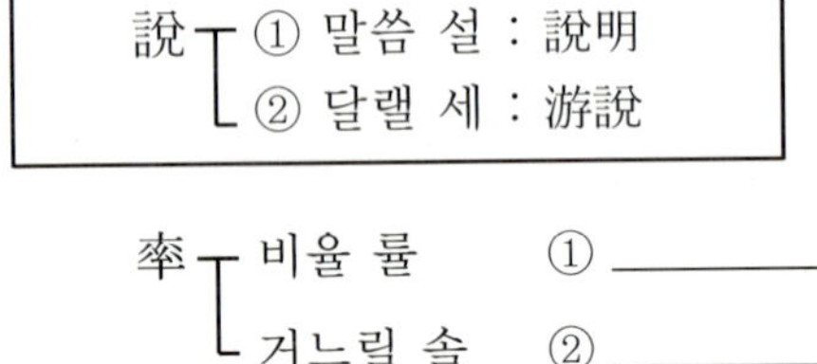

　┌〈보기〉─────────────┐
　│　說┬① 말씀 설 : 說明　　│
　│　　└② 달랠 세 : 游說　　│
　└──────────────┘

　　率┬ 비율 률　　① ________
　　　└ 거느릴 솔　② ________

정답

1 ① 노골 ② 육교 ③ 매번 ④ 통솔 ⑤ 부록 ⑥ 낙뢰 ⑦ 매가 ⑧ 임산 ⑨ 윤리 ⑩ 촉루 ⑪ 누보 ⑫ 수림 ⑬ 만보 ⑭ 율동 ⑮ 인접 ⑯ 누범 ⑰ 노변 ⑱ 구릉 ⑲ 망막 ⑳ 이화 ㉑ 유추 ㉒ 녹봉 ㉓ 누선 ㉔ 망쇄 ㉕ 관료 ㉖ 신록 ㉗ 예속 ㉘ 이수 ㉙ 망령 ㉚ 육면체　**2** ① 동료 료 ② 바쁠 망 ③ 화로 로 ④ 다락 루 ⑤ 이웃 린 ⑥ 밟을 리 ⑦ 여러 루 ⑧ 흩어질 만　**3** ① 律 ② 露 ③ 姝 ④ 錄 ⑤ 類 ⑥ 陸 ⑦ 雷　**4** ① 妹弟 ② 確率 ③ 類類相從 ④ 每樣　**5** ① ㄴ ② ㄱ ③ ㄹ　**6** ① 妹 ② 陸 ③ 露　**7** ① 茫 ② 臨 ③ 律 ④ 倫　**8** ① 女 ② 尸 ③ 玄 ④ 隶　**9** ① 천둥과 번개 ② 한데서 밤을 지냄 ③ 자꾸 줄여 나감 ④ 항상　**10** ① 炉 ② 楼 ③ 临　**11** ① 能率 ② 引率

미리 확인하기 　　　　　ㅇ ✕　　　　　　　　ㅇ ✕

梅	梅	梅	梅	梅	□□	眉	眉	眉	眉	眉	□□
孟	孟	孟	孟	孟	□□	泊	泊	泊	泊	泊	□□
盟	盟	盟	盟	盟	□□	朴	朴	朴	朴	朴	□□
某	某	某	某	某	□□	返	返	返	返	返	□□
慕	慕	慕	慕	慕	□□	般	般	般	般	般	□□
冒	冒	冒	冒	冒	□□	盤	盤	盤	盤	盤	□□
侮	侮	侮	侮	侮	□□	班	班	班	班	班	□□
卯	卯	卯	卯	卯	□□	飯	飯	飯	飯	飯	□□
苗	苗	苗	苗	苗	□□	伴	伴	伴	伴	伴	□□
戊	戊	戊	戊	戊	□□	妨	妨	妨	妨	妨	□□
武	武	武	武	武	□□	房	房	房	房	房	□□
貿	貿	貿	貿	貿	□□	芳	芳	芳	芳	芳	□□
墨	墨	墨	墨	墨	□□	培	培	培	培	培	□□
紋	紋	紋	紋	紋	□□	杯	杯	杯	杯	杯	□□
勿	勿	勿	勿	勿	□□	倍	倍	倍	倍	倍	□□

冒沒廉恥 □□□□　　　勿失好機 □□□□

眉目秀麗 □□□□　　　紙筆硯墨 □□□□

1411 3급II 梅 매화 매 — ⊕木
梅實(매실) 梅室(매실) 梅雨(매우) 梅鳥(매조) 梅香(매향) 梅花(매화)

1412 3급II 孟 맏 맹(:) — ⊕子
孟冬(맹:동) 孟春(맹:춘) 孟仲季(맹중계) 孟母斷機(맹모단기)
초겨울

1413 3급II 盟 맹세 맹 — ⊕皿 ⊕誓 맹세할 서
同盟(동맹) 盟邦(맹방) 盟約(맹약) 盟言(맹언) 盟友(맹우) 盟主(맹주)
동맹을 맺은 개인이나 단체 가운데서
중심이 되는 인물이나 단체

1414 3급 某 아무 모: — ⊕木
某件(모:건) 某官(모:관) 某年(모:년) 某事(모:사) 某日(모:일)
어떠한 일이나 사건

1415 3급II 慕 그릴 모: — ⊕心
慕念(모:념) 慕戀(모:련) 慕心(모:심) 慕愛(모:애) 思慕(사모)

1416 3급 冒 무릅쓸 모: — ⊕冂
冒耕(모:경) 冒瀆(모:독) 冒濫(모:람) 冒險(모:험) 冒沒廉恥(모몰염치)
윗사람에게 버릇없이 덤빔

1417 3급 侮 업신여길 모: — ⊕亻(人)
見侮(견:모) 輕侮(경모) 免侮(면:모) 侮慢(모:만) 侮蔑(모:멸)

1418 3급 卯 토끼 묘: — ⊕卩 ⊕兔 토끼 토
卯年(묘:년) 卯方(묘:방) 卯月(묘:월) 卯正(묘:정) 卯初(묘:초)
상오 5시가 막 지난 무렵

1419 3급 苗 모 묘: — ⊕艹(艸)
苗床(묘:상) 苗裔(묘:예) 苗族(묘:족) 苗圃(묘:포)

1420 3급 戊 다섯째 천간 무: — ⊕戈
戊申(무:신) 戊夜(무:야) 戊子(무:자) 戊辰(무:진) 戊午士禍(무오사화)

1421 4급II 武 호반 무: — ⊕止 ⊕文 글월 문
武家(무:가) 武功(무:공) 武科(무:과) 武器(무:기) 武力(무:력)
참고 武科(무과) ↔ 文科(문과)

48일째 한자익히기 1422~1432

貿 墨 紋 勿 眉 泊 朴 返 般 盤 班

1422 貿
3급Ⅱ 무역할 무:
부首 貝　유音 易 바꿀 역
貿穀(무:곡)　貿米(무:미)　貿易(무:역)　私貿(사무)　移貿(이무)
이익을 보려고 쌀을 많이 사들임

1423 墨
3급Ⅱ 먹 묵
부首 土
墨客(묵객)　墨池(묵지)　墨紙(묵지)　墨香(묵향)　紙筆硯墨(지필연묵)

1424 紋
3급Ⅱ 무늬 문
부首 糸
紋章(문장)　紋織(문직)　班紋(반문)　掌紋(장:문)　指紋(지문)　波紋(파문)
알록달록 아롱진 무늬

1425 勿
3급Ⅱ 말 물
부首 勹
勿驚(물경)　勿禁(물금)　勿論(물론)　勿忘草(물망초)　勿失好機(물실호기)

1426 眉
3급 눈썹 미
부首 目　유音 尾 꼬리/눈썹 미
眉間(미간)　眉毛(미모)　眉宇(미우)　眉月(미월)　眉目秀麗(미목수려)

1427 泊
3급 머무를/배댈 박
부首 氵(水)
假泊(가:박)　淡泊(담박)　民泊(민박)　宿泊(숙박)　外泊(외:박)

1428 朴
6급 성/순박할 박
부首 木　유音 素 흴 소
朴訥(박눌)　朴硝(박초)　朴忠(박충)　素朴(소:박)
순박하고 충직함

1429 返
3급 돌이킬 반:
부首 辶(辵)　유音 還 돌아올 환
返却(반:각)　返納(반:납)　返禮(반:례)　返送(반:송)　返品(반:품)
도로 돌려 보냄

1430 般
3급 가지/일반 반
부首 舟
般樂(반락)　般若(반야)　一般(일반)　全般(전반)　諸般(제반)
모든

1431 盤
3급Ⅱ 소반 반
부首 皿
基盤(기반)　盤結(반결)　盤面(반면)　盤石(반석)　盤松(반송)　盤回(반회)
기초가 되는 지반

1432 班
6급 나눌 반
부首 王(玉)　반反 常 항상 상
班給(반급)　班常(반상)　班長(반장)　分班(분반)　班師(반사)　合班(합반)

1433 3급Ⅱ	飯 밥 반	ⓐ食 ⓑ食 먹을 식, 밥 사 飯店(반점)　飯酒(반주)　白飯(백반)　早飯(조반)　茶飯事(다반사)
1434 3급	伴 짝 반	ⓐ亻(人) 伴星(반성)　伴送(반송)　伴隨(반수)　伴奏(반주)　伴行(반행) 연성 가운데서 빛이 어둡고 질량이 작은 쪽의 별
1435 4급	妨 방해할 방	ⓐ女 無妨(무방)　妨電(방전)　妨害(방해)　相妨(상방)
1436 4급Ⅱ	房 방 방	ⓐ戶 冷房(냉:방)　茶房(다방)　獨房(독방)　房門(방문)　獨守空房(독수공방)
1437 3급Ⅱ	芳 꽃다울 방	ⓐ艹(艸) 芳年(방년)　芳蘭(방란)　芳墨(방묵)　芳心(방심)　芳名錄(방명록) 향기가 좋은 난초
1438 3급Ⅱ	培 북돋울 배:	ⓐ土 培根(배:근)　培植(배:식)　培養(배:양)　培土(배:토)　栽培(재:배)
1439 3급	杯 잔 배	ⓐ木 乾杯(건배)　苦杯(고배)　祝杯(축배)　把杯(파배)
1440 5급	倍 곱 배(:)	ⓐ亻(人) 倍加(배:가)　倍騰(배:등)　倍量(배:량)　倍額(배:액)　倍入(배:입)

| 오 늘 의 사 자 성 어 |

冒沒廉恥　모몰염치　염치없는 줄 알면서도 이를 무릅쓰고 함
勿失好機　물실호기　좋은 기회를 놓치지 않음을 이르는 말
眉目秀麗　미목수려　얼굴이 빼어나게 아름다움
紙筆硯墨　지필연묵　종이, 붓, 벼루, 먹

48

1 다음 漢字語의 讀音을 쓰시오.

① 慕戀	② 基盤	③ 妨害	④ 倍額
⑤ 指紋	⑥ 伴奏	⑦ 侮蔑	⑧ 貿穀
⑨ 班給	⑩ 乾杯	⑪ 卯初	⑫ 戊夜
⑬ 孟春	⑭ 武器	⑮ 返還	⑯ 冒險
⑰ 苗族	⑱ 般樂	⑲ 素朴	⑳ 墨香
㉑ 盟邦	㉒ 茶房	㉓ 栽培	㉔ 淡泊
㉕ 尾毛	㉖ 某件	㉗ 梅實	㉘ 白飯
㉙ 勿忘草	㉚ 芳名錄		

2 다음 漢字의 訓과 音을 쓰시오.

① 芳　　　② 侮　　　③ 盤　　　④ 墨
⑤ 杯　　　⑥ 紋　　　⑦ 慕　　　⑧ 返

3 다음의 訓과 音을 지닌 漢字를 쓰시오.

① 호반 무　　　② 방 방　　　③ 곱 배　　　④ 성 박
⑤ 방해할 방　　　⑥ 나눌 반

4 밑줄 그은 單語를 漢字語로 쓰시오.

① 그가 거들어봤자 방해만 된다.
② 그는 우리 반 반장이다.
③ 이 차량은 냉방중입니다.
④ 무력으로 제압하려 해봤자 소용없다.

5 다음 漢字語 중 첫소리가 長音인 것을 고르시오.

① ㄱ. 眉間　　　ㄴ. 勿驚　　　ㄷ. 紋織　　　ㄹ. 培養
② ㄱ. 房門　　　ㄴ. 墨池　　　ㄷ. 貿易　　　ㄹ. 盤石
③ ㄱ. 武功　　　ㄴ. 梅香　　　ㄷ. 朴忠　　　ㄹ. 般若

6 뜻이 反對 또는 相對되는 漢字를 쓰시오.

① 文 ↔ ( )　　　　② 常 ↔ ( )

7 빈칸에 訓이 같거나 유사한 漢字를 써 넣어 單語를 完成하시오.

① 素( )　　② ( )易　　③ ( )誓　　④ ( )還

8 다음 빈 곳에 알맞은 漢字를 써 넣어 四字成語를 完成하시오.

① 獨守空( )　　② ( )目秀麗　　③ 紙筆硯( )　　④ ( )母斷機

9 다음 漢字의 部首를 쓰시오.

① 盤　　② 勿　　③ 眉　　④ 房
⑤ 墨　　⑥ 冒　　⑦ 貿　　⑧ 戊

10 다음 漢字語의 뜻을 쓰시오.

① 全般　　② 芳蘭　　③ 基盤　　④ 返送

11 다음 單語의 同音異義語를 하나씩만 쓰시오.

① 梅實　　② 返送

정답

1 ① 모련 ② 기반 ③ 방해 ④ 배액 ⑤ 지문 ⑥ 반주 ⑦ 모멸 ⑧ 무곡 ⑨ 반급 ⑩ 건배 ⑪ 묘초 ⑫ 무야 ⑬ 맹춘 ⑭ 무기 ⑮ 반환 ⑯ 모험 ⑰ 묘족 ⑱ 반락 ⑲ 소박 ⑳ 묵향 ㉑ 맹방 ㉒ 다방 ㉓ 재배 ㉔ 담박 ㉕ 미모 ㉖ 모건 ㉗ 매실 ㉘ 백반 ㉙ 물망초 ㉚ 방명록　**2** ① 꽃다울 방 ② 업신여길 모 ③ 소반 반 ④ 먹 묵 ⑤ 잔 배 ⑥ 무늬 문 ⑦ 그릴 모 ⑧ 돌이킬 반　**3** ① 武 ② 房 ③ 倍 ④ 朴 ⑤ 妨 ⑥ 班　**4** ① 妨害 ② 班長 ③ 冷房 ④ 武力　**5** ① ㄹ ② ㄷ ③ ㄱ　**6** ① 武 ② 班　**7** ① 朴 ② 貿 ③ 盟 ④ 返　**8** ① 房 ② 眉 ③ 墨 ④ 孟　**9** ① 皿 ② 勹 ③ 目 ④ 戶 ⑤ 土 ⑥ 冂 ⑦ 貝 ⑧ 戈　**10** ① 모두 ② 향기가 좋은 난초 ③ 기초가 되는 지반 ④ 도로 돌려보냄　**11** ① 梅室 ② 盤松/伴送

미리 확인하기　　　ㅇ ✕　　　　　ㅇ ✕

輩	輩 輩 輩 輩 輩	□ □	付	付 付 付 付 付	□ □
伯	伯 伯 伯 伯 伯	□ □	北	北 北 北 北 北	□ □
犯	犯 犯 犯 犯 犯	□ □	奔	奔 奔 奔 奔 奔	□ □
法	法 法 法 法 法	□ □	紛	紛 紛 紛 紛 紛	□ □
兵	兵 兵 兵 兵 兵	□ □	憤	憤 憤 憤 憤 憤	□ □
屛	屛 屛 屛 屛 屛	□ □	奮	奮 奮 奮 奮 奮	□ □
竝	竝 竝 竝 竝 竝	□ □	佛	佛 佛 佛 佛 佛	□ □
丙	丙 丙 丙 丙 丙	□ □	拂	拂 拂 拂 拂 拂	□ □
覆	覆 覆 覆 覆 覆	□ □	婢	婢 婢 婢 婢 婢	□ □
鳳	鳳 鳳 鳳 鳳 鳳	□ □	妃	妃 妃 妃 妃 妃	□ □
峯	峯 峯 峯 峯 峯	□ □	肥	肥 肥 肥 肥 肥	□ □
部	部 部 部 部 部	□ □	費	費 費 費 費 費	□ □
副	副 副 副 副 副	□ □	冰	冰 冰 冰 冰 冰	□ □
賦	賦 賦 賦 賦 賦	□ □	四	四 四 四 四 四	□ □
簿	簿 簿 簿 簿 簿	□ □	司	司 司 司 司 司	□ □

伯仲之勢 □ □ □ □　　　鳳毛麟角 □ □ □ □

孤軍奮鬪 □ □ □ □　　　四顧無親 □ □ □ □

1441 3급Ⅱ 輩 무리 배: ⓑ車 ⓨ徒 무리 도
友輩(우:배) 輩出(배:출) 輩行(배:행) 先輩(선배) 謀利輩(모리배)
인재가 잇달아 나옴 서로 비슷한 또래의 친구

1442 3급Ⅱ 伯 맏 백 ⓑ亻(人)
方伯(방백) 伯母(백모) 伯叔(백숙) 伯爵(백작) 伯仲之勢(백중지세)

1443 4급 犯 범할 범: ⓑ犭(犬)
共犯(공:범) 犯法(범:법) 犯人(범:인) 犯罪(범:죄) 犯行(범:행)

1444 5급 法 법 법 ⓑ氵(水) ⓨ式 법 식, 典 경전 전
法官(법관) 法規(법규) 法律(법률) 法式(법식) 法案(법안) 法院(법원)

1445 5급 兵 병사 병 ⓑ八 ⓨ士 선비 사, 卒 군사 졸 ⓟ將 장수 장
兵士(병사) 兵役(병역) 兵營(병영) 兵卒(병졸) 兵務廳(병무청)

1446 3급 屏 병풍 병 ⓑ尸
屏伏(병복) 屏息(병식) 屏帳(병장) 屏迹(병적) 屏風(병풍)
자취를 감추어 버림

1447 3급 竝 나란히 병: ⓑ立
竝力(병:력) 竝列(병:렬) 竝流(병:류) 竝立(병:립) 竝設(병:설)
함께 설치함

1448 3급Ⅱ 丙 남녘 병: ⓑ一
丙部(병:부) 丙夜(병:야) 丙午(병:오) 丙子胡亂(병자호란)
육십갑자에서 마흔셋째

1449 3급Ⅱ 覆 다시 복 덮을 부: ⓑ襾
覆蓋(복개) 覆面(복면) 覆滅(복멸) 覆沒(복몰) 覆試(복시)
覆載(부:재)

1450 3급Ⅱ 鳳 새 봉: ⓑ鳥
鳳頭(봉:두) 鳳尾(봉:미) 鳳眼(봉:안) 鳳枕(봉:침) 鳳毛麟角(봉모인각)

1451 3급Ⅱ 峯 봉우리 봉 ⓑ山
高峯(고봉) 孤峯(고봉) 峯頭(봉두) 峯勢(봉세) 峯雲(봉운)
산봉우리의 제일 위

49일째 한자익히기 1452~1462

部 副 賦 簿 付 北 奔 紛 憤 奮 佛

1452 部 6급
떼 **부**
⟨부⟩ 阝(邑)
部落(부락)　部面(부면)　部分(부분)　部屬(부속)　部長(부장)　部族(부족)
여러 부분으로 나눈 것 중의 한 면

1453 副 4급Ⅱ
버금 **부:**
⟨부⟩ 刂(刀)　⟨유⟩ 次 버금 차
副賞(부:상)　副業(부:업)　副題(부:제)　副次(부:차)　副收入(부수입)

1454 賦 3급Ⅱ
부세 **부:**
⟨부⟩ 貝
賦課(부:과)　賦金(부:금)　賦稅(부:세)　賦與(부:여)　賦役(부:역)
일정한 기간마다 부어 나가는 돈

1455 簿 3급Ⅱ
문서 **부(:)**
⟨부⟩ 竹
名簿(명부)　簿記(부:기)　簿籍(부적)　簿冊(부책)　帳簿(장부)

1456 付 3급Ⅱ
부칠 **부:**
⟨부⟩ 亻(人)
付壁(부:벽)　付送(부:송)　付種(부:종)　付紙(부:지)　付託(부:탁)

1457 北 8급
북녘 **북**
패할 **배**
⟨부⟩ 匕　⟨반⟩ 南 남녘 남
北方(북방)　北伐(북벌)　北魚(북어)　北進(북진)　北側(북측)　北韓(북한)
敗北(패배)

1458 奔 3급Ⅱ
달릴 **분**
⟨부⟩ 大　⟨유⟩ 走 달릴 주
奔告(분고)　奔騰(분등)　奔流(분류)　奔放(분방)　奔散(분산)　奔走(분주)
갑자기 뛰어오름

1459 紛 3급Ⅱ
어지러울 **분**
⟨부⟩ 糸
紛糾(분규)　紛起(분기)　紛亂(분란)　紛失(분실)　紛雜(분잡)　紛爭(분쟁)
🔵참고 紛失(분실) ↔ 拾得(습득)

1460 憤 4급
분할 **분:**
⟨부⟩ 忄(心)　⟨유⟩ 慨 분개할 개
憤慨(분:개)　憤激(분:격)　憤愧(분:괴)　憤痛(분:통)　憤敗(분:패)
분하게 여기고 부끄러워함

1461 奮 3급Ⅱ
떨칠 **분:**
⟨부⟩ 大
奮擊(분:격)　奮力(분:력)　奮發(분:발)　奮然(분:연)　孤軍奮鬪(고군분투)

1462 佛 4급Ⅱ
부처 **불**
⟨부⟩ 亻(人)　⟨유⟩ 寺 절 사　⟨약⟩ 仏
佛經(불경)　佛供(불공)　佛敎(불교)　佛堂(불당)　佛道(불도)　佛法(불법)

1463 3급II 拂 떨칠 **불**
（부）扌(手) （약）払
假拂(가:불)　拂入(불입)　拂出(불출)　先拂(선불)　完拂(완불)　支拂(지불)
　　　　　　　납부

1464 3급II 婢 계집종 **비(:)**
（부）女
婢女(비녀)　婢僕(비복)　婢夫(비부)　婢妾(비:첩)　侍婢(시:비)
　　　　　　　　　　　　　　　종으로 첩이 된 여자

1465 3급II 妃 왕비 **비**
（부）女
貴妃(귀:비)　王妃(왕비)　正妃(정:비)　廢妃(폐:비)

1466 3급II 肥 살찔 **비:**
（부）月(肉)
肥鈍(비:둔)　肥料(비:료)　肥滿(비:만)　肥培(비:배)　肥土(비:토)

1467 5급 費 쓸 **비:**
（부）貝
經費(경비)　浪費(낭:비)　費用(비:용)　費錢(비:전)　消費(소비)
참고 消費(소비) ↔ 生産(생산)

1468 5급 氷 얼음 **빙**
（부）水 （반）炭 숯 **탄**
氷上(빙상)　氷點(빙점)　氷板(빙판)　氷河(빙하)　氷炭之間(빙탄지간)

1469 8급 四 넉 **사:**
（부）囗
四季(사:계)　四苦(사:고)　四輪(사:륜)　四寸(사:촌)　四顧無親(사고무친)

1470 3급II 司 맡을 **사**
（부）口
司牧(사목)　司法(사법)　司書(사서)　司祭(사제)　司憲府(사헌부)
가톨릭에서 교직자가 신도를 지도하는 것을 말함

| 오 늘 의 사 자 성 어 |

伯仲之勢　백중지세　우열을 가리기 어려운 형세
鳳毛麟角　봉모인각　뛰어난 인물 또는 희귀한 물건을 비유하여 이르는 말
孤軍奮鬪　고군분투　적은 인원으로 도움을 받지 않고 외롭게 힘겹게 싸움
四顧無親　사고무친　의지할 만한 데가 전혀 없음

1 다음 漢字語의 讀音을 쓰시오.

① 婢僕	② 司書	③ 竝列	④ 孤峯
⑤ 假拂	⑥ 憤慨	⑦ 犯罪	⑧ 四輪
⑨ 佛供	⑩ 付託	⑪ 法案	⑫ 部屬
⑬ 伯叔	⑭ 氷點	⑮ 兵卒	⑯ 副業
⑰ 浪費	⑱ 屛風	⑲ 丙部	⑳ 輩出
㉑ 帳簿	㉒ 賦課	㉓ 奔散	㉔ 肥培
㉕ 紛亂	㉖ 奮發	㉗ 敗北	㉘ 廢妃
㉙ 鳳枕	㉚ 覆蓋		

2 다음 漢字의 訓과 音을 쓰시오.

① 竝 　　② 奮 　　③ 輩 　　④ 峯

⑤ 肥 　　⑥ 紛 　　⑦ 伯 　　⑧ 奔

3 다음의 訓과 音을 지닌 漢字를 쓰시오.

① 쓸 비 　　② 부처 불 　　③ 범할 범 　　④ 버금 부

⑤ 분할 분 　　⑥ 얼음 빙 　　⑦ 병사 병 　　⑧ 떼 부

4 밑줄 그은 單語를 漢字語로 쓰시오.

① 그는 도서관에서 사서를 하고 있다.

② 이 법안이 통과될 경우 뒤따를 사회적 파장이 매우 크다.

③ 이 공사의 총 경비는 얼마인가?

④ 좀 더 분발해서 다음시험에서는 10등만 올려라.

5 다음 漢字語 중 첫소리가 長音인 것을 고르시오.

① ㄱ. 佛敎 　　ㄴ. 肥滿 　　ㄷ. 部族 　　ㄹ. 兵卒

② ㄱ. 拂入 　　ㄴ. 紛失 　　ㄷ. 賦役 　　ㄹ. 司法

③ ㄱ. 竝行 　　ㄴ. 奔走 　　ㄷ. 覆面 　　ㄹ. 峯頭

6 뜻이 反對 또는 相對되는 漢字를 쓰시오.

① 炭 ↔ ( )　　　　② 南 ↔ ( )　　　　③ 將 ↔ ( )

7 빈칸에 訓이 같거나 유사한 漢字를 써 넣어 單語를 完成하시오.

① 卒 – ( )　　　② ( ) – 寺　　　③ ( ) – 次　　　④ ( ) – 式

8 다음 빈 곳에 알맞은 漢字를 써 넣어 四字成語를 完成하시오.

① ( )顧無親　　　② ( )仲之勢　　　③ ( )炭之間

9 다음 漢字의 部首를 쓰시오.

① 輩　　　　② 費　　　　③ 北　　　　④ 賦

10 다음 漢字語의 뜻을 쓰시오.

① 賦金　　　② 婢妾　　　③ 竝設　　　④ 輩出

11 다음 漢字의 略字를 쓰시오.

① 拂　　　　② 佛

12 다음 一字多義字의 用例가 되는 單語를 보기처럼 하나씩만 漢字語로 쓰시오.

┌─〈보기〉──────────┐
惡┬① 악할 악　　　覆┬다시 복　①　──────
　└② 미워할 오　　　　└덮을 부　②　──────
└─────────────────┘

정답

1 ① 비복 ② 사서 ③ 병렬 ④ 고봉 ⑤ 가불 ⑥ 분개 ⑦ 정범 ⑧ 사륜 ⑨ 불공 ⑩ 부탁 ⑪ 법안 ⑫ 부속 ⑬ 백숙 ⑭ 빙점 ⑮ 병졸 ⑯ 부업 ⑰ 낭비 ⑱ 병풍 ⑲ 병부 ⑳ 배출 ㉑ 장부 ㉒ 부과 ㉓ 분산 ㉔ 비배 ㉕ 분란 ㉖ 분발 ㉗ 패배 ㉘ 폐비 ㉙ 봉침 ㉚ 복개　**2** ① 나란히 병 ② 떨칠 분 ③ 무리 배 ④ 봉우리 봉 ⑤ 살찔 비 ⑥ 어지러울 분 ⑦ 맏 백 ⑧ 달릴 분　**3** ① 費 ② 佛 ③ 犯 ④ 副 ⑤ 憤 ⑥ 氷 ⑦ 兵 ⑧ 部　**4** ① 司書 ② 法案 ③ 經費 ④ 奮發　**5** ① ㄴ ② ㄷ ③ ㄱ　**6** ① 氷 ② 北 ③ 兵　**7** ① 兵 ② 佛 ③ 副 ④ 法　**8** ① 四 ② 伯 ③ 氷　**9** ① 車 ② 貝 ③ 匕 ④ 貝　**10** ① 일정한 기간마다 부어 나가는 돈 ② 첩으로 종이된 여자 ③ 함께 설치함 ④ 인재가 잇달아 나옴　**11** ① 払 ② 仏　**12** ① 覆面 ② 覆載

미리 확인하기 ㅇ X   ㅇ X

死	死 死 死 死 死	□ □
似	似 似 似 似 似	□ □
巳	巳 巳 巳 巳 巳	□ □
寺	寺 寺 寺 寺 寺	□ □
沙	沙 沙 沙 沙 沙	□ □
祀	祀 祀 祀 祀 祀	□ □
詞	詞 詞 詞 詞 詞	□ □
斯	斯 斯 斯 斯 斯	□ □
算	算 算 算 算 算	□ □
森	森 森 森 森 森	□ □
商	商 商 商 商 商	□ □
詳	詳 詳 詳 詳 詳	□ □
像	像 像 像 像 像	□ □
雙	雙 雙 雙 雙 雙	□ □
塞	塞 塞 塞 塞 塞	□ □

誓	誓 誓 誓 誓 誓	□ □
序	序 序 序 序 序	□ □
暑	暑 暑 暑 暑 暑	□ □
署	署 署 署 署 署	□ □
逝	逝 逝 逝 逝 逝	□ □
仙	仙 仙 仙 仙 仙	□ □
旋	旋 旋 旋 旋 旋	□ □
線	線 線 線 線 線	□ □
鮮	鮮 鮮 鮮 鮮 鮮	□ □
攝	攝 攝 攝 攝 攝	□ □
姓	姓 姓 姓 姓 姓	□ □
召	召 召 召 召 召	□ □
蘇	蘇 蘇 蘇 蘇 蘇	□ □
孫	孫 孫 孫 孫 孫	□ □
松	松 松 松 松 松	□ □

起死回生 □ □ □ □   森羅萬象 □ □ □ □
松竹之節 □ □ □ □   沙上樓閣 □ □ □ □

337

1471 6급 **死** 죽을 사:
부 歹 반 生 날 생, 活 살 활
死境(사:경)　死亡(사:망)　死色(사:색)　死者(사:자)　起死回生(기사회생)

1472 3급 **似** 닮을 사:
부 亻(人)
近似(근:사)　似形(사:형)　相似(상사)　類似(유:사)
　　　　　　　　　　　서로 비슷함

1473 3급 **巳** 뱀 사:
부 己
巳末(사:말)　巳方(사:방)　巳時(사:시)　巳初(사:초)
상오 11시에 가까운 무렵

1474 4급Ⅱ **寺** 절 사
부 寸　유 佛 부처 불
寺基(사기)　寺內(사내)　寺務(사무)　寺院(사원)　寺刹(사찰)
절터

1475 3급Ⅱ **沙** 모래 사
부 氵(水)
沙路(사로)　沙漠(사막)　沙鉢(사발)　沙土(사토)　沙上樓閣(사상누각)

1476 3급Ⅱ **祀** 제사 사
부 示
告祀(고:사)　奉祀(봉:사)　祀典(사전)　祭祀(제:사)

1477 3급Ⅱ **詞** 말/글 사
부 言
詞林(사림)　詞伯(사백)　詞海(사해)　詞兄(사형)　詞華(사화)
　　　　　　　　　　文章과 詩歌의 풍부함을 이르는 말

1478 3급 **斯** 이 사
부 斤
斯界(사계)　斯文亂賊(사문난적)
　　　　　　유교 사상에 어긋나는 언행을 하는 사람

1479 7급 **算** 셈 산:
부 竹　유 計 꾀할 계
計算(계:산)　算數(산:수)　算術(산:술)　算入(산:입)　算出(산:출)

1480 3급Ⅱ **森** 수풀 삼
부 木　유 林 수풀 림
森林(삼림)　森立(삼립)　森嚴(삼엄)　森然(삼연)　森羅萬象(삼라만상)

1481 5급 **商** 장사 상
부 口
商街(상가)　商術(상술)　商人(상인)　商店(상점)　士農工商(사농공상)

50일째 한자익히기 1482~1492

詳 像 雙 塞 誓 序 暑 署 逝 仙 旋

1482 詳 _{3급II} 자세할 상   ㉘言
詳計(상계)   詳考(상고)   詳記(상기)   詳論(상론)   詳密(상밀)   詳細(상세)

1483 像 _{3급II} 모양 상   ㉘亻(人)
像法(상법)   像本(상본)   實像(실상)   映像(영상)   偶像(우:상)
불교에서 이르는 삼시(三時)의 하나

1484 雙 _{3급II} 두/쌍 쌍   ㉘隹 ㉕双
雙劍(쌍검)   雙肩(쌍견)   雙方(쌍방)   雙眼鏡(쌍안경)   雙頭馬車(쌍두마차)

1485 塞 _{3급II} 막힐 색 / 변방 새   ㉘土
窮塞(궁색)   閉塞(폐:색)   塞責(색책)
要塞(요새)   塞內(새내)
요새의 안

1486 誓 _{3급} 맹세할 서: ㉘言 ㉔盟 맹세 맹
誓告(서:고)   盟誓(맹서)   誓文(서:문)   誓詞(서:사)   誓約(서:약)
굳게 다짐함

1487 序 _{5급} 차례 서: ㉘广
序曲(서:곡)   序論(서:론)   序幕(서:막)   序說(서:설)   序列(서:열)

1488 暑 _{3급} 더울 서: ㉘日
暑傷(서:상)   暑濕(서:습)   暑炎(서:염)   暑威(서:위)   暑天(서:천)

1489 署 _{3급II} 마을/관청 서: ㉘罒(网)
官署(관서)   部署(부서)   署名(서:명)   署長(서:장)   支署(지서)
자기의 이름을 문서에 적음

1490 逝 _{3급} 갈 서: ㉘辶(辵) ㉔去 갈 거, 往 갈 왕
急逝(급서)   逝去(서:거)   逝者(서:자)   長逝(장서)   早逝(조:서)
죽은 사람

1491 仙 _{5급} 신선 선   ㉘亻(人)
仙界(선계)   仙宮(선궁)   仙女(선녀)   仙人(선인)   神仙(신선)

1492 旋 _{3급II} 돌 선   ㉘方 ㉔回 돌 회
旋盤(선반)   旋律(선율)   旋車(선차)   旋風(선풍)   旋行(선행)   旋回(선회)

1493 6급 線 줄 선 / ㈜ 糸
曲線(곡선)　線路(선로)　線上(선상)　線形(선형)　線畫(선화)　直線(직선)
색을 칠하지 않고 선으로만 그린 그림

1494 5급 鮮 고울 선 / ㈜ 魚
鮮明(선명)　鮮妙(선묘)　鮮魚(선어)　鮮血(선혈)　新鮮(신선)　朝鮮(조선)

1495 3급 攝 다스릴/잡을 섭 / ㈜ 扌(手) ㈟ 摂
攝理(섭리)　攝生(섭생)　攝氏(섭씨)　攝政(섭정)　攝衆(섭중)　攝取(섭취)

1496 7급 姓 성 성: / ㈜ 女
姓名(성:명)　姓氏(성:씨)　同姓同本(동성동본)

1497 3급 召 부를 소 / ㈜ 口
赴召(부:소)　召見(소견)　召集(소집)　召致(소치)　召還(소환)　召喚(소환)
불러서 만나 봄

1498 3급Ⅱ 蘇 되살아날 소 / ㈜ ⼳(艸)
白蘇(백소)　蘇塗(소도)　蘇復(소복)　蘇生(소생)　蘇鐵(소철)
원기가 회복됨

1499 6급 孫 손자 손 / ㈜ 子(子) ㈐ 祖 할아비 조
孫女(손녀)　孫婦(손부)　孫枝(손지)　孫行(손항)　長孫(장:손)　玄孫(현손)
손자의 손자

1500 4급 松 소나무 송 / ㈜ 木
松都(송도)　松林(송림)　松魚(송어)　松風(송풍)　松竹之節(송죽지절)

| 오 늘 의 사 자 성 어 |

起死回生　기사회생　중한 병으로 죽을 뻔하다가 다시 살아남
森羅萬象　삼라만상　우주 속에 존재하는 온갖 사물과 모든 현상
松竹之節　송죽지절　소나무와 대나무같이 굳고 곧은 절개
沙上樓閣　사상누각　겉모양은 번듯하나 기초가 약하여 오래가지 못함

1 다음 漢字語의 讀音을 쓰시오.

① 寺刹	② 序曲	③ 森嚴	④ 逝去
⑤ 近似	⑥ 詳細	⑦ 姓名	⑧ 誓約
⑨ 鮮妙	⑩ 斯界	⑪ 商街	⑫ 旋律
⑬ 詞華	⑭ 孫婦	⑮ 署名	⑯ 召還
⑰ 象形	⑱ 攝政	⑲ 沙漠	⑳ 神仙
㉑ 窮塞	㉒ 巳初	㉓ 松風	㉔ 蘇復
㉕ 祭祀	㉖ 死境	㉗ 線路	㉘ 算出
㉙ 暑濕	㉚ 雙眼鏡		

2 다음 漢字의 訓과 音을 쓰시오.

① 塞	② 雙	③ 蘇	④ 攝
⑤ 似	⑥ 沙	⑦ 暑	⑧ 斯

3 다음의 訓과 音을 지닌 漢字를 쓰시오.

① 차례 서	② 소나무 송	③ 고울 선	④ 줄 선
⑤ 절 사	⑥ 장사 상	⑦ 손자 손	⑧ 죽을 사

4 밑줄 그은 單語를 漢字語로 쓰시오.

① 감미로운 피아노 선율에 눈이 저절로 감긴다.

② 기차 선로에서 노는 것은 위험하다.

③ 그녀의 교통사고 소식에 사색이 되었다.

④ 혜영이는 그 할아버지의 손녀야.

5 다음 漢字語 중 첫소리가 長音인 것을 고르시오.

① ㄱ. 署長　　ㄴ. 召集　　ㄷ. 祀典　　ㄹ. 森林

② ㄱ. 詳細　　ㄴ. 序列　　ㄷ. 蘇生　　ㄹ. 商店

③ ㄱ. 沙土　　ㄴ. 雙方　　ㄷ. 誓文　　ㄹ. 松林

6 뜻이 反對 또는 相對되는 漢字를 쓰시오.

① 祖 ↔ ( )　　　　② 活 ↔ ( )

7 빈칸에 訓이 같거나 유사한 漢字를 써 넣어 單語를 完成하시오.

① 計( )　　　　② ( )佛　　　　③ ( )林

8 다음 빈 곳에 알맞은 漢字를 써 넣어 四字成語를 完成하시오.

① 起( )回生　　② ( )羅萬象　　③ 士農工( )　　⑤ ( )竹之節

9 다음 漢字의 部首를 쓰시오.

① 巳　　　　② 斯　　　　③ 寺　　　　④ 商

⑤ 雙　　　　⑥ 召　　　　⑦ 死　　　　⑧ 旋

10 다음 漢字語의 뜻을 쓰시오.

① 署名　　　　② 塞內　　　　③ 相似　　　　④ 盟誓

11 다음 漢字의 略字를 쓰시오.

① 攝　　　　② 雙

정답

1 ① 사찰 ② 서곡 ③ 삼엄 ④ 서거 ⑤ 근사 ⑥ 상세 ⑦ 성명 ⑧ 서약 ⑨ 선묘 ⑩ 사계 ⑪ 상가 ⑫ 선율 ⑬ 사화 ⑭ 손부 ⑮ 서명 ⑯ 소환 ⑰ 상형 ⑱ 섭정 ⑲ 사막 ⑳ 신선 ㉑ 궁색 ㉒ 사초 ㉓ 송풍 ㉔ 소복 ㉕ 제사 ㉖ 사경 ㉗ 선로 ㉘ 산출 ㉙ 서습 ㉚ 쌍안경 **2** ① 막힐 색/변방 새 ② 두/쌍 쌍 ③ 되살아날 소 ④ 다스릴/잡을 섭 ⑤ 닮을 사 ⑥ 모래 사 ⑦ 더울 서 ⑧ 이 사 **3** ① 序 ② 松 ③ 鮮 ④ 線 ⑤ 寺 ⑥ 商 ⑦ 孫 ⑧ 死 **4** ① 旋律 ② 線路 ③ 死色 ④ 孫女 **5** ① ㄱ ② ㄴ ③ ㄷ **6** ① 孫 ② 死 **7** ① 算 ② 寺 ③ 森 **8** ① 死 ② 森 ③ 商 ④ 松 **9** ① 己 ② 斤 ③ 寸 ④ 口 ⑤ 隹 ⑥ 口 ⑦ 歹 ⑧ 方 **10** ① 자기의 이름을 문서에 적음 ② 요새의 안 ③ 서로 비슷함 ④ 굳게 다짐함 **11** ① 摂 ② 双

미리 확인하기　　　　　ㅇ X　　　　　　　　　ㅇ X

殊	殊 殊 殊 殊 殊	□ □	乘	乘 乘 乘 乘 乘	□ □
遂	遂 遂 遂 遂 遂	□ □	僧	僧 僧 僧 僧 僧	□ □
愁	愁 愁 愁 愁 愁	□ □	詩	詩 詩 詩 詩 詩	□ □
樹	樹 樹 樹 樹 樹	□ □	試	試 試 試 試 試	□ □
雖	雖 雖 雖 雖 雖	□ □	植	植 植 植 植 植	□ □
搜	搜 搜 搜 搜 搜	□ □	申	申 申 申 申 申	□ □
誰	誰 誰 誰 誰 誰	□ □	晨	晨 晨 晨 晨 晨	□ □
垂	垂 垂 垂 垂 垂	□ □	審	審 審 審 審 審	□ □
淑	淑 淑 淑 淑 淑	□ □	阿	阿 阿 阿 阿 阿	□ □
熟	熟 熟 熟 熟 熟	□ □	岳	岳 岳 岳 岳 岳	□ □
巡	巡 巡 巡 巡 巡	□ □	案	案 案 案 案 案	□ □
殉	殉 殉 殉 殉 殉	□ □	巖	巖 巖 巖 巖 巖	□ □
脣	脣 脣 脣 脣 脣	□ □	壓	壓 壓 壓 壓 壓	□ □
瞬	瞬 瞬 瞬 瞬 瞬	□ □	押	押 押 押 押 押	□ □
拾	拾 拾 拾 拾 拾	□ □	仰	仰 仰 仰 仰 仰	□ □

| 舉案齊眉 | □ □ □ □ | 丹脣皓齒 | □ □ □ □ |
| 脣亡齒寒 | □ □ □ □ | 阿鼻叫喚 | □ □ □ □ |

1501 3급II 殊 다를 **수**
부 歹 유 別 다를 별
殊功(수공) 殊怪(수괴) 殊邦(수방) 殊常(수상) 殊域(수역) 特殊(특수)
참고 特殊(특수) ↔ 普遍(보편)

1502 3급 遂 드디어 **수**
부 辶(辵)
未遂(미:수) 遂事(수사) 遂成(수성) 遂意(수의) 遂行(수행) 完遂(완수)

1503 3급II 愁 근심 **수**
부 心 유 憂 근심 우
愁苦(수고) 愁眉(수미) 愁思(수사) 愁色(수색) 愁心(수심) 鄕愁(향수)
　　　　　　　　　　근심스러운 생각

1504 6급 樹 나무 **수**
부 木 유 林 수풀 림, 木 나무 목
樹幹(수간) 樹果(수과) 樹林(수림) 樹立(수립) 樹種(수종) 樹海(수해)
　　　　　　　　　　　　　　　　　　　　　　　　　넓게 펼쳐진 울창한
　　　　　　　　　　　　　　　　　　　　　　　　　삼림을 바다에 비유하여
　　　　　　　　　　　　　　　　　　　　　　　　　이르는 말

1505 3급 雖 비록 **수**
부 隹
雖然(수연)
비록 ~이라 해도

1506 3급 搜 찾을 **수**
부 扌(手) 유 訪 찾을 방, 索 찾을 색
搜檢(수검) 搜得(수득) 搜訪(수방) 搜査(수사) 搜索(수색)

1507 3급 誰 누구 **수**
부 言 유 孰 누구 숙
誰某(수모) 誰何(수하) 誰怨誰咎(수원수구)
　　　　　　　누구

1508 3급II 垂 드리울 **수**
부 土
垂敎(수교) 垂憐(수련) 垂範(수범) 垂直(수직) 垂曲線(수곡선)
　　　　　　　　　　　　　　　　　　　　　　　　밀도가 일정한 끈이나 쇠사슬의 양 끝을
　　　　　　　　　　　　　　　　　　　　　　　　수평으로 당겨 고정시켰을 때 제 무게로
　　　　　　　　　　　　　　　　　　　　　　　　가운데가 처지는 곡선

1509 3급II 淑 맑을 **숙**
부 氵(水) 유 淸 맑을 청 반 濁 흐릴 탁
淑氣(숙기) 淑女(숙녀) 淑德(숙덕) 淑性(숙성) 淑姿(숙자) 淑淸(숙청)

1510 3급II 熟 익을 **숙**
부 灬(火)
未熟(미:숙) 熟客(숙객) 熟考(숙고) 熟廬(숙려) 熟練(숙련) 熟眠(숙면)
참고 未熟(미숙) ↔ 成熟(성숙)

1511 3급II 巡 돌/순행할 **순**
부 巛 유 循 돌 순
巡警(순경) 巡覽(순람) 巡禮(순례) 巡訪(순방) 巡査(순사) 巡察(순찰)
　　　　　　　여러 곳을 돌아다니며 보는 일

51일째 한자익히기 1512~1522

殉 脣 瞬 拾 乘 僧 詩 試 植 申 晨

1512 3급 **殉** 따라죽을 순
㈜ 歹
殉敎(순교) 殉國(순국) 殉愛(순애) 殉烈(순열) 殉義(순의) 殉職(순직)

1513 3급 **脣** 입술 순
㈜ 月(肉)
脣音(순음) 脣輕音(순경음) 脣齒音(순치음) 脣亡齒寒(순망치한)
입술을 가볍게 스쳐 나오는 소리

1514 3급Ⅱ **瞬** 눈깜짝일 순
㈜ 目
瞬間(순간) 瞬時(순시) 一瞬(일순) 瞬發力(순발력) 瞬息間(순식간)

1515 3급Ⅱ **拾** 주울 습 / 열 십
㈜ 扌(手)
收拾(수습) 拾得(습득) 拾遺(습유) 拾集(습집) 拾取(습취)
四拾(사:십) 拾萬(십만)
참고 四拾(사십) = 四十(사십), 五拾(오십) = 五十(오십)

1516 3급Ⅱ **乘** 탈 승
㈜ 丿 약 乗
乘客(승객) 乘馬(승마) 乘船(승선) 乘勢(승세) 乘車(승차) 合乘(합승)
참고 乘車(승차) ↔ 下車(하차)
세력을 믿고 대듦

1517 3급Ⅱ **僧** 중 승
㈜ 亻(人)
僧科(승과) 僧軍(승군) 僧律(승률) 僧舞(승무) 僧服(승복) 女僧(여승)

1518 4급Ⅱ **詩** 시 시
㈜ 言
詩歌(시가) 詩感(시감) 詩壇(시단) 詩想(시상) 詩人(시인) 詩集(시집)

1519 4급Ⅱ **試** 시험 시(:)
㈜ 言 ㈜ 驗 시험 험
試圖(시:도) 試鍊(시:련) 試食(시:식) 試驗(시험) 試金石(시금석)
어떤 사물의 가치나 어떤 사람의 능력 등을 평가하는데 기준이 될 만한 사물을 비유하여 이르는 말

1520 7급 **植** 심을 식
㈜ 木 ㈜ 栽 심을 재
植物(식물) 植生(식생) 植樹(식수) 植木日(식목일) 植民地(식민지)
일정 지역에 많이 모여 자라는 식물의 집단

1521 4급Ⅱ **申** 납 신
㈜ 田 ㈜ 告 아뢸 고
申告(신고) 申白(신백) 申請(신청) 申聞鼓(신문고) 申申當付(신신당부)

1522 3급 **晨** 새벽 신
㈜ 日 ㈜ 曉 새벽 효
晨鷄(신계) 晨光(신광) 晨夕(신석) 晨省(신성) 晨夜(신야) 晨昏(신혼)

1523 3급II
審 살필 심(:)
웹 宀 웹 察 살필 찰
審理(심리) 審査(심사) 審議(심:의) 審判(심:판) 誤審(오:심)

1524 3급II
阿 언덕 아
웹 阝(阜) 웹 丘 언덕 구, 岸 언덕 안
阿附(아부) 阿片(아편) 阿羅漢(아라한) 阿房宮(아방궁) 阿修羅(아수라)
남의 환심을 사기 위해 알랑거리며 붙좇음

1525 3급
岳 큰산 악
웹 山
岳母(악모) 岳父(악부) 岳丈(악장) 山岳會(산악회)
'장인'을 높여 이르는 말

1526 5급
案 책상 안:
웹 木
代案(대:안) 方案(방안) 案件(안:건) 案內(안:내) 案文(안:문)

1527 3급II
巖 바위 암
웹 山 약 岩
巖居(암거) 巖塊(암괴) 巖盤(암반) 巖壁(암벽) 巖石(암석) 巖泉(암천)
바위 틈에서 솟는 샘

1528 4급II
壓 누를/억누를 압
웹 土 웹 抑 누를 억, 押 누를 압 약 圧
壓卷(압권) 壓力(압력) 壓迫(압박) 壓點(압점) 壓制(압제) 壓縮(압축)

1529 3급
押 누를 압
웹 扌(手) 웹 抑 누를 억, 壓 누를 압
押留(압류) 押付(압부) 押送(압송) 押收(압수) 押紙(압지) 差押(차압)
죄인을 압송하여 넘김

1530 3급II
仰 우러를 앙:
웹 亻(人)
仰觀(앙:관) 仰望(앙:망) 仰天(앙:천) 仰祝(앙:축) 推仰(추앙)
우러러 축하함

| 오 늘 의 사 자 성 어 |

舉案齊眉 거안제미 [밥상을 눈 높이로 들어 올리어 남편에게 바침] 처가 남편을 지극히 공경함을 이르는 말

丹脣皓齒 단순호치 [붉은 입술과 하얀 이] 여자의 아름다운 얼굴을 이르는 말

脣亡齒寒 순망치한 이해관계가 서로 밀접하여 한쪽이 망하면 다른 한쪽도 보전하기 어려움

阿鼻叫喚 아비규환 참혹한 고통 가운데서 살려 달라고 울부짖는 상태

51

1 다음 漢字語의 讀音을 쓰시오.

① 岳母	② 僧舞	③ 拾集	④ 仰觀
⑤ 阿片	⑥ 植樹	⑦ 搜索	⑧ 熟眠
⑨ 詩壇	⑩ 樹果	⑪ 乘勢	⑫ 壓點
⑬ 審議	⑭ 雖然	⑮ 殉敎	⑯ 脣音
⑰ 案件	⑱ 瞬間	⑲ 愁色	⑳ 晨省
㉑ 押送	㉒ 誰某	㉓ 淑姿	㉔ 巖盤
㉕ 試驗	㉖ 殊常	㉗ 遂行	㉘ 巡察
㉙ 垂直	㉚ 申聞鼓		

2 다음 漢字의 訓과 音을 쓰시오.

① 晨	② 押	③ 誰	④ 殉
⑤ 雖	⑥ 脣	⑦ 岳	⑧ 遂
⑨ 搜	⑩ 審		

3 다음의 訓과 音을 지닌 漢字를 쓰시오.

① 시 시	② 납 신	③ 책상 안	④ 나무 수
⑤ 시험 시	⑥ 누를 압		

4 밑줄 그은 單語를 漢字語로 쓰시오.

① 그녀의 취미는 <u>시집</u> 모으기이다.

② 우리 집은 <u>압력</u>밥솥에 밥을 해 먹는다.

③ 대한민국 임시정부는 중국 상해에 <u>수립</u>되었다.

5 다음 漢字語 중 첫소리가 長音인 것을 고르시오.

① ㄱ. 審議　　ㄴ. 押送　　ㄷ. 差押　　ㄹ. 審査

② ㄱ. 壓迫　　ㄴ. 樹林　　ㄷ. 熟練　　ㄹ. 仰天

③ ㄱ. 案內　　ㄴ. 晨省　　ㄷ. 淑性　　ㄹ. 乘馬

6 빈칸에 訓이 같거나 유사한 漢字를 써 넣어 單語를 完成하시오.

① 抑(　)　　　　② (　)告　　　　③ (　)驗　　　　④ 栽(　)

7 다음 빈 곳에 알맞은 漢字를 써 넣어 四字成語를 完成하시오.

① (　)(　)當付　　　② 擧(　)齊眉

8 다음 漢字의 部首를 쓰시오.

① 垂　　　　② 雖　　　　③ 乘　　　　④ 愁
⑤ 巡　　　　⑥ 壓

9 다음 漢字語의 뜻을 쓰시오.

① 巡訪　　　② 審問　　　③ 合乘　　　④ 樹立　　　⑤ 阿附

10 다음 漢字의 略字를 쓰시오.

① 乘　　　　② 壓　　　　③ 巖

11 音이 같고 뜻이 다른 漢字語를 한가지씩 쓰시오.

① 樹海　　　　② 試圖　　　　③ 審査

정답

1 ① 악모 ② 승무 ③ 습집 ④ 앙관 ⑤ 아편 ⑥ 식수 ⑦ 수색 ⑧ 숙면 ⑨ 시단 ⑩ 수과 ⑪ 승세 ⑫ 압점 ⑬ 심의 ⑭ 수연 ⑮ 순교 ⑯ 순음 ⑰ 안건 ⑱ 순간 ⑲ 수색 ⑳ 신성 ㉑ 압송 ㉒ 수모 ㉓ 숙자 ㉔ 암반 ㉕ 시험 ㉖ 수상 ㉗ 수행 ㉘ 순찰 ㉙ 수직 ㉚ 신문고　**2** ① 새벽 신 ② 누를 압 ③ 누구 수 ④ 따라죽을 순 ⑤ 비록 수 ⑥ 입술 순 ⑦ 큰산 악 ⑧ 드디어 수 ⑨ 찾을 수 ⑩ 살필 심　**3** ① 詩 ② 申 ③ 案 ④ 樹 ⑤ 試 ⑥ 壓/押　**4** ① 詩集 ② 壓力 ③ 樹立　**5** ① ㄱ ② ㄹ ③ ㄱ　**6** ① 壓 ② 申 ③ 試 ④ 植　**7** ① 申申 ② 案　**8** ① 土 ② 隹 ③ ノ ④ 心 ⑤ 巛 ⑥ 土　**9** ① 차례로 방문함 ② 자세히 따져서 물음 ③ 여러 사람이 함께 탐 ④ 이룩하여 세움 ⑤ 남의 환심을 사기 위해 알랑거리며 붙좇음　**10** ① 乗 ② 圧 ③ 岩　**11** ① 水害/受害 ② 市道 ③ 深思/心思

미리 확인하기

ㅇ ✕   ㅇ ✕

央	央 央 央 央 央	☐☐	亦	亦 亦 亦 亦 亦	☐☐
涯	涯 涯 涯 涯 涯	☐☐	驛	驛 驛 驛 驛 驛	☐☐
躍	躍 躍 躍 躍 躍	☐☐	宴	宴 宴 宴 宴 宴	☐☐
揚	揚 揚 揚 揚 揚	☐☐	演	演 演 演 演 演	☐☐
楊	楊 楊 楊 楊 楊	☐☐	悅	悅 悅 悅 悅 悅	☐☐
壤	壤 壤 壤 壤 壤	☐☐	熱	熱 熱 熱 熱 熱	☐☐
憶	憶 憶 憶 憶 憶	☐☐	閱	閱 閱 閱 閱 閱	☐☐
抑	抑 抑 抑 抑 抑	☐☐	炎	炎 炎 炎 炎 炎	☐☐
億	億 億 億 億 億	☐☐	鹽	鹽 鹽 鹽 鹽 鹽	☐☐
焉	焉 焉 焉 焉 焉	☐☐	永	永 永 永 永 永	☐☐
予	予 予 予 予 予	☐☐	英	英 英 英 英 英	☐☐
如	如 如 如 如 如	☐☐	午	午 午 午 午 午	☐☐
汝	汝 汝 汝 汝 汝	☐☐	五	五 五 五 五 五	☐☐
余	余 余 余 余 余	☐☐	吾	吾 吾 吾 吾 吾	☐☐
疫	疫 疫 疫 疫 疫	☐☐	嗚	嗚 嗚 嗚 嗚 嗚	☐☐

焉敢生心 ☐☐☐☐   抑強扶弱 ☐☐☐☐
億昔當年 ☐☐☐☐   如履薄冰 ☐☐☐☐

1531 **3급Ⅱ**
央 가운데 앙
㉘大 ㉨中 가운데 중
中央(중앙) 震央(진:앙)
🔵참고 中央(중앙) ↔ 地方(지방)

1532 **3급**
涯 물가 애
㉘氵(水)
生涯(생애) 水涯(수애) 涯岸(애안) 涯際(애제) 天涯孤兒(천애고아)

1533 **3급**
躍 뛸 약
㉘足 ㉨跳 뛸 도
跳躍(도약) 飛躍(비약) 躍動(약동) 躍進(약진) 一躍(일약) 活躍(활약)

1534 **3급Ⅱ**
揚 날릴 양
㉘扌(手) ㉗抑 누를 억
高揚(고양) 浮揚(부양) 揚陸(양륙) 揚名(양명) 止揚(지양) 讚揚(찬양)
배에 실은 짐을 육지에 부림

1535 **3급**
楊 버들 양
㉘木 ㉨柳 버들 류
垂楊(수양) 楊柳(양류) 楊梅(양매) 楊貴妃(양귀비)
소귀나무

1536 **3급Ⅱ**
壤 흙덩이 양(:)
㉘土 ㉨土 흙 토 ㉗天 하늘 천 ㉕壌
壤地(양:지) 壤土(양토) 土壤(토양) 天壤之差(천양지차)

1537 **3급Ⅱ**
憶 생각할 억
㉘忄(心)
記憶(기억) 憶持(억지) 追憶(추억)

1538 **3급Ⅱ**
抑 누를 억
㉘扌(手) ㉨壓 누를 압, 押 누를 압 ㉗揚 오를 양
抑留(억류) 抑佛(억불) 抑壓(억압) 抑揚(억양) 抑制(억제) 抑止(억지)

1539 **5급**
億 억 억
㉘亻(人)
億臺(억대) 億萬(억만) 億丈(억장) 億兆(억조) 億兆蒼生(억조창생)
수많은 백성

1540 **3급**
焉 어찌 언
㉘灬(火)
焉烏(언오) 終焉(종언) 於焉間(어언간) 焉敢生心(언감생심)
글자가 서로 닮아 틀리기 쉬운 일

1541 **3급**
予 나 여
㉘亅 ㉨我 나 아, 余 나 여, 吾 나 오 ㉗汝 너 여
予曰(여왈) 予奪(여탈)
주는 일과 빼앗는 일

52일째 한자익히기 1542~1552

如 汝 余 疫 亦 驛 宴 演 悅 熱 閱

1542 4급II
如 같을 여
㉗女 ㉕異 다를 이
如干(여간)　如前(여전)　如何(여하)　如或(여혹)　如履薄氷(여리박빙)
만일

1543 3급
汝 너 여:
㉗氵(水) ㉕余 나 여, 我 나 아, 予 나 여, 吾 나 오
汝等(여:등)　汝輩(여:배)　汝墻折角(여장절각)

1544 3급
余 나 여
㉗人 ㉛予 나 여, 我 나 아, 吾 나 오 ㉕汝 너 여
余等(여등)　余輩(여배)　余月(여월)
너희들

1545 3급II
疫 전염병 역
㉗疒
檢疫(검:역)　免疫(면:역)　防疫(방역)　疫鬼(역귀)　疫神(역신)　疫疾(역질)
한방에서
'천연두'를 이르는 말

1546 3급II
亦 또 역
㉗亠 ㉛又 또 우
其亦(기역)　亦是(역시)　亦然(역연)
또한 그러함

1547 3급II
驛 역 역
㉗馬 ㉺駅
驛馬(역마)　驛夫(역부)　驛長(역장)　驛前(역전)　驛勢圈(역세권)

1548 3급II
宴 잔치 연:
㉗宀
宴禮(연:례)　宴席(연:석)　宴安(연:안)　宴遊(연:유)　宴會(연:회)

1549 4급II
演 펼 연:
㉗氵(水)
演劇(연:극)　演技(연:기)　演壇(연:단)　演算(연:산)　演藝人(연예인)

1550 3급II
悅 기쁠 열
㉗忄(心) ㉛歡 기쁠 환, 喜 기쁠 희 ㉕悲 슬플 비
悅口(열구)　悅樂(열락)　悅親(열친)　歡悅(환열)　喜悅(희열)
음식이 입에 맞음

1551 5급
熱 더울 열
㉗灬(火) ㉛暑 더울 서 ㉕寒 찰 한, 冷 찰 랭
加熱(가열)　熱狂(열광)　熱氣(열기)　熱量(열량)　熱烈(열렬)　熱望(열망)
참고 加熱(가열) ↔ 冷却(냉각)

1552 3급
閱 볼 열
㉗門
檢閱(검:열)　校閱(교:열)　巡閱(순열)　閱讀(열독)　閱覽(열람)

1553 3급Ⅱ 炎 불꽃 염 — 火
老炎(노:염) 腦炎(뇌염) 炎毒(염독) 炎陽(염양) 炎症(염증) 炎天(염천)
늦더위

1554 3급Ⅱ 鹽 소금 염 — 鹵 略 塩
食鹽(식염) 鹽分(염분) 鹽素(염소) 鹽田(염전) 鹽化(염화) 竹鹽(죽염)

1555 6급 永 길 영: — 水 遠 멀 원, 長 긴 장
永久(영:구) 永世(영:세) 永續(영:속) 永遠(영:원) 永絕(영:절)

1556 6급 英 꽃부리 영 — 艹(艸) 特 특별할 특
英傑(영걸) 英語(영어) 英雄(영웅) 英作(영작) 英才(영재) 英特(영특)
큰 일을 이룰 수 있을 만큼 용기와 재지가 뛰어남

1557 7급 午 낮 오: — 十 晝 낮 주 夜 밤 야
午間(오:간) 午睡(오:수) 午夜(오:야) 午前(오:전) 午天(오:천)

1558 8급 五 다섯 오: — 二
五感(오:감) 五穀(오:곡) 五倫(오:륜) 五角形(오각형) 五大洋(오대양)

1559 3급 吾 나 오 — 口 我 나 아, 余 나 여, 予 나 여 汝 너 여
吾等(오등) 吾人(오인) 吾兄(오형) 吾不關焉(오불관언)
우리들

1560 3급 嗚 슬플 오 — 口 悲 슬플 비, 哀 슬플 애
嗚咽(오열) 嗚呼(오호)
한문 투의 문장에서 슬픔을 나타낼 때 쓰는 말

| 오 늘 의 사 자 성 어 |

焉敢生心 언감생심 '어찌 감히 그러한 생각을 할 수 있으랴' 라는 뜻
抑強扶弱 억강부약 강한 자를 누르고 약한 자를 도움
億昔當年 억석당년 지난날을 돌이켜 생각함
如履薄冰 여리박빙 [살얼음을 밟는 것과 같음] 아슬아슬하고 불안한 지경을 비유하여 이름

1 다음 漢字語의 讀音을 쓰시오.

① 抑制	② 喜悅	③ 嗚呼	④ 予奪
⑤ 憶持	⑥ 汝輩	⑦ 億兆	⑧ 英傑
⑨ 熱狂	⑩ 閱覽	⑪ 躍進	⑫ 亦然
⑬ 終焉	⑭ 震央	⑮ 涯際	⑯ 防疫
⑰ 午睡	⑱ 腦炎	⑲ 壞地	⑳ 宴遊
㉑ 吾兄	㉒ 余等	㉓ 永續	㉔ 鹽素
㉕ 揚名	㉖ 如何	㉗ 驛勢圈	㉘ 五角形
㉙ 楊貴妃	㉚ 演藝人		

2 다음 漢字의 訓과 音을 쓰시오.

① 予　　　② 吾　　　③ 余　　　④ 涯
⑤ 躍　　　⑥ 汝　　　⑦ 央　　　⑧ 嗚
⑨ 楊　　　⑩ 閱

3 다음의 訓과 音을 지닌 漢字를 쓰시오.

① 펼 연　　② 같을 여　　③ 더울 열　　④ 길 영
⑤ 꽃부리 영　　⑥ 억 억

4 밑줄 그은 單語를 漢字語로 쓰시오.

① 영화보다는 연극이 재미있다.
② 10년이 지났지만 그녀는 여전히 예쁘더군.
③ 그는 억만장자이다.

5 다음 漢字語 중 첫소리가 長音인 것을 고르시오.

① ㄱ. 嗚呼　　ㄴ. 億萬　　ㄷ. 炎天　　ㄹ. 宴會
② ㄱ. 亦是　　ㄴ. 汝等　　ㄷ. 鹽田　　ㄹ. 躍動
③ ㄱ. 演算　　ㄴ. 抑止　　ㄷ. 熱狂　　ㄹ. 如干

6 뜻이 反對 또는 相對되는 漢字를 쓰시오.

① 異 ↔ ( )　　　　② 冷 ↔ ( )　　　③ 夜 ↔ ( )

7 빈칸에 訓이 같거나 유사한 漢字를 써 넣어 單語를 完成하시오.

① ( )遠　　　　② ( )特

8 다음 빈 곳에 알맞은 漢字를 써 넣어 四字成語를 完成하시오.

① ( )履薄氷　　　② ( )兆蒼生　　　③ ( )里霧中

9 다음 漢字의 部首를 쓰시오.

① 焉　　　　② 閼　　　　③ 鹽　　　　④ 子
⑤ 亦　　　　⑥ 吾

10 다음 漢字語의 뜻을 쓰시오.

① 如或　　② 飛躍　　③ 中央　　④ 抑留　　⑤ 永續

11 다음 漢字의 略字를 쓰시오.

① 驛　　　　② 鹽

12 音이 같고 뜻이 다른 漢字語를 한가지씩 쓰시오.

① 演技　　　　② 驛夫

정답

1 ① 억제 ② 희열 ③ 오호 ④ 여탈 ⑤ 억지 ⑥ 여배 ⑦ 억조 ⑧ 영걸 ⑨ 열광 ⑩ 열람 ⑪ 약진 ⑫ 역연 ⑬ 종언 ⑭ 진앙 ⑮ 애제 ⑯ 방역 ⑰ 오수 ⑱ 뇌염 ⑲ 양지 ⑳ 연유 ㉑ 오형 ㉒ 여등 ㉓ 영속 ㉔ 염소 ㉕ 양명 ㉖ 여하 ㉗ 역세권 ㉘ 오각형 ㉙ 양귀비 ㉚ 연예인 **2** ① 나 여 ② 나 오 ③ 나 여 ④ 물가 애 ⑤ 뛸 약 ⑥ 너 여 ⑦ 가운데 앙 ⑧ 슬플 오 ⑨ 버들 양 ⑩ 볼 열 **3** ① 演 ② 如 ③ 熱 ④ 永 ⑤ 英 ⑥ 億 **4** ① 演劇 ② 如前 ③ 億萬 **5** ① ㄹ ② ㄴ ③ ㄱ **6** ① 如 ② 熱 ③ 午 **7** ① 永 ② 英 **8** ① 如 ② 億 ③ 五 **9** ① 灬(火) ② 門 ③ 鹵 ④ 亅 ⑤ 亠 ⑥ 口 **10** ① 만일 ② 높이 뛰어오름 ③ 한가운데 ④ 강제로 붙잡아 둠 ⑤ 오래 계속함 **11** ① 駅 ② 塩 **12** ① 煙氣/延期 ② 役夫

미리 확인하기

O X — O X

娛	娛 娛 娛 娛 娛	□ □	云	云 云 云 云 云	□ □
獄	獄 獄 獄 獄 獄	□ □	院	院 院 院 院 院	□ □
屋	屋 屋 屋 屋 屋	□ □	圓	圓 圓 圓 圓 圓	□ □
擁	擁 擁 擁 擁 擁	□ □	胃	胃 胃 胃 胃 胃	□ □
完	完 完 完 完 完	□ □	偉	偉 偉 偉 偉 偉	□ □
王	王 王 王 王 王	□ □	油	油 油 油 油 油	□ □
畏	畏 畏 畏 畏 畏	□ □	幽	幽 幽 幽 幽 幽	□ □
腰	腰 腰 腰 腰 腰	□ □	唯	唯 唯 唯 唯 唯	□ □
遙	遙 遙 遙 遙 遙	□ □	愈	愈 愈 愈 愈 愈	□ □
曜	曜 曜 曜 曜 曜	□ □	維	維 維 維 維 維	□ □
慾	慾 慾 慾 慾 慾	□ □	惟	惟 惟 惟 惟 惟	□ □
欲	欲 欲 欲 欲 欲	□ □	銀	銀 銀 銀 銀 銀	□ □
宇	宇 宇 宇 宇 宇	□ □	飲	飲 飲 飲 飲 飲	□ □
郵	郵 郵 郵 郵 郵	□ □	儀	儀 儀 儀 儀 儀	□ □
右	右 右 右 右 右	□ □	醫	醫 醫 醫 醫 醫	□ □

屋上架屋 □ □ □ □   欲速不達 □ □ □ □

深山幽谷 □ □ □ □   唯我獨尊 □ □ □ □

1561 3급	**娛** 즐길 오:	⊞女 ㈜樂 즐길 락 娛樂(오:락) 娛神(오:신) 娛遊(오:유) 娛樂會(오락회) 즐기고 놂

| 1562
3급Ⅱ | **獄**
옥 옥 | ⊞犭(犬)
監獄(감옥) 獄苦(옥고) 獄舍(옥사) 獄訟(옥송) 地獄(지옥) 出獄(출옥)
참고 地獄(지옥) ↔ 極樂(극락) |

| 1563
5급 | **屋**
집 옥 | ⊞尸 ㈜舍 집 사, 家 집 가, 室 집 실, 宅 집 택
家屋(가옥) 社屋(사옥) 屋上(옥상) 屋塔(옥탑) 屋上架屋(옥상가옥) |

| 1564
3급 | **擁**
낄 옹: | ⊞扌(手)
擁立(옹:립) 擁衛(옹:위) 擁護(옹:호) 抱擁(포:옹)
부축하여 좌우로 호위함 |

| 1565
5급 | **完**
완전할 완 | ⊞宀 ㈜全 온전 전
完結(완결) 完納(완납) 完了(완료) 完璧(완벽) 完成(완성) 完熟(완숙) |

| 1566
8급 | **王**
임금 왕 | ⊞王(玉) ㈜帝 임금 제, 皇 임금 황 ㈜民 백성 민, 臣 신하 신
王國(왕국) 王權(왕권) 王陵(왕릉) 王妃(왕비) 王室(왕실) 王位(왕위) |

| 1567
3급 | **畏**
두려워할 외: | ⊞田 ㈜懼 두려워할 구, 恐 두려울 공
畏敬(외:경) 畏懼(외:구) 畏忌(외:기) 畏愼(외:신) 畏縮(외:축)
두려워하여 언행을 삼가함 |

| 1568
3급 | **腰**
허리 요 | ⊞月(肉)
腰骨(요골) 腰帶(요대) 腰痛(요통) 腰折腹痛(요절복통)
허리띠 |

| 1569
3급 | **遙**
멀 요 | ⊞辶(辵) ㈜遠 멀 원
遙望(요망) 遙拜(요배) 遙遠(요원) |

| 1570
5급 | **曜**
빛날 요 | ⊞日 ㈜華 빛날 화, 輝 빛날 휘
曜日(요일) 水曜日(수요일) 月曜病(월요병) 日曜日(일요일) |

| 1571
3급Ⅱ | **慾**
욕심 욕 | ⊞心
過慾(과:욕) 食慾(식욕) 野慾(야:욕) 慾望(욕망) 慾心(욕심)
야심을 채우려는 욕심 |

53일째 한자익히기 1572~1582

欲宇郵右云院圓胃偉油幽

1572 3급Ⅱ **欲** 하고자할 욕
⑤欠
欲界(욕계) 欲求(욕구) 欲情(욕정) 欲速不達(욕속부달)

1573 3급Ⅱ **宇** 집 우:
⑤宀 ⑥宙 집 주
氣宇(기우) 宇內(우:내) 宇宙(우:주) 宇宙船(우주선) 宇宙開發(우주개발)
마음의 넓이

1574 4급 **郵** 우편 우
⑤阝(邑)
郵書(우서) 郵送(우송) 郵傳(우전) 郵政(우정) 郵便(우편) 郵票(우표)

1575 7급 **右** 오를/오른 우:
⑤口 ⑭左 왼 좌
右相(우:상) 右翼(우:익) 右側(우:측) 右派(우:파) 右便(우:편)
참고 右派(우파) ↔ 左派(좌파)

1576 3급 **云** 이를 운
⑤二 ⑥謂 이를 위
云云(운운) 云謂(운위)
일러 말함

1577 5급 **院** 집 원
⑤阝(阜)
病院(병:원) 院生(원생) 院兒(원아) 院長(원장) 院內總務(원내총무)

1578 4급Ⅱ **圓** 둥글 원
⑤口 ⑥丸 둥글 환
圓滿(원만) 圓盤(원반) 圓熟(원숙) 圓周(원주) 圓卓(원탁) 圓形(원형)
원둘레

1579 3급Ⅱ **胃** 밥통 위
⑤月(肉)
胃經(위경) 胃壁(위벽) 胃散(위산) 胃液(위액) 胃炎(위염) 胃腸(위장)
한방에서 이르는, 위에 딸린 경락

1580 5급 **偉** 클 위
⑤亻(人) ⑥大 큰 대, 巨 클 거, 太 클 태
偉大(위대) 偉力(위력) 偉業(위업) 偉烈(위열) 偉容(위용) 偉人(위인)

1581 6급 **油** 기름 유
⑤氵(水)
石油(석유) 油價(유가) 油壓(유압) 油然(유연) 油畫(유화) 精油(정유)
기름에 가해지는 압력

1582 3급Ⅱ **幽** 그윽할 유
⑤幺
幽客(유객) 幽獨(유독) 幽靈(유령) 幽明(유명) 幽雅(유아) 幽香(유향)
세상을 멀리하여 한가로이 사는 사람

1583 3급 唯 오직 유
(부) 口
唯心(유심) 唯一(유일) 唯物論(유물론) 唯美主義(유미주의)

1584 3급 愈 나을 유
(부) 心
愈出愈怪(유출유괴) 憂心愈愈(우심유유)
시름하는 마음이 심함

1585 3급II 維 벼리 유
(부) 糸 (유) 綱 벼리 강, 紀 벼리 기
四維(사:유) 維新(유신) 維持(유지) 維管束(유관속)
관다발

1586 3급 惟 생각할 유
(부) 忄(心) (유) 考 생각할 고, 慮 생각할 려
伏惟(복유) 思惟(사:유) 惟獨(유독)
삼가 엎드려 생각하옵건대

1587 6급 銀 은 은
(부) 金
銀塊(은괴) 銀幕(은막) 銀盤(은반) 銀賞(은상) 銀行(은행) 銀貨(은화)
銀粧刀(은장도) 銀指環(은지환) 銀河水(은하수)

1588 6급 飮 마실 음:
(부) 食
飮福(음:복) 飮食(음:식) 飮用(음:용) 飮泣(음:읍) 飮酒(음:주)

1589 4급 儀 거동 의
(부) 亻(人)
儀禮(의례) 儀範(의범) 儀式(의식) 儀容(의용) 儀表(의표) 儀仗(의장)
본받을 만한 모범

1590 6급 醫 의원 의
(부) 酉 (약) 医
醫科(의과) 醫官(의관) 醫女(의녀) 醫師(의사) 醫術(의술) 醫院(의원)
主治醫(주치의) 東醫寶鑑(동의보감)

| 오늘의 사자성어 |

屋上架屋 옥상가옥 부질없이 덧보태어 하는 일
欲速不達 욕속부달 너무 빨리 하려 서두르면 도리어 일을 이루지 못함
深山幽谷 심산유곡 깊은 산속의 으슥한 골짜기
唯我獨尊 유아독존 세상에서 자기만이 잘났다고 뽐내는 일

53

1 다음 漢字語의 讀音을 쓰시오.

① 宇宙	② 遙望	③ 王妃	④ 醫術
⑤ 偉容	⑥ 完熟	⑦ 儀容	⑧ 欲求
⑨ 銀盤	⑩ 幽香	⑪ 郵送	⑫ 飮泣
⑬ 抱擁	⑭ 惟獨	⑮ 慾心	⑯ 胃液
⑰ 院兒	⑱ 腰痛	⑲ 畏敬	⑳ 娛樂
㉑ 社屋	㉒ 維新	㉓ 云謂	㉔ 曜日
㉕ 精油	㉖ 圓卓	㉗ 獄苦	㉘ 右側
㉙ 唯物論	㉚ 憂心愈愈		

2 다음 漢字의 訓과 音을 쓰시오.

① 腰   ② 惟   ③ 愈   ④ 獄
⑤ 云   ⑥ 畏   ⑦ 唯   ⑧ 擁
⑨ 維   ⑩ 遙

3 다음의 訓과 音을 지닌 漢字를 쓰시오.

① 집 원   ② 거동 의   ③ 둥글 원   ④ 완전할 완
⑤ 빛날 요   ⑥ 클 위   ⑦ 우편 우

4 밑줄 그은 單語를 漢字語로 쓰시오.

① E-mail을 사용하다보니 우표 값이 얼마인지 모르겠어.
② 이 작품은 3일만에 완성했다.
③ 그녀는 은행에 다니고 있다.

5 다음 漢字語 중 첫소리가 長音인 것을 고르시오.

① ㄱ. 圓卓   ㄴ. 娛樂   ㄷ. 屋上   ㄹ. 維持
② ㄱ. 右便   ㄴ. 儀式   ㄷ. 完了   ㄹ. 獄訟
③ ㄱ. 油價   ㄴ. 王國   ㄷ. 宇宙   ㄹ. 院長

6 빈칸에 訓이 같거나 유사한 漢字를 써 넣어 單語를 完成하시오.

① 家(   )　　　　② 帝(   )　　　　③ (   )全　　　　④ (   )大

7 다음 漢字語의 뜻을 쓰시오.

① 飮酒　　　　② 惟獨　　　　③ 維新　　　　④ 畏懼

8 다음 빈 곳에 알맞은 漢字를 써 넣어 四字成語를 完成하시오.

① (   )往左往　　　　　　　　② 屋上架(   )

9 다음 漢字의 部首를 쓰시오.

① 云　　② 幽　　③ 屋　　④ 欲　　⑤ 畏　　⑥ 唯

IO 다음 漢字의 略字를 쓰시오.

① 醫

II 다음 뜻의 漢字語를 쓰시오.

① 모나지 않고 두루 너그러움　② 사람을 위압하는 힘　③ 먹고 마시는 것

I2 음이 같고 뜻이 다른 漢字語를 한가지씩 쓰시오.

① 圓形　　　　② 儀式

정답

1 ① 우주 ② 요망 ③ 왕비 ④ 의술 ⑤ 위용 ⑥ 완숙 ⑦ 의용 ⑧ 욕구 ⑨ 은반 ⑩ 유향 ⑪ 우송 ⑫ 음읍 ⑬ 포옹 ⑭ 유독 ⑮ 욕심 ⑯ 위액 ⑰ 원아 ⑱ 요통 ⑲ 외경 ⑳ 오락 ㉑ 사옥 ㉒ 유신 ㉓ 운위 ㉔ 요일 ㉕ 정유 ㉖ 원탁 ㉗ 옥고 ㉘ 우측 ㉙ 유물론 ㉚ 우심유유　**2** ① 허리 요 ② 생각할 유 ③ 나을 유 ④ 옥 옥 ⑤ 이를 운 ⑥ 두려워할 외 ⑦ 오직 유 ⑧ 길 옹 ⑨ 버릴 유 ⑩ 멀 요　**3** ① 院 ② 儀 ③ 圓 ④ 完 ⑤ 曜 ⑥ 偉 ⑦ 郵　**4** ① 郵票 ② 完成 ③ 銀行　**5** ① ㄴ ② ㄱ ③ ㄷ　**6** ① 屋 ② 王 ③ 完 ④ 偉　**7** ① 술을 마심 ② 홀로 ③ 새롭게 함 ④ 삼가고 두려워함　**8** ① 右 ② 屋　**9** ① 二 ② 幺 ③ 尸 ④ 欠 ⑤ 田 ⑥ 口　**IO** ① 医　**II** ① 圓滿 ② 偉力 ③ 飮食　**I2** ① 元型/原形 ② 衣食/意識

미리 확인하기   ○ X   ○ X

已	已 已 已 已 已	□ □	粧	粧 粧 粧 粧 粧	□ □
以	以 以 以 以 以	□ □	獎	獎 獎 獎 獎 獎	□ □
姻	姻 姻 姻 姻 姻	□ □	壯	壯 壯 壯 壯 壯	□ □
寅	寅 寅 寅 寅 寅	□ □	障	障 障 障 障 障	□ □
逸	逸 逸 逸 逸 逸	□ □	臟	臟 臟 臟 臟 臟	□ □
壬	壬 壬 壬 壬 壬	□ □	墻	墻 墻 墻 墻 墻	□ □
賃	賃 賃 賃 賃 賃	□ □	裁	裁 裁 裁 裁 裁	□ □
刺	刺 刺 刺 刺 刺	□ □	才	才 才 才 才 才	□ □
姊	姊 姊 姊 姊 姊	□ □	宰	宰 宰 宰 宰 宰	□ □
玆	玆 玆 玆 玆 玆	□ □	著	著 著 著 著 著	□ □
昨	昨 昨 昨 昨 昨	□ □	笛	笛 笛 笛 笛 笛	□ □
暫	暫 暫 暫 暫 暫	□ □	跡	跡 跡 跡 跡 跡	□ □
潛	潛 潛 潛 潛 潛	□ □	摘	摘 摘 摘 摘 摘	□ □
莊	莊 莊 莊 莊 莊	□ □	適	適 適 適 適 適	□ □
章	章 章 章 章 章	□ □	蹟	蹟 蹟 蹟 蹟 蹟	□ □

以心傳心 □ □ □ □   適材適所 □ □ □ □

多才多能 □ □ □ □   莊周之夢 □ □ □ □

1591
3급II
己
이미 이:
（부）己 （유）旣 이미 **기**
旣已(기이)　已決(이:결)　已往(이:왕)　不得已(부득이)　已今當(이금당)
불교에서, 과거·현재·미래를 통틀어 이르는 말

1592
5급
以
써 이:
（부）人
以來(이:래)　以北(이:북)　以外(이:외)　以前(이:전)　以下(이:하)
以心傳心(이심전심)　以熱治熱(이열치열)

1593
3급
姻
혼인 인
（부）女 （유）婚 혼인할 **혼**
姻家(인가)　姻叔(인숙)　姻族(인족)　姻戚(인척)　姻親(인친)　婚姻(혼인)

1594
3급
寅
범/동방 인
（부）宀 （유）虎 범 **호**
寅年(인년)　寅末(인말)　寅方(인방)　寅生(인생)　寅月(인월)　寅正(인정)
상오 4시

1595
3급II
逸
편안할 일
（부）辶(辵) （유）安 편안할 **안**
逸居(일거)　逸樂(일락)　逸走(일주)　逸脫(일탈)　逸品(일품)　逸話(일화)
별로 하는 일 없이 편안하고 한가로이 지냄

1596
3급II
壬
북방 임:
（부）士
壬亂(임:란)　壬戌(임:술)　壬人(임:인)　壬午軍亂(임오군란)
육십갑자의 쉰아홉째

1597
3급II
賃
품삯 임:
（부）貝
運賃(운:임)　賃金(임:금)　賃貸(임:대)　賃借(임:차)　無賃乘車(무임승차)

1598
3급II
刺
찌를 자:
찌를 척
（부）刂(刀)
亂刺(난:자)　刺客(자:객)　刺傷(자:상)　刺字(자:자)　刺痛(자:통)
刺殺(척살)
칼 따위로 찔러 죽임

1599
4급
姉
손위누이 자
（부）女 （반）妹 손아랫누이 **매**
母姉(모자)　伯姉(백자)　姉妹(자매)　姉父(자부)　姉兄(자형)
맏누이

1600
3급
玆
이 자
（부）玄
今玆(금자)　來玆(내자)

1601
6급
昨
어제 작
（부）日 （반）今 이제 **금**
昨今(작금)　昨年(작년)　昨夢(작몽)　昨夜(작야)　昨日(작일)　昨朝(작조)

54일째 한자익히기 1602~1612

暫 潛 莊 章 粧 奬 壯 障 臟 墻 裁

1602 3급II
暫
잠깐 잠(:)
⊕日
暫間(잠간)　暫見(잠견)　暫留(잠류)　暫時(잠:시)　暫定(잠정)　暫許(잠허)

1603 3급II
潛
잠길 잠
⊕氵(水)　⊛沈 잠길 침
潛居(잠거)　潛伏(잠복)　潛思(잠사)　潛水(잠수)　潛在(잠재)　潛跡(잠적)
(마음을 가라앉히고) 생각에 잠김

1604 3급II
莊
씩씩할 장
⊕卄(艸)　⊗莊
老莊(노:장)　別莊(별장)　山莊(산장)　莊嚴(장엄)　莊周之夢(장주지몽)

1605 6급
章
글 장
⊕立　⊛文 글월 문
文章(문장)　章句(장구)　章法(장법)　章節(장절)　終章(종장)　憲章(헌:장)

1606 3급II
粧
단장할 장
⊕米
丹粧(단장)　美粧(미:장)　粧飾(장식)　粧册(장책)　治粧(치장)　化粧(화장)
책을 꾸미어 만듦

1607 4급
奬
장려할 장(:)
⊕大　⊛勵 힘쓸 려, 勸 권할 권　⊗奬
激奬(격장)　勸奬(권:장)　奬學(장:학)　推奬(추장)　奬勵賞(장려상)
크게 장려함

1608 4급
壯
장할 장:
⊕士　⊗壯
健壯(건:장)　壯觀(장:관)　壯氣(장:기)　壯年(장:년)　壯談(장:담)
老益壯(노익장)　豪言壯談(호언장담)

1609 4급II
障
막을 장
⊕阝(阜)　⊛防 막을 방, 拒 막을 거
故障(고:장)　障壁(장벽)　障害(장해)　支障(지장)　白內障(백내장)

1610 3급II
臟
오장 장
⊕月(肉)
腹臟(복장)　心臟(심장)　五臟(오:장)　胃臟(위장)　臟器(장기)　臟物(장물)
가슴 한복판

1611 3급
墻
담 장
⊕土
墻內(장내)　墻壁(장벽)　墻屋(장옥)　築墻(축장)　土墻(토장)
담을 쌓음

1612 3급II
裁
옷마를 재
⊕衣
決裁(결재)　裁決(재결)　裁斷(재단)　裁量(재량)　裁定(재정)　裁判(재판)
옳고 그름을 가리어 결정함

1613 6급
才 재주 재 — ㉟ 扌(手) ㉭ 技 재주 기, 術 재주 술
才幹(재간)　才能(재능)　才談(재담)　才弄(재롱)　才媛(재원)　才質(재질)

1614 3급
宰 재상 재: — ㉟ 宀
宰木(재:목)　宰殺(재:살)　宰相(재:상)　宰列(재:열)　宰割(재:할)
일을 주장하여 처리함

1615 3급Ⅱ
著 나타날 저: — ㉟ 艹(艸)
著名(저:명)　著書(저:서)　著述(저:술)　著者(저:자)　著作權(저작권)

1616 3급Ⅱ
笛 피리 적 — ㉟ 竹
警笛(경:적)　汽笛(기적)　笛聲(적성)　笛手(적수)　鐵笛(철적)
태평소

1617 3급Ⅱ
跡 발자취 적 — ㉟ 足 ㉭ 蹟 자취 적
奇跡(기적)　失跡(실적)　人跡(인적)　足跡(족적)　追跡(추적)　筆跡(필적)
행방을 알 수 없게 됨

1618 3급Ⅱ
摘 딸 적 — ㉟ 扌(手)
摘果(적과)　摘記(적기)　摘發(적발)　摘示(적시)　摘出(적출)　指摘(지적)

1619 4급
適 맞을 적 — ㉟ 辶(辵)
適格(적격)　適期(적기)　適當(적당)　適量(적량)　適法(적법)　適性(적성)
適用(적용)　適中(적중)　適時打(적시타)　適材適所(적재적소)

1620 3급Ⅱ
蹟 자취 적 — ㉟ 足 ㉭ 跡 발자취 적
古蹟(고:적)　史蹟(사:적)　偉蹟(위적)　遺蹟(유적)　眞蹟(진적)　行蹟(행적)
실제의 유적

| 오 늘 의 사 자 성 어 |

以心傳心　이심전심　마음에서 마음으로 서로 뜻이 통함
適材適所　적재적소　어떤 일에 알맞은 재능을 가진 사람에게 알맞은 임무를 맡기는 일
多才多能　다재다능　재주와 능력이 여러 가지로 많음
莊周之夢　장주지몽　자아(自我)와 외부(外部)와의 구별을 잊어버린 경지 = 胡蝶之夢(호접지몽)

1 다음 漢字語의 讀音을 쓰시오.

① 姻族	② 姉妹	③ 決裁	④ 筆跡
⑤ 暫時	⑥ 刺客	⑦ 來兹	⑧ 丹粧
⑨ 獎學	⑩ 土墻	⑪ 賃借	⑫ 昨朝
⑬ 壯談	⑭ 適格	⑮ 終章	⑯ 逸話
⑰ 別莊	⑱ 摘出	⑲ 臟物	⑳ 才幹
㉑ 寅末	㉒ 壬亂	㉓ 遺蹟	㉔ 警笛
㉕ 宰相	㉖ 以前	㉗ 障害	㉘ 潛伏
㉙ 著作權	㉚ 己今當		

2 다음 漢字의 訓과 音을 쓰시오.

① 粧	② 摘	③ 姻	④ 跡
⑤ 墻	⑥ 賃	⑦ 笛	⑧ 裁
⑨ 著	⑩ 已		

3 다음의 訓과 音을 지닌 漢字를 쓰시오.

① 맞을 적 ② 장려할 장 ③ 써 이 ④ 장할 장
⑤ 손위누이 자 ⑥ 막을 장

4 밑줄 그은 單語를 漢字語로 쓰시오.

① 나의 생각이 <u>적중</u>했다.

② 이 세탁기는 <u>고장</u>이 잦다.

③ 그는 1등을 해서 <u>장학금</u>을 받았다.

5 다음 漢字語 중 첫소리가 長音인 것을 고르시오.

① ㄱ. 暫間   ㄴ. 潛水   ㄷ. 潛在   ㄹ. 暫時
② ㄱ. 以下   ㄴ. 裁判   ㄷ. 逸脫   ㄹ. 姻戚
③ ㄱ. 適性   ㄴ. 賃貸   ㄷ. 粧飾   ㄹ. 昨年

6 뜻이 反對 또는 相對되는 漢字를 써 넣어 單語를 完成하시오.

① ( ) ↔ 今   ② ( ) ↔ 妹

7 빈칸에 訓이 같거나 유사한 漢字를 쓰시오.

① 防( )   ② ( )勵   ③ 文( )

8 다음 빈 곳에 알맞은 漢字를 써 넣어 四字成語를 完成하시오.

① 多( )多能   ② ( )熱治熱   ③ 豪言( )談

9 다음 漢字의 部首를 쓰시오.

① 已   ② 壯   ③ 笛   ④ 賃
⑤ 裁   ⑥ 壬

10 다음 漢字의 略字를 쓰시오.

① 獎   ② 壯   ③ 莊

11 다음 漢字語의 뜻을 쓰시오.

① 潛伏   ② 適性   ③ 昨朝   ④ 姻戚   ⑤ 才質

12 음이 같고 뜻이 다른 漢字語를 한가지씩 쓰시오.

① 長期   ② 寅生   ③ 笛手

정답

1 ① 인족 ② 자매 ③ 결재 ④ 필적 ⑤ 잠시 ⑥ 자객 ⑦ 내자 ⑧ 단장 ⑨ 장학 ⑩ 토장 ⑪ 임차 ⑫ 작조 ⑬ 장담 ⑭ 적격 ⑮ 종장 ⑯ 일화 ⑰ 별장 ⑱ 적출 ⑲ 장물 ⑳ 재간 ㉑ 인말 ㉒ 임란 ㉓ 유적 ㉔ 경적 ㉕ 재상 ㉖ 이전 ㉗ 장해 ㉘ 잠복 ㉙ 저작권 ㉚ 이금당   **2** ① 단장할 장 ② 딸 적 ③ 혼인 인 ④ 발자취 적 ⑤ 담 장 ⑥ 품삯 임 ⑦ 피리 적 ⑧ 옷 마를 재 ⑨ 나타날 저 ⑩ 이미 이   **3** ① 適 ② 獎 ③ 以 ④ 壯 ⑤ 姉 ⑥ 障   **4** ① 適中 ② 故障 ③ 獎學金   **5** ① ㄹ ② ㄱ ③ ㄴ   **6** ① 昨 ② 姉   **7** ① 障 ② 獎 ③ 章   **8** ① 才 ② 以 ③ 壯   **9** ① 己 ② 士 ③ 竹 ④ 貝 ⑤ 衣 ⑥ 士   **10** ① 奨 ② 壮 ③ 荘   **11** ① 숨어있음 ② 알맞은 성질 ③ 어제 아침 ④ 혼인으로 맺어진 친족 ⑤ 재주와 기질   **12** ① 壯氣/臟器 ② 人生 ③ 敵數/敵手

미리 확인하기　　　　　　　o x　　　　　　　　　　o x

殿	殿	殿	殿	殿	殿	□ □	助	助	助	助	助	□ □
竊	竊	竊	竊	竊	竊	□ □	燥	燥	燥	燥	燥	□ □
占	占	占	占	占	占	□ □	兆	兆	兆	兆	兆	□ □
店	店	店	店	店	店	□ □	縱	縱	縱	縱	縱	□ □
井	井	井	井	井	井	□ □	鍾	鍾	鍾	鍾	鍾	□ □
貞	貞	貞	貞	貞	貞	□ □	坐	坐	坐	坐	坐	□ □
頂	頂	頂	頂	頂	頂	□ □	左	左	左	左	左	□ □
丁	丁	丁	丁	丁	丁	□ □	佐	佐	佐	佐	佐	□ □
廷	廷	廷	廷	廷	廷	□ □	朱	朱	朱	朱	朱	□ □
亭	亭	亭	亭	亭	亭	□ □	住	住	住	住	住	□ □
庭	庭	庭	庭	庭	庭	□ □	洲	洲	洲	洲	洲	□ □
制	制	制	制	制	制	□ □	週	週	週	週	週	□ □
除	除	除	除	除	除	□ □	奏	奏	奏	奏	奏	□ □
祭	祭	祭	祭	祭	祭	□ □	州	州	州	州	州	□ □
第	第	第	第	第	第	□ □	宙	宙	宙	宙	宙	□ □

坐不安席 □ □ □ □　　　　左之右之 □ □ □ □

縱橫無盡 □ □ □ □　　　　王佐之材 □ □ □ □

1621 殿
3급Ⅱ
전각 전:
ⓒ殳
神殿(신전)　影殿(영:전)　殿閣(전:각)　殿堂(전:당)　殿示(전:시)

1622 竊
3급
훔칠 절
ⓒ穴　ⓖ盜 훔칠 도　ⓕ窃
竊盜(절도)　竊聽(절청)　竊取(절취)
　　　　　　몰래 엿들음

1623 占
4급
점령할/
점칠 점
ⓒ卜　ⓖ卜 점 복
獨占(독점)　先占(선점)　占據(점거)　占得(점득)　占領(점령)　占有(점유)
占奪(점탈)　占星術(점성술)

1624 店
5급
가게 점:
ⓒ广
商店(상점)　書店(서점)　店頭(점:두)　店房(점:방)　店員(점:원)

1625 井
3급Ⅱ
우물 정
ⓒ二
井水(정수)　井然(정연)　井間紙(정간지)　井底蛙(정저와)
　　　　　　　　　(글씨를 쓸 때 간격을 고르게 하기 위하여
　　　　　　　　　종이 밑에 받치는) 정간을 친 종이

1626 貞
3급Ⅱ
곧을 정
ⓒ貝　ⓖ直 곧을 직
貞潔(정결)　貞德(정덕)　貞淑(정숙)　貞實(정실)　貞節(정절)　貞操(정조)

1627 頂
3급Ⅱ
정수리 정
ⓒ頁
登頂(등정)　絶頂(절정)　頂上(정상)　頂生(정생)　頂芽(정아)　頂点(정점)
　　　　　　　　　　　　　　　　　　　　　　　꼭지눈

1628 丁
4급
장정/
고무래 정
ⓒ一
軍丁(군정)　白丁(백정)　兵丁(병정)　壯丁(장:정)　丁銀(정은)　丁田(정전)
　　　　　　　　　　　　　　성년에 이른 혈기가 왕성한 남자

1629 廷
3급Ⅱ
조정 정
ⓒ廴
開廷(개정)　法廷(법정)　廷論(정론)　廷外(정외)　朝廷(조정)　休廷(휴정)

1630 亭
3급Ⅱ
정자 정
ⓒ亠
亭閣(정각)　亭然(정연)　亭子(정자)　老人亭(노인정)　八角亭(팔각정)
　　　　　　솟아 있는 모양이 우뚝함

1631 庭
6급
뜰 정
ⓒ广
家庭(가정)　校庭(교:정)　內庭(내:정)　庭球(정구)　庭園(정원)　親庭(친정)

55일째 한자익히기 1632~1642

制 除 祭 第 助 燥 兆 縱 鍾 坐 左

1632 4급II
制 절제할 제:
⊕ 刂(刀)
制度(제:도) 制動(제:동) 制裁(제:재) 制止(제:지) 制限(제:한)

1633 4급II
除 덜 제
⊕ 阝(阜) ⊛ 減 덜 감, 削 깎을 삭 ⊜ 添 더할 첨, 加 더할 가
除去(제거) 除給(제급) 除隊(제대) 除名(제명) 除雪(제설) 除籍(제적)

1634 4급II
祭 제사 제:
⊕ 示 ⊛ 祀 제사 사
祭供(제:공) 祭官(제:관) 祭器(제:기) 祭壇(제:단) 祭祀(제:사)
제사를 맡아보는 관원

1635 6급
第 차례 제:
⊕ 竹
及第(급제) 落第(낙제) 第一(제:일) 第次(제:차) 第三世界(제삼세계)

1636 4급II
助 도울 조:
⊕ 力 ⊛ 扶 도울 부, 援 도울 원
援助(원:조) 助力(조:력) 助詞(조:사) 助手(조:수) 助言(조:언)

1637 3급II
燥 마를 조
⊕ 火 ⊛ 乾 마를 건 ⊜ 濕 젖을 습
乾燥(건조) 燥渴(조갈) 燥濕(조습) 燥症(조증) 無味乾燥(무미건조)
목이 마름

1638 3급II
兆 억조 조
⊕ 儿
吉兆(길조) 前兆(전조) 兆民(조민) 兆占(조점) 兆候(조후) 徵兆(징조)
참 吉兆(길조) ↔ 凶兆(흉조)

1639 3급II
縱 세로 종
⊕ 糸 ⊜ 橫 가로 횡
縱斷(종단) 縱隊(종대) 縱列(종렬) 縱書(종서) 縱橫無盡(종횡무진)
세로쓰기

1640 4급
鍾 쇠북 종
⊕ 金
警鍾(경:종) 鍾閣(종각) 鍾路(종로) 打鍾(타:종) 超人鍾(초인종)

1641 3급II
坐 앉을 좌:
⊕ 土
坐像(좌:상) 坐禪(좌:선) 坐視(좌:시) 坐藥(좌:약) 坐板(좌:판)

1642 7급
左 왼 좌:
⊕ 工 ⊜ 右 오른 우
左方(좌:방) 左翼(좌:익) 左遷(좌:천) 左側(좌:측) 左派(좌:파)
지금보다 낮은 지위나 직장으로 옮김

1643 3급 佐 도울 좌:
男 亻(人)   傍 補 기울 보
補佐(보:좌)   佐郞(좌:랑)   佐平(좌:평)   王佐之材(왕좌지재)
고려시대 육부의 정오품 벼슬

1644 4급 朱 붉을 주
男 木   傍 紅 붉을 홍, 丹 붉을 단, 赤 붉을 적
印朱(인주)   朱丹(주단)   朱書(주서)   朱紅(주홍)   朱子學(주자학)
붉은 먹이나 물감으로 글씨를 씀

1645 7급 住 살 주:
男 亻(人)   傍 居 살 거
住居(주:거)   住民(주:민)   住所(주:소)   住持(주:지)   住宅(주:택)
한 절을 책임지고 맡아보는 중

1646 3급Ⅱ 洲 물가 주
男 氵(水)
洲島(주도)   三角洲(삼각주)   六大洲(육대주)

1647 5급 週 주일 주
男 辶(辵)
週間(주간)   週刊(주간)   週給(주급)   週期(주기)   週末(주말)   週番(주번)

1648 3급Ⅱ 奏 아뢸 주:
男 大
演奏(연:주)   前奏(전주)   奏達(주:달)   奏請(주:청)   合奏(합주)
임금에게 아뢰어 청함

1649 5급 州 고을 주
男 川(巛)   傍 郡 고을 군, 邑 고을 읍
慶州(경주)   光州(광주)   州境(주경)   濟州子弟(제주자제)

1650 3급Ⅱ 宙 집 주:
男 宀   傍 宇 집 우
宇宙(우주)   反宇宙(반우주)   宇宙船(우주선)   宇宙人(우주인)

| 오 늘 의 사 자 성 어 |

坐不安席 좌불안석   불안하거나 걱정스러워 한 군데에 오래 앉아 있지 못함
左之右之 좌지우지   제 마음대로 다루거나 휘두름
縱橫無盡 종횡무진   행동이 마음 내키는 대로 자유자재임
王佐之材 왕좌지재   임금을 도와서 큰일을 할 만한 인재

I 다음 漢字語의 讀音을 쓰시오.

① 宇宙	② 補佐	③ 制限	④ 及第
⑤ 祭器	⑥ 慶州	⑦ 庭球	⑧ 貞淑
⑨ 坐板	⑩ 廷論	⑪ 援助	⑫ 占領
⑬ 燥濕	⑭ 左派	⑮ 週番	⑯ 頂点
⑰ 奏達	⑱ 丁銀	⑲ 縱斷	⑳ 殿堂
㉑ 鍾路	㉒ 除去	㉓ 竊取	㉔ 徵兆
㉕ 住所	㉖ 店員	㉗ 老人亭	㉘ 井邑詞
㉙ 三角洲	㉚ 朱子學		

2 다음 漢字의 訓과 音을 쓰시오.

| ① 貞 | ② 殿 | ③ 佐 | ④ 縱 |
| ⑤ 廷 | ⑥ 奏 | ⑦ 亭 | ⑧ 頂 |

3 다음의 訓과 音을 지닌 漢字를 쓰시오.

| ① 제사 제 | ② 장정/고무래 정 | ③ 붉을 주 | ④ 점령할/점칠 점 |
| ⑤ 덜 제 | ⑥ 도울 조 | ⑦ 쇠북 종 | ⑧ 절제할 제 |

4 밑줄 그은 單語를 漢字語로 쓰시오.

① 오늘 주홍색 티를 샀다.

② 그는 주중에는 회사에 다니고 주말에는 아르바이트를 한다.

③ 오늘은 우리 아들이 군대를 제대하는 날이다.

④ 그들에게 협조를 구했지만 거절당했다.

5 다음 漢字語 중 첫소리가 長音인 것을 고르시오.

① ㄱ. 朱紅　　ㄴ. 頂上　　ㄷ. 兆占　　ㄹ. 祭器

② ㄱ. 燥症　　ㄴ. 亭子　　ㄷ. 助手　　ㄹ. 庭園

③ ㄱ. 住民　　ㄴ. 縱書　　ㄷ. 除名　　ㄹ. 竊盜

6 뜻이 反對 또는 相對되는 漢字를 쓰시오.

① 右 ↔ ( )　　　　② 加 ↔ ( )

7 빈칸에 訓이 같거나 유사한 漢字를 써 넣어 單語를 完成하시오.

① 扶( )　　　② ( )居　　　③ ( )丹　　　④ 削( )

8 다음 빈 곳에 알맞은 漢字를 써 넣어 四字成語를 完成하시오.

① 冠婚喪( )　　　② 相扶相( )　　　③ ( )之右之

9 다음 漢字의 部首를 쓰시오.

① 井　　　② 州　　　③ 竊　　　④ 丁
⑤ 兆　　　⑥ 占

10 다음 漢字語의 뜻을 쓰시오.

① 縱列　　　② 補佐　　　③ 占據

11 음이 같고 뜻이 다른 漢字語를 한가지씩 쓰시오.

① 展示　　　② 亭閣　　　③ 開廷

정답

1 ① 우주 ② 보좌 ③ 제한 ④ 급제 ⑤ 제기 ⑥ 경주 ⑦ 정구 ⑧ 정숙 ⑨ 좌판 ⑩ 정론 ⑪ 원조 ⑫ 점령 ⑬ 조습 ⑭ 좌파 ⑮ 주번 ⑯ 정점 ⑰ 주달 ⑱ 정은 ⑲ 종단 ⑳ 전당 ㉑ 종로 ㉒ 제거 ㉓ 절취 ㉔ 징조 ㉕ 주소 ㉖ 점원 ㉗ 노인정 ㉘ 정읍사 ㉙ 삼각주 ㉚ 주자학 **2** ① 곧을 정 ② 전각 전 ③ 도울 좌 ④ 세로 종 ⑤ 조정할 정 ⑥ 아뢸 주 ⑦ 정자 정 ⑧ 정수리 정 ⑨ 집 주 ⑩ 마를 조 **3** ① 祭 ② 丁 ③ 朱 ④ 占 ⑤ 除 ⑥ 助 ⑦ 鍾 ⑧ 制 **4** ① 朱紅 ② 週末 ③ 除隊 ④ 協助 **5** ① ㄹ ② ㄷ ③ ㄱ **6** ① 左 ② 除 **7** ① 助 ② 住 ③ 朱 ④ 除 **8** ① 祭 ② 助 ③ 左 **9** ① 二 ② 川(巛) ③ 穴 ④ 一 ⑤ 儿 ⑥ 卜 **10** ① 세로로 줄을 지음 ② 윗사람 곁에서 사무를 도움 ③ 차지하여 자리 잡음 **11** ① 戰時/全市 ② 正刻/定刻 ③ 改正/改定

미리 확인하기

o x   o x

						o x
珠	珠	珠	珠	珠	珠	□□
鑄	鑄	鑄	鑄	鑄	鑄	□□
卽	卽	卽	卽	卽	卽	□□
贈	贈	贈	贈	贈	贈	□□
曾	曾	曾	曾	曾	曾	□□
只	只	只	只	只	只	□□
池	池	池	池	池	池	□□
志	志	志	志	志	志	□□
紙	紙	紙	紙	紙	紙	□□
陣	陣	陣	陣	陣	陣	□□
陳	陳	陳	陳	陳	陳	□□
鎭	鎭	鎭	鎭	鎭	鎭	□□
震	震	震	震	震	震	□□
疾	疾	疾	疾	疾	疾	□□
秩	秩	秩	秩	秩	秩	□□

						o x
執	執	執	執	執	執	□□
徵	徵	徵	徵	徵	徵	□□
此	此	此	此	此	此	□□
錯	錯	錯	錯	錯	錯	□□
贊	贊	贊	贊	贊	贊	□□
參	參	參	參	參	參	□□
慘	慘	慘	慘	慘	慘	□□
暢	暢	暢	暢	暢	暢	□□
採	採	採	採	採	採	□□
彩	彩	彩	彩	彩	彩	□□
册	册	册	册	册	册	□□
處	處	處	處	處	處	□□
拓	拓	拓	拓	拓	拓	□□
淺	淺	淺	淺	淺	淺	□□
妾	妾	妾	妾	妾	妾	□□

池魚之殃 □□□□   一觸卽發 □□□□

知行合一 □□□□   陣頭指揮 □□□□

1651 3급II
珠 구슬 주
㉨王(玉) ㉲玉 구슬 옥
寶珠(보:주) 念珠(염:주) 珠玉(주옥) 珠板(주판) 珍珠(진주) 眞珠(진주)
보배로운 구슬

1652 3급II
鑄 쇠불릴 주:
㉨金
鑄工(주:공) 鑄物(주:물) 鑄錢(주:전) 鑄造(주:조) 鑄鐵(주:철)

1653 3급II
卽 곧 즉
㉨卩
卽決(즉결) 卽答(즉답) 卽死(즉사) 卽席(즉석) 卽時(즉시) 卽位(즉위)
참고 卽位(즉위) ↔ 退位(퇴위)

1654 3급
贈 줄 증
㉨貝 ㉲給 줄 급, 授 줄 수
寄贈(기증) 贈答(증답) 贈別(증별) 贈與(증여) 贈呈(증정)

1655 3급II
曾 일찍 증
㉨日
曾孫(증손) 曾往(증왕) 曾前(증전) 曾祖考(증조고) 曾祖父(증조부)
세상을 떠난 증조부

1656 3급
只 다만 지
㉨口 ㉲但 다만 단
但只(단:지) 只今(지금)

1657 3급II
池 못 지
㉨氵(水)
園池(원지) 電池(전:지) 池頭(지두) 池邊(지변) 貯水池(저수지)

1658 4급II
志 뜻 지
㉨心 ㉲意 뜻 의
意志(의:지) 志望(지망) 志願(지원) 志節(지절) 志操(지조) 志向(지향)

1659 7급
紙 종이 지
㉨糸
別紙(별지) 製紙(제:지) 紙面(지면) 紙錢(지전) 紙幣(지폐) 休紙(휴지)

1660 4급
陣 진칠 진
㉨阝(阜) ㉲陳 묵을 진
陣地(진지) 陣痛(진통) 陣風(진풍) 陣形(진형) 陣頭指揮(진두지휘)
해산(解産)할 때 주기적으로 되풀이되는 복통을 겪음

1661 3급II
陳 베풀/묵을 진(:)
㉨阝(阜) ㉲陣 진칠 진
陳久(진구) 陳設(진:설) 陳述(진:술) 陳列(진:열)
묵어서 오래됨

56일째 한자익히기 1662~1672

鎭 震 疾 秩 執 徵 此 錯 贊 參 慘

1662 3급Ⅱ
鎭 진압할 진:
⊕金 ⊕壓 누를 압
鎭壓(진:압)　鎭定(진:정)　鎭重(진:중)　鎭痛(진:통)　鎭火(진:화)
아픔을 가라앉혀 멎게 함

1663 3급Ⅱ
震 우레 진:
⊕雨 ⊕雷 우레 뢰
震恐(진:공)　震怒(진:노)　震度(진:도)　震動(진:동)　震央(진:앙)
무서워서 떪

1664 3급Ⅱ
疾 병 질
⊕广 ⊕病 병 병
疫疾(역질)　疾苦(질고)　疾病(질병)　疾視(질시)　疾走(질주)　疾患(질환)

1665 3급Ⅱ
秩 차례 질
⊕禾 ⊕序 차례 서, 第 차례 제
家秩(가질)　秩卑(질비)　秩序(질서)　顯秩(현:질)
높은 벼슬

1666 3급Ⅱ
執 잡을 집
⊕土
固執(고집)　我執(아:집)　執權(집권)　執念(집념)　執務(집무)　執着(집착)

1667 3급Ⅱ
徵 부를 징
⊕彳 ⊕召 부를 소, 招 부를 초
徵發(징발)　徵兵(징병)　徵收(징수)　徵用(징용)　徵集(징집)　特徵(특징)

1668 3급Ⅱ
此 이 차
⊕止 ⊕彼 저 피
此期(차기)　此世(차세)　此際(차제)　此回(차회)　此後(차후)　彼此(피:차)
이 즈음

1669 3급Ⅱ
錯 어긋날 착
⊕金 ⊕誤 그르칠 오
倒錯(도:착)　錯覺(착각)　錯亂(착란)　錯視(착시)　錯誤(착오)　錯雜(착잡)
상하가 거꾸로 되어 서로 어긋남

1670 3급Ⅱ
贊 도울 찬:
⊕貝 ⊕助 도울 조 ⊕反 돌이킬 반
贊決(찬:결)　贊同(찬:동)　贊反(찬:반)　贊成(찬:성)　贊助(찬:조)

1671 5급
參 참여할 참
석 삼
⊕厶 ⊕與 더불 여 ⊕参
參見(참견)　參考(참고)　參謀(참모)　參拜(참배)　參席(참석)　參與(참여)
參拾(삼십)
모의에 참여함

1672 3급
慘 참혹할 참
⊕忄(心) ⊕惨
慘劇(참극)　慘變(참변)　慘死(참사)　慘喪(참상)　慘惡(참악)　慘敗(참패)

1673
3급
暢
화창할 창:

⑼日 ⑹和 화할 화
流暢(유창) 暢達(창:달) 暢敍(창:서) 暢懷(창:회) 和暢(화창)
구김살 없이 펴거나 자람

1674
4급
採
캘 채:

⑼扌(手) ⑹取 가질 취
採鑛(채:광) 採光(채:광) 採石(채:석) 採用(채:용) 採點(채:점)
햇빛 등을 받아들여 실내를 밝게 함

1675
3급Ⅱ
彩
채색 채:

⑼彡
光彩(광채) 異彩(이:채) 彩度(채:도) 彩色(채:색) 水彩畫(수채화)

1676
4급
冊
책 책

⑼冂
別冊(별책) 書冊(서책) 冊房(책방) 冊床(책상) 冊子(책자) 冊張(책장)

1677
4급Ⅱ
處
곳 처:

⑼虍 ⑹所 바 소 ⑺処
傷處(상처) 處斷(처:단) 處理(처:리) 處方(처:방) 處分(처:분)

1678
3급Ⅱ
拓
넓힐 척

⑼扌(手)
干拓(간척) 開拓(개척) 拓落(척락) 拓植(척식) 拓土(척토)
미개한 땅을 개척하여 사람이 살거나 살게 함

1679
3급Ⅱ
淺
얕을 천:

⑼氵(水) ⑽深 깊을 심 ⑺浅
日淺(일천) 淺慮(천:려) 淺薄(천:박) 淺學(천:학) 淺海(천:해)
시작한 지 얼마 되지 않음
참고 淺學(천학) ↔ 博學(박학)

1680
3급
妾
첩 첩

⑼女
小妾(소:첩) 妻妾(처첩) 妾室(첩실) 妾子(첩자) 妾出(첩출)

| 오 늘 의 사 자 성 어 |

池魚之殃 지어지앙 엉뚱한 사람이 재앙을 입음
一觸卽發 일촉즉발 금방이라도 일이 크게 터질 듯한 아슬아슬한 긴장 상태
紙筆硯墨 지필연묵 '종이·붓·벼루·먹'의 네 가지를 아울러 이르는 말
陣頭指揮 진두지휘 직접 진두에 나서서 지휘함

1 다음 漢字語의 讀音을 쓰시오.

① 只今	② 錯雜	③ 曾孫	④ 慘劇
⑤ 贊助	⑥ 贈與	⑦ 冊床	⑧ 此後
⑨ 製紙	⑩ 參拜	⑪ 徵集	⑫ 干拓
⑬ 鑄錢	⑭ 採點	⑮ 震怒	⑯ 暢達
⑰ 志操	⑱ 鎭壓	⑲ 淺薄	⑳ 陳述
㉑ 疾患	㉒ 妻妾	㉓ 陣痛	㉔ 珠板
㉕ 秩序	㉖ 卽決	㉗ 我執	㉘ 處斷
㉙ 水彩畫	㉚ 貯水池		

2 다음 漢字의 訓과 音을 쓰시오.

① 執　　　② 拓　　　③ 慘　　　④ 疾
⑤ 曾　　　⑥ 錯　　　⑦ 鎭　　　⑧ 彩
⑨ 卽　　　⑩ 淺

3 다음의 訓과 音을 지닌 漢字를 쓰시오.

① 캘 채　　　② 곳 처　　　③ 참여할 참　　　④ 뜻 지
⑤ 책 책　　　⑥ 진칠 진

4 밑줄 그은 單語를 漢字語로 쓰시오.

① 의사의 처방에 따라 음식을 조절해야 한다.
② 굳은 의지를 갖고 끝까지 해 낼 것이다.
③ 오후 3시 예배에 꼭 참석해 주세요.

5 다음 漢字語 중 첫소리가 長音인 것을 고르시오.

① ㄱ. 贊同　　　ㄴ. 此回　　　ㄷ. 志望　　　ㄹ. 錯誤
② ㄱ. 執念　　　ㄴ. 只今　　　ㄷ. 震度　　　ㄹ. 曾孫
③ ㄱ. 秩序　　　ㄴ. 參見　　　ㄷ. 卽時　　　ㄹ. 彩度

6 빈칸에 訓이 같거나 유사한 漢字를 쓰시오.

① 意( )   ② ( )所   ③ ( )與

7 다음 빈 곳에 알맞은 漢字를 써 넣어 四字成語를 完成하시오.

① ( )筆硯墨   ② ( )頭指揮

8 다음 漢字의 部首를 쓰시오.

① 暢   ② 處   ③ 此   ④ 只

⑤ 卽   ⑥ 贊   ⑦ 曾

9 다음 漢字語의 뜻을 쓰시오.

① 錯視   ② 採用   ③ 冊房   ④ 參謀

10 다음 漢字의 略字를 쓰시오.

① 參   ② 處   ③ 慘   ④ 淺

11 음이 같고 뜻이 다른 漢字語를 한가지씩 쓰시오.

① 鎭痛   ② 震度   ③ 倒錯

정답

1 ① 지금 ② 착잡 ③ 증손 ④ 참극 ⑤ 찬조 ⑥ 증여 ⑦ 책상 ⑧ 차후 ⑨ 제지 ⑩ 참배 ⑪ 징집 ⑫ 간척 ⑬ 주전 ⑭ 채점 ⑮ 진노 ⑯ 창달 ⑰ 지조 ⑱ 진압 ⑲ 천박 ⑳ 진술 ㉑ 질환 ㉒ 처첩 ㉓ 진통 ㉔ 주판 ㉕ 질서 ㉖ 즉결 ㉗ 아집 ㉘ 처단 ㉙ 수채화 ㉚ 저수지 **2** ① 잡을 집 ② 넓힐 척 ③ 참혹할 참 ④ 병 질 ⑤ 일찍 증 ⑥ 어긋날 착 ⑦ 진압할 진 ⑧ 채색 채 ⑨ 곧 즉 ⑩ 얕을 천 **3** ① 採 ② 處 ③ 參 ④ 志 ⑤ 冊 ⑥ 陣 **4** ① 處方 ② 意志 ③ 參席 **5** ① ㄱ ② ㄷ ③ ㄹ **6** ① 志 ② 處 ③ 參 **7** ① 紙 ② 陣 **8** ① 日 ② 虍 ③ 止 ④ 口 ⑤ 卩 ⑥ 貝 ⑦ 日 **9** ① 착각하여 잘못 봄 ② 사람을 뽑아 씀 ③ 서점 ④ 모의에 참여함 **10** ① 参 ② 処 ③ 惨 ④ 浅 **11** ① 陣痛 ② 進度 ③ 到着

미리 확인하기

ㅇ x   ㅇ x

廳	廳 廳 廳 廳 假	□□	畜	畜 畜 畜 畜 畜	□□
晴	晴 晴 晴 晴 晴	□□	充	充 充 充 充 充	□□
滯	滯 滯 滯 滯 滯	□□	臭	臭 臭 臭 臭 臭	□□
逮	逮 逮 逮 逮 逮	□□	趣	趣 趣 趣 趣 趣	□□
遞	遞 遞 遞 遞 遞	□□	側	側 側 側 側 側	□□
草	草 草 草 草 草	□□	則	則 則 則 則 則	□□
超	超 超 超 超 超	□□	七	七 七 七 七 七	□□
肖	肖 肖 肖 肖 肖	□□	侵	侵 侵 侵 侵 侵	□□
秒	秒 秒 秒 秒 秒	□□	枕	枕 枕 枕 枕 枕	□□
村	村 村 村 村 村	□□	浸	浸 浸 浸 浸 浸	□□
總	總 總 總 總 總	□□	打	打 打 打 打 打	□□
最	最 最 最 最 最	□□	托	托 托 托 托 托	□□
醜	醜 醜 醜 醜 醜	□□	誕	誕 誕 誕 誕 誕	□□
丑	丑 丑 丑 丑 丑	□□	炭	炭 炭 炭 炭 炭	□□
祝	祝 祝 祝 祝 祝	□□	塔	塔 塔 塔 塔 塔	□□

七顚八起 □□□□   利害打算 □□□□

高枕短命 □□□□   三顧草廬 □□□□

379

1681 4급	廳 관청 청	㉮广 ㉱庁

官廳(관청) 區廳(구청) 道廳(도:청) 市廳(시:청) 廳舍(청사) 廳長(청장)

1682 3급	晴 갤 청	㉮日

晴空(청공) 晴雨(청우) 晴天(청천) 晴和(청화) 快晴(쾌청)
날이 갬과 비가 내림

1683 3급Ⅱ	滯 막힐 체	㉮氵(水) ㉳塞 막힐 색

停滯(정체) 滯空(체공) 滯納(체납) 滯留(체류) 滯拂(체불) 滯在(체재)

1684 3급	逮 잡을 체	㉮辶(辵) ㉳捕 잡을 포

逮繫(체계) 逮捕(체포) 被逮(피:체)

1685 3급	遞 갈릴 체	㉮辶(辵) ㉱逓

遞加(체가) 遞減(체감) 遞送(체송) 遞信(체신) 遞傳(체전) 遞增(체증)
차례로 여러 곳에 편지 따위를 전하는 일

1686 7급	草 풀 초	㉮艹(艸)

蘭草(난초) 草露(초로) 草綠(초록) 草食(초식) 草案(초안) 草原(초원)
풀에 맺힌 이슬이라는 뜻으로 사물의 덧없음을 이름

1687 3급Ⅱ	超 뛰어넘을 초	㉮走 ㉳過 지날 과, 越 넘을 월

超過(초과) 超然(초연) 超越(초월) 超脫(초탈) 超能力(초능력)

1688 3급Ⅱ	肖 닮을/같을 초	㉮月(肉) ㉳若 같을 약, 如 같을 여

不肖(불초) 肖像畫(초상화)

1689 3급	秒 분초 초	㉮禾

分秒(분초) 閏秒(윤:초) 秒速(초속) 秒針(초침)
지구의 자전 속도의 불규칙적인 변화에 따라
일어나는 표준시와 실제 시각과의 오차

1690 7급	村 마을 촌:	㉮木 ㉳里 마을 리

富村(부:촌) 山村(산촌) 村落(촌:락) 村里(촌:리) 村長(촌:장)

1691 4급Ⅱ	總 다 총:	㉮糸 ㉳皆 다 개, 咸 다 함 ㉱総

總力(총:력) 總論(총:론) 總務(총:무) 總點(총:점) 總合(총:합)
참고 總則(총칙) ↔ 各則(각칙)

57일째 한자익히기 1692~1702

最 醜 丑 祝 畜 充 臭 趣 側 則 七

1692 5급 最 가장 최:
부 曰
最高(최:고) 最近(최:근) 最多(최:다) 最上(최:상) 最終(최:종)

1693 3급 醜 추할 추
부 酉 반 美 아름다울 미
醜男(추남) 醜聞(추문) 醜惡(추악) 醜雜(추잡) 醜態(추태) 醜行(추행)

1694 3급 丑 소 축
부 一 동 牛 소 우
癸丑(계:축) 丑方(축방) 丑時(축시) 丑月(축월) 丑正(축정)
북북동에서 동쪽으로 15도까지의 방위

1695 5급 祝 빌 축
부 示 동 祈 빌 기
慶祝(경:축) 祝歌(축가) 祝客(축객) 祝文(축문) 祝福(축복) 祝祭(축제)

1696 3급Ⅱ 畜 짐승 축
부 田
家畜(가축) 牧畜(목축) 畜舍(축사) 畜産(축산) 畜養(축양) 畜牛(축우)
가축을 기름

1697 5급 充 채울 충
부 儿 동 滿 찰 만
補充(보:충) 充當(충당) 充滿(충만) 充分(충분) 充實(충실) 充電(충전)
참고 充電(충전) ↔ 妨電(방전)

1698 3급 臭 냄새 취:
부 自
口臭(구:취) 惡臭(악취) 體臭(체취) 臭氣(취:기)
좋지 않은 냄새

1699 4급 趣 뜻 취:
부 走 동 意 뜻 의, 志 뜻 지
趣味(취:미) 趣意(취:의) 趣旨(취:지) 趣向(취:향) 風趣(풍취)

1700 3급Ⅱ 側 곁 측
부 亻(人)
兩側(양:측) 側近(측근) 側目(측목) 側面(측면) 側方(측방)
곁눈질을 함

1701 5급 則 법칙 칙
부 刂(刀) 동 法 법 법, 規 법 규
校則(교:칙) 規則(규칙) 法則(법칙) 原則(원칙) 鐵則(철칙) 學則(학칙)

1702 8급 七 일곱 칠
부 一
七夕(칠석) 七旬(칠순) 七情(칠정) 七面鳥(칠면조) 北斗七星(북두칠성)

1703 4급II
侵
침노할 침(:)
(부) 亻(人) (유) 掠 노략질할 략, 犯 범할 범
侵擊(침:격) 侵攻(침:공) 侵略(침:략) 侵犯(침범) 侵入(침:입) 侵害(침:해)

1704 3급
枕
베개 침:
(부) 木
起枕(기침) 木枕(목침) 枕頭(침:두) 枕上(침:상) 枕席(침:석)

1705 3급II
浸
잠길 침:
(부) 氵(水) (유) 沒 빠질 몰
浸水(침:수) 浸濕(침:습) 浸染(침:염) 浸淫(침:음) 浸透(침:투)
차차 같은 빛깔로 물듦

1706 5급
打
칠 타:
(부) 扌(手) (유) 擊 부딪칠 격
打開(타:개) 打擊(타:격) 打倒(타:도) 打席(타:석) 打破(타:파)

1707 3급
托
맡길 탁
(부) 扌(手) (유) 委 맡길 위
委托(위탁) 依托(의탁) 托盤(탁반) 托鉢僧(탁발승)
술을 받치는 접시 모양의 그릇

1708 3급
誕
낳을/거짓 탄:
(부) 言 (유) 生 날 생
妄誕(망:탄) 誕生(탄:생) 誕辰(탄:신) 誕言(탄:언) 聖誕節(성탄절)
임금이나 성인이 태어난 날

1709 5급
炭
숯 탄:
(부) 火 (반) 氷 얼음 빙
石炭(석탄) 炭鑛(탄:광) 炭脈(탄:맥) 炭素(탄:소) 炭化(탄:화)

1710 3급II
塔
탑 탑
(부) 土
石塔(석탑) 屋塔(옥탑) 鐵塔(철탑) 司令塔(사령탑) 象牙塔(상아탑)
속세를 떠나 조용히 예술을 사랑하는 태도나 현실 도피적인 학구 태도를 이름

| 오 늘 의 사 자 성 어 |

七顚八起 칠전팔기 여러 번의 실패에도 굽히지 않고 분투함
利害打算 이해타산 이익과 손해를 이모저모 따져 셈함
高枕短命 고침단명 베개를 높이 베면 오래 살지 못함
三顧草廬 삼고초려 인재를 맞아들이기 위해 여러 번 찾아가서 예를 다함

1 다음 漢字語의 讀音을 쓰시오.

① 風趣	② 丑時	③ 總務	④ 慶祝
⑤ 侵攻	⑥ 起枕	⑦ 村落	⑧ 打倒
⑨ 最終	⑩ 逮捕	⑪ 滯留	⑫ 誕辰
⑬ 側近	⑭ 草露	⑮ 廳舍	⑯ 充電
⑰ 浸透	⑱ 原則	⑲ 炭鑛	⑳ 秒針
㉑ 超脫	㉒ 體臭	㉓ 快晴	㉔ 七情
㉕ 醜雜	㉖ 畜産	㉗ 依托	㉘ 遞送
㉙ 肖像畵	㉚ 象牙塔		

2 다음 漢字의 訓과 음을 쓰시오.

① 側	② 浸	③ 臭	④ 塔
⑤ 超	⑥ 托	⑦ 秒	⑧ 枕

3 다음의 訓과 음을 지닌 漢字를 쓰시오.

① 칠 타	② 침노할 침	③ 빌 축	④ 다 총
⑤ 가장 최	⑥ 뜻 취		

4 밑줄 그은 單語를 漢字語로 쓰시오.

① 총합해서 4,560원입니다.

② 오늘부터 3일간 학교 축제 기간이다.

③ 이 옷은 내 취향이 전혀 아니다.

④ 타자가 타석에 들어섰다.

5 다음 漢字語 중 첫소리가 長音인 것을 고르시오.

① ㄱ. 屋塔	ㄴ. 側近	ㄷ. 滯空	ㄹ. 最上
② ㄱ. 祝歌	ㄴ. 逮捕	ㄷ. 誕生	ㄹ. 醜行
③ ㄱ. 總力	ㄴ. 秒速	ㄷ. 超然	ㄹ. 草綠

6 뜻이 反對 또는 相對되는 漢字, 漢字語를 쓰시오.

① 氷 ↔ (　)　　　　② 各則 ↔ (　)　　　③ 妨電 ↔ (　)

7 빈칸에 訓이 같거나 유사한 漢字를 쓰시오.

① (　)意　　　　② (　)擊　　　　③ (　)掠　　　　④ 法(　)

⑤ (　)里　　　　⑥ (　)滿

8 다음 빈 곳에 알맞은 漢字를 써 넣어 四字成語를 完成하시오.

① 利害(　)算　　　② 三顧(　)廬　　　③ (　)顚八起

9 다음 漢字의 部首를 쓰시오.

① 丑　　　　② 臭　　　　③ 充　　　　④ 醜

⑤ 畜　　　　⑥ 肖

10 다음 漢字語의 뜻을 쓰시오.

① 充滿　　　　② 側近　　　　③ 石塔　　　　④ 體臭

11 다음 漢字의 略字를 쓰시오.

① 總　　　　② 廳

정답

1 ① 풍취 ② 축시 ③ 총무 ④ 경축 ⑤ 침공 ⑥ 기침 ⑦ 촌락 ⑧ 타도 ⑨ 최종 ⑩ 체포 ⑪ 체류 ⑫ 탄신 ⑬ 측근 ⑭ 초로 ⑮ 청사 ⑯ 충전 ⑰ 침투 ⑱ 원칙 ⑲ 탄광 ⑳ 초침 ㉑ 초탈 ㉒ 체취 ㉓ 쾌청 ㉔ 칠정 ㉕ 추잡 ㉖ 축산 ㉗ 의탁 ㉘ 체송 ㉙ 초상화 ㉚ 상아탑　**2** ① 곁 측 ② 잠길 침 ③ 냄새 취 ④ 탑 탑 ⑤ 뛰어넘을 초 ⑥ 맡길 탁 ⑦ 분초 초 ⑧ 베개 침　**3** ① 打 ② 侵 ③ 祝 ④ 總 ⑤ 最 ⑥ 趣　**4** ① 總合 ② 祝祭 ③ 趣向 ④ 打席　**5** ① ㄹ ② ㄷ ③ ㄱ　**6** ① 炭 ② 總則 ③ 充電　**7** ① 趣 ② 打 ③ 侵 ④ 則 ⑤ 村 ⑥ 充　**8** ① 打 ② 草 ③ 七　**9** ① 一 ② 自 ③ 儿 ④ 酉 ⑤ 田 ⑥ 月(肉)　**10** ① 가득하게 참 ② 곁에 가까운 곳 ③ 돌로 쌓은 탑 ④ 몸에서 나는 냄새　**11** ① 総 ② 庁

미리 확인하기　　　　　　ㅇ ✕　　　　　　　　　　ㅇ ✕

太	太 太 太 太 太	□ □	幅	幅 幅 幅 幅 幅	□ □
泰	泰 泰 泰 泰 泰	□ □	暴	暴 暴 暴 暴 暴	□ □
宅	宅 宅 宅 宅 宅	□ □	票	票 票 票 票 票	□ □
吐	吐 吐 吐 吐 吐	□ □	楓	楓 楓 楓 楓 楓	□ □
免	免 免 免 免 免	□ □	何	何 何 何 何 何	□ □
特	特 特 特 特 特	□ □	河	河 河 河 河 河	□ □
頗	頗 頗 頗 頗 頗	□ □	夏	夏 夏 夏 夏 夏	□ □
把	把 把 把 把 把	□ □	韓	韓 韓 韓 韓 韓	□ □
板	板 板 板 板 板	□ □	咸	咸 咸 咸 咸 咸	□ □
版	版 版 版 版 版	□ □	巷	巷 巷 巷 巷 巷	□ □
便	便 便 便 便 便	□ □	亥	亥 亥 亥 亥 亥	□ □
偏	偏 偏 偏 偏 偏	□ □	幸	幸 幸 幸 幸 幸	□ □
肺	肺 肺 肺 肺 肺	□ □	驗	驗 驗 驗 驗 驗	□ □
布	布 布 布 布 布	□ □	縣	縣 縣 縣 縣 縣	□ □
砲	砲 砲 砲 砲 砲	□ □	懸	懸 懸 懸 懸 懸	□ □

泰然自若 □ □ □ □　　　　街談巷說 □ □ □ □
百年河淸 □ □ □ □　　　　咸興差使 □ □ □ □

1711 6급
太 클 태
⊕大 ⊛巨 클 거, 泰 클 태, 大 큰 대
太古(태고) 太陽(태양) 太初(태초) 太學(태학) 太極旗(태극기)

1712 3급Ⅱ
泰 클 태
⊕水 ⊛太 클 태, 巨 클 거, 大 큰 대
泰山(태산) 泰安(태안) 泰然(태연) 泰平(태평) 泰然自若(태연자약)
태평하고 안녕함

1713 5급
宅 집 택 / 집 댁
⊕宀 ⊛家 집 가, 舍 집 사, 屋 집 옥, 室 집 실
家宅(가택) 自宅(자택) 住宅(주:택) 宅心(택심) 宅地(택지)
마음에 새겨 두고 잊지 않음
宅內(댁내)

1714 3급Ⅱ
吐 토할 토(:)
⊕口
吐根(토:근) 吐絲(토:사) 吐說(토:설) 吐血(토:혈)

1715 3급Ⅱ
兎 토끼 토
⊕儿 ⊛兔
兎毛(토모) 兎舍(토사) 兎肉(토육) 兎皮(토피) 守株待兎(수주대토)
토끼 가죽

1716 6급
特 특별할 특
⊕牛 ⊛英 꽃부리 영
特價(특가) 特講(특강) 特權(특권) 特級(특급) 特技(특기) 特設(특설)
특별히 설비하거나 설치함

1717 3급
頗 자못 파
⊕頁
頗多(파다) 偏頗(편파)

1718 3급
把 잡을 파
⊕扌(手) ⊛拘 잡을 구
把盤(파반) 把杯(파배) 把守(파수) 把握(파악) 把持(파지)
꼭 움켜쥠

1719 5급
板 널 판
⊕木
看板(간판) 氷板(빙판) 漆板(칠판) 板刻(판각) 板金(판금) 板面(판면)
글씨나 그림 등을 판에 새김

1720 3급Ⅱ
版 판목 판
⊕片
絶版(절판) 出版(출판) 版權(판권) 版面(판면) 版行(판행) 版型(판형)

1721 7급
便 편할 편(:) / 똥오줌 변
⊕亻(人) ⊛安 편안 안
便利(편리) 便法(편법) 便安(편안) 便易(편이) 便紙(편:지)
排便(배변) 便器(변기) 便祕(변비) 便所(변소) 用便(용:변)

58일째 한자익히기 ^{1722~1732}

偏 肺 布 砲 幅 暴 票 楓 何 河 夏

1722 偏 3급II 치우칠 **편**
(부) 亻(人)

偏見(편견) 偏食(편식) 偏愛(편애) 偏在(편재) 偏重(편중) 偏差(편차)

1723 肺 3급II 허파 **폐:**
(부) 月(肉)

肺炎(폐:렴) 肺病(폐:병) 肺癌(폐:암) 肺胞(폐:포) 肺活量(폐활량)

1724 布 4급II 베 **포(:)**
(부) 巾

布告(포:고) 布敎(포:교) 布網(포망) 布木(포목) 布石(포:석)

보시 **보:**
布施(보:시)

1725 砲 4급II 대포 **포(:)**
(부) 石

砲擊(포격) 砲臺(포대) 砲門(포문) 砲兵(포병) 砲聲(포성) 砲手(포:수)

적탄을 막고 아군의 사격을 편리하게 하기 위해
견고하게 쌓아 만든 화포(火砲) 진지

1726 幅 3급 폭 **폭**
(부) 巾

步幅(보:폭) 小幅(소:폭) 振幅(진:폭) 幅廣(폭광) 幅員(폭원)

진동(振動)하는 물체의 정지 위치로부터 진동의 좌우 극점(極點)에
이르기까지의 변위(變位)의 최댓값

1727 暴 4급II 사나울 **폭**
(부) 日 (유) 猛 사나울 맹

暴君(폭군) 暴力(폭력) 暴露(폭로) 暴發(폭발) 暴雪(폭설) 暴風(폭풍)

모질 **포:**
暴棄(포:기) 暴慢(포:만) 暴惡(포:악) 自暴自棄(자포자기)

1728 票 4급II 표 **표**
(부) 示

開票(개표) 得票(득표) 郵票(우표) 投票(투표) 票決(표결)

1729 楓 3급II 단풍 **풍**
(부) 木

丹楓(단풍) 楓菊(풍국) 楓林(풍림) 楓約(풍약) 楓嶽山(풍악산)

1730 何 3급II 어찌 **하**
(부) 亻(人) (유) 那 어찌 나

何故(하고) 何必(하필) 何如間(하여간) 抑何心情(억하심정)

무슨 까닭(이유)

1731 河 5급 물 **하**
(부) 氵(水) (유) 川 내 천, 海 바다 해 (반) 山 산 산

河梁(하량) 河流(하류) 河馬(하마) 河水(하수) 河川(하천)

하천에 놓인 다리

1732 夏 7급 여름 **하:**
(부) 夂 (반) 冬 겨울 동

夏季(하:계) 夏穀(하:곡) 夏期(하:기) 夏服(하:복) 夏至(하:지)

보리, 밀 등 여름에 거두는 곡식

1733 韓
8급 한국/나라 한(:)　⟨부⟩韋
韓國(한:국)　韓服(한:복)　韓式(한:식)　韓半島(한반도)

1734 咸
3급 다 함　⟨부⟩口　⟨유⟩皆 다 개
咸告(함고)　咸卦(함괘)　咸氏(함씨)　咸池(함지)　咸興差使(함흥차사)
　　　　　　　　　　　　　　　　　옛날, 해가 지는 곳이라고 믿었던 서쪽의 큰 못

1735 巷
3급 거리 항:　⟨부⟩己　⟨유⟩街 거리 가
巷間(항:간)　巷談(항:담)　巷說(항:설)　巷謠(항:요)　街談巷說(가담항설)
　　　　　　　　　　　　　　　　　항간에서 부르는 세속적인 노래

1736 亥
3급 돼지 해:　⟨부⟩亠　⟨유⟩豕 돼지 시
亥年(해:년)　亥末(해:말)　亥方(해:방)　亥生(해:생)　亥時(해:시)
　　　　　　　　　　　　　　　　　해년(亥年)에 태어난 사람

1737 幸
6급 다행 행:　⟨부⟩干　⟨유⟩福 복 복
多幸(다행)　幸福(행:복)　幸臣(행:신)　幸甚(행:심)　幸運(행:운)
⟨참고⟩ 幸運(행운) ↔ 悲運(비운)

1738 驗
4급Ⅱ 시험할 험:　⟨부⟩馬　⟨유⟩試 시험할 시　⟨약⟩験
經驗(경험)　試驗(시험)　實驗(실험)　體驗(체험)　驗算(험:산)　效驗(효:험)
　　　　　　　　　　　　　　　　　　　　　　계산의 맞고 틀림을 알기 위하여
　　　　　　　　　　　　　　　　　　　　　　다시 해 보는 계산

1739 縣
3급 고을 현:　⟨부⟩糸　⟨유⟩郡 고을 군, 邑 고을 읍　⟨약⟩県
郡縣(군:현)　縣監(현:감)　縣令(현:령)
　　　　　　고려와 조선 시대에 둔, 작은 현(縣)의 원(員)

1740 懸
3급Ⅱ 매달 현:　⟨부⟩心
懸隔(현:격)　懸念(현:념)　懸案(현:안)　懸河(현:하)　懸賞金(현상금)

| 오 늘 의 사 자 성 어 |

泰然自若 태연자약　[마음에 무슨 충동을 받을 만한 일이 있어도] 태연하고 천연스러움
街談巷說 가담항설　길거리나 항간에 떠도는 소문을 이름
百年河清 백년하청　아무리 바라고 기다려도 실현될 가망성이 없음
咸興差使 함흥차사　심부름을 가서 아주 소식이 없거나 더디 올 때에 쓰는 말

1 다음 漢字語의 讀音을 쓰시오.

① 郵票	② 版權	③ 巷間	④ 偏頗
⑤ 丹楓	⑥ 泰然	⑦ 砲擊	⑧ 河梁
⑨ 把守	⑩ 偏差	⑪ 暴棄	⑫ 幸運
⑬ 宅地	⑭ 經驗	⑮ 咸告	⑯ 亥末
⑰ 縣監	⑱ 振幅	⑲ 吐露	⑳ 看板
㉑ 特設	㉒ 便所	㉓ 兔舍	㉔ 布敎
㉕ 下期	㉖ 懸賞金	㉗ 何如間	㉘ 肺活量
㉙ 韓半島	㉚ 太極旗		

2 다음 漢字의 訓과 音을 쓰시오.

① 把	② 懸	③ 咸	④ 吐
⑤ 楓	⑥ 縣	⑦ 偏	⑧ 巷

3 다음의 訓과 音을 지닌 漢字를 쓰시오.

① 사나울 폭	② 시험할 험	③ 베 포	④ 널 판
⑤ 표 표	⑥ 대포 포		

4 밑줄 그은 單語를 漢字語로 쓰시오.

① 태풍의 강한 바람에 <u>간판</u>이 떨어져 버렸다.

② <u>폭설</u>로 인해 차량이 통제되고 있다.

③ 몸소 <u>체험</u>해 봐야 고생을 알 수 있다.

④ 드디어 성인이 되어 <u>투표</u>를 할 수 있게 됐다.

5 다음 漢字語 중 첫소리가 長音인 것을 고르시오.

① ㄱ. 票決　　　ㄴ. 布告　　　ㄷ. 開票　　　ㄹ. 布木

② ㄱ. 便紙　　　ㄴ. 便法　　　ㄷ. 便安　　　ㄹ. 便易

③ ㄱ. 何必　　　ㄴ. 河流　　　ㄷ. 頗多　　　ㄹ. 巷說

6 빈칸에 訓이 같거나 유사한 漢字를 쓰시오.

① 試(　)　　　　② 家(　)　　　　③ 英(　)　　　　④ (　)福

7 다음 빈 곳에 알맞은 漢字를 써 넣어 四字成語를 完成하시오.

① 百年(　)淸　　　② 自(　)自棄　　　③ (　)平聖代

8 다음 漢字의 部首를 쓰시오.

① 幸　　　　　② 咸　　　　　③ 太　　　　　④ 泰

⑤ 頗　　　　　⑥ 巷

9 다음 漢字의 略字를 쓰시오.

① 驗　　　　　② 兔

10 다음 漢字語의 뜻을 쓰시오.

① 何如間　　　　② 偏在　　　　③ 巷間

11 다음 一字多意字의 用例가 되는 單語를 보기처럼 각각 하나씩만 漢字語로 쓰시오.

```
┌─〈보기〉─────────────┐
│  見 ┬ 볼 견 : 見解        │
│     └ 뵈올 현 : 謁見       │
└──────────────────┘
```

① 便 ┬ ㉠ 편할 편 : _______　　　② 暴 ┬ ㉠ 사나울 폭 : _______
　　 └ ㉡ 똥오줌 변 : _______　　　　　 └ ㉡ 모질 포 : _______

정답

1 ① 우표 ② 판권 ③ 항간 ④ 편파 ⑤ 단풍 ⑥ 태연 ⑦ 포격 ⑧ 하량 ⑨ 파수 ⑩ 편차 ⑪ 포기 ⑫ 행운 ⑬ 택지 ⑭ 경험 ⑮ 함고 ⑯ 해말 ⑰ 현감 ⑱ 진폭 ⑲ 토로 ⑳ 간판 ㉑ 특설 ㉒ 변소 ㉓ 토사 ㉔ 포교 ㉕ 하기 ㉖ 현상금 ㉗ 하여간 ㉘ 폐활량 ㉙ 한반도 ㉚ 태극기　**2** ① 잡을 파 ② 매달 현 ③ 다 함 ④ 토할 토 ⑤ 단풍 풍 ⑥ 고을 현 ⑦ 치우칠 편 ⑧ 거리 항　**3** ① 暴 ② 驗 ③ 布 ④ 板 ⑤ 票 ⑥ 砲　**4** ① 看板 ② 暴雪 ③ 體驗 ④ 投票　**5** ① ㄴ ② ㄱ ③ ㄹ **6** ① 驗 ② 宅 ③ 特 ④ 幸　**7** ① 河 ② 暴 ③ 太　**8** ① 干 ② 口 ③ 大 ④ 水 ⑤ 頁 ⑥ 己　**9** ① 験 ② 兎　**10** ① 어쨌든 ② 어느 곳에 치우쳐 있음 ③ 일반인들 사이　**11** ① ㉠ 便利/便安/便紙 ㉡ 便器/便所/用便 ② ㉠ 暴力/暴發/暴行 ㉡ 暴棄/暴惡

390

미리 확인하기

O X   O X

						O X							O X
亨	亨	亨	亨	亨	亨	□ □	活	活	活	活	活	活	□ □
衡	衡	衡	衡	衡	衡	□ □	回	回	回	回	回	回	□ □
慧	慧	慧	慧	慧	慧	□ □	孝	孝	孝	孝	孝	孝	□ □
好	好	好	好	好	好	□ □	效	效	效	效	效	效	□ □
呼	呼	呼	呼	呼	呼	□ □	候	候	候	候	候	候	□ □
豪	豪	豪	豪	豪	豪	□ □	輝	輝	輝	輝	輝	輝	□ □
虎	虎	虎	虎	虎	虎	□ □	凶	凶	凶	凶	凶	凶	□ □
胡	胡	胡	胡	胡	胡	□ □	戱	戱	戱	戱	戱	戱	□ □
浩	浩	浩	浩	浩	浩	□ □	角	角	角	角	角	角	□ □
毫	毫	毫	毫	毫	毫	□ □	言	言	言	言	言	言	□ □
湖	湖	湖	湖	湖	湖	□ □	谷	谷	谷	谷	谷	谷	□ □
或	或	或	或	或		□ □	豆	豆	豆	豆	豆	豆	□ □
洪	洪	洪	洪	洪	洪	□ □	貝	貝	貝	貝	貝	貝	□ □
畫	畫	畫	畫	畫	畫	□ □	赤	赤	赤	赤	赤	赤	□ □
丸	丸	丸	丸	丸	丸	□ □	走	走	走	走	走	走	□ □

畫龍點睛 □ □ □ □   走馬看山 □ □ □ □

好事多魔 □ □ □ □   浩然之氣 □ □ □ □

1741 　3급
亨　형통할 형
⦗부⦘ 亠
亨通(형통)　萬事亨通(만사형통)

1742 　3급Ⅱ
衡　저울대 형
⦗부⦘ 行
權衡(권형)　均衡(균형)　平衡(평형)　衡器(형기)　衡平(형평)
무게를 다는 기구

1743 　3급Ⅱ
慧　슬기로울 혜:
⦗부⦘ 心　⦗유⦘ 智 슬기 지
智慧(지혜)　慧敏(혜:민)　慧性(혜:성)　慧心(혜:심)
슬기로운 마음

1744 　4급Ⅱ
好　좋을 호:
⦗부⦘ 女　⦗반⦘ 惡 미워할 오
好感(호:감)　好氣(호:기)　好意(호:의)　好況(호:황)　好奇心(호기심)
🔵참고 好況(호황) ↔ 不況(불황)

1745 　4급Ⅱ
呼　부를 호
⦗부⦘ 口　⦗반⦘ 吸 숨들이쉴 흡
呼名(호명)　呼訴(호소)　呼應(호응)　呼稱(호칭)　呼吸(호흡)

1746 　3급Ⅱ
豪　호걸 호
⦗부⦘ 豕
豪强(호강)　豪傑(호걸)　豪農(호농)　豪言(호언)　豪雨(호우)　豪族(호족)
지방에서 세력이 있고 많은 땅과 재산을 가지고 있는 농가

1747 　3급Ⅱ
虎　범 호:
⦗부⦘ 虍　⦗유⦘ 寅 범 인
虎口(호:구)　虎班(호:반)　虎視(호:시)　虎穴(호:혈)　虎患(호:환)
범이 사람이나 가축에 끼치는 해

1748 　3급Ⅱ
胡　되 호
⦗부⦘ 月(肉)
胡歌(호가)　胡說(호설)　胡蝶(호접)　胡風(호풍)　丙子胡亂(병자호란)
호인(胡人)의 풍속

1749 　3급Ⅱ
浩　넓을 호:
⦗부⦘ 氵(水)　⦗유⦘ 廣 넓을 광, 洪 넓을 홍
浩氣(호:기)　浩大(호:대)　浩然(호:연)　浩歎(호:탄)　浩然之氣(호연지기)

1750 　3급
毫　터럭 호
⦗부⦘ 毛　⦗유⦘ 髮 터럭 발
秋毫(추호)　毫端(호단)　毫末(호말)　毫毛(호모)　毫髮(호발)
아주 잔 털

1751 　5급
湖　호수 호
⦗부⦘ 氵(水)
湖南(호남)　湖面(호면)　湖上(호상)　湖西(호서)　湖水(호수)　湖港(호항)

59일째 한자익히기 1752~1762

或 洪 畫 丸 活 回 孝 效 候 輝 凶

1752 4급
或
혹 혹
(부)戈
間或(간:혹) 或是(혹시) 或如(혹여) 或曰(혹왈) 或者(혹자)
어떤 사람이 말하는 바

1753 3급II
洪
넓을 홍
(부)氵(水) (유)廣 넓을 광, 浩 넓을 호
洪水(홍수) 洪大(홍대) 洪業(홍업) 洪化(홍화) 洪績世(홍적세)
크나큰 덕화

1754 6급
畫
그림 화:
그을 획
(부)田 (유)圖 그림 도 (약)画
畫家(화:가) 畫壇(화:단) 畫廊(화:랑) 畫伯(화:백) 畫報(화:보)
畫力(획력) 畫法(획법) 畫數(획수) 畫順(획순) 畫引(획인)

1755 3급
丸
둥글 환
(부)丶 (유)圓 둥글 원
彈丸(탄:환) 砲丸(포:환) 丸劑(환제) 丸藥(환약) 丸玉(환옥)

1756 7급
活
살 활
(부)氵(水) (유)生 날 생 (반)死 죽을 사
復活(부:활) 活氣(활기) 活動(활동) 活力(활력) 活路(활로) 活潑(활발)

1757 4급II
回
돌아올 회
(부)囗 (유)還 돌아올 환, 歸 돌아올 귀
回甲(회갑) 回顧(회고) 回軍(회군) 回答(회답) 回診(회진)
군사를 거두어 돌아옴

1758 7급
孝
효도 효:
(부)子
孝德(효:덕) 孝道(효:도) 孝婦(효:부) 孝誠(효:성) 孝心(효:심)

1759 5급
效
본받을 효:
(부)攵(攴)
藥效(약효) 效果(효:과) 效力(효:력) 效用(효:용) 效率(효:율)

1760 4급
候
기후 후
(부)亻(人)
氣候(기후) 候補(후보) 候雁(후안) 候鳥(후조) 候風(후풍)
배가 떠날 무렵에 순풍을 기다림

1761 3급
輝
빛날 휘
(부)車 (유)華 빛날 화
輝光(휘광) 輝度(휘도) 輝石(휘석) 輝煌(휘황) 輝安石(휘안석)

1762 5급
凶
흉할 흉
(부)凵 (반)吉 길할 길, 豊 풍성할 풍
凶家(흉가) 凶器(흉기) 凶聞(흉문) 凶物(흉물) 凶惡(흉악) 凶暴(흉폭)

1763 3급 II — 戲 놀이 희 — ㈜戈 ㈜遊 놀 유
遊戲(유희) 戲談(희담) 戲文(희문) 戲遊(희유) 戲作(희작) 戲筆(희필)

1764 6급 — 角 뿔 각 — ㈜角
角度(각도) 角膜(각막) 角木(각목) 角逐(각축) 銳角(예:각) 觸角(촉각)

1765 6급 — 言 말씀 언 — ㈜言 ㈜語 말씀 어, 談 말씀 담 ㈜行 다닐 행
言動(언동) 言論(언론) 言語(언어) 言爭(언쟁) 言行(언행)

1766 3급 II — 谷 골 곡 — ㈜谷
溪谷(계곡) 谷水(곡수) 谷風(곡풍) 谷氷河(곡빙하) 深山幽谷(심산유곡)
골짜기의 물

1767 4급 II — 豆 콩 두 — ㈜豆
綠豆(녹두) 豆類(두류) 豆腐(두부) 豆乳(두유) 豆太(두태)
콩과 팥

1768 3급 — 貝 조개 패: — ㈜貝
貝殼(패:각) 貝甲(패:갑) 貝類(패:류) 貝物(패:물) 貝石(패:석)
조개의 화석

1769 5급 — 赤 붉을 적 — ㈜赤 ㈜丹 붉을 단, 朱 붉을 주, 紅 붉을 홍
赤旗(적기) 赤道(적도) 赤貧(적빈) 赤潮(적조) 赤壁歌(적벽가)
몹시 가난함

1770 4급 II — 走 달릴 주 — ㈜走 ㈜奔 달릴 분
走力(주력) 走法(주법) 走時(주시) 走破(주파) 走筆(주필) 走行(주행)
글씨를 흘려서 빨리 씀

| 오늘의사자성어 |

畫龍點睛 화룡점정 가장 요긴한 부분을 마치어 일을 끝냄

走馬看山 주마간산 [달리는 말위에서 산천을 구경함] 즉 이것저것 볼 시간 없이 대충대충 지나침을 이름

好事多魔 호사다마 좋은 일에는 방해되는 일이 많다는 말

浩然之氣 호연지기 공명정대하고 막힘이 없는 도덕적 원기

1 다음 漢字語의 讀音을 쓰시오.

① 間或	② 浩然	③ 走破	④ 虎患
⑤ 秋毫	⑥ 均衡	⑦ 貝物	⑧ 候補
⑨ 亨通	⑩ 回診	⑪ 溪谷	⑫ 言爭
⑬ 凶暴	⑭ 豪傑	⑮ 洪業	⑯ 彈丸
⑰ 戲談	⑱ 效率	⑲ 孝誠	⑳ 觸角
㉑ 呼稱	㉒ 輝光	㉓ 復活	㉔ 豆腐
㉕ 湖港	㉖ 畫順	㉗ 慧敏	㉘ 胡蝶
㉙ 好奇心	㉚ 赤壁歌		

2 다음 漢字의 訓과 音을 쓰시오.

① 慧	② 虎	③ 衡	④ 戲
⑤ 浩	⑥ 輝	⑦ 洪	⑧ 胡

3 다음의 訓과 音을 지닌 漢字를 쓰시오.

① 달릴 주	② 좋을 호	③ 기후 후	④ 혹 혹
⑤ 콩 두	⑥ 돌아올 회		

4 밑줄 그은 單語를 漢字語로 쓰시오.

① 오늘은 친척집 회갑잔치에 가야 한다.

② 이 사건을 보고 혹자는 이렇게 말하기도 한다.

③ 저의 호의를 무시하지 말아주세요.

④ 그에게서 회신이 없어 답답하다.

5 다음 漢字語 중 첫소리가 長音인 것을 고르시오.

① ㄱ. 效力　　ㄴ. 豆乳　　ㄷ. 湖水　　ㄹ. 赤道

② ㄱ. 丸藥　　ㄴ. 浩氣　　ㄷ. 衡平　　ㄹ. 洪水

③ ㄱ. 回顧　　ㄴ. 呼吸　　ㄷ. 虎口　　ㄹ. 豪雨

6 뜻이 反對 또는 相對되는 漢字를 쓰시오.

① 惡 ↔ (　)　　　② 吸 ↔ (　)　　　③ 死 ↔ (　)　　　④ 吉 ↔ (　)

7 빈칸에 訓이 같거나 유사한 漢字를 써 넣어 單語를 完成하시오.

① 圖(　)　　　② 生(　)　　　③ 朱(　)

8 다음 빈 곳에 알맞은 漢字를 써 넣어 四字成語를 完成하시오.

① (　)馬看山　　　② (　)龍點睛　　　③ (　)手空拳　　　④ 吉(　)禍福

9 다음 漢字의 部首를 쓰시오.

① 虎　　　② 貝　　　③ 輝　　　④ 或

⑤ 畫　　　⑥ 丸

10 다음 漢字語의 뜻을 쓰시오.

① 走者　　　② 衡器　　　③ 角度　　　④ 言爭　　　⑤ 效用

11 다음 漢字의 略字를 쓰시오.

① 畫

정답

1 ① 간혹 ② 호연 ③ 주파 ④ 호환 ⑤ 추호 ⑥ 균형 ⑦ 패물 ⑧ 후보 ⑨ 형통 ⑩ 회진 ⑪ 계곡 ⑫ 언쟁 ⑬ 흉폭 ⑭ 호걸 ⑮ 홍업 ⑯ 탄환 ⑰ 희담 ⑱ 효율 ⑲ 효성 ⑳ 촉각 ㉑ 호칭 ㉒ 휘광 ㉓ 부활 ㉔ 두부 ㉕ 호항 ㉖ 획순 ㉗ 혜민 ㉘ 호접 ㉙ 호기심 ㉚ 적벽가　**2** ① 슬기로울 혜 ② 범 호 ③ 저울대 형 ④ 놀이 희 ⑤ 넓을 호 ⑥ 빛날 휘 ⑦ 넓을 홍 ⑧ 되 호　**3** ① 走 ② 好 ③ 候 ④ 或 ⑤ 豆 ⑥ 回　**4** ① 回甲 ② 或者 ③ 好意 ④ 回信　**5** ① ㄱ ② ㄴ ③ ㄷ　**6** ① 好 ② 呼 ③ 活 ④ 凶　**7** ① 畫 ② 活 ③ 赤　**8** ① 走 ② 畫 ③ 赤 ④ 凶　**9** ① 虍 ② 貝 ③ 車 ④ 戈 ⑤ 田 ⑥ 丶　**10** ① 달리는 사람 ② 무게를 다는 기구 ③ 각의 크기 ④ 말다툼 ⑤ 쓸모. 용도　**11** ① 画

미리 확인하기   o x   o x

足	足 足 足 足 足	□ □	音	音 音 音 音 音	□ □
身	身 身 身 身 身	□ □	風	風 風 風 風 風	□ □
車	車 車 車 車 車	□ □	飛	飛 飛 飛 飛 飛	□ □
辛	辛 辛 辛 辛 辛	□ □	食	食 食 食 食 食	□ □
辰	辰 辰 辰 辰 辰	□ □	首	首 首 首 首 首	□ □
邑	邑 邑 邑 邑 邑	□ □	香	香 香 香 香 香	□ □
酉	酉 酉 酉 酉 酉	□ □	馬	馬 馬 馬 馬 馬	□ □
里	里 里 里 里 里	□ □	骨	骨 骨 骨 骨 骨	□ □
金	金 金 金 金 金	□ □	高	高 高 高 高 高	□ □
長	長 長 長 長 長	□ □	髮	髮 髮 髮 髮 髮	□ □
門	門 門 門 門 門	□ □	鬼	鬼 鬼 鬼 鬼 鬼	□ □
雨	雨 雨 雨 雨 雨	□ □	魚	魚 魚 魚 魚 魚	□ □
青	青 青 青 青 青	□ □	鳥	鳥 鳥 鳥 鳥 鳥	□ □
面	面 面 面 面 面	□ □	鹿	鹿 鹿 鹿 鹿 鹿	□ □
革	革 革 革 革 革	□ □	麥	麥 麥 麥 麥 麥	□ □

刻骨難忘 □ □ □ □   登高自卑 □ □ □ □

雨後竹筍 □ □ □ □   青出於藍 □ □ □ □

1771 7급	足 발 족	⊕足 ⊜手 손 수

滿足(만족)　不足(부족)　手足(수족)　<u>足掌(족장)</u>　足跡(족적)　充足(충족)
발바닥

1772 6급	身 몸 신	⊕身 ⊝肉 고기 육, 體 몸 체 ⊜心 마음 심

獨身(독신)　身分(신분)　身世(신세)　身元(신원)　身長(신장)

1773 7급	車 수레 거(차)	⊕車

汽車(기차)　車庫(차고)　人力車(인력거)　自轉車(자전거)　停車場(정거장)

1774 3급	辛 매울 신	⊕辛

辛苦(신고)　辛卯(신묘)　辛未(신미)　<u>辛勝(신승)</u>　千辛萬苦(천신만고)
가까스로 이김

1775 3급II	辰 별 진 / 때 신	⊕辰

辰年(진년)　辰方(진방)　辰星(진성)　<u>辰時(진시)</u>　壬辰倭亂(임진왜란)
日月星辰(일월성신)　　상오 7시부터 상오 9시까지의 동안

1776 7급	邑 고을 읍	⊕邑

小邑(소:읍)　邑內(읍내)　邑民(읍민)　邑長(읍장)　<u>邑豪(읍호)</u>
고을에서 으뜸가는 부호

1777 3급	酉 닭 유	⊕酉

己酉(기유)　酉年(유년)　酉時(유시)　<u>酉初(유초)</u>　乙酉(을유)
십이시의 유시(酉時)의 처음

1778 7급	里 마을 리:	⊕里

洞里(동:리)　里長(이:장)　里程標(이정표)　不遠千里(불원천리)

1779 8급	金 쇠 금 / 성 김	⊕金

金屬(금속)　金額(금액)　資金(자금)　黃金(황금)　<u>金蘭之交(금란지교)</u>
친구 사이가 매우 도타움을 이름

1780 8급	長 긴 장(:)	⊕長 ⊜短 짧을 단, 幼 어릴 유

長久(장구)　長短(장단)　長老(장:로)　長成(장:성)　長篇(장편)
참고 長篇(장편) ↔ 短篇(단편)

1781 8급	門 문 문	⊕門

家門(가문)　門閥(문벌)　窓門(창문)　學問(학문)　門外漢(문외한)

60일째 한자익히기 1782~1792

雨青面革音風飛食首香馬

1782 5급
雨 비 우:

㉘雨 ㉠晴 갤 청

雨期(우:기) 雨衣(우:의) 暴雨(폭우) 雨後竹筍(우후죽순)

참고 雨期(우기) ↔ 乾期(건기)

1783 8급
青 푸를 청

㉘青 ㉠綠 푸를 록

青山(청산) 青色(청색) 青山流水(청산유수) 青出於藍(청출어람)

1784 7급
面 낯 면:

㉘面

面識(면:식) 面接(면:접) 面許(면:허) 面會(면:회) 額面(액면)
서로 얼굴을 앎

1785 4급
革 가죽 혁

㉘革

貫革(관:혁) 沿革(연:혁) 皮革(피혁) 革帶(혁대) 革命(혁명)

1786 6급
音 소리 음

㉘音 ㉠聲 소리 성

防音(방음) 音聲(음성) 音樂(음악) 音程(음정)

1787 6급
風 바람 풍

㉘風

遺風(유풍) 風景(풍경) 風俗(풍속) 風車(풍차) 風樹之嘆(풍수지탄)
예로부터 지켜 내려오는
생활에 관한 사회적 습관

1788 4급Ⅱ
飛 날 비

㉘飛

飛上(비상) 飛躍(비약) 飛行(비행) 烏飛梨落(오비이락)
높이 뛰어오름

1789 7급
食 먹을 식 / 밥 사

㉘食

間食(간:식) 眠食(면식) 食事(식사) 食飲(식음) 食品(식품) 洋食(양식)
疏食(소사) 蔬食(소사)

1790 5급
首 머리 수

㉘首 ㉠頭 머리 두 ㉠尾 꼬리 미

首都(수도) 首尾(수미) 首相(수상) 首長(수장) 鶴首苦待(학수고대)
처음과 끝

1791 4급Ⅱ
香 향기 향

㉘香

香氣(향기) 香茶(향다) 香水(향수) 香草(향초) 香辛料(향신료)
향기가 좋은 차

1792 5급
馬 말 마:

㉘馬

競馬(경:마) 馬毛(마:모) 馬夫(마:부) 馬車(마:차) 走馬看山(주마간산)

| 1793
4급 | 骨
뼈 골 | 유 骨 반 皮 가죽 피
骨格(골격) 骨折(골절) 刻骨難忘(각골난망) 骨肉相殘(골육상잔) |

| 1794
6급 | 高
높을 고 | 유 高 유 崇 높을 숭 반 低 낮을 저
高度(고도) 高溫(고온) 高低(고저) 崇高(숭고) 登高自卑(등고자비)
참고 高溫(고온) ↔ 低溫(저온) |

| 1795
4급 | 髮
터럭 발 | 유 髟 유 毛 털 모
假髮(가:발) 頭髮(두발) 毛髮(모발) 髮際(발제) 白髮(백발)
목뒤의 머리털이 난 가장자리의 부스럼 |

| 1796
3급II | 鬼
귀신 귀: | 유 鬼 유 神 귀신 신
鬼哭(귀:곡) 鬼謀(귀:모) 鬼神(귀:신) 鬼形(귀:형) 神出鬼沒(신출귀몰)
귀신의 형상 |

| 1797
5급 | 魚
고기/
물고기 어 | 유 魚
魚類(어류) 魚網(어망) 魚物(어물) 魚肉(어육) 乾魚物(건어물) |

| 1798
4급II | 鳥
새 조 | 유 鳥
白鳥(백조) 鳥類(조류) 鳥網(조망) 鳥翼(조익) 鳥媒花(조매화)
새의 날개 |

| 1799
3급 | 鹿
사슴 록 | 유 鹿
鹿角(녹각) 鹿皮(녹피) 白鹿(백록) 逐鹿(축록) 指鹿爲馬(지록위마) |

| 1800
3급II | 麥
보리 맥 | 유 麥 약 麦
麥穀(맥곡) 麥芽(맥아) 麥酒(맥주) 麥飯石(맥반석) 麥秀之嘆(맥수지탄)
보리나 밀 따위의 곡식 |

| 오 늘 의 사 자 성 어 |

刻骨難忘 각골난망 은혜에 대한 고마움이 뼛속 깊이 스며 잊혀지지 아니함
登高自卑 등고자비 지위가 높을수록 스스로 몸을 낮춘다는 뜻
雨後竹筍 우후죽순 [비온 후에 솟는 죽순처럼] 어떤 일이 한 때에 많이 일어남을 이르는 말
靑出於藍 청출어람 스승보다 제자가 더 뛰어나거나 훌륭함을 뜻함

1 다음 漢字語의 讀音을 쓰시오.

① 邑內	② 門閥	③ 靑色	④ 里長
⑤ 革命	⑥ 防音	⑦ 辛未	⑧ 風車
⑨ 額面	⑩ 飛躍	⑪ 間食	⑫ 車庫
⑬ 首長	⑭ 長成	⑮ 香草	⑯ 辰年
⑰ 馬夫	⑱ 骨格	⑲ 身元	⑳ 金屬
㉑ 酉時	㉒ 崇高	㉓ 假髮	㉔ 足跡
㉕ 魚網	㉖ 鳥類	㉗ 雨期	㉘ 鬼哭
㉙ 白鹿	㉚ 麥穀		

2 다음 漢字의 訓과 音을 쓰시오.

① 辛	② 辰	③ 酉	④ 鬼
⑤ 鹿	⑥ 麥	⑦ 食	⑧ 首

3 다음의 訓과 音을 지닌 漢字를 쓰시오.

① 가죽 혁	② 날 비	③ 향기 향	④ 뼈 골
⑤ 터럭 발	⑥ 새 조	⑦ 고을 읍	⑧ 푸를 청

4 밑줄 그은 單語를 漢字語로 쓰시오.

① 화면이 선명하지 않네요.

② 음정, 박자 무시하고 노래를 부르니?

③ 난 양식을 별로 좋아하지 않아.

④ 건어물 가게는 시장입구에 있어요.

5 다음 漢字語 중 첫소리가 長音인 것을 고르시오.

① ㄱ. 香氣   ㄴ. 骨折   ㄷ. 高溫   ㄹ. 鬼神

② ㄱ. 馬車   ㄴ. 首都   ㄷ. 食飮   ㄹ. 飛行

③ ㄱ. 長老   ㄴ. 長久   ㄷ. 長篇   ㄹ. 長短

6 다음 빈칸에 뜻이 反對 또는 相反 되는 漢字를 쓰시오.

① 手 ↔ ( )　　② 心 ↔ ( )　　③ ( ) ↔ 短　　④ ( ) ↔ 晴

⑤ ( ) ↔ 尾　　⑥ ( ) ↔ 低

7 다음 빈칸에 訓이 같거나 유사한 漢字를 써넣어 單語를 完成하시오.

① ( )體　　② ( )聲　　③ 崇( )　　④ 毛( )

8 다음 빈 칸에 알맞은 漢字를 써넣어 四字成語를 完成하시오.

① 不遠千( )　　② 晝夜( )川　　③ ( )出於藍　　④ 鳥( )梨落

9 다음 漢字의 部首를 쓰시오.

① 髮　　② 麥　　③ 風　　④ 飛

IO 다음 漢字語의 뜻을 쓰시오.

① 辛苦　　② 飛上　　③ 首尾　　④ 麥芽

⑤ 革進　　⑥ 面識

II 音이 같고 뜻이 다른 漢字語를 한가지씩 쓰시오.

① 靑山　　② 眠食

정답

1 ① 읍내 ② 문벌 ③ 청색 ④ 이장 ⑤ 혁명 ⑥ 방음 ⑦ 신미 ⑧ 풍차 ⑨ 액면 ⑩ 비약 ⑪ 간식 ⑫ 차고 ⑬ 수장 ⑭ 장성 ⑮ 향초 ⑯ 진년 ⑰ 마부 ⑱ 골격 ⑲ 신원 ⑳ 금속 ㉑ 유시 ㉒ 숭고 ㉓ 가발 ㉔ 족적 ㉕ 어망 ㉖ 조류 ㉗ 우기 ㉘ 귀곡 ㉙ 백록 ㉚ 맥곡 **2** ① 매울 신 ② 별 진 ③ 닭 유 ④ 귀신 귀 ⑤ 사슴 록 ⑥ 보리 맥 ⑦ 밥/먹을 식 ⑧ 머리 수 **3** ① 革 ② 飛 ③ 香 ④ 骨 ⑤ 髮 ⑥ 鳥 ⑦ 邑 ⑧ 靑 **4** ① 畫面 ② 音程 ③ 洋食 ④ 乾魚物 **5** ① ㄹ ② ㄱ ③ ㄱ **6** ① 足 ② 身 ③ 長 ④ 雨 ⑤ 首 ⑥ 高 **7** ① 身 ② 音 ③ 高 ④ 髮 **8** ① 里 ② 長 ③ 靑 ④ 飛 **9** ① 髟 ② 麥 ③ 風 ④ 飛 **10** ① 어려움에 처하여 몹시 애씀, 또는 그 고통이나 고생 ② 날아오름 ③ 처음과 끝 ④ 엿기름 ⑤ 고치어 새로운 방향으로 나아감 ⑥ 서로 얼굴을 앎 **11** ① 淸算 ② 面識

미리 확인하기

o X   o X

麻	麻 麻 麻 麻 麻	□ □
黃	黃 黃 黃 黃 黃	□ □
黑	黑 黑 黑 黑 黑	□ □
鼓	鼓 鼓 鼓 鼓 鼓	□ □
鼻	鼻 鼻 鼻 鼻 鼻	□ □
齊	齊 齊 齊 齊 齊	□ □
齒	齒 齒 齒 齒 齒	□ □
龍	龍 龍 龍 龍 龍	□ □
龜	龜 龜 龜 龜 龜	□ □

矣	矣 矣 矣 矣 矣	□ □
也	也 也 也 也 也	□ □
耶	耶 耶 耶 耶 耶	□ □
於	於 於 於 於 於	□ □
于	于 于 于 于 于	□ □
哉	哉 哉 哉 哉 哉	□ □
兮	兮 兮 兮 兮 兮	□ □
乎	乎 乎 乎 乎 乎	□ □

耳目口鼻 □ □ □ □   有耶無耶 □ □ □ □

龜毛兎角 □ □ □ □   言則是也 □ □ □ □

1801 3급Ⅱ
麻 삼 마(:)
㈜麻
亂麻(난:마) 麻衣(마의) 麻雀(마:작) 麻布(마포) 麻織物(마직물)
삼베옷

1802 6급
黃 누를 황
㈜黃
黃金(황금) 黃桃(황도) 黃紗(황사) 黃泉(황천) 黃土(황토) 黃昏(황혼)

1803 5급
黑 검을 흑
㈜黑 ㊠暗 어두울 암 ㊦白 흰 백
暗黑(암:흑) 黑色(흑색) 黑心(흑심) 黑鉛(흑연) 黑雲(흑운) 黑炭(흑탄)

1804 3급Ⅱ
鼓 북 고
㈜鼓
鼓動(고동) 鼓手(고수) 鼓吹(고취) 小鼓(소:고) 申聞鼓(신문고)
북을 치고 피리를 붊

1805 5급
鼻 코 비:
㈜鼻
鼻孔(비:공) 鼻笑(비:소) 鼻炎(비:염) 鼻音(비:음) 耳目口鼻(이목구비)
콧구멍

1806 3급Ⅱ
齊 가지런할 제
㈜齊 ㊠整 가지런할 정 ㊱斉
一齊(일제) 整齊(정:제) 齊民(제민) 齊唱(제창) 修身齊家(수신제가)

1807 4급Ⅱ
齒 이 치
㈜齒 ㊱歯
齒科(치과) 齒石(치석) 齒牙(치아) 齒藥(치약) 齒列(치열) 齒痛(치통)

1808 4급
龍 용 룡(용)
㈜龍 ㊱竜
龍宮(용궁) 龍顔(용안) 龍王(용왕) 靑龍(청룡) 登龍門(등용문)

1809 3급
龜 거북 귀(구) / 터질 균
㈜龜 ㊱亀
龜鑑(귀감) 龜甲(귀갑) 龜船(귀선) 龜毛兔角(귀모토각)
龜裂(균열)
거북의 등딱지 거북선

1810 3급
矣 어조사 의
㈜矢
萬事休矣(만사휴의) 曲在我矣(곡재아의)
이제 더 손쓸 방도가 없이 모든 것이 끝장남

1811 3급
也 이끼/어조사 야:
㈜乙
也帶(야:대) 或也(혹야) 及其也(급기야) 言則是也(언즉시야)

61일째 한자익히기 1812~1817

耶 於 于 哉 兮 乎

1812 3급 **耶** ㉘耳
어조사 야
耶蘇(야:소) 有耶無耶(유야무야) 千耶萬耶(천야만야)

1813 3급 **於** ㉘方
어조사 어
탄식할 오
於焉(어언) 甚至於(심지어) 於中間(어중간) 於此彼(어차피)
於邑(오읍)

1814 3급 **于** ㉘二
어조사 우
于歸(우귀) 于今(우금) 于先(우선) 至于今(지우금)
(무엇을 하기에 앞서) 먼저

1815 3급 **哉** ㉘口
어조사 재
快哉(쾌재) 哉生明(재생명) 嗚呼痛哉(오호통재)
통쾌한 일

1816 3급 **兮** ㉘八
어조사 혜
兮也(혜야)

1817 3급 **乎** ㉘丿
어조사 호
斷乎(단:호) 確乎(확호)
아주 든든하고 굳셈

| 오 늘 의 사 자 성 어 |

耳目口鼻 이목구비 귀·눈·입·코를 아울러 이르는 말
有耶無耶 유야무야 있는 듯 없는 듯 흐지부지함
龜毛兔角 귀모토각 [거북의 털과 토끼의 뿔이라는 뜻] '절대로 있을 수 없는 일'을 비유하여 이름
言則是也 언즉시야 말이 사리에 맞음

1 다음 漢字語의 讀音을 쓰시오.

① 麻布   ② 黑炭   ③ 鼓動   ④ 鼻炎
⑤ 黃昏   ⑥ 齊民   ⑦ 齒列   ⑧ 龍顔
⑨ 龜甲   ⑩ 或也   ⑪ 耶蘇   ⑫ 于今
⑬ 快哉   ⑭ 兮也   ⑮ 斷乎   ⑯ 於焉
⑰ 齊唱

2 다음 漢字의 訓과 音을 쓰시오.

① 麻   ② 鼓   ③ 齊   ④ 兮
⑤ 哉   ⑥ 也

3 다음의 訓과 音을 지닌 漢字를 쓰시오.

① 이 치   ② 용 룡   ③ 누를 황   ④ 검을 흑   ⑤ 코 비

4 밑줄 그은 單語를 漢字語로 쓰시오.

① 거북이는 토끼를 데리고 <u>용궁</u>으로 갔습니다.
② 정기적으로 <u>치과</u>에 가야 해요.
③ 무언가 <u>흑심</u>이 있는 것이 분명해.
④ 그의 <u>비소</u>에 자존심이 상했다.
⑤ <u>황금</u> 보기를 돌같이 하라.

5 다음 漢字語 중 첫소리가 長音인 것을 고르시오.

① ㄱ. 黃土   ㄴ. 黑雲   ㄷ. 麻布   ㄹ. 小鼓
② ㄱ. 鼓動   ㄴ. 齊唱   ㄷ. 鼻炎   ㄹ. 齒牙
③ ㄱ. 也帶   ㄴ. 龜甲   ㄷ. 黑色   ㄹ. 于先

6 다음 빈 칸에 알맞은 漢字를 써넣어 四字成語를 完成하시오.

① 脣亡( )寒　　　　② 吾( )三尺　　　③ ( )頭蛇尾

7 다음 漢字의 部首를 쓰시오.

① 乎　　　　② 兮　　　　③ 哉　　　　④ 于
⑤ 於　　　　⑥ 耶　　　　⑦ 也　　　　⑧ 矣

8 다음 漢字語의 뜻을 쓰시오.

① 麻衣　　　　② 鼻孔　　　　③ 龜船

9 다음 漢字의 略字를 쓰시오.

① 龜　　　　② 龍　　　　③ 齒　　　　④ 齊

10 音이 같고 뜻이 다른 漢字語를 한가지만 쓰시오

① 一齊　　　　② 龍顔

1 ① 마포 ② 흑탄 ③ 고동 ④ 비염 ⑤ 황혼 ⑥ 제민 ⑦ 치열 ⑧ 용안 ⑨ 귀갑 ⑩ 혹야 ⑪ 야소 ⑫ 우금 ⑬ 쾌재 ⑭ 혜야 ⑮ 단호 ⑯ 어언 ⑰ 제창　**2** ① 삼 마 ② 북 고 ③ 가지런할 제 ④ 어조사 혜 ⑤ 어조사 재 ⑥ 이끼/어조사 야　**3** ① 齒 ② 龍 ③ 黃 ④ 黑 ⑤ 鼻　**4** ① 龍宮 ② 齒科 ③ 黑心 ④ 鼻笑 ⑤ 黃金　**5** ① ㄹ ② ㄷ ③ ㄱ　**6** ① 齒 ② 鼻 ③ 龍　**7** ① 丿 ② 八 ③ 口 ④ 二 ⑤ 方 ⑥ 耳 ⑦ 乙 ⑧ 矢　**8** ① 삼베옷 ② 콧구멍 ③ 거북선　**9** ① 亀 ② 竜 ③ 歯 ④ 斉　**10** ① 日帝 ② 容顔

쓰기한자 · 읽기한자 점검하기

01 금할 금	( )	19 愁 (	)
02 기특할 / 기이할 기	( )	20 逮 (	)
03 무리 등	( )	21 戲 (	)
04 벌릴 / 벌 라	( )	22 倒 (	)
05 맞을 적	( )	23 獄 (	)
06 거느릴 령	( )	24 錯 (	)
07 부칠 기	( )	25 陵 (	)
08 길할 길	( )	26 途 (	)
09 분할 분	( )	27 墨 (	)
10 나그네 려	( )	28 騰 (	)
11 익힐 련	( )	29 郞 (	)
12 성낼 노	( )	30 飯 (	)
13 밝을 랑	( )	31 廊 (	)
14 향기 향	( )	32 俱 (	)
15 섬 도	( )	33 菊 (	)
16 어질 량	( )	34 軌 (	)
17 두 량	( )	35 塗 (	)
18 계절 계	( )	36 腰 (	)

---

1 禁 2 奇 3 等 4 羅 5 適 6 領 7 寄 8 吉 9 憤 10 旅 11 練 12 怒 13 朗 14 香 15 島 16 良 17 兩 18 季 19 근심 수 20 잡을 체 21 놀이 희 22 넘어질 도 23 옥 옥 24 어긋날 착 25 언덕 릉 26 길 도 27 먹 묵 28 오를 등 29 사내 랑 30 밥 반 31 사랑채 / 행랑 랑 32 함께 구 33 국화 국 34 바퀴자국 궤 35 칠할 도 36 허리 요

5단계 쓰기한자·읽기한자 점검하기

37 집 궁 ( )	57 隔 ( )
38 연고 고 ( )	58 蓋 ( )
39 부처 불 ( )	59 繫 ( )
40 책 권 ( )	60 恐 ( )
41 고를 균 ( )	61 陶 ( )
42 방 방 ( )	62 梁 ( )
43 물끓는김 기 ( )	63 狂 ( )
44 범할 범 ( )	64 娘 ( )
45 도울 조 ( )	65 茶 ( )
46 무리 류 ( )	66 臨 ( )
47 뭍 륙 ( )	67 縣 ( )
48 시 시 ( )	68 漫 ( )
49 법칙 률 ( )	69 盟 ( )
50 누이 매 ( )	70 某 ( )
51 방해할 방 ( )	71 郭 ( )
52 버금 부 ( )	72 館 ( )
53 절 사 ( )	73 慕 ( )
54 절제할 제 ( )	74 貿 ( )
55 같을 여 ( )	75 械 ( )
56 대포 포 ( )	76 諒 ( )

37 宮   38 故   39 佛   40 卷   41 均   42 房   43 汽   44 犯   45 助   46 類   47 陸   48 詩   49 律   50 妹   51 妨   52 副   53 寺   54 制   55 如   56 砲   57 사이뜰 격   58 덮을 개   59 맬 계   60 두려울 공   61 질그릇 도   62 들보 / 돌다리 량   63 미칠 광   64 계집 낭   65 차 다   66 임할 림   67 고을 현   68 흩어질 만   69 맹세 맹   70 아무 모   71 둘레 / 외성 곽   72 집 관   73 그릴 모   74 무역할 무   75 기계 계   76 살펴알 / 믿을 량

77 사나울 폭, 모질 포 ( )		97 鍊 ( )	
78 표 표 ( )		98 嶺 ( )	
79 시험할 험 ( )		99 眉 ( )	
80 독 독 ( )		100 返 ( )	
81 부를 호 ( )		101 較 ( )	
82 새 조 ( )		102 般 ( )	
83 매울 렬 ( )		103 盤 ( )	
84 소나무 송 ( )		104 伴 ( )	
85 시험 시 ( )		105 婢 ( )	
86 손위누이 자 ( )		106 詞 ( )	
87 장할 장 ( )		107 森 ( )	
88 점령할 / 점칠 점 ( )		108 詳 ( )	
89 누를 / 억누를 압 ( )		109 像 ( )	
90 벌 / 벌일 렬 ( )		110 遂 ( )	
91 장정 / 고무래 정 ( )		111 零 ( )	
92 제사 제 ( )		112 雙 ( )	
93 쇠북 종 ( )		113 塞 ( )	
94 혹 혹 ( )		114 誓 ( )	
95 뜻 취 ( )		115 旋 ( )	
96 좋을 호 ( )		116 攝 ( )	

77暴　78票　79驗　80毒　81呼　82鳥　83烈　84松　85試　86姉　87壯　88占　89壓　90列　91丁　92祭　93鍾　94或　95趣　96好　97쇠불릴 / 단련할 련　98고개 / 재 령　99눈썹 미　100돌이킬 반　101비교 / 견줄 교　102가지 / 일반 반　103소반 반　104짝 반　105계집종 비　106말 / 글 사　107수풀 삼　108자세할 상　109모양 상　110드디어 수　111떨어질 / 영 령　112두 / 쌍 쌍　113막힐 색, 변방 새　114맹세할 서　115돌 선　116다스릴 / 잡을 섭

可 (옳을 가)	↔	否 (아닐 부)	果 (과실 과)	↔	因 (인할 인)
可 (옳을 가)	↔	未 (아닐 미)	寡 (적을 과)	↔	多 (많을 다)
可 (옳을 가)	↔	非 (아닐 비)	官 (벼슬 관)	↔	民 (백성 민)
加 (더할 가)	↔	減 (덜 감)	舊 (예 구)	↔	新 (새로울 신)
假 (거짓 가)	↔	眞 (참 진)	勤 (부지런할 근)	↔	怠 (게으를 태)
干 (방패 간)	↔	戈 (창 과)	勤 (부지런할 근)	↔	慢 (게으를 만)
減 (덜 감)	↔	增 (더할 증)	今 (이제 금)	↔	古 (예 고)
江 (강 강)	↔	山 (산 산)	及 (미칠 급)	↔	落 (떨어질 락)
開 (열 개)	↔	閉 (닫을 폐)	起 (일어날 기)	↔	寢 (잠잘 침)
客 (손 객)	↔	主 (주인 주)	飢 (주릴 기)	↔	飽 (배부를 포)
去 (갈 거)	↔	來 (올 래)	吉 (길할 길)	↔	凶 (흉할 흉)
乾 (하늘 건)	↔	坤 (땅 곤)	暖 (따뜻할 난)	↔	冷 (찰 랭)
乾 (마를 건)	↔	濕 (축축할 습)	暖 (따뜻할 난)	↔	寒 (찰 한)
擊 (칠 격)	↔	防 (막을 방)	南 (남녘 남)	↔	北 (북녘 북)
擊 (칠 격)	↔	守 (지킬 수)	男 (사내 남)	↔	女 (계집 녀)
繼 (이을 계)	↔	斷 (끊을 단)	納 (들일 납)	↔	出 (날 출)
苦 (괴로울 고)	↔	樂 (즐거울 락)	娘 (계집 낭)	↔	郎 (사내 랑)
苦 (쓸 고)	↔	甘 (달 감)	怒 (성낼 노)	↔	喜 (기쁠 희)
姑 (시어미 고)	↔	婦 (며느리 부)	多 (많을 다)	↔	少 (적을 소)
曲 (굽을 곡)	↔	直 (곧을 직)	旦 (아침 단)	↔	夕 (저녁 석)
哭 (울 곡)	↔	笑 (웃을 소)	單 (홑 단)	↔	厚 (두터울 후)
空 (빌 공)	↔	實 (열매 실)	短 (짧을 단)	↔	長 (긴 장)

斷 (끊을 단)	↔	續 (이을 속)		賣 (팔 매)	↔	買 (살 매)
淡 (맑을 담)	↔	濃 (짙을 농)		母 (어미 모)	↔	父 (아비 부)
畓 (논 답)	↔	田 (밭 전)		沒 (빠질 몰)	↔	出 (날 출)
大 (큰 대)	↔	小 (작을 소)		武 (호반 무)	↔	文 (글월 문)
東 (동녘 동)	↔	西 (서녘 서)		問 (물을 문)	↔	答 (대답할 답)
冬 (겨울 동)	↔	夏 (여름 하)		尾 (꼬리 미)	↔	首 (머리 수)
動 (움직일 동)	↔	止 (멈출 지)		班 (나눌 반)	↔	常 (항상 상)
頭 (머리 두)	↔	尾 (꼬리 미)		方 (모 방)	↔	圓 (둥글 원)
鈍 (둔할 둔)	↔	銳 (날카로울 예)		防 (막을 방)	↔	攻 (칠 공)
落 (떨어질 락)	↔	當 (마땅 당)		伏 (엎드릴 복)	↔	起 (일어날 기)
劣 (못할 렬)	↔	優 (넉넉할 우)		複 (겹칠 복)	↔	單 (홑 단)
勞 (일할 로)	↔	使 (부릴 사)		腹 (배 복)	↔	背 (등 배)
老 (늙을 로)	↔	少 (적을 소)		逢 (만날 봉)	↔	別 (헤어질 별)
利 (이로울 리)	↔	害 (해로울 해)		夫 (지아비 부)	↔	婦 (며느리 부)
理 (다스릴 리)	↔	解 (풀 해)		卑 (낮을 비)	↔	尊 (높을 존)
晩 (늦을 만)	↔	早 (일찍 조)		貧 (가난할 빈)	↔	富 (부자 부)
慢 (거만할 만)	↔	勤 (부지런할 근)		氷 (얼음 빙)	↔	炭 (숯 탄)
滿 (가득찰 만)	↔	虛 (빌 허)		私 (사사로울 사)	↔	公 (공변될 공)
末 (끝 말)	↔	本 (근본 본)		師 (스승 사)	↔	弟 (아우 제)
亡 (망할 망)	↔	存 (있을 존)		散 (흩을 산)	↔	集 (모을 집)
亡 (망할 망)	↔	興 (일어날 흥)		山 (메 산)	↔	海 (바다 해)
忙 (바쁠 망)	↔	閑 (한가할 한)		山 (메 산)	↔	川 (내 천)

山 (메 산)	↔	河 (물 하)	是 (옳을 시)	↔	否 (아닐 부)
賞 (상줄 상)	↔	罰 (벌할 벌)	是 (옳을 시)	↔	未 (아닐 미)
生 (날 생)	↔	死 (죽을 사)	是 (옳을 시)	↔	不 (아닐 부)
石 (돌 석)	↔	玉 (구슬 옥)	是 (옳을 시)	↔	非 (아닐 비)
先 (먼저 선)	↔	後 (뒤 후)	臣 (신하 신)	↔	君 (임금 군)
成 (이룰 성)	↔	敗 (깨뜨릴 패)	失 (잃을 실)	↔	得 (얻을 득)
小 (작을 소)	↔	巨 (클 거)	心 (마음 심)	↔	物 (물건 물)
孫 (손자 손)	↔	祖 (할아비 조)	心 (마음 심)	↔	身 (몸 신)
送 (보낼 송)	↔	迎 (맞이할 영)	我 (나 아)	↔	彼 (저 피)
衰 (쇠할 쇠)	↔	盛 (성할 성)	惡 (악할 악)	↔	善 (착할 선)
收 (거둘 수)	↔	支 (지탱할 지)	暗 (어두울 암)	↔	明 (밝을 명)
授 (줄 수)	↔	受 (받을 수)	哀 (슬플 애)	↔	歡 (기뻐할 환)
水 (물 수)	↔	火 (불 화)	哀 (슬플 애)	↔	喜 (기쁠 희)
手 (손 수)	↔	足 (발 족)	哀 (슬플 애)	↔	樂 (즐거울 락)
守 (지킬 수)	↔	攻 (칠 공)	愛 (사랑 애)	↔	惡 (미워할 오)
需 (구할 수)	↔	給 (줄 급)	愛 (사랑 애)	↔	憎 (미워할 증)
淑 (맑을 숙)	↔	濁 (흐릴 탁)	夜 (밤 야)	↔	晝 (낮 주)
勝 (이길 승)	↔	敗 (패할 패)	野 (들 야)	↔	朝 (아침 조)
勝 (이길 승)	↔	負 (질 부)	弱 (약할 약)	↔	强 (강할 강)
昇 (오를 승)	↔	降 (내릴 강)	陽 (볕 양)	↔	陰 (그늘 음)
始 (비로소 시)	↔	末 (끝 말)	揚 (날릴 양)	↔	抑 (누를 억)
始 (비로소 시)	↔	終 (마칠 종)	語 (말씀 어)	↔	行 (행할 행)

逆 (거스를 역)	↔	順 (순할 순)	異 (다를 이)	↔	同 (같을 동)
汚 (더러울 오)	↔	潔 (깨끗할 결)	易 (쉬울 이)	↔	難 (어려울 난)
溫 (따뜻할 온)	↔	冷 (찰 냉)	益 (더할 익)	↔	損 (덜 손)
緩 (느릴 완)	↔	急 (급할 급)	日 (날 일)	↔	月 (달 월)
往 (갈 왕)	↔	來 (올 래)	任 (맡길 임)	↔	免 (면할 면)
外 (바깥 외)	↔	內 (안 내)	自 (스스로 자)	↔	至 (이를 지)
辱 (욕될 욕)	↔	榮 (영화 영)	自 (스스로 자)	↔	他 (다를 타)
右 (오른 우)	↔	左 (왼 좌)	姉 (손위누이 자)	↔	妹 (손아랫누이 매)
雨 (비 우)	↔	晴 (갤 청)	昨 (어제 작)	↔	今 (이제 금)
遠 (멀 원)	↔	近 (가까울 근)	將 (장수 장)	↔	兵 (군사 병)
怨 (원망할 원)	↔	恩 (은혜 은)	將 (장수 장)	↔	卒 (군사 졸)
緯 (씨 위)	↔	經 (경서 경)	低 (낮을 저)	↔	高 (높을 고)
僞 (거짓 위)	↔	眞 (참 진)	戰 (싸움 전)	↔	和 (화할 화)
危 (위태할 위)	↔	安 (편안 안)	前 (앞 전)	↔	後 (뒤 후)
幼 (어릴 유)	↔	長 (긴 장)	正 (바를 정)	↔	誤 (그릇할 오)
有 (있을 유)	↔	無 (없을 무)	靜 (고요할 정)	↔	動 (움직일 동)
隱 (숨을 은)	↔	見 (볼 견)	淨 (깨끗할 정)	↔	汚 (더러울 오)
恩 (은혜 은)	↔	恨 (한할 한)	弔 (조상할 조)	↔	慶 (경사 경)
義 (옳을 의)	↔	否 (아닐 부)	朝 (아침 조)	↔	夕 (저녁 석)
義 (옳을 의)	↔	未 (아닐 미)	存 (있을 존)	↔	亡 (망할 망)
義 (옳을 의)	↔	不 (아닐 부)	存 (있을 존)	↔	廢 (폐할 폐)
義 (옳을 의)	↔	非 (아닐 비)	尊 (높을 존)	↔	卑 (낮을 비)

重 (무거울 중)	↔	輕 (가벼울 경)	濁 (흐릴 탁)	↔ 淸 (맑을 청)
衆 (무리 중)	↔	寡 (적을 과)	退 (물러날 퇴)	↔ 進 (나아갈 진)
憎 (미울 증)	↔	慈 (사랑할 자)	表 (겉 표)	↔ 裏 (속 리)
地 (땅 지)	↔	天 (하늘 천)	豊 (풍년 풍)	↔ 凶 (재앙 흉)
遲 (더딜 지)	↔	速 (빠를 속)	彼 (저 피)	↔ 此 (이 차)
姪 (조카 질)	↔	叔 (아재비 숙)	皮 (가죽 피)	↔ 骨 (뼈 골)
着 (붙을 착)	↔	發 (필 발)	下 (아래 하)	↔ 上 (위 상)
贊 (도울 찬)	↔	反 (돌이킬 반)	學 (배울 학)	↔ 敎 (가르칠 교)
妻 (아내 처)	↔	夫 (지아비 부)	恨 (한 한)	↔ 惠 (은혜 혜)
賤 (천할 천)	↔	貴 (귀할 귀)	寒 (찰 한)	↔ 暑 (더울 서)
淺 (얕을 천)	↔	深 (깊을 심)	合 (합할 합)	↔ 離 (떠날 리)
川 (내 천)	↔	山 (산 산)	海 (바다 해)	↔ 陸 (뭍 륙)
添 (더할 첨)	↔	削 (깎을 삭)	鄕 (시골 향)	↔ 京 (서울 경)
體 (몸 체)	↔	心 (마음 심)	現 (나타날 현)	↔ 隱 (숨을 은)
初 (처음 초)	↔	終 (마칠 종)	顯 (나타날 현)	↔ 隱 (숨을 은)
秋 (가을 추)	↔	春 (봄 춘)	賢 (어질 현)	↔ 愚 (어리석을 우)
醜 (추할 추)	↔	美 (아름다울 미)	嫌 (싫어할 혐)	↔ 好 (좋을 호)
縮 (줄일 축)	↔	伸 (펼 신)	兄 (형 형)	↔ 弟 (아우 제)
出 (날 출)	↔	缺 (이지러질 결)	惠 (은혜 혜)	↔ 怨 (원망할 원)
出 (날 출)	↔	入 (들 입)	好 (좋을 호)	↔ 惡 (미워할 오)
取 (가질 취)	↔	捨 (버릴 사)	呼 (부를 호)	↔ 吸 (숨들이쉴 흡)
沈 (잠길 침)	↔	浮 (뜰 부)	禍 (재앙 화)	↔ 福 (복 복)

可決(가결)	↔	否決(부결)	旣決(기결)	↔	未決(미결)
假象(가상)	↔	實在(실재)	旣婚(기혼)	↔	未婚(미혼)
加熱(가열)	↔	冷却(냉각)	浪費(낭비)	↔	儉約(검약)
强國(강국)	↔	弱國(약국)	弄談(농담)	↔	眞談(진담)
强者(강자)	↔	弱者(약자)	內包(내포)	↔	外延(외연)
開講(개강)	↔	閉講(폐강)	短期(단기)	↔	長期(장기)
開講(개강)	↔	終講(종강)	淡色(담색)	↔	濃色(농색)
開國(개국)	↔	鎖國(쇄국)	德談(덕담)	↔	惡談(악담)
拒絶(거절)	↔	承諾(승낙)	對內(대내)	↔	對外(대외)
謙遜(겸손)	↔	倨慢(거만)	到着(도착)	↔	出發(출발)
輕視(경시)	↔	重視(중시)	同居(동거)	↔	別居(별거)
高潔(고결)	↔	低俗(저속)	同性(동성)	↔	異性(이성)
高速(고속)	↔	低速(저속)	同義(동의)	↔	異義(이의)
高溫(고온)	↔	低溫(저온)	頭韻(두운)	↔	脚韻(각운)
求心(구심)	↔	遠心(원심)	騰貴(등귀)	↔	下落(하락)
口語(구어)	↔	文語(문어)	忘却(망각)	↔	記憶(기억)
屈服(굴복)	↔	抵抗(저항)	滅亡(멸망)	↔	興起(흥기)
權利(권리)	↔	義務(의무)	母法(모법)	↔	子法(자법)
歸納(귀납)	↔	演繹(연역)	物質(물질)	↔	精神(정신)
近郊(근교)	↔	遠郊(원교)	微小(미소)	↔	巨大(거대)
勤勉(근면)	↔	懶怠(나태)	敏感(민감)	↔	鈍感(둔감)
肯定(긍정)	↔	否定(부정)	反對(반대)	↔	贊成(찬성)

部分(부분)	↔	全體(전체)	勝利(승리)	↔	敗北(패배)
普遍(보편)	↔	特殊(특수)	乘車(승차)	↔	下車(하차)
否認(부인)	↔	是認(시인)	新式(신식)	↔	舊式(구식)
分離(분리)	↔	統合(통합)	愼重(신중)	↔	輕率(경솔)
分析(분석)	↔	綜合(종합)	實質(실질)	↔	形式(형식)
悲運(비운)	↔	幸運(행운)	我軍(아군)	↔	敵軍(적군)
散文(산문)	↔	韻文(운문)	暗黑(암흑)	↔	光明(광명)
相對(상대)	↔	絕對(절대)	夜間(야간)	↔	晝間(주간)
常例(상례)	↔	特例(특례)	野黨(야당)	↔	與黨(여당)
先輩(선배)	↔	後輩(후배)	陽曆(양력)	↔	陰曆(음력)
成功(성공)	↔	失敗(실패)	偶然(우연)	↔	必然(필연)
成熟(성숙)	↔	未熟(미숙)	遠境(원경)	↔	近境(근경)
消燈(소등)	↔	點燈(점등)	原因(원인)	↔	結果(결과)
少量(소량)	↔	大量(대량)	緯度(위도)	↔	經度(경도)
消費(소비)	↔	生産(생산)	利益(이익)	↔	損失(손실)
衰退(쇠퇴)	↔	繁榮(번영)	劣等(열등)	↔	優等(우등)
守備(수비)	↔	攻擊(공격)	銳敏(예민)	↔	愚鈍(우둔)
需要(수요)	↔	供給(공급)	優性(우성)	↔	劣性(열성)
收入(수입)	↔	支出(지출)	違法(위법)	↔	合法(합법)
秀才(수재)	↔	鈍才(둔재)	理想(이상)	↔	現實(현실)
順行(순행)	↔	逆行(역행)	理性(이성)	↔	感情(감정)
拾得(습득)	↔	紛失(분실)	自然(자연)	↔	人爲(인위)

長篇(장편)	↔	短篇(단편)	總則(총칙)	↔	各則(각칙)
前進(전진)	↔	後退(후퇴)	抽象(추상)	↔	具象(구상)
漸進(점진)	↔	急進(급진)	充電(충전)	↔	妨電(방전)
尊屬(존속)	↔	卑屬(비속)	就職(취직)	↔	失職(실직)
拙作(졸작)	↔	傑作(걸작)	就寢(취침)	↔	起寢(기침)
座席(좌석)	↔	立席(입석)	稚拙(치졸)	↔	洗練(세련)
主體(주체)	↔	客體(객체)	脫衣(탈의)	↔	着衣(착의)
卽位(즉위)	↔	退位(퇴위)	破壞(파괴)	↔	建設(건설)
增加(증가)	↔	減少(감소)	閉幕(폐막)	↔	開幕(개막)
贈賂(증뢰)	↔	收賂(수뢰)	閉鎖(폐쇄)	↔	開放(개방)
增額(증액)	↔	減額(감액)	暴露(폭로)	↔	隱蔽(은폐)
直接(직접)	↔	間接(간접)	表面(표면)	↔	裏面(이면)
進步(진보)	↔	退步(퇴보)	豐年(풍년)	↔	凶年(흉년)
眞實(진실)	↔	虛僞(허위)	下降(하강)	↔	上昇(상승)
創刊(창간)	↔	終刊(종간)	寒流(한류)	↔	暖流(난류)
創造(창조)	↔	模倣(모방)	虛像(허상)	↔	實像(실상)
菜食(채식)	↔	肉食(육식)	狹義(협의)	↔	廣義(광의)
天國(천국)	↔	地獄(지옥)	話者(화자)	↔	廳者(청자)
添加(첨가)	↔	削減(삭감)	厚待(후대)	↔	薄待(박대)

類義字

假(거짓 가)	–	僞(거짓 위)	境(지경 경)	–	界(경계 계)
街(거리 가)	–	巷(거리 항)	計(셀 계)	–	算(계산 산)
價(값 가)	–	値(값 치)	階(섬돌 계)	–	段(구분 단)
家(집 가)	–	屋(집 옥)	繼(이을 계)	–	承(받들 승)
家(집 가)	–	宅(집 택)	繼(이을 계)	–	續(이을 속)
歌(노래 가)	–	謠(노래 요)	孤(외로울 고)	–	獨(홀로 독)
可(옳을 가)	–	是(옳을 시)	庫(곳집 고)	–	倉(곳집 창)
可(옳을 가)	–	義(옳을 의)	恭(공손할 공)	–	敬(공경할 경)
佳(아름다울 가)	–	美(아름다울 미)	攻(칠 공)	–	擊(부딪칠 격)
覺(깨달을 각)	–	悟(깨달을 오)	貢(바칠 공)	–	獻(바칠 헌)
刻(새길 각)	–	彫(새길 조)	過(지날 과)	–	去(갈 거)
間(사이 간)	–	隔(사이뜰 격)	過(지날 과)	–	失(지나칠 실)
感(느낄 감)	–	想(생각할 상)	果(과실 과)	–	實(열매 실)
監(볼 감)	–	視(볼 시)	貫(꿸 관)	–	徹(통할 철)
客(손 객)	–	賓(손 빈)	貫(꿸 관)	–	通(통할 통)
去(갈 거)	–	往(갈 왕)	敎(가르칠 교)	–	訓(가르칠 훈)
居(살 거)	–	住(살 주)	具(갖출 구)	–	備(갖출 비)
巨(클 거)	–	大(큰 대)	丘(언덕 구)	–	陵(언덕 릉)
健(굳셀 건)	–	康(편안할 강)	救(구원할 구)	–	濟(구원할 제)
堅(굳을 견)	–	固(굳을 고)	懼(두려워할 구)	–	恐(두려울 공)
堅(굳을 견)	–	確(굳을 확)	群(무리 군)	–	衆(무리 중)
硬(굳을 경)	–	固(굳을 고)	群(무리 군)	–	徒(무리 도)

屈(굽힐 굴)	–	服(복종할 복)	奪(노략질할 략)	–	掠(빼앗을 탈)
屈(굽힐 굴)	–	伏(엎드릴 복)	兩(두 량)	–	雙(두 쌍)
券(문서 권)	–	狀(문서 장)	律(법칙 률)	–	法(법 법)
根(뿌리 근)	–	本(근본 본)	末(끝 말)	–	端(끝 단)
急(급할 급)	–	速(빠를 속)	末(끝 말)	–	尾(꼬리 미)
飢(주릴 기)	–	餓(주릴 아)	盟(맹세 맹)	–	誓(맹세할 서)
技(재주 기)	–	術(꾀 술)	勉(힘쓸 면)	–	勵(힘쓸 려)
技(재주 기)	–	藝(재주 예)	滅(멸할 멸)	–	亡(망할 망)
記(기록할 기)	–	錄(기록할 록)	模(본뜰 모)	–	倣(본받을 방)
記(기록할 기)	–	誌(기록할 지)	毛(털 모)	–	髮(터럭 발)
娘(계집 낭)	–	女(계집 녀)	模(법 모)	–	範(법 범)
年(해 년)	–	歲(해 세)	茂(무성할 무)	–	盛(성할 성)
雷(우레 뢰)	–	震(우레 진)	茂(무성할 무)	–	隆(성할 융)
斷(끊을 단)	–	絶(끊을 절)	貿(무역할 무)	–	易(바꿀 역)
談(말씀 담)	–	話(말할 화)	文(글월 문)	–	章(글월 장)
道(길 도)	–	途(길 도)	眉(눈썹 미)	–	尾(꼬리/눈썹 미)
道(길 도)	–	路(길 로)	返(돌이킬 반)	–	還(돌아올 환)
圖(그림 도)	–	畫(그림 화)	訪(찾을 방)	–	尋(찾을 심)
頭(머리 두)	–	首(머리 수)	配(짝 배)	–	偶(짝 우)
逃(도망할 도)	–	亡(달아날 망)	配(짝 배)	–	匹(짝 필)
逃(도망할 도)	–	避(피할 피)	法(법 법)	–	式(법 식)
盜(도둑 도)	–	賊(도둑 적)	變(변할 변)	–	化(될 화)

類義字

兵(군사 병)	–	卒(군사 졸)		辭(말씀 사)	–	說(말씀 설)
保(지킬 보)	–	守(지킬 수)		散(흩을 산)	–	漫(흩어질 만)
奉(받들 봉)	–	獻(바칠 헌)		蛇(긴뱀 사)	–	巳(뱀 사)
負(질 부)	–	敗(패할 패)		相(서로 상)	–	互(서로 호)
副(버금 부)	–	次(버금 차)		常(항상 상)	–	恒(항상 항)
扶(도울 부)	–	助(도울 조)		常(항상 상)	–	每(매양 매)
婦(며느리 부)	–	妻(아내 처)		喪(잃을 상)	–	失(잃을 실)
附(붙을 부)	–	屬(붙일 속)		象(모양 상)	–	形(모양 형)
墳(무덤 분)	–	墓(무덤 묘)		森(수풀 삼)	–	林(수풀 림)
奔(달릴 분)	–	走(달릴 주)		生(날 생)	–	活(살 활)
分(나눌 분)	–	割(나눌 할)		逝(갈 서)	–	去(갈 거)
憤(분할 분)	–	慨(분개할 개)		釋(풀 석)	–	放(놓을 방)
朋(벗 붕)	–	友(벗 우)		選(가릴 선)	–	別(다를 별)
批(비평할 비)	–	評(품평 평)		選(가릴 선)	–	擇(가릴 택)
比(견줄 비)	–	較(견줄 교)		旋(돌 선)	–	回(돌 회)
悲(슬플 비)	–	哀(슬플 애)		船(배 선)	–	航(배 항)
貧(가난할 빈)	–	窮(다할 궁)		船(배 선)	–	舟(배 주)
思(생각 사)	–	念(생각 념)		洗(씻을 세)	–	濯(씻을 탁)
思(생각 사)	–	考(헤아릴 고)		素(본디/흴 소)	–	朴(순박할 박)
思(생각 사)	–	慮(생각할 려)		收(거둘 수)	–	穫(거둘 확)
思(생각 사)	–	想(생각 상)		樹(나무 수)	–	林(수풀 림)
寺(절 사)	–	佛(부처 불)		樹(나무 수)	–	木(나무 목)

搜(찾을 수)	–	索(찾을 색)	憂(근심 우)	–	愁(근심 수)
純(순수할 순)	–	潔(깨끗할 결)	委(맡길 위)	–	任(맡길 임)
宿(잘 숙)	–	泊(머무를 박)	偉(클 위)	–	大(큰 대)
崇(높을 숭)	–	高(높을 고)	怨(원망할 원)	–	恨(한할 한)
試(시험 시)	–	驗(시험 험)	恩(은혜 은)	–	惠(은혜 혜)
施(베풀 시)	–	設(베풀 설)	音(소리 음)	–	聲(소리 성)
心(마음 심)	–	情(뜻 정)	意(뜻 의)	–	志(뜻 지)
我(나 아)	–	吾(나 오)	意(뜻 의)	–	趣(뜻 취)
兒(아이 아)	–	童(아이 동)	宜(마땅 의)	–	當(마땅할 당)
岳(큰산 악)	–	嶽(큰산 악)	議(의논할 의)	–	論(의논할 론)
眼(눈 안)	–	目(눈 목)	願(원할 원)	–	望(바랄 망)
押(누를 압)	–	壓(누를 압)	願(원할 원)	–	希(바랄 희)
押(누를 압)	–	抑(누를 억)	源(근원 원)	–	根(뿌리 근)
養(기를 양)	–	育(기를 육)	認(알 인)	–	識(알 식)
言(말씀 언)	–	語(말씀 어)	引(끌 인)	–	牽(끌 견)
連(잇닿을 연)	–	絡(이을 락)	引(끌 인)	–	導(이끌 도)
硏(갈 연)	–	磨(갈 마)	慈(사랑할 자)	–	愛(사랑 애)
硏(갈 연)	–	究(연구할 구)	姿(모양 자)	–	態(모양 태)
燃(사를 연)	–	燒(사를 소)	殘(남을 잔)	–	餘(남을 여)
永(길 영)	–	遠(멀 원)	墻(담 장)	–	牆(담 장)
英(꽃부리 영)	–	特(특별할 특)	裝(꾸밀 장)	–	飾(꾸밀 식)
溫(따뜻할 온)	–	暖(따뜻할 난)	將(장수 장)	–	帥(장수 수)

財(재물 재)	–	貨(재물 화)	朱(붉을 주)	–	紅(붉을 홍)
貯(쌓을 저)	–	蓄(쌓을 축)	俊(준걸 준)	–	秀(빼어날 수)
貯(쌓을 저)	–	積(쌓을 적)	俊(준걸 준)	–	傑(뛰어날 걸)
前(앞 전)	–	先(먼저 선)	中(가운데 중)	–	央(가운데 앙)
正(바를 정)	–	直(곧을 직)	憎(미울 증)	–	惡(미워할 오)
政(정사 정)	–	治(다스릴 치)	增(더할 증)	–	加(더할 가)
精(정할 정)	–	誠(정성 성)	增(더할 증)	–	益(더할 익)
停(머무를 정)	–	留(머무를 류)	贈(줄 증)	–	與(줄 여)
停(머무를 정)	–	止(머무를 지)	進(나아갈 진)	–	就(나아갈 취)
整(가지런할 정)	–	齊(가지런할 제)	知(알 지)	–	識(알 식)
征(칠 정)	–	伐(칠 벌)	織(짤 직)	–	組(짤 조)
造(지을 조)	–	作(지을 작)	陣(진칠 진)	–	陳(늘어놓을 진)
造(지을 조)	–	製(지을 제)	集(모일 집)	–	會(모일 회)
朝(아침 조)	–	旦(아침 단)	差(다를 이)	–	異(다를 차)
調(고를/화합할 조)	–	和(화할 화)	添(더할 첨)	–	加(더할 가)
存(있을 존)	–	在(있을 재)	讚(기릴 찬)	–	頌(기릴 송)
尊(높을 존)	–	重(무거울 중)	參(참여할 참)	–	與(더불 여)
終(마칠 종)	–	了(마칠 료)	昌(창성할 창)	–	隆(성할 융)
終(마칠 종)	–	末(끝 말)	菜(나물 채)	–	蔬(푸성귀 소)
終(마칠 종)	–	結(맺을 결)	尺(자 척)	–	度(법도/자 도)
座(자리 좌)	–	席(자리 석)	淺(얕을 천)	–	薄(엷을 박)
珠(구슬 주)	–	玉(구슬 옥)	遷(옮길 천)	–	移(옮길 이)

淸(맑을 청)	–	潔(깨끗할 결)	廢(폐할 폐)	–	亡(망할 망)
淸(맑을 청)	–	淨(깨끗할 정)	捕(잡을 포)	–	獲(얻을 획)
靑(푸를 청)	–	綠(푸를 록)	河(물 하)	–	海(바다 해)
聽(들을 청)	–	聞(들을 문)	河(물 하)	–	川(내 천)
替(바꿀 체)	–	換(바꿀 환)	寒(찰 한)	–	冷(찰 랭)
體(몸 체)	–	身(몸 신)	陷(빠질 함)	–	沒(빠질 몰)
體(몸 체)	–	肉(고기 육)	亥(돼지 해)	–	豕(돼지 시)
催(재촉할 최)	–	促(재촉할 촉)	幸(다행 행)	–	福(복 복)
層(층 층)	–	階(섬돌 계)	虛(빌 허)	–	空(빌 공)
墮(떨어질 타)	–	落(떨어질 락)	憲(법 헌)	–	法(법도 법)
探(찾을 탐)	–	索(찾을 색)	穴(구멍 혈)	–	孔(구멍 공)
貪(탐낼 탐)	–	慾(욕심 욕)	許(허락 허)	–	諾(허락할 낙)
怠(게으를 태)	–	慢(게으를 만)	婚(혼인할 혼)	–	姻(혼인 인)
土(흙 토)	–	地(땅 지)	鴻(큰 기러기 홍)	–	雁(기러기 안)
討(칠 토)	–	伐(칠 벌)	和(화할 화)	–	睦(화목할 목)
退(물러날 퇴)	–	去(갈 거)	和(화할 화)	–	協(화할 협)
鬪(싸움 투)	–	爭(다툴 쟁)	歡(기쁠 환)	–	喜(기쁠 희)
波(물결 파)	–	浪(물결 랑)	休(쉴 휴)	–	息(쉴 식)
販(팔 판)	–	賣(팔 매)	希(바랄 희)	–	望(바랄 망)

假	거짓 가	仮	區	구분할 / 지경 구	区
價	값 가	価	驅	몰 구	駆
覺	깨달을 각	覚	舊	예 구	旧
監	볼 감	監	國	나라 국	国
鑑	거울 감	鑑	勸	권할 권	劝
據	의거할 거	拠	權	권세 권	权
擧	들 거	挙	龜	거북 귀(구)	亀
儉	검소할 검	倹	歸	돌아갈 귀	帰
劍	칼 검	剣	棄	버릴 기	弃
檢	검사할 검	検	氣	기운 기	気
堅	굳을 견	堅	緊	긴할 / 팽팽할 긴	緊
缺	이지러질 결	欠	寧	편안할 녕	寍
徑	지름길 / 길 경	径	惱	번뇌할 뇌	悩
經	날 / 글 경	経	腦	골 / 뇌 뇌	脳
輕	가벼울 경	軽	單	홑 단	単
繼	이을 계	継	團	둥글 단	団
觀	볼 관	覌, 观	斷	끊을 단	断
關	관계할 / 빗장 관	関	擔	멜 담	担
館	집 관	舘	當	마땅 당	当
廣	넓을 광	広	黨	무리 당	党
鑛	쇳돌 광	鉱	對	대할 대	対
壞	무너질 괴	壊	臺	대 대	台

圖	그림 도	図	滿	찰(가득찰) 만	満
獨	홀로 독	独	賣	팔 매	売
讀	읽을 독, 구절 두	読	脈	줄기 맥	脉
燈	등 등	灯	麥	보리 맥	麦
樂	즐길 락, 노래 악, 좋을 요	楽	貌	모양 / 얼굴 모	皃
亂	어지러울 란	乱	夢	꿈 몽	梦
濫	넘칠 람	濫	廟	사당 묘	庿
覽	볼 람	覧	發	필 발	発
來	올 래	来	變	변할 변	変
兩	두 량	両	邊	가 변	辺, 边
勵	힘쓸 려	励	寶	보배 보	宝
麗	고울 려	麗	佛	부처 불	仏
戀	그리워할 련	恋	拂	떨칠 불	払
聯	연이을 련	联	寫	베낄 사	写, 写
獵	사냥 렵	猟	師	스승 사	师
靈	신령 령	灵	辭	말씀 사	辞
禮	예도 례	礼	嘗	맛볼 상	嘗
勞	일할 로	労	桑	뽕나무 상	桒
爐	화로 로	炉	狀	형상 상, 문서 장	状
龍	용 룡(용)	竜	敍	펼 서	叙, 敘
樓	다락 루	楼	釋	풀 석	釈
離	떠날 리	难	攝	다스릴 / 잡을 섭	摂

聲	소리 성	声		嚴	엄할 엄	厳
世	인간 세	丗		餘	남을 여	余
燒	사를 소	焼		譯	번역할 역	訳
屬	붙일 / 무리 속	属		驛	역 역	駅
續	이을 속	続		鹽	소금 염	塩
壽	목숨 수	寿		榮	영화 영	栄
收	거둘 수	収		營	경영할 영	営
數	셈 수, 자주 삭	数		譽	기릴 예	誉
獸	짐승 수	獣		僞	거짓 위	偽
隨	따를 수	随		圍	에워쌀 위	囲
肅	엄숙할 숙	甫,粛		爲	할 위	為
濕	젖을 습	湿		隱	숨을 은	隠
乘	탈 승	乗		應	응할 응	応
實	열매 실	実		醫	의원 의	医
雙	두 / 쌍 쌍	双		殘	남을 잔	残
亞	버금 아	亜		雜	섞일 잡	雑
兒	아이 아	児		壯	장할 장	壮
惡	악할 악, 미워할 오	悪		將	장수 장	将
壓	누를 압	圧		莊	씩씩할 장	荘
藥	약 약	薬		裝	꾸밀 장	装
壤	흙덩이 양	壌		獎	장려할 장	奨
讓	사양할 양	譲		爭	다툴 쟁	争

傳	전할 전	伝	廳	관청 청	庁
戰	싸움 전	战	聽	들을 청	聴
轉	구를 전	転	體	몸 체	体
錢	돈 전	銭	遞	갈릴 체	逓
濟	건널 제	済	觸	닿을 촉	触
齊	가지런할 제	斉	總	다 총	総
條	가지 조	条	蟲	벌레 충	虫
卒	마칠 졸	卆	醉	취할 취	酔
從	좇을 종	从	齒	이 치	歯
晝	낮 주	昼	漆	옻 칠	柒
鑄	쇠불릴 주	鋳	稱	일컬을 칭	称
證	증거 증	証	墮	떨어질 타	堕
珍	보배 진	珎	彈	탄알 탄	弾
盡	다할 진	尽	擇	가릴 택	択
參	참여할 참, 석 삼	参	澤	못 택, 풀 석	沢
慘	참혹할 참	惨	廢	버릴 / 폐할 폐	廃
處	곳 처	処	學	배울 학	学
淺	얕을 천	浅	解	풀 해	解
賤	천할 천	賎	虛	빌 허	虚
踐	밟을 천	践	獻	드릴 헌	献
遷	옮길 천	迁	險	험할 험	険
鐵	쇠 철	鉄	驗	시험할 험	験

降	내릴 강	降等(강등)	降臨(강림)	下降(하강)	降雨量(강우량)	
	항복할 항	降服(항복)	降意(항의)			
更	고칠 경	更張(경장)	更正(경정)	更迭(경질)	變更(변경)	
	다시 갱	更生(갱생)	更新(갱신)			
見	볼 견	見聞(견문)	見本(견본)	見習(견습)	見學(견학)	見解(견해)
	나타날 현	謁見(알현)	見齒(현치)			
龜	거북 귀/구	龜鑑(귀감)	龜甲(귀갑)	龜船(귀선)		
	터질 균	龜裂(균열)				
內	안 내	內陸(내륙)	內幕(내막)	內面(내면)	內容(내용)	內憂外患(내우외환)
	내시 나	內人(나인)				
糖	엿 당	果糖(과당)	糖尿(당뇨)	糖分(당분)		
	사탕 탕	砂糖(사탕)	雪糖(설탕)			
度	법도 도	高度(고도)	度量(도량)	度數(도수)	密度(밀도)	年度(연도)
	헤아릴 탁	度地(탁지)	忖度(촌탁)	度支部(탁지부)		
讀	읽을 독	購讀(구독)	多讀(다독)	讀書(독서)	讀者(독자)	速讀(속독)
	구절 두	吏讀(이두)	句讀點(구두점)			
洞	골 동	洞口(동구)	洞內(동내)	洞房華燭(동방화촉)		
	꿰뚫을 통	洞察(통찰)	洞徹(통철)			
復	회복할 복	復古(복고)	復舊(복구)	復權(복권)	復誦(복송)	復元(복원)
	다시 부	復生(부생)	復活(부활)	復興(부흥)		
覆	다시 복	覆蓋(복개)	覆面(복면)	覆滅(복멸)	覆沒(복몰)	覆試(복시)
	덮을 부	覆載(부재)				
否	아닐 부	拒否(거부)	否認(부인)	否定(부정)		
	막힐 비	否運(비운)				
北	북녘 북	北方(북방)	北伐(북벌)	北魚(북어)	北進(북진)	北韓(북한)
	패할 배	敗北(패배)				
殺	죽일 살	沒殺(몰살)	殺生(살생)	被殺(피살)		
	감할 쇄	減殺(감쇄)	忙殺(망쇄)	相殺(상쇄)	殺到(쇄도)	

狀	형상 상 문서 장	實狀(실상) 賞狀(상장)	狀態(상태) 狀頭(장두)	狀況(상황) 狀請(장청)	症狀(증상) 年賀狀(연하장)	
索	찾을 색 동아줄 삭	檢索(검색) 索莫(삭막)	摸索(모색) 鐵索(철삭)	思索(사색)	索引(색인)	搜索(수색)
塞	막힐 색 변방 새	窮塞(궁색) 要塞(요새)	塞責(색책) 塞內(새내)	閉塞(폐색) 塞翁之馬(새옹지마)	拔本塞源(발본색원)	
省	살필 성 덜 생	反省(반성) 省略(생략)	省墓(성묘) 省力(생력)	省察(성찰)	昏定晨省(혼정신성)	
說	말씀 설 달랠 세	說得(설득) 遊說(유세)	說明(설명)	說話(설화)	傳說(전설)	解說(해설)
宿	잘 숙 별자리 수	宿望(숙망) 星宿(성수)	宿命(숙명)	宿泊(숙박)	寄宿舍(기숙사)	
率	비율 률 거느릴 솔	能率(능률) 率先(솔선)	確率(확률) 率直(솔직)	換率(환율) 引率(인솔)	統率(통솔)	
屬	붙일/무리 속 맡길 촉	屬國(속국) 屬望(촉망)	屬性(속성) 屬意(촉의)	尊屬(존속)	從屬(종속)	屬人主義(속인주의)
數	셈 수 자주 삭	數量(수량) 數數(삭삭)	數種(수종) 數遞(삭체)	數學(수학)	財數(재수)	劃數(획수)
拾	주울 습 열 십	收拾(수습) 四拾(사십)	拾得(습득) 五拾(오십)	拾遺(습유)	拾集(습집)	拾取(습취)
食	먹을 식 밥 사	間食(간식) 簞食瓢飮(단사표음)	眠食(면식)	食飮(식음)	食事(식사)	食品(식품)
識	알 식 기록할 지	識見(식견) 標識(표지)	識別(식별)	知識(지식)	目不識丁(목불식정)	
樂	즐길 락 노래 악 좋을 요	苦樂(고락) 樂譜(악보) 樂山樂水(요산요수)	樂園(낙원) 樂想(악상)	快樂(쾌락) 音樂(음악)	喜怒哀樂(희로애락)	
惡	악할 악 미워할 오	惡名(악명) 憎惡(증오)	惡役(악역) 羞惡之心(수오지심)	惡緣(악연)	惡臭(악취)	勸善懲惡(권선징악)

易	바꿀 역	交易(교역)	貿易(무역)	易經(역경)	易地思之(역지사지)	
	쉬울 이	簡易(간이)	難易(난이)	安易(안이)	容易(용이)	
於	어조사 어	於焉(어언)	於福點(어복점)	於中間(어중간)		
	탄식할 오	於邑(오읍)	於乎(오호)			
刺	찌를 자	刺客(자객)	刺傷(자상)	諷刺(풍자)		
	찌를 척	刺殺(척살)				
切	끊을 절	懇切(간절)	一切(일절)	切實(절실)	切斷(절단)	切齒腐心(절치부심)
	온통 체	一切(일체)				
辰	별 진	辰年(진년)				
	별 신	日月星辰(일월성신)				
差	다를 차	隔差(격차)	差別(차별)	差異(차이)	天壤之差(천양지차)	
	어긋날 치	差勝(치승)	差池(치지)			
參	참여할 참	參見(참견)	參考(참고)	參拜(참배)	參與(참여)	參酌(참작)
	석 삼	參拾(삼십)				
推	밀 추	推理(추리)	推算(추산)	推移(추이)	推薦(추천)	推測(추측)
	밀 퇴	推敲(퇴고)	推戶(퇴호)			
宅	집 택	家宅(가택)	自宅(자택)	住宅(주택)	宅心(택심)	宅地(택지)
	집 댁	宅內(댁내)	宅待令(댁대령)			
便	편할 편	便利(편리)	便乘(편승)	便安(편안)	便宜(편의)	便紙(편지)
	똥오줌 변	便祕(변비)	用便(용변)	便所(변소)		
布	베 포	布告(포고)	布教(포교)	布木(포목)	布陣(포진)	
	보시 보	布施(보시)				
暴	사나울 폭	暴君(폭군)	暴力(폭력)	暴發(폭발)	暴風(폭풍)	暴行(폭행)
	모질 포	暴棄(포기)	暴慢(포만)	暴惡(포악)	自暴自棄(자포자기)	
行	다닐 행	刊行(간행)	施行(시행)	旅行(여행)	流行(유행)	行動(행동)
	항렬 항	行列(항렬)	行伍(항오)			
畫	그림 화	畫家(화가)	畫壇(화단)	畫報(화보)	畫龍點睛(화룡점정)	
	그을 획	畫力(획력)	畫順(획순)	畫引(획인)		

佳 아름다울 가(佳人)

住 살 주(住宅)

往 갈 왕(往來)

刻 새길 각(彫刻)

核 씨 핵(核心)

該 갖출/마땅 해(該當)

干 방패 간(干城)

于 어조사 우(于先)

幹 줄기 간(基幹)

斡 구를 알(斡旋)

鬼 귀신 귀(鬼神)

蒐 모을 수(蒐集)

減 덜 감(減少)

滅 멸망할 멸(滅亡)

甲 첫째천간 갑(甲乙)

申 펼 신(申告)

由 말미암을 유(理由)

鋼 굳셀 강(鋼鐵)

綱 벼리 강(綱領)

網 그물 망(魚網)

件 물건 건(要件)

伴 짝 반(同伴)

儉 검소할 검(儉素)

險 험할 험(險難)

檢 검사할 검(點檢)

建 세울 건(建築)

健 건강할 건(健康)

犬 개 견(猛犬)

大 큰 대(大將)

丈 어른 장(方丈)

太 클 태(太極)

決 결단할 결(決定)

快 쾌할 쾌(豪快)

競 다툴 경(競爭)

兢 삼갈 긍(兢戒)

更 고칠 경(變更)

吏 벼슬 리(吏房)

計 셈할 계(計算)

訃 부음 부(訃音)

戒 경계할 계(警戒)

戎 병기 융(戎車)

季 계절 계(季節)

李 오얏/성(姓) 리(行李)

秀 빼어날 수(優秀)

苦 괴로울 고(苦難)

若 만약 약(萬若)

孤 외로울 고(孤獨)

狐 여우 호(白狐)

困 곤할 곤(疲困)

囚 가둘 수(囚人)

因 인할 인(因緣)

科 과정 과(科目)

料 헤아릴 료(料量)

勸 권할 권(勸善)

權 권세 권(權利)

貴 귀할 귀(富貴)

責 꾸짖을 책(責望)

斤 근 근(斤量)

斥 물리칠 척(排斥)

己 몸 기(自己)

已 이미 이(已往)

瓜 오이 과(木瓜)

爪 손톱 조(爪牙)

納 들일 납(納入)

紛 어지러울 분(紛爭)

奴 종 노(奴隸)

如 같을 여(如一)

短 짧을 단(短劍)

矩 법 구(矩步)

端 단정할 단(端正)

瑞 상서로울 서(瑞光)

旦 일찍 단(元旦)

且 또 차(且置)

代 대신할 대(代用)

伐 칠 벌(討伐)

待 기다릴 대(期待)

侍 모실 시(侍女)

貸 빌릴 대(轉貸)

賃 품삯 임(賃金)

徒 걸어다닐 도(徒步)

徙 옮길 사(移徙)

卵 알 란(鷄卵)

卯 토끼 묘(卯時)

剌 고기뛰는소리 랄(潑剌)

刺 찌를 자(刺戟)

輪 바퀴 륜(輪廻)

輸 실어낼 수(輸出)

理 다스릴 리(倫理)

埋 묻을 매(埋葬)

栗 밤 률(栗木)

粟 조 속(粟豆)

末 끝 말(末路)

未 아닐 미(未來)

昧 어두울 매(三昧)

味 맛 미(味覺)

免 면할 면(免除)

兎 토끼 토(兎皮)

眠 쉴 면(睡眠)

眼 눈 안(眼目)

鳴 울 명(悲鳴)

嗚 탄식할 오(嗚咽)

沐 목욕할 목(沐浴)

休 쉴 휴(休息)

母 어미 모(母情)

毋 말 무(毋論)

戊 다섯째천간 무(戊時)

戍 수자리 수(戍樓)

戌 개 술(甲戌年)

迫 핍박할 박(逼迫)

追 쫓을 추(追憶)

飯 밥 반(白飯)

飮 마실 음(飮料)

番 차례 번(番號)

審 살필 심(審査)

罰 벌줄 벌(罰金)

罪 죄 죄(犯罪)

普 넓을 보(普通)

晋 나라 진(晋州)

貧 가난할 빈(貧弱)

貪 탐할 탐(貪慾)

氷 얼음 빙(解氷)

永 길 영(永久)

士 선비 사(紳士)

土 흙 토(土地)

仕 벼슬 사(奉仕)

任 맡길 임(任務)

使 부릴 사(使用)

便 편할 편(簡便)

師 스승 사(恩師)

帥 장수 수(將帥)

思 생각할 사(思想)

惠 은혜 혜(恩惠)

捨 버릴 사(取捨)	宣 베풀 선(宣傳)	須 반드시 수(必須)
拾 주을 습(拾得)	宜 마땅할 의(便宜)	順 순할 순(順從)
社 모일 사(會社)	書 글 서(書房)	識 알 식(識見)
祀 제사 사(祭祀)	晝 낮 주(晝夜)	織 짤 직(織物)
査 조사할 사(調査)	畫 그림 화(畫家)	職 맡을 직(職位)
杳 아득할 묘(杳然)	衰 쇠할 쇠(衰退)	失 잃을 실(失敗)
雪 눈 설(殘雪)	衷 속마음 충(衷心)	矢 화살 시(嚆矢)
雲 구름 운(雲霧)	哀 슬플 애(哀惜)	夭 일찍죽을 요(夭折)
涉 건널 섭(干涉)	表 드러날 표(表現)	深 깊을 심(夜深)
陟 오를 척(三陟)	塞 변방 새(要塞)	探 더듬을 탐(探究)
損 덜 손(缺損)	寒 찰 한(寒食)	沿 좇을 연(沿革)
捐 기부 연(義捐金)	撒 뿌릴 살(撒布)	治 다스릴 치(政治)
送 보낼 송(放送)	徹 관철할 철(貫徹)	緣 인연 연(因緣)
迭 바꿀 질(更迭)	粹 순수할 수(精粹)	綠 푸를 록(草綠)
恕 용서할 서(容恕)	碎 부술 쇄(粉碎)	營 경영할 영(經營)
怒 성낼 노(怒氣)	授 줄 수(授受)	螢 반딧불 형(螢光)
析 쪼갤 석(分析)	援 구원할 원(救援)	汚 더러울 오(汚染)
折 꺽을 절(折枝)	遂 이룩할 수(完遂)	汗 땀 한(汗蒸)
晳 밝을 석(明晳)	逐 쫓을 축(驅逐)	謁 아뢸 알(謁見)
哲 밝을 철(哲學)	膝 무릎 슬(膝下)	揭 들 게(揭示)
惜 아낄 석(惜別)	勝 이길 승(勝利)	仰 우러를 앙(信仰)
借 빌 차(借用)	騰 오를 등(騰落)	抑 누를 억(抑制)

厄 재앙 액(厄運)

危 위태할 위(危險)

冶 쇠불릴 야(陶冶)

治 다스릴 치(政治)

與 줄 여(授與)

興 일어날 흥(興亡)

瓦 기와 와(瓦解)

互 서로 호(相互)

宇 집 우(宇宙)

字 글자 자(文字)

熊 곰 웅(熊膽)

態 태도 태(世態)

園 동산 원(庭園)

圍 주위 위(周圍)

威 위엄 위(威力)

咸 다 함(咸集)

遺 남길 유(遺物)

遣 보낼 견(派遣)

幼 어릴 유(幼年)

幻 허깨비 환(幻想)

剩 남을 잉(剩餘)

乘 탈 승(乘車)

玉 구슬 옥(珠玉)

王 임금 왕(帝王)

壬 북방 임(壬辰)

暫 잠시 잠(暫時)

漸 점점 점(漸次)

斬 부끄러울 참(無斬)

亭 정자 정(亭子)

享 누릴 향(享樂)

亨 형통할 형(亨通)

子 아들 자(子孫)

孑 외로울 혈(孑子)

杖 지팡이 장(短杖)

枚 낱 매(枚擧)

睛 눈동자 정(眼睛)

晴 갤 청(晴天)

帝 임금 제(帝王)

常 항상 상(常識)

兆 조짐 조(前兆)

北 북녘 북(北極)

早 일찍 조(早起)

旱 가물 한(旱害)

照 비출 조(照明)

熙 빛날 희(熙笑)

潮 조수 조(潮流)

湖 호수 호(湖畔)

措 둘 조(措處)

借 빌 차(借款)

尊 높을 존(尊敬)

奠 드릴 전(釋奠)

捉 잡을 착(捕捉)

促 재촉할 촉(督促)

責 꾸짖을 책(責望)

靑 푸를 청(靑史)

悤 바쁠 총(悤悤)

忽 소홀히할 홀(疏忽)

蓄 쌓을 축(貯蓄)

畜 짐승 축(家畜)

充 가득할 충(充滿)

允 허락할 윤(允許)

側 곁 측(側近)

測 헤아릴 측(測量)

惻 슬퍼할 측(惻隱)

坦 평평할 탄(平坦)

但 다만 단(但只)

湯 끓일 탕(湯藥)

渴 목마를 갈(渴症)

弊 폐단 폐(弊端)

幣 비단 폐(幣帛)

蔽 가릴 폐(隱蔽)

爆 터질 폭(爆發)

瀑 폭포 폭(瀑布)

恨 한탄할 한(怨恨)

限 한정할 한(限界)

肛 똥구멍 항(肛門)

肝 간 간(肝腸)

護 보호할 호(保護)

穫 거둘 확(收穫)

獲 얻을 획(獲得)

幸 다행할 행(幸福)

辛 매울 신(辛辣)

會 모을 회(會談)

曾 일찍 증(曾祖)

吸 마실 흡(呼吸)

吹 불 취(鼓吹)

次 버금 차(次席)

437

찾아보기

찾아보기

侮 업신여길 모 326
木 나무 목 86
目 눈 목 185
牧 칠 목 60
睦 화목할 목 222
沒 빠질 몰 60
夢 꿈 몽 60
蒙 어두울 몽 118
卯 토끼 묘 326
妙 묘할 묘 118
苗 모 묘 326
墓 무덤 묘 118
廟 사당 묘 222
戊 다섯째 천간 무 326
茂 무성할 무 222
武 호반 무 326
務 힘쓸 무 26
無 없을 무 26
貿 무역할 무 327
舞 춤출 무 118
霧 안개 무 60
墨 먹 묵 327
默 잠잠할 묵 118
文 글월 문 86
門 문 문 398
問 물을 문 61
聞 들을 문 61
紋 무늬 문 327
勿 말 물 327
物 물건 / 만물 물 61
未 아닐 미 222
米 쌀 미 186
尾 꼬리 미 61
味 맛 미 118
美 아름다울 미 223
眉 눈썹 미 327
迷 미혹할 미 61

微 작을 미 118
民 백성 민 118
敏 민첩할 민 119
憫 민망할 민 119
密 빽빽할 밀 119
蜜 꿀 밀 119

朴 성 / 순박할 박 327
泊 머무를 / 배댈 박 327
拍 칠 박 119
迫 핍박할 / 닥칠 박 223
博 넓을 박 119
薄 엷을 박 61
反 돌아올 / 돌이킬 반 119
半 반 반 223
返 돌이킬 반 327
叛 배반할 반 223
班 나눌 반 327
般 가지 / 일반 반 327
飯 밥 반 328
盤 소반 반 327
伴 짝 반 328
拔 뽑을 / 뺄 발 223
發 필 발 61
髮 터럭 발 400
方 모 방 86
芳 꽃다울 방 328
妨 방해할 방 328
防 막을 방 119
邦 나라 방 119
房 방 방 328
放 놓을 방 26
倣 본뜰 방 223
訪 찾을 방 119
傍 곁 방 223

杯 잔 배 328
拜 절 배 223
背 등 배 26
倍 곱 배 328
配 나눌 / 짝 배 26
培 북돋울 배 328
排 밀칠 배 119
輩 무리 배 332
白 흰 백 185
百 일백 백 120
伯 맏 백 332
番 차례 번, 날랠 파 120
煩 번거로울 번 120
繁 번성할 번 61
飜 번역할 번 120
伐 칠 벌 120
罰 벌할 / 죄 벌 26
凡 무릇 범 223
犯 범할 범 332
範 법 범 120
法 법 법 332
碧 푸를 벽 120
壁 벽 벽 223
辨 분별할 변 223
邊 가 변 26
辯 말씀 변 120
變 변할 변 124
別 다를 / 나눌 별 224
丙 남녘 병 332
兵 병사 병 332
屏 병풍 병 332
竝 나란히 병 332
病 병 병 224
步 걸음 보 124
保 지킬 보 27
普 넓을 보 61
補 기울 보 224

人

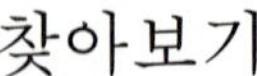

片 조각 편 184
便 편할 편, 똥오줌 변 386
遍 두루 편 173
篇 책 편 173
編 엮을 편 173
偏 치우칠 편 387
平 평평할 평 271
評 평할 평 173
肺 허파 폐 387
閉 닫을 폐 34
廢 버릴 / 폐할 폐 173
蔽 덮을 폐 271
弊 해질 / 폐단 폐 173
幣 화폐 / 비단 폐 271
布 베 포, 보시 보 387
包 쌀 포 272
抱 안을 포 173
胞 세포 포 272
浦 개 포 272
捕 잡을 포 173
砲 대포 포 387
飽 배부를 포 174
幅 폭 폭 387
暴 사나울 폭, 모질 포 387
爆 불터질 폭 272
表 겉 표 34
票 표 표 387
漂 떠다닐 표 272
標 표할 표 174
品 물건 품 272
風 바람 풍 399
楓 단풍 풍 387
豊 풍년 / 풍성할 풍 272
皮 가죽 피 185
彼 저 피 174
疲 피곤할 피 174
被 입을 피 272

避 피할 피 174
匹 짝 필 174
必 반드시 필 34
畢 마칠 필 276
筆 붓 필 174

ㅎ

下 아래 하 276
何 어찌 하 387
河 물 하 387
夏 여름 하 387
荷 멜 / 연 하 174
賀 하례할 하 276
學 배울 학 34
鶴 학 학 178
汗 땀 한 276
旱 가물 한 276
恨 한 한 178
限 한할 한 178
寒 찰 한 276
閑 한가할 한 178
漢 한수 / 한나라 한 178
韓 한국 / 나라 한 388
割 벨 할 178
含 머금을 함 276
咸 다 함 388
陷 빠질 함 178
合 합할 합 276
抗 겨룰 / 막을 항 84
巷 거리 항 388
恒 항상 항 178
航 배 항 276
港 항구 항 178
項 항목 항 276
亥 돼지 해 388
害 해할 해 276

奚 어찌 해 277
海 바다 해 34
該 갖출 / 마땅 해 277
解 풀 해 178
核 씨 핵 277
行 다닐 행, 항렬 항 284
幸 다행 행 388
向 향할 향 277
享 누릴 향 277
香 향기 향 399
鄕 시골 향 34
響 울릴 향 178
許 허락 허 179
虛 빌 허 34
軒 집 헌 277
憲 법 헌 277
獻 드릴 헌 84
險 험할 험 277
驗 시험할 험 388
革 가죽 혁 399
玄 검을 현 184
現 나타날 현 179
絃 줄 현 277
賢 어질 현 277
縣 고을 현 388
懸 매달 현 388
顯 나타날 현 179
穴 굴 혈 186
血 피 혈 284
嫌 싫어할 혐 277
協 화할 / 도울 협 84
脅 위협할 협 278
兄 형 형 179
刑 형벌 형 179
亨 형통할 형 392
形 모양 형 278
螢 반딧불 형 278

453

우선순위 급수한자 1817

2005. 09. 20 / 1판 1쇄 인쇄
2005. 10. 01 / 1판 1쇄 발행

지 은 이_ 우선순위 급수한자 연구회
발 행 인_ 김용성
발 행 처_ **법률출판사**
기　　획_ 김범진
교정·교열_ 김윤현, 임은성, 윤소정, 안은영
디 자 인 _ 이선영, 위순복, 한석희
등　　록_ 제9-118호

주　　소_ 130-831 서울시 동대문구 이문2동 346-41호 영일B/D 202호
전　　화_ 962-9154

정가_16,000원 ISBN 89-5821-052-4   13700

우선순위
급수한자
1817

‘우선순위 급수한자 1817’은 한국어문회가 주관하고 한국한자능력검정회가 시행하는 한자능력검정시험에서
3급 배정한자가 30여 회의 시험동안 몇 번 출제되었는지를 분석하여 그 중요도를 파악하고, 시험에 출제
되는 우선순위에 따라 1817자를 5단계로 분류하여 구성한 체계적·과학적 한자 학습서입니다.
‘우선순위 급수한자 1817’은 한자의 배열 및 구성, 편집 등에서 독창성을 인정받아 저작권심의조정위원회에
편집저작권등록이 되었습니다.